KB177241

문화과학 이론신서 43

교육개혁의 학문전략—신자유주의 지식생산을 넘어서

강내희 지음

문화과학사

■ 서문

　오늘날 한국의 교육과 지식생산을 가장 크게 규정하고 있는 정책노선
은 뭐니뭐니 해도 신자유주의다. 1995년 김영삼정권이 교육개혁안이라는
것을 수립한 뒤로 김대중정권을 지나 노무현정권에 이르기까지 이 대세
는 크게 바뀌지 않았다. 신자유주의 지식생산의 특징은 지식과 교육을 시
장논리에 따라 재단하고 상품처럼 취급한다는 것이다. 상품이 된다는 것
은 판매와 구매의 대상이 된다는 것으로 이에 따라 오늘의 교육과 지식은
더 이상 그 자체로 추구해야 할 목표나 평등하게 누릴 권리가 되지 못한
다. 학생, 교사, 교수 등 교육 주체의 위상과 기능도 크게 달라졌다. 교
사와 교수는 교육공급자가, 학생은 교육상품의 수요자나 소비자가 됨으
로써 과거에 이들을 가리키곤 하던 '스승', '사표', '도반'(道伴) 따위의 말
은 꺼낼 수조차 없게 된 것이다.

　신자유주의 옹호론자가 어떤 주장을 하든지 이 결과 만들어진 한국의
교육 현실은 궤멸 그것이다. 학생들의 교육 선택권을 보장한다며 도입한
초·중등교육에서의 7차 교육과정이나 대학교육에서의 학부제 도입 등
을 통해 나타난 것은 한편으로는 여전한 입시경쟁의 격화, 다른 한편으
로는 기초학문의 붕괴로 요약된다. 신자유주의가 도입되면서 그동안 유
지되던 교육평준화 정책도 금이 가기 시작했다. 특히 노무현정부가 출범
한 뒤 이런 경향이 급물결을 타는 듯 최근에는 특수목적고, 자립형사립

고 설립을 더 자유롭게 해야 한다는 주장이 서울대총장, 한은총재, 서울시장, 경제부총리 등의 입을 통해 나오고 있다. 하지만 상위 인구 5%를 위한 '그들만의' 엘리트교육을 하라는 목소리가 커지는 것과는 대조적으로 한국의 교육은 총체적으로 붕괴중이다. 초·중등교육이 명문대 진학을 위한 입시교육에 멍드는 사이에 국내 최고라는 서울대조차 박사과정 지원자가 미달일 정도로 국내 대학교육은 불신을 받고 있는 것이다. 신자유주의자들은 이런 위기의 원인을 교육평준화에서 찾고 있지만 위기가 심화된 것이 신자유주의 교육정책이 도입된 뒤라는 사실을 은폐하기 위한 책임 떠넘기기라는 것이 정확한 진단일 것이다. 이 책의 부제로 '신자유주의 지식생산을 넘어서'라는 표현을 택한 것은 오늘 한국교육 위기의 근원에는 신자유주의가 도사리고 있다는 이런 판단에 근거하고 있다.

신자유주의 지식생산을 넘어서려면 꼭 필요한 것이 제대로 된 교육개혁이다. 나는 이 개혁을 교육의 공공성을 강화하는 방향에서 추구해야 한다고 본다. 신자유주의가 문제가 되는 것은 교육을 사적 이윤 추구의 도구로 만듦으로써 교육을 사회적 연대의 장이 아닌 만인의 만인에 대한 경쟁의 장으로 만들기 때문이다. 교육개혁이 제 방향을 잡으려면 따라서 지금 추진되는 신자유주의 노선과는 다른 교육개혁의 길, 특히 교육공공성을 실현할 수 있는 길이 요구된다. 이때 중요한 것이 교육운동이다. 지난 10년 가까이 신자유주의 교육정책을 저지하고 제대로 된 교육개혁을 하기 위해 학생, 교사, 교수, 학부모, 교직원, 시민 등 다양한 주체들이 교육운동을 펼쳐왔다. 이 운동이야말로 새로운 교육개혁의 길을 열어줄 가장 확실한 사회적 희망이라는 것이 여기 실은 글들을 쓰면서 지녔던 믿음이다.

『교육개혁의 학문전략』을 이 책의 제목으로 뽑은 데에는 이유가 있다. 그동안 교육운동은 어려운 여건에서 열심히 노력해왔지만 교육개혁을 교육내용이나 학문의 관점에서 이해하는 노력을 소홀히 한 측면이 없지 않다. 이것은 한국교육의 열악한 사정으로 인해 교육운동이 교육권력을 민주화하는 정치적 투쟁에 몰두할 수밖에 없었던 결과이기는 하지만 교육내용 개혁이라는 중요한 의제를 배제함으로써 교육운동의 전망을 좁혀버리는 중대한 문제를 낳았다. 여기 실은 글들은 기본적으로 교육민주화라는 정치적 투쟁을 교육운동의 주된 의제로 수용하면서 아울러 그 운동을 더욱 내실있게 만들기 위해서는 '학문전략'을 구사할 필요가 있다는 생각을 반영한다. 교육개혁 운동은 이제 교육민주화를 중심으로 한 교육방식 못지 않게 초·중등교육과 대학교육의 교과과정, 학문이론 등 교육내용도 개혁의 과제로 삼아야 한다는 것이 이 책의 기본 주장이다.

『교육개혁의 학문전략』은 다섯 해 전에 펴낸 『지식생산, 학문전략, 대학개혁』의 후편에 속한다. 여기 실은 글들은 1994년에 쓴 「현단계 문화정세와 지식인의 과제」를 제외하면 모두 1990년대 말 이후에 쓴 것들로서 개인적으로 민주화를위한전국교수협의회, 문화연대, 전국교수노조, 범국민교육연대 등을 통해 교육운동과 문화운동에 참여하면서 교육과 지식생산에 관해 품게 된 문제의식과 판단들을 담고 있다. 이 글들 대부분은 기존에 내가 쓴 많은 글들처럼 발제문의 형태를 띠고 있다. 늘 느끼는 것이지만 발제문은 시간에 쫓겨 작성하는 것이라서 다시 읽으면 엉성한 구석이 눈에 띄곤 하여 면구스럽게 만드는 흠이 있지만 강권을 당해서라도 살펴보지 않으면 지나쳐버릴 문제들을 다루게 해주는 장점도 있는 것 같다. 이 책의 글들 상당수는 문화연대가 2002년 초부터 추진해온 문화교육운동에 참여하면서 문화운동과 교육운동을 동시에 생각해야 하는 상황에 처하지 않았더라면 쓸 기회를 얻지 못했을 것이다. 나에게 문화교육운동을 중요한 의제로 생각하도록 만들어준 문화연대에, 그리고 교육개혁 문제를 더 깊이 생각하도록 만든 범국민교육연대에 감사드리고 싶다. 교육운동이 학문전략을 펼치는 데 이 책이 조금이나마 도움이 되었으면 한다.

2003년 12월 12일

목 차

1부

신자유주의
지식생산을 넘어서

01

한국 지식생산의 현 상태*

시작하며

지난 10년, 한국의 지식생산은 커다란 변동을 겪었다. 성격, 위상, 특징, 기능, 개념, 소유관계와 생산방식 등 지식과 관련한 주요 사안들에 중대한 수정이 일어난 것이다. 이런 변화를 초래한 요인이야 당연히 많겠지만, 이 글은 1990년대 이후 우리 사회가 본격적으로 신자유주의 공세를 받게 된 것이 결정적이라는 관점을 취한다. 1980년대 말 현실사회주의가 붕괴한 뒤 얼마 되지 않아서 한국은 〈세계무역기구〉(WTO), 〈경제협력개발기구〉(OECD)에 가입하며, 신자유주의 세계화의 물결 속으로 휩쓸려 들어갔다. 1997년 벽두 총파업을 일으키며 한국의 노동자 계급과 민중은 이 흐름에 제동을 걸고자 했지만 성공을 거두지는 못했다. 민중 저항을 봉쇄하기 위해 초국적자본이 음모라도 꾸민 듯 외환위기가 터졌고, 이

---

* 출처: 『문화과학』 34호, 2003년 여름, 13-35쪽.

결과 한국사회는 〈국제통화기금〉(IMF)의 구제금융을 구걸하는 처지로 전락, 신자유주의의 더 거센 공세에 노출되고 말았던 것이다. 이후 한국정부는 초국적자본의 압박 아래 미국, 일본, 칠레 등과 투자협정 협상을 진행했고, 금융, 공공부문 등 이전에는 국민경제 틀 속에서 보호해오던 영역들까지 초국적자본에 개방하고, 공공부문 기관들의 민영화, 기업 구조조정, 노동 유연화 등 일련의 신자유주의 정책을 도입했다. 이 흐름은 노무현정권이 들어선 지금도 마찬가지다. 전교조, 교육개혁시민연대, 문화연대 등 사회운동단체의 강력한 반대와 저항에도 불구하고 세계무역기구에 교육개방 양허안 제출을 결정함으로써 새 정부 역시 신자유주의 세계화 흐름을 이어가고 있다.

대학의 구조조정

신자유주의 사회운영 기조는 지식생산 영역에서도 지배적 경향으로 작용한다. 무엇보다 주목해야 할 것이 전통적 지식생산제도, 특히 대학의 변화다. 신자유주의가 대학에 본격적인 모습을 드러낸 것은 김영삼정권이 마련한 1995년의 '5·31 교육개혁안'을 통해서였다. 이 개혁안의 내용 가운데 눈여겨볼 것이 교육을 공급자 중심에서 소비자 중심으로 개편해야 한다는 소비자 중심 교육관이다. 90년대 후반 교육부는 학생운동권과 교수 등 교육 당사자의 저항을 받아가며 대학으로 하여금 학부제라는 것을 도입하도록 압박했다. 이 제도의 도입은 학생이 입학과 함께 단일 학과에 소속하도록 하던 제약을 벗겨내고 복수전공제 등과 연동해서 대학에 다니는 동안 전공영역을 자율적으로 설계할 기회를 주는 등 학생의 교육 선택권을 강화한 측면이 있지만, 동시에 '장사되는' 학문분야로 학생들이 좀더 쉽게 이동할 수 있게 해줌으로써 영문학, 신문방송학, 광고홍보학, 법학, 경영학 등 일부 학문분야의 교육프로그램 비대화와 비인기 학과의 붕괴 위기로 이어졌다.

90년대에 나타나기 시작한 노동시장의 변동을 고려하지 않으면 왜 학부제와 같은 제도가 도입되었는지 이해하기 어려울 것이다. 교육부는 이 제도를 도입시키면서 학생들로 하여금 특정 영역의 단일 분과학문에 매몰되지 않고 여러 학문들을 가로지르는 공부를 할 수 있게 해주겠다는 명분을 내세웠으나, 이때 고백하지 않은 것이 있다. 신자유주의 노동정책을 강화하기 위해 예비노동자 집단인 대학생인구를 노동유연화의 대상으로 삼은 일이 그것이다. 학부제 도입은 기존의 지식생산에 대한 폐기 선언과 같다. 기업조직의 다운사이징이 진행되고 생산라인을 팀별로 만들어내는 등 사회 곳곳에서 구조조정이 진행되고 있었기 때문에 기존의 분과체계에서 습득한 지식과 기술은 쓸모 없는 것으로 간주되었다. 대신 필요하다고 인정받은 것이 '다면적' 또는 '통합적' 능력이었는데, 문제는 학과제를 해체하며 들어선 학부제도 약속과는 달리 통합학문을 제공할 수 없었다는 것이다. 기껏해야 지식의 몇몇 분과들을 스쳐 지나가도록 했기 때문에 학부제로 축적한 노동 능력은 구조조정으로 시도 때도 없이 일자리 이동을 해야 하는 노동자가 지녀야 할 '이전 가능한 기술'에 불과했을 뿐이다.[1]

다른 한편 대학이라는 지식생산 현장에서 학부제 도입으로 나타난 교육의 소비중심주의는 교수들을 압박하는 이데올로기로 작용한다. 학부제 도입과 함께 교육노동과 지식노동의 유연화가 이루어졌다는 사실을 기억할 필요가 있다. 학부제 수용은 '인기없는' 학문분야, 특히 인문학, 사회과학, 자연과학 가운데 기초학문을 운영하는 학과들에 대한 학생들의 외면을 의미했고, 이것은 기초학문 전공 교수들의 신분을 불안정하게 하는 결과를 낳았다. 아직은 일부 대학에 한정되어 있지만 학과가 해체된 교수들에게 새로운 전공분야를 찾도록 단기유학을 권하거나 심한 경우 해직조치까지 하는 일이 벌어지기 시작한 것이다. 5·31 교육개혁안이 유난히 강조한 것 가운데 하나가 교육의 질 혹은 수월성 제고였다. 학생들의

---

1) '이전 가능한 기술'은 유연적 생산에서 상시적 실직을 겪는 주변부 노동력을 위한 것이라 할 수 있다. 졸고, 「인문학, 문화연구, 문화공학─지식생산의 전화와 대학의 변화」, 『지식생산, 학문전략, 대학개혁』, 문화과학사, 1998, 154쪽 참고.

교육 선택권을 인정하자며 학부제를 도입하고 교육의 수월성을 강조한 것은 언뜻 보면 당연한 말일지 모른다. 하지만 교육공급자이자 지식생산자인 교수들에게 이것은 그대로 노동강화, 지식생산에 대한 통제강화로 이어졌다. 1995년 이후 교수의 신분에 큰 변화를 가져온 계약제, 연봉제, 업적평가제 등이 도입된 것은 모두 이런 맥락에서 이해할 일이다.[2]

　신자유주의 정세가 대학사회를 지배하기 시작한 것은 학생운동이 후퇴한 시기와 정확하게 조응한다. 90년대 중반 이후 학생운동이 급속도로 힘을 잃기 시작하면서 적어도 두 가지 측면에서 지식생산에 변동 요인이 생겼다. 첫째, 학생운동의 약화는 국가로 하여금 교수대중을 체제옹호에 동원할 필요가 없게 만들었다. 학생운동을 봉쇄하기 위하여 과거처럼 교수들의 도움을 청할 일이 줄어들자 국가권력은 교권을 수호한다는 제스처를 더 이상 쓸 필요가 없어졌고, 곧바로 교육노동을 유연화하는 정책을 강화하기 시작했다. 둘째 학생운동의 후퇴는 대안적 지식에 대한 학생대중의 수요를 감소시킴으로써 대학생의 자율적 교과과정에 큰 변화를 가져왔다. 현실사회주의 붕괴와 함께 80년대 말, 90년대 초에 진보적 변혁운동이 후퇴하면서 나타난 것이지만 비판적 사회과학에 대한 수요가 급속도로 감소하기 시작했고, 이후 문화이론에 대한 수요가 잠깐 나온 뒤 대부분 진보적 이론에 대한 젊은 세대의 수요가 급격하게 준 것이다. 학부제 실시와 함께 '잘 나가는' 학문분야로 학생들이 모여들면서 한동안 비판적, 변혁적 이론을 추구하던 학생들도 이제는 기능적, 실용적 지식을 추구하는 경향을 드러내며 토플이나 토익 공부, 고시공부로 관심을 돌린 형편이다.

'지식기반사회'

　대학에서만 지식생산의 변동이 생긴 것은 아니다. 이미 언급한 대로

---

2) 아울러 2001년 11월에 역사상 처음으로 교수노조가 결성된 것도 이런 사정을 반영한다.

이 변동은 사회 전반에 걸쳐 구조조정이 일어난 것과 무관하지 않다. 구조조정 과정에서는 노동자의 전면적 수행능력, 즉 그가 보유한 지식과 기술의 생산성, 효율성에 대한 측정과 평가 작업이 수반되기 마련이다. 구조조정은 자본주의적 효율성의 새로운 배치 전략이면서 동시에 생산현장과 기업에서 핵심과 주변 인력을 분리시켜 지식과 기술의 차별화를 시도하는 과정이기 때문이다. 이와 관련하여 한국사회가 1990년대에 고학력사회로 접어들었다는 사실을 상기하고 싶다. 고학력사회에서 노동대중은 육체노동을 통해 기술과 지식을 습득하기보다는 "노동활동에 들어가기 전에 이미 보편적인 고등교육체계를 통해 사회적으로 훈육"되고 "그 어떤 노동과정에도 무차별적으로 투입될 수 있는 '보편노동자'의 형태"가 된다. 하지만 여기에 문제가 있다. "모든 노동자가 범용적 성격을 획득한다는 사실은 노동의 유연화, 즉 해고와 고용이 자본의 요구대로 무차별, 무제한적으로 단행될 수 있다는 점에서 사회적 보편 노동자나 지식노동자로의 일반화 경향은 노동자들에게 특권이나 행운이 아니라 오히려 지독한 불행"[3] 이기 때문이다. 지식노동자, 고학력자에게 이런 불행이 집중적으로 닥치기 시작하는 시점에, 즉 신자유주의적 구조조정이 사회 전반을 강타하던 시점에 '지식기반사회' 담론이 우리 사회에 등장한 것은 따라서 우연이 아니다.

한국에서 '지식기반사회'라는 용어는 IMF 구제금융과 함께 들어선 '국민의 정부'가 창조적 지식국가 건설을 국정 목표로 선포하고, 정보-벤처 산업에 대한 집중투자와 함께 새로운 노동자 유형으로서의 '신지식인'에 대한 예찬과 발굴사업, 그리고 참여와 협력에 입각한 신노사문화의 제창 및 두뇌한국 21 사업을 통해 엄청난 재정을 지식기반사회 형성을 위한 과학-기술 고등교육 부분에 쏟아 부으면서 본격적으로 회자되기 시작했다. [4]

---

3) 최형익, 「'지식기반사회'의 이데올로기와 노동, 그리고 정치」, 『진보평론』 5호, 2000년 가을, 31쪽.
4) 같은 글, 11쪽.

지식은 이때 무엇을 의미하는가? 한편으로 보면 그것은 범용적 지식, 고졸자의 74.2%가 대학에 진학하는 현재 고학력자가 획득한 지식을 의미한다. '지식기반사회'는 '지식사회'를 전제하며, 누구나 지식인이 될 수 있다는 특성이 있다.[5] 대학입학비율로 세계 최고수준에 속하는 대한민국은 그야말로 지식사회요, 지식기반사회로 갈 수 있는 최적의 조건을 갖춘 사회처럼 보인다. 하지만 다른 한편 이때 지식은 소수가 누리는 능력일 뿐이라는 사실을 잊어서는 곤란하다. 지식(기반)사회에서 인정받는 지식은 누구나 가질 수 있는 지식이 아니라 지식 가운데서도 가장 효율적이고 생산적인 지식이기 때문이다. 이 점은 '지식기반사회' 건설을 국정 목표로 삼은 김대중정권이 한동안 펼친 신지식인론을 보더라도 분명하다. 신설 정보통신부가 앞장서서 퍼뜨린 이 담론에 따르면 '신지식인'은

> 지식기반사회의 중심세력으로 도덕적 역량, 전문적 역량, 신기술 역량을 갖추고 아는 것을 행동으로 실천하는 사람을 말한다. 다시 말해서 이상과 열정 등 일정한 모럴과 전문지식, 컴퓨터, 영어능력을 갖추고 이를 자신이 하는 일에 적용함으로써 지식을 창출하고 생산성을 높이는 사람을 의미한다.[6]

이런 신지식인은 "어마어마한 능력을 갖춘 사람"[7]일 수밖에 없으며, 신지식인론이 한창 회자될 때 문화방송 텔레비전이 매주 내보낸 〈성공시대〉라는 프로그램에 주인공으로 소개된 '기적을 이룬' 사람들처럼 소수일 수밖에 없다. 김대중정권이 의욕적으로 출범시킨 '제2 건국운동추진위'가 사회 각 분야에서 신지식인을 발굴하여 표창하는 것을 주된 사업으로 진행하고, 신지식인 사례 수기 모집 공모까지 벌였으면서도 신지식인을 별로 많이 발굴해내지 못했던 것은 "그들이 말하는 식의 신지식인이란, 단

---

5) 홍성태, 「자본주의 '지식사회'와 '신지식인론' 비판」, 『문화과학』 19호, 1999년 가을, 37쪽.
6) '정통부, 신지식인 양성과 신산업 육성에 주력', http://mic.etri.re.kr/BroadDir/보도자료/정통부.htm. ;홍성태, 앞의 글, 36쪽에서 재인용.
7) 홍성태, 같은 글.

언컨대, 존재하지도, 아니 존재할 수도 없기 때문이다."[8]

강조하건대 지식기반사회 구축을 위한 일련의 정책들, 대학개혁 등 지식생산에서 일어난 최근의 변화는 신자유주의 노선에 따른 것이다. 문제는 신자유주의가 노동자, 여성, 청소년, 노인 등 '소수자'를 위한 해방전략이 아니라 자본의 지배전략이라는 데 있다. 신자유주의 노선이 지식생산에 등장하면서 경쟁력의 함양과 발휘를 최우선으로 여기는 담론이 떠오른 것은 그 때문이다. 그것은 신자유주의 기조가 사회를 지배하면서 지식생산과 관련된 국가와 시장의 역할에 중대한 변화가 일어났다는 것을, 이제는 시장논리가 국가주의를 지휘하기 시작했다는 것을 의미한다. 경쟁력이 곧잘 국가경쟁력으로 내세워지곤 한다고 해서 국가주의가 시장논리를 지휘하는 것은 아니다. 지금 경쟁력은 어디까지나 시장경쟁력이며, 자본의 경쟁력이다. 최근에 들어와서 '문민정부'가 연속 세 번이나 들어섰는데도 농업, 문화, 교육 영역에서 일어나는 초국적자본의 시장개방 압박을 막아내기는커녕 오히려 앞장서서 환영하는 것을 보면 국가는 이제 자본의 이해를 대변하기 위해 존재할 뿐이다. 지금 일어나는 지식생산 변동을 보수적 혁명의 일환으로 파악하고 싶은 것은 이 때문이다. 신자유주의 일반이 자본의 자유를 신장하고 노동의 권리를 축소하기 위하여 시장개방, 민영화, 구조조정을 진행하는 것과 마찬가지로 지식생산에서도 보수적 관리가 진행되고 있다. 여기서 '보수적 관리'를 말하는 것은 지식생산의 혁명적 계기들을 봉쇄하고 결국 자본주의 지배구도를 재생산하는 일이 진행된다는 것을 가리키기 위함이다.

지식생산의 새 조건

피터 드러커에 의하면 오늘날은 노동과정에 지식을 적용함으로써 생산성 혁명을 이루던 시기를 지나 "지식을 지식에 적용"하여 새로운 지식을

---

8) 최형익, 앞의 글, 15쪽.

만들어내는 경영혁명의 시대다. 9) 드러커의 이 관점은 오늘 지식기반사
회 담론의 중요한 이론적 기반으로 인정받고 있지만 지식을 유일한 사회
적 부의 창조자인 양 만들어내고, 노동과 자본의 구분을 무의미하게 만듦
으로써 지식이 기반이 되는 '자본주의 이후'의 사회를 무계급사회로 둔갑
시켜 버린다는 점에서 결정적인 문제를 안고있다. 10) 위에서 살펴본 대로
한국에서 '지식기반사회'가 지배이데올로기로 출현한 것도 신자유주의 지
배 전략이 왕성하게 펼쳐지던 때, 즉 자본의 계급지배가 가장 첨예하게
이루어지기 시작한 시점이었다. 그렇다고 하여 '지식의 지식생산'이 완전
히 허구라는 말은 아니다. 과학기술, 특히 사이버네틱스의 출현과 자동
기계화로 인해 지식의 자기생산, 자동생산은 결정적인 사회적 현실이자
문제로 등장했다. 최근에 들어와서 노동시장의 가장 큰 문제로 떠오른 비
정규직 증가도 따지고 보면 자동기계화로 필요노동이 줄었는데도 자본의
공세 강화로 인해 노동시간을 단축하여 일자리를 보전하거나 늘이는 대
신 구조조정으로 문제를 정리한 데 따른 결과다. 이상락에 따르면 이것은
'전자기술 및 지식'을 이용한 노동계급 와해전략이다.

전자기술에 기초한 컴퓨터가 생산에 도입되고 자동피드백제어가 가능해짐으
로써 기존의 생산방식과는 근본적으로 상이한 새로운 생산방식의 도입이 가
능하게 되었다. 프로그램에 의해 자동제어가 가능한 로봇이나 수치제어
(Numerical Control) 공작기계, 자동조립기계, 자동운반기계, 자동검사기계,
자동설계기계 등등 컴퓨터를 활용한 무수한 자동기계들이 이전에 생산직 노
동자들이 하던 일을 대신 하게 되고 이것들이 도리어 이들 노동자들에 대한
지배를 강화하게 되었다. "11)
그런데 과학기술, 자동기계화가 반드시 노동자들에 대한 지배강화로만

9) 피터 드러커, 『자본주의 이후의 사회』, 이재규 역, 한국경제신문사, 1993, 76쪽.
10) 최형익, 앞의 글, 23쪽.
11) 이상락, 『정보시대의 노동전략—슘페터 추종자의 자본 전략을 넘어서』, 갈무리,
1999, 93쪽.

이어지는 것은 아닐 것이다. '전자기술 및 지식'이 노동자계급 와해전략으로 이용된다고 보기 이전에 지식이 지금 어떻게 생산되는지 다시 한번 생각해볼 필요가 있다. 이미 말한 대로 오늘의 지식생산은 지식에 의한 지식생산 형태를 띤다. 심광현에 따르면 이것은 지식생산의 '객관화'에 해당한다.

근대적 지식이 과거에는 신비스러운 '기능'의 비밀을 객관화했다면, 이제는 지식 그 자체의 생산양식을 객관화함으로써(사이버네틱스의 등장) 지식은 외부의 대상이 아니라 내부의 지식생산과정 자체를 대상(자기지시적)으로 삼게 된 셈이고, 이것이 곧 컴퓨터/사이버네틱스 발달 과정의 실제적 의미라고 할 수 있다. 이와 같이 스스로를 대상으로 삼는 오늘날의 지식이란 곧 사이버네틱스화의 과정, 달리 말하면 지식의 자기성찰적 과정의 강화(앤소니 기든스)라고도 할 수 있다. 그리고 이런 측면에서 서로 분리된 것으로 보이는 외부의 대상에 따라 셀의 형태로 분할되어 있는 근대적 지식체계가 지식생산과정 전체의 자기성찰적 역동성을 축으로 재편되는 것은 필연적이라 할 수 있겠다.[12]

지식의 이런 새로운 생산방식과 함께 어떤 현상이 일어나고 있는가? 한 예가 '테크노문화의 확산'이다. 그런데 우리가 눈여겨볼 점은 이로 인해 지식생산이 노동계급의 와해전략으로만 이용되는 것이 아니라 지식의 새로운 편성문제를 안게 된다는 사실이다.

통신체계의 복합적인 네트워킹을 매개로 한 모노미디어에서 멀티미디어로의 변화는 이전에는 따로따로 분리되어 있었던 이미지와 텍스트, 소리와 질감, 냄새까지도 '동시화'하고 있어 인간의 인식과 감수성의 체계 전체가 이전과는 다른 새로운 '편성'과 '배열'을 이루게 된다는 점이 문제가 된다. 예술이나 학문 분야에서 장르와 분과간의 통폐합이 대규모로 진전되는 것은 이런 문제와

---

12) 심광현, 『탈근대 문화정치와 문화연구』, 문화과학사, 1998, 289-90쪽.

불가분의 관계에 놓여 있으며 소위 '포스트모더니즘' 논쟁 자체도 따지고 보면 바로 그 핵심은 이 문제와 연계되어 있다.[13)]

심광현의 이 말은 위에서 살펴본 대학의 구조조정을 사회적 필연성 관점에서 다시 생각하게 해준다. 학부제, 교수평가제 등은 국가와 자본이 지식노동을 통제하기 위해 동원한 압박임이 분명하지만 과학기술과 테크노문화가 새롭게 전개되는 객관적 사회적 변동을 반영한 것이기도 하다. 물론 신자유주의 국면에서 이 반영은 보수적 모습을 띠고 있는 것이 사실이다. 기존의 분과학문 체계와도 다르지만 새로 도입된 학부제와도 다른 문화연구나 여성학과 같은 협동과정, 통합학문이 새로운 지식생산의 유형으로 도입되는 과정에서 이들 지적 기획이 원래 품고 있던 진보적 문제의식이 탈각되는 경우가 많은 것은 그 때문일 것이다. 하지만 그래도 그런 프로그램들이 지금 늘고 있으며, 이것은 과학기술과 테크노문화의 등장 등 지식생산의 새로운 조건을 반영하는 현상임이 분명하다. '문화연구'나 '여성학'의 현재 운영 방식, 그 기본 취지에 문제가 있다는 것과는 별도로 그런 프로그램이 대학에서 생겨난다는 사실 자체는 대학들이 이제는 보수적 관점에서라도 새로운 지식생산을 시도할 필요를 느낀다는 증거다.

다시 눈여겨볼 점이 새로운 지식이 구성되는 방식이다. 여성학, 문화연구, 생태학 등 새로운 지식은 하나의 단일 사안(여성문제, 외국인문제, 환경문제)에 초점을 맞추면서도 기존의 다양한 분과학문들을 관통하기 때문에 국지적이면서 동시에 통합적인 구성을 이루는 경향이 있다. 이것은 새로운 지식이 구체적인 현장에서 벌어지는 상황의 복잡성에 대한 대응으로서 요청되기 때문이 아닐까 싶은데, 요즘의 지식생산은 그래서 최근 부쩍 늘어나고 있는 '게릴라성 소나기'를 닮은 듯하다. '게릴라성 소나기'는 국지 현상이지만 이때 국지는 다양한 기후 요인들이 중층결정된 결절점이며, 따라서 단일한 한 지점이 아니라 다른 지점들과 연계된 복잡성

---

13) 같은 책, 286-87쪽.

의 체계다. 국지에 있는 개인도 이제는 지구적 관련성을 지닌 환경피해를 입을 수 있는 오늘날 필요한 지식은 과거처럼 단일한 대상에 조응하는 것이 아니라 복잡성체계를 이해할 수 있게 해주는 것이어야 한다. 근래에 통합학문에 대한 요청이 높아지는 것은 환경, 경영, 저항의 조직과 계획 등 오늘 삶의 문제가 발생하는 지점이 여러 생태적, 사회적 관계들이 응결되는 지점이고, 이런 지점에서는 하나의 지식도 이미 상이한 지식들의 절합으로 구성되어야 하기 때문일 것이다.14) 지식은 이 결과 현장에서 발생하는 다면적 상황에 대한 대처능력으로 파악된다.

오늘 이런 유형의 지식생산을 가능하게 해주는 가장 훌륭한 생산수단은 컴퓨터다. 컴퓨터 단말기 앞에 앉으면, 과거 수십 년에 걸쳐서 해야 할 자료조사도 순식간에 할 수가 있으며, 발 품을 팔며 먼 곳 도서관을 찾아갈 필요 없이 검색을 할 수 있다. 내 노트북컴퓨터는 중학교 시절 들고 다니던 책가방보다 더 가볍지만 한편으로는 내 서재, 작업실, 도서관이고, 다른 한편으로는 내 수첩이자 필기장, 책의 지면, 서류철이며, 또 다른 한편으로는 내 오디오세트이자 비디오세트가 된다. 작은 기계 하나가 이토록 놀라운 복합 기능을 갖춘 것은 독특한 방식으로 정보처리를 하기 때문이다. 모니터를 살펴보자. 2차원 평면으로만 보이지만 컴퓨터 화면은 수많은 계곡과 산맥들을 안에 품고 있는 것과 같다. 하이퍼텍스트를 펼칠 수가 있어서 복잡한 세계들을 만들어내기 때문이다. 하이퍼텍스트는 비-선형으로 구성된 텍스트로서 여기서 하나의 구문과 그 안에 속한 신태그마들(syntagmata)은 각자가 만들어내는 개별 사건의 차원에서는 일회성 발화에 속하지만 이질적 계열의 다른 사건들과 연계되어 있다. 무수한 다른 발화들이 교차하는 절합의 지점인 것이다. 하이퍼텍스트에서 평면은 다른 평면으로 이어지는 결절점들이 모인 굴곡진 평면, 매끄러운 듯해도 여러 차원으로 분열된 프랙탈 공간이다. 여기서 전진은 그래서 곧

---

14) 강내희, 「분과학문 체계의 해체와 지식생산의 '절합적 통합'」, 『지식생산, 학문전략, 대학개혁』, 40-43쪽 참조.

잘 빗나가기가 될 수 있고, 지식행위로서 글쓰기와 독서도 옆길로 새는 방식으로 진행된다. 지식은 이때 축적되기만 하는 것이 아니라 연결되고, 접속되고, 연계되며, 내부에 다른 지식들로 통하는 길목을 무수히 가지고 있다는 점에서 복잡성체계다. 하이퍼텍스트로 구성되는 지식은 따라서 근본적으로 복합적 지식이며, 통합학문의 성격을 지닌다고 하겠다.

새로운 지식 구성은 새로운 과제와 문제를 야기한다. 인터넷에 접속되었을 때, 내 컴퓨터는 음속을 초과, 빛의 속도로 무한의 공간을 횡단하며 실시간으로 정보를 집합하고, 처리한다. 이때 관건은 정보의 수집과 처리 방식을 어떻게 하느냐 하는 문제, 즉 프로토콜을 어떻게 정하느냐는 것이다. 프로토콜은 '컴퓨터 상호간 대화에 필요한 통신 규약'으로서 컴퓨터상에서 교환되는 정보들의 상호 인지가능성을 만들어내는 틀이다. 오늘 지식생산에서 핵심적으로 중요한 것이 이 프로토콜을 어떻게 관리하고 통제하느냐가 아닐까 싶다. 지금은 노동자의 저항과 투쟁을 통제하는 데 주로 활용되고 있지만 전자기술을 사용하는 자동기계도 노동시간을 단축하고 자유시간을 확대하는 데 중요한 기여를 할 수 있다. 문제는 이 전자기술을 누가 장악하고 어떤 용도로 사용하느냐는 것이다. 여기서 지식생산과 관련한 통제의 문제가 발생한다.

통제정책: 흡수와 지원

고성능 정보처리 능력을 갖춘 노트북이나 인터넷 같은 지식생산수단이 널리 보급되어 접근하기가 쉬워진 상황에서 지식은 당연히 과거와는 다른 방식으로 배분된다. 단적인 예로 지식의 전문가와 비전문가, 생산자와 소비자의 구분을 어렵게 만드는 '생비자'(生費者, prosumer)의 등장을 꼽을 수 있다.[15] 오늘 대중은 과거라면 교수, 학자, 과학자, 변호사, 기

---

15) 이것은 일반인의 동영상 제작을 가능하게 하는 캠코더, 독자로 하여금 작가 역할을 하게 하는 하이퍼텍스트나 오서링시스템(authoring system), 정보 수집을 용이하게 하는 인터넷 등 자동생산기술 내장 매체가 널리 보급된 데 따른 결과이기도 하지만 다른 한편으로

자 등 전문가들만 접할 수 있던 사실이나 사건, 지식을 직접 보고 들으며 확인할 수 있는 지식생산수단을 갖춤으로써 전문가의 실수까지 잡아낼 정도의 '실력'을 갖춘 경우가 많다. 네티즌, 매니아, 오타쿠, 혹은 사이버논객 등 '대중지식인'이 늘고 있는 것이다. 하지만 이로 인해 지식생산을 더 체계적으로 관리해야 할 필요도 생겨났다. 대중지식인의 출현은 대중과 민중을 통제해야 한다고 보는 쪽에 곤란을 야기한다. 지적 대중은 사이버공간과 같은 비공식제도를 통해 활동하기 때문에 통제에서 벗어나 있기 때문이다. 최근 정보통신부가 중심이 되어 인터넷실명제를 도입하려고 시도하는 것은 어떻게든 이 대중을 통제해보려는 시도임이 분명하다.

대중지식인이 등장한 것과 때를 맞추어 시인, 영화감독, 사회운동가, 배우, 개그맨, 대중가수, 벤처 회사사장 등 '현장 전문가들'이 대학에서 교수직을 얻는 사례가 늘어나는 것도 이런 맥락에서 이해해야 할 듯싶다. 대학이 이들을 채용하는 것은 한편으로 보면 우리 사회에서 가장 중요한 지식생산제도가 자신의 외부에서 생산된 지식과 전문성을 인정할 수밖에 없는 상황에 몰렸음을 말해준다. 연예인을 교수직에 초빙하거나 학생들을 유치하기 위해 스스로 상품임을 자처하며 광고를 내는 대학이 갈수록 늘고 있다. 과포화 상태로 경쟁이 극심해지면서 대학의 존립이 그만큼 어려워졌다는 말이다. 하지만 반면에 비제도권 전문가의 영입은 대학이 새롭게 등장하는 지식인들을 포섭한다는 의미도 있다. 비제도권 대중지식인의 활동과 영향력은 지식생산의 주체로 자임하는 대학의 정당성과 권력을 위협하는 요인이 아닐 수 없다. 비제도권 전문가 수용을 자신의 권위에 도전하는 외부 지식인들을 흡수하려는 대학의 전략이라고 간주하는

대중의 위상과 태도, 의식, 능력의 변화는 정치경제의 발전으로 국민의 삶의 조건과 자신감이 향상된 데 따른 것이다. 대중은 이제 정교한 기술을 일상적 도구로 활용하면서 전문가 못지 않은 식견과 능력을 가지게 되었다. 오늘 대중이 사회적 요구를 당당히 제출하는 것은 이런 기반이 있기 때문일 것이다.

것은 이 때문이다. 지금 우리 사회에는 사회운동, 문화산업, 정치영역을 포함하여 과거에 비해 훨씬 더 많은 '유기적 지식인', 전문가의 참여를 요구하는 공간이 늘어나고 있다. 이런 상황은 대학으로서는 큰 도전이지만, 대학이 비제도권 전문가와 지식인을 자신의 통제 안으로 끌어들일 수 있는 조건 또한 형성중이다. 비정규직 비율 증가 등 전반적인 생존 조건이 나빠지고 있기 때문이다. 최근에 들어와서 시인, 영화감독, 사회운동가 등이 대학의 (객원)교수가 되는 일이 늘어나는 것은 대학이 구조조정을 통해 전통적으로 지켜온 지식생산 방식을 수정하기 때문이기도 하겠지만, 교수, 변호사, 기자, 프로듀서 등 정규 소득원이 있는 전문직 이외의 지식인은 안정된 소득을 얻으며 활동할 수 있는 분야가 없기 때문이기도 하다. 현장 전문가를 대학이 영입하는 현상은 전통적 지식생산의 거점인 대학이 비제도권 지식인들에 대한 흡수 전략을 구사하는 사례로 보인다.

지식생산을 통제하는 또 다른 방식도 있다. 최근 학술지원이 부쩍 늘어났다. 1999년부터 7년 예정으로 매년 2천억원 규모의 연구개발비를 지원한다며 시작한 '두뇌한국 21' 사업과 재작년부터 매년 1천억원 규모로 실시되는 '기초학문지원사업'이 단적인 예들이다. 이로 인해 학술진흥재단(이하 학진)의 예산도 급증하여 2003년의 경우 2,364억원에 이른다.[16] 이것은 90년대 후반 이후 국가와 대학의 관계가 변하기 시작했음을 보여주는 대목일 것이다. 한국 대학들은 그동안 별다른 지원도 얻지 못한 채 일방적으로 국가의 통제만 받아온 편이다. 국가의 대학 지배는 1990년대 초까지는 대학 설립허가를 내주는 것 자체가 큰 이권을 부여하는 역할을 했고, 또 한국사회가 지속적으로 고학력 산업예비군을 만들어왔다는 사실과 무관하지 않다. 사실 고학력자 양산은 대책 없는 짓으로서 이를 조

---

16) 최갑수, 「학술진흥정책의 현황과 개혁방향: '한국학술진흥재단'을 중심으로」, 문화연대, 민교협, 교수노조, 학술단체협의회 등 공동주최 '노무현정부의 학문정책 개혁과제 토론회' 자료집(2003. 4. 18), 48쪽. 학진의 전체 예산은 5,000억에 이른다.

장한 교육부의 책임을 물어야 할 사안이지만, 대학진학률이 높아지는 마당에서는 대학을 세우는 것 자체가 장사가 되는 판이었던지라 대학은 국가의 강압적 통제를 받더라도 그것을 감수하는 편이었다. 이런 상황이 완전히 끝난 것은 아니다. 하지만 일부 지방대학에서 심각한 정원미달 사태가 생기기 시작한 1990년대 후반부터 국가의 통제는 지원이라는 새로운 형태를 띠기 시작한다.

국가의 학문 지원을 지식생산 통제의 일환으로 볼 근거는 무엇인가. 지금 지식생산 영역에서는 전대미문의 일이 펼쳐지는 중이다. '두뇌한국 21 사업'과 '기초학문 지원사업'이 대학원 학생들, 비정규직(시간강사) 박사학위 소지자들을 입도선매(立稻先賣) 형태로 수많은 연구프로젝트에 동원하는 바람에 '박사품귀' 현상이 벌어지고 있다. 이 상황은 일면 국부의 신장을 반영하는 것일 게다. '두뇌한국 21' 사업은 1996년 한국이 〈경제협력개발기구〉에 가입하면서 이 기구가 한국 지식생산 기반의 취약성을 지적한 보고서를 낸 뒤 시행한 것이다. 지적을 받고 시행한 것이지만 그래도 지원이 일어난 것은 환영할 일이며, 우리 사회가 경제성장으로 그나마 여유를 지니게 된 덕분일 것이다. 하지만 동시에 학술지원정책은 〈경제협력개발기구〉 소속 주요 국가를 중심으로 움직이는 자본주의 세계체제가 요구하는 신자유주의 질서를 지식생산에 반영하려는 노력의 일환이기도 하다. 기초학문지원정책 실시와 함께 젊은 연구자들이 대거 연구프로젝트에 동원되면서 정작 자신의 전공분야 연구는 중단하는 일이 많아졌다. 17) '두뇌한국 21'의 경우는 수혜대학이 지원금액에 상응하는 재정을 감당하도록 함으로써 지원을 받지 못하는 같은 대학의 다른 학과와 프로그램이 차별당하는 문제도 있다. 이런 상황을 신자유주의적이라 보는 것은 이때 지원을 받는 쪽은 한결같이 생산성, 경쟁력이 있다고 치부되는 분야고, 차별을 받는 쪽은 그렇지 않다고 판정되는 분야이기 때문이며,

---

17) 내가 가르친 한 여성연구자는 영문학과 관계없는 민중생활사 연구프로젝트에 참여하게 되어 식민지시대 신문을 들여다보는 데 시간을 뺏기고 있다며 어려움을 토로했다.

결국은 지식생산에서도 부익부빈익빈이 일어나고 있기 때문이다. 18)

지원이 통제의 수단이 되는 이유가 있다. 무엇보다 그것은 지원과 함께 평가가 중요성을 갖게 되기 때문이다. 이와 관련하여 근래에 들어와서 국가가 교육과 학문의 '사상'에 대한 통제보다는 그 '수월성'에, 즉 교수들의 연구능력, 지식의 생산성과 경쟁력 등 수행평가에 더 큰 관심을 기울인다는 점을 주목할 필요가 있다. 19) 교육부는 '두뇌한국 21' 사업에 선정된 대학에 대해서는 교수업적평가제도를 의무적으로 실시할 것을 요구했다. 지원은 곧 통제의 일환이었던 것인데, 1998년 여름 1,000명이 넘는 전국의 교수들이 모여 이 사업에 반대하는 시위를 벌였던 것은 바로 이런 점을 간파한 때문이다. 교수평가제도가 도입되면서 그동안 교수집단의 외면을 받아오던 학회와 학회지의 권위가 상승하기 시작한 것도 같은 맥락이다. 분야에 따라서 사정이 다르기야 하겠지만 적어도 인문사회과학 쪽의 국내 학회지는 대학원생이나 갓 학위를 취득한 신참연구자의 논문을 실어오던 것이 얼마 전까지의 관행이었다. 연구업적이 중요한 비중을 차지하게 된 지금 어떨까? 학회지 지면 확보 경쟁이 얼마나 치열한지는 상상에 맡긴다. 덩달아 학술진흥재단의 권력이 커지고 있다는 점도 눈여겨볼 필요가 있다. 학진은 그러잖아도 학술연구비 지원을 주관해온 터라서 주요 지식권력 기관으로 행세해왔는데, 연구업적평가가 교수평가의 주요 기준이 되면서 더 큰 권력을 갖게 되었다. 여기에는 학진이 국내에서 발간되는 학술지들 가운데 일부만을 등재지와 등재준비지로 인정하는 권한을 가진다는 점이 큰 작용을 하고 있다. 갈수록 많은 대학들이 이 두 분류에 들어가는 학술지에 게재된 논문만을 인정하는 경향을 드러내고 있기 때문이다.

---

18) 기초학문지원정책의 경우는 경쟁력이 없는 쪽에도 지원을 한다고 하겠지만, 이때도 결국 선택받은 프로젝트에만 지원을 한다는 점에서 부익부빈익빈 현상은 계속된다.

19) 인권변호사 출신 고영구씨의 국정원장 임명, '진보적' 성향을 띤 서동만 교수의 국정원 기조실장 임명은 국가가 사상 문제에 대해서는 과거와는 상당히 다른 입장을 가지고 있음을 보여주는 최종판본이 아닐까 한다.

독점강화, 종속심화

지식생산이 변동하는 국면에서 지식의 정당화 장치들은 어떤 역할을 하는 것일까? 언뜻 생각하면 대학이 구조조정을 겪고 있는 만큼 전통적 학문이나 지식으로 간주되어온 것들에 대한 새로운 평가가 일어날 것 같으나 꼭 그렇지는 않다. 기초학문 흔들기와 같은 변동이 일어나고 있는 것은 사실이지만 기존의 학문분야들을 안정화하고 공고화하는 절차도 진행되고 있다. 대학 구조조정을 주도하고, 지식생산의 변동을 규정하는 쪽은 물론 신자유주의 세력이다. 지금 대부분 대학들은 경쟁력을 강화한다며 자신이 생산하는 지식의 '품질관리'에 혈안이다. 학진이 인정하는 학술지에 논문을 발표했느냐가 가장 중요한 기준이 되는 것은 그 때문이다. 그런데 좀더 들여다보면 지금 연구업적 평가에서 가장 높은 점수를 받는 학술지는 학진이 인정하는 학술지도 아님을 알 수 있다. 근래에 가장 큰 각광을 받는 것은 예술·인문학논문인용색인(A&HSCI), 사회과학논문인용색인(SSCI), 과학논문인용색인(SCI) 등 개별 분야가 인정하는 학술지색인에 등록된 학술지에 게재된 논문인 것이다.[20]

'수준 높은' 국제학술지에 논문을 발표하라는 권유이니 만큼 이런 조치가 당연히 학문과 지식생산 발전에 도움이 될 것이라 여기겠지만 꼭 그렇지는 않다. 위에서 말한 대로 대학의 구조조정으로 기초학문분야는 거의 초토가 된 실정이다. '두뇌한국 21' 사업이나 기초학문육성 정책도 제대로 된 성과를 거두지는 못했다. '두뇌한국 21'은 예산의 절반이 서울대 공대에 집중될 만큼 사실상 서울공대 특별지원 정책이라는 비난을 받았으나 최근 들어와서 이처럼 집중 지원을 받은 공학 분야마저도 전공을 하겠다는 학생 수가 급감하였다. 그리고 정부가 시행하는 학술지원의 가장 큰 수

---

20) 필자가 재직하는 대학도 그러하다. 이에 따라서 지금 쓰는 이 글은 정식논문으로 인정받기가 어렵다. 이런 지식정책이 비판적, 성찰적 지식생산의 길을 선택한 지식인 또는 비생산적 지식노동자는 공식 평가제도에서 인정을 받지 못하게 만드는 것임을 구태여 말할 필요가 있을까?

혜자인 서울대학교도 지금 박사과정에 지원하는 학생들이 적어서 정원미달 학과가 속출하고 있다. 왜 이런 일이 일어나는 것일까? 지식생산에서도 극심한 부익부빈익빈 현상이 생겨나고, 독점 현상이 심해진 때문이다.

지식이라고 해서 모두가 지식으로 인정받는 것은 아니라는 사실을 환기하고 싶다. 알다시피 사회에는 상식, 잡학, 정보, 소문, 학식, 기술, 과학, 학문 등 다양한 유형의 지식들이 있다. 그러나 이것들은 '정식' 지식이라는 지위를 얻기 위해 정당화 과정을 밟아야 한다. 대학, 학회, 연구소 등에서 온전한 과학, 제대로 된 학문, 정식 지식으로 인정을 받아야 하는 것이다. 지금 학회지, 학진이 권위를 강화하고 있는 것은 이런 이유 때문이다. 하지만 학회지 중심의 지식이 인정을 받는다는 것은 지식생산의 변동에도 불구하고 여전히 특정한 지식이 특권을 부여받고, 권력을 독점한다는 말이다. 지식들은 서로 경쟁하고, 투쟁을 벌인다. 한국에서 지식들의 관계는 어떻게 이루어지고 있을까? '두뇌한국 21' 사업, '기초학문지원사업'을 통해, 그리고 학회지와 학진의 권력 강화 과정에서 높은 평가를 받는 것은 실용적 생산적 지식이지 기초학문은 아니다. 최근 기초학문에 대한 지원이 이루어지기 시작한 것은 사실이지만 이 경우에도 주로 프로젝트 형태로 가공될 수 있는 지식이 인정을 받는다. 학진이나 학회, 학술지의 권위가 올라갈수록, 그리고 인문학, 예술, 사회과학, 자연과학의 논문색인에 실리는 글이 높은 평가를 받을수록 국내의 지식생산은 지배적인 권력구도 안으로 빨려들고 있다.

지식생산의 독점강화 이외에 종속심화도 심각하다. 앞서 언급한 '프로토콜'의 문제를 이 맥락에서 상기시키고 싶다. 학회지, 학진, 과학논문인용색인(SCI) 등이 지식 평가의 기준이 되고 있는 상황은 지식사회에서 일정한 방향의 소통코드가 만들어지고, 이것이 지식의 순환을 결정함을 보여준다. '무역관련지적재산권'(TRIPs) 협정이 지금 발효중이다. 이 협정은 〈세계무역기구〉의 부속협정으로 "저작권, 상표권, 특허권 등 전반적인 지적 재산권 보호에 관한 포괄적인 무역 규범"이며, 지식강국인 제1세계 국가들에 유리한 내용을 담고 있다. "제1세계 국가들은 문화, 서비스, 정보 산업 등에서 경쟁력을 가지고 있으며, 무역에서 지적 생산물과 지적 재산권 자체가 차지하는 비중"이 높다. "TRIPs 협정은 기술 이전 및 확산을 봉쇄하고 초국적기업의 기술 독점을 강화시키는 결과"를 초래하므로 과학기술에서 뒤떨어진 나라에는 불리할 수밖에 없다.[21]

'무역관련지적재산권' 협정의 발효로 지식의 부익부빈익빈 현상이 초국적으로 재생산되고 있는 지금, 한국의 지식생산은 어떻게 될 것인가? 지금까지 살펴본 대학의 구조조정과 그로 인해 강화중인 교수평가제도, 학회, 학회지, 학진 등 기존 지식제도의 권위 제고는 과연 어떤 결과를 가져올 것인가? 필시 지식생산의 동심원 구도가 강화될 것이다. 지금 국내에서 한국, 미국, 영국, 독일, 프랑스, 일본, 중국, 남미, 동남아 등지에서 취득한 학위가 어떻게 평가되는지 생각해 보라. 사회학, 정치학, 인류학, 교육학, 문학, 언어학, 자연과학, 공학 등 대부분의 분과학문이나 학문계열에서 갈수록 서구, 특히 미국에서 생산된 지식이 지식권력을 행사한다는 점을 구태여 말할 필요가 있을까? 한국의 지식생산은 계속 종속 심화를 겪고 있다.

진보적 전화를 위하여

'지식인과 한국사회'라는 주제로 특집을 꾸민 『진보평론』의 2003년 봄호에 기고한 글에서 한국 진보적 지식인의 표상이라 할 김진균은 "1990년대 중반에 이르면 '어용교수' 시비는 공론의 장에서 사라는 듯하다"는 진단을 내린 바 있다. 어떤 변화가 있었기에 어용시비가 사라진 것일까? 과거 '진보적 세력'으로 여겨지던 사람들 가운데 상당수가 이제는 사회적으로 토대를 잡고 공론의 장에서 정치적 발언을 어렵지 않게 할 수 있게 됨으로써 "지식인 일반에 대한 정의나 이미지 규정의 변화"가 생겨났기 때

---

21) 장여경, 「신자유주의 세계화와 인터넷」, 『문화과학』 27호, 2001년 가을, 263쪽.

문이다. 22) 김교수는 그러나 어용교수 시비가 사라진 지금이야말로 지식인은 새로운 진보를 위한 '인식론적 단절'을 감행해야 한다고 강조한다. 보수와 진보 이데올로기 진영 사이에 좀더 명확한 구획을 짓는 새로운 지식인의 출현이 필요하다는 말이다. 23) 문제는 같은 특집에 글을 낸 이성백이 지적한 대로 "진보진영의 사회적 활동을 이어나갈 후속세대를 키워나가는 데 있어서 한국의 진보진영은 난관에 봉착해 있다"는 사실이다. 24) 지금 한국의 지식생산은 수동적이고 보수적인 방식으로 이루어지고 있다. 지식생산의 이런 상태에 어떻게 개입해야 할 것인가?

그동안 나는 지식생산의 현 상태를 전환하려면 지식생산의 공공성 강화, 민주화, 생산성 강화가 필요하다는 입장을 피력해왔다. 25) 이 기본방향을 다시 확인하면서 여기서는 지식의 공공성, 민주성, 생산성의 상호관계를 살펴보고자 한다. 진보적 지식생산이 추구해야 할 목표 가운데 공공성 강화와 민주화를 놓고 시비를 걸 일은 없겠지만 생산성 강화 주장에 대해서는 고개를 저을 사람들이 있을 것이다. 이 주장은 요즘 설치고 있는 신자유주의자들이 내세우는 '경쟁력 담론'과 일면 비슷한 점이 있기 때문에 그런 반응이 전혀 잘못된 것은 아니다. 하지만 여기서 말하는 생산성은 자본과 국가의 지배를 위한 생산성이 아니라 노동과 민중의 해방을 위한 생산성, 비판과 저항의 생산성이며, 지식생산의 진보적 혁신을 위한 전략적 개념이라는 점을 강조하고 싶다.

지식생산의 진보적 전화는 절로 일어나지 않고, 그것을 추동하는 사회운동을 요청한다. 다만 이 운동은 소수 지식인들의 운동만이 아니라, 학생운동, 교사운동, 교수운동, 학부모운동, 나아가서 노동자, 농민, 여성

22) 김진균, 「지식인—인식론적 단절과 사회운동」, 『진보평론』 15호, 2003년 봄, 11쪽.
23) 같은 글, 22쪽.
24) 이성백, 「인적 배치의 측면에서 본 지식인 사회」, 『진보평론』 15호, 25쪽.
25) 졸고, 「대학의 공공성 강화와 민주적 개혁」, 『지식생산, 학문전략, 대학개혁』, 문화과학사, 1998, 271-99쪽 참조. 그리고 이 책에 함께 실린 「지식생산의 변동과 대학의 구조조정」과 「대학개혁과 지식의 공공성」 참고.

운동 등을 포괄해야 할 것이다. 지식생산의 진보적 실천이 광범위한 진보운동과 함께 해야 하는 것은 이제는 지적 대중이 등장했으며, 지식노동자가 보편적 노동자의 모습을 갖추고 있기 때문이다. 지식생산의 진보적 혁신은 따라서 사회 제세력이 동의할 수 있는 유형의 지식생산을 기본목표로 삼지 않을 수 없다. 이때 이 제세력 또는 대중을 끌어들이는 노력이 필요할텐데, 그동안 교육운동이나 학술운동이 주장해온 지식의 공공성 강화와 민주화만으로는 부족하다는 느낌이다. 지금 대학에서는 구조조정이 한창이고, 진보적 지식생산에 먹구름이 끼고 있지만 학생 대부분은 학부제를 무비판적으로 수용하고 있고, 각자의 경쟁력 강화를 통해 노동시장으로만 진출하려는 것이 현실이다. 이런 상황에서는 대학의 지식생산을 근본적으로 바꾸라는 대중적 요구를 조직하기가 극히 어렵다. 지식의 공공성 강화와 민주화 이외에 '생산성' 강화를 진보적 지식생산의 새로운 목표로 만들어 세 축을 가지고 지식운동을 일으킬 필요가 있다고 본다. 지식의 생산성을 중시하자는 것은 진보적 지식생산이 지식대중인 학생들에게 실질적으로 도움을 주어야 한다고 보기 때문이다. 지식생산 문제가 자신의 능력 강화에, 그리고 삶에 핵심적으로 중요하다는 점을 인식하도록 함으로써 학생들이 지식생산 문제에 관심을 갖도록 해야 한다.

그렇다고 지식의 민주화와 공공성 강화가 중요하지 않은 것은 아니다. 사실 지식의 생산성은 지식의 공공성과 민주성과 제대로 연결될 때 그 의미를 실질적으로 갖게 된다. 지금 대학에서 생산되는 지식은 주로 사적 자본의 의해서 소비된다. 지식의 소비, 또는 활용이 공공영역에서 더 많이 일어나게 하는 작업이 요청된다. 그런데 이 작업은 그냥 일어나는 것이 아니라 사회운동을 통해서 가능할 뿐인데, 이때 학생운동의 새로운 목표 설정이 중요하다. 학생대중이 지식노동자로서 노동시장에 상품으로 팔려가기만 하는 현상황을 바꾸려면 학생운동은 공공영역 창출 운동에 관심을 돌릴 필요가 있다. 알다시피 현재 고학력노동자들이 진출하는 곳은 주로 시장영역이다. 고학력노동자의 일자리를 이곳에서만 찾을 것이 아니라 도서관, 박물관, 미술관, 문화의 집, 음악당, 오페라하우스, 동물원, 식물원, 학교 등 공공서비스를 제공하는 영역에서도 찾을 필요가 있다고 본다. 문제는 알다시피 한국사회에서 이런 영역이 너무 빈약하고 취약하다는 것이다. 하지만 바로 그 이유 때문에 사회운동의 과제로서 공공영역을 강화하는 노력이 더욱 절실하게 요청되며, 특히 학생운동의 경우는 학생대중의 경제적 권리를 위해 공공영역에서의 일자리 창출 요구를 운동의 과제로 삼아야 한다고 본다.

공공부문의 일자리 창출이 사회적 과제로 떠오를 대학의 지식생산에도 상당한 변화가 기대된다. 비시장 영역에서 활동할 노동력 양성을 주된 과제로 부여받을 경우 대학들도 지금 강화중인 신자유주의 구조조정을 중단하고 새로운 지식생산으로 전환할 가능성이 없지 않다. 공공영역에서 요청하는 지식은 사적 영역에서 요청하는 것과 다를 수밖에 없기 때문에 지식생산의 기조 변화가 필요하고, 이에 따라서 실용적 지식과 기술이 중심이 되어 운영되는 지금의 학문체계가 바뀌고, 잘되면 교육의 내실화도 기대할 수 있다. 이럴 경우 위에서 말한 지식의 생산성은 실질적으로 지식의 내실화, 질적 향상이라는 의미로 해석될 수 있을 것이다. 좀더 구체적으로 지식의 질적 향상이 대학에서 어떻게 이루어질 수 있을지 생각해 보자. 대학은 기본적으로 고학력노동자, 즉 보편적 지식노동자를 양성하는 곳이지만 이제 노동자양성 방식을 획기적으로 바꿀 때가 되었다. 지금 40만 명이 넘는 전국의 교사들을 놓고 보면 교육의 공공성 강화를 위해 이들의 숫자를 늘일 필요도 있겠지만 공교육의 질적 향상이라는 측면에서는 교사양성프로그램의 재구조화가 절실하다고 본다. 현재로서 교사가 되는 길은 교육대나, 사범대학에 진학하거나 교직과목을 이수하는 것밖에 없는데, 이것은 모두 학부교육 과정으로 교사를 양성하는 방식이다. 그러나 이제는 교사 양성을 학부 수준에서 대학원 수준으로 높여서, 교사가 될 사람도 문과대, 이과대, 예술대 등에서 기초 학문과 예술을 먼저 학습한 뒤 교직 수행에 필요한 전문교육은 따로 받게 하는 것이 필요하다는 생각이다. 교육비가 더 들고, 시간이 더 소요되는 등 문제도 있어서 섣불리 시도하기는 어렵지만 대학입학 후 10년에 가까운 교육을 거친 뒤 교사로 진출하게 하는 교육선진국들이 많다는 점을 고려할 때 국내총생산(GDP)이 세계 13위에 드는 우리도 조만간 교사의 수준을 높여야 한다고 본다.26)

　질 향상을 위한 조치는 교사양성에만 필요한 것이 아니다. 교사 이외에도 행정, 사서, 학예, 사법, 건축, 방송, 의료 등 전문직종이 많이 있으며, 이들 전문직을 택하는 경우에도 학부과정을 거치게 하여 인문학, 사회과학, 자연과학, 예술 등 기초분야의 지식을 갖춘 뒤 전문교육과정을 밟도록 함으로써 질을 향상시켜야 할 것이다. 전문지식생산의 재구조화가 필요한 것은 지식의 질적 향상 목적만은 아니다. 지금 말하는 변화는 지식생산의 민주화와도 밀접한 관련이 있다. 지금 우리 사회에서 기초학문이 위기에 처한 데에는 앞에서 언급한 대로 지식의 독점과 종속 때문이지만 동시에 이 과정에서 실용적 지식과 기술이 중시되고 있기 때문이기도 하다. 이로 인해 지식들간의 역할 분담과 공정한 관계가 만들어지지 못하고, 행정학, 경영학, 교직과목, 문헌정보학, 신문방송학, 법학, 의학 등 오늘 '잘 나가는' 학문 및 지식 분야들이 행세를 하는 일이 벌어지고 있다. 이렇게 된 가장 큰 이유는 전문지식을 교육하는 과정이 학부과정에 편성되어 있기 때문이다. 그러나 행정을 하건, 경영을 하건, 학예직에 종사하건, 기자가 되건 법률가가 되건 문학과 예술, 철학, 역사, 경제, 사회, 종교, 정치 등 기본적인 소양을 갖추어야 한다면 지금의 지식생산 제도는 새롭게 재구조화하여 쓸모가 서로 다른 지식들이 다양하게 보존되고 생산될 수 있도록 해야 한다. 지식들의 차이, 지식들의 용도를 생각하면서 지식생산의 틀을 바로 잡아야 지식은 민주적으로 만들어진다.

---

26) 이렇게 되면 교사들이 대학에서 강의를 할 수 있도록 하는 제도를 도입할 필요가 있다.

지식생산의 공공성과 생산성 강화, 그리고 민주화는 오늘 지식생산의 현 상태를 극복하기 위해 꼭 필요한 조치다. 이것을 어떻게 실천하고 구현할 수 있을 것인가는 물론 여전한 과제다. 그래도 분명한 점은 있다. 한국 지식생산이 어떤 방향으로 나아갈 것인가는 결국 사회운동의 역량에 달려 있다는 것이다. 사회운동은 지식생산의 문제를 얼마나 분명하게 자신의 과제로 파악하며, 또 그 문제를 다루는 능력을 얼마나 제대로 갖추고 있는가? 나는 교수노조운동, 민교협운동, 학술단체협의회운동, 전교조 운동, 학생운동 등 지식생산과 긴밀한 관계를 지닌 사회운동은 이제 이 질문에 대한 답을 준비할 시점이라고 본다. 지식생산의 공공성을 강화하기 위해 신자유주의와 투쟁해야 하겠지만 동시에 대학에서 생산되는 지식의 질적 향상을 통해서 지식이 공공영역에서 생산성을 갖도록 하는 것이 중요하며, 이 과정에서 학문들과 지식들, 그리고 그것들의 주체들 간의 권력을 민주화하는 노력이 필요하다.

02

지식생산의 변동과 대학의 구조조정[*]

지식생산의 변동

우리 사회의 지식생산은 지금 전례없는 격변을 겪고 있는 중이다. 대학에서는 대대적인 구조조정이 진행중이고, 사회 전반에 걸쳐 지식의 위상 조정이 일어나고 있다. 이 변화의 특징은 지식인사회나 대학보다는 정부에 의해 추동된다는 점이다. 영화제작자가 된 개그맨 심형래를 '신지식인' 1호로 선언하며 '신지식인' 담론 확산에 정보통신부가 앞장서고 있는가 하면, 교육부는 대학의 국제 경쟁력을 높인다며 논란 많은 '두뇌한국 21' 사업 추진에 박차를 가하고 있다. 지식생산의 새로운 조건을 만들려는 이런 정부 차원의 시도는 김영삼정권 시절로 거슬러 올라가지만 '국민의 정부'에 들어와서 훨씬 더 구체적이고 본격적으로 진행중이다. '지식기반사회의 구축'이 김대중정권 6대 국정지표의 하나로 설정되어 지식사회

---

[*] 출처: 『문화과학』 19호, 1999년 가을, 51-77쪽.

건설이 사회적 슬로건으로 떠오른 것이다.

이 변동은 물론 자본주의 생산양식의 새로운 조절, 특히 시장에서 생겨나는 지식에 대한 새로운 요구와 밀접한 관련이 있다. 1990년대 초 이래 한국 자본주의의 생산기계는 기능부전에 시달려 왔다. 1980년대 후반의 호황이 과잉축적을 초래했고, 유효수요 창출을 위한 과소비가 진행되고, 생산성 저하 문제가 표출되더니 한국 자본은 1990년대 중반에 들어 엄청난 축적위기에 빠져들었다. 이 결과 1997년에는 외환위기와 함께 IMF에 구제금융을 신청해야 하는 지경에 이르렀으며, 수많은 기업들이 도산하고 한동안 성장밖에 모르던 재벌도 상당수가 궤멸했다. 이런 위기의 극복을 위해 자본과 국가는 새로운 축적조건을 구축하고자 했다. 정리해고제 도입으로 노동의 유연화가 진행되고, 대대적인 구조조정이 이루어지는 것은 그 때문이다. 지식생산의 변동 역시 이런 변화와 연동되어 있다. 자본주의 생산기계의 기능전환을 위해 지식생산의 구조와 조건의 재조직이 요청되기 때문이다. 이에 따라 대학에서는 학문과 교육의 조직과 운영을 새롭게 하기 위한 조치들이 취해지고 있다. 학부제 도입을 통해 지식생산의 조직 유연화가 추진되고, 지식노동의 유연화도 진행중이다. 거의 모든 대학에서 교수평가제가 실시되고 있고, 연구 및 교육 노동의 강도를 높이고자 교수의 계약임용제와 연봉제 도입도 예정되어 있다. 지식생산의 변동은 물론 대학에서만 일어나지 않는다. 벤처사업을 육성하고, 문화산업의 중요성을 강조하고 있는 것도 한국 자본주의 생산 기계의 원활한 작동을 위해 '지식기반 사회'를 건설하기 위한 노력의 일환이다.

문제는 그러나 지식생산의 변동이 사회적 불평등을 그대로 유지하거나 오히려 심화시키고 있다는 점이다. 한국에서 지식생산은 사회구성원들 간의 불평등을 존립 조건으로 가지고 있는 자본주의 사회구성의 틀 속에서 지식의 소유와 생산, 분배, 통제, 관리 등을 둘러싼 이해와 권력의 차별화를 만드는 것을 그 주요 기능으로 삼는다. 교육도 이제는 불평등하게 이루어진다. 한동안 교육을 통한 사회적 유동성이 확보된 적이 있었다. 가난한 집 자녀가 면학으로 신분상승을 이룰 수 있게 했던 이런 유동성은 경쟁을 통한 것이기는 했지만 그래도 우리 사회 교육이 지닌 순기능 중의 하나였다. 그러나 최근 들어와서 교육을 통한 사회적 유동성의 확보는 거의 불가능하다. 저소득층 자녀가 명문대에 진학할 확률은 갈수록 줄어들어, 교육은 이제 계급재생산 기능만을 갖게 된 것이다. 이런 상황이 진행중인 지식생산 변동을 통해서도 개선될 것 같지는 않다. 왜 불평등의 심화인가? 지식생산의 변동을 추동하는 세력이 반개혁적이고 보수적이기 때문이다. 지배세력은 지금 '경제위기'를 이유로 새로운 착취와 지배 구조를 만들어내고 있다. 공공부문의 민영화, 사회통제 전략의 유지 또는 강화, 개인 및 집단의 차별화, 부익부빈익빈 현상의 심화 등이 진행중이다. 이런 변동을 주도하는 것은 신자유주의 세력이다. 신자유주의 정책은 사회 전반에 걸쳐 자본축적에 유리한 새로운 조건을 만들어내기 위해 구조조정을 추진하고 특히 노동계급을 겨냥하여 유연화를 꾀하고 있다. 이 반혁명은 지식생산의 조건과 지식의 기능도 크게 바꿔놓는다.

대학의 구조조정[1]

진행중인 지식생산 변동에서 가장 중요한 부분은 아무래도 대학의 구조조정일 것이다. 대학은 자본주의 지식생산의 핵심적 제도이며, 대학에서 일어나는 지식생산의 변동은 한편으로는 초중등 교육과정에, 다른 한편으로는 사회적 생산 일반에 영향을 미친다. 한국 지식생산의 변동 흐름을 파악하려면 그래서 대학에서 일어나는 변화에 관심을 기울일 필요가 있다. 대학의 구조조정은 크게 세 가지 축을 가지고 있는 것으로 판단된다. 첫째 학부제 도입을 중심으로 한 대학조직의 유연화 정책, 둘째 대학원중심대 또는 연구중심대와 교육중심대의 구분과 이를 통한 대학 이원

---

1) 이 부분은 졸고, 「대학 구조조정, 무엇이 문제인가」(『노동전선』 1999년 8월호, 93-100쪽)에서 제출한 논의를 크게 보완한 것이다.

화 또는 위계화 정책, 셋째 지방 거점대학 육성이나 대학간 빅딜 등을 통한 대학 통폐합 정책이 그것이다.

대학구조조정의 첫 번째 축은 학부제 도입을 중심으로 이루어진다. 학부제란 기존의 학과제처럼 학문과 교육을 편성, 조직하는 제도이지만, 학과제에 비해 학문분야들을 광범위하게 조직한다. 학부제가 도입되면 개별 분과학문으로 구성되던 기존 학과들이 통폐합되는 경향이 생기는 것은 그 때문이다. 학과의 통폐합은 고정된 것으로만 보이던 대학의 기존 학문·교육 조직의 틀을 해체하는 지각변동의 효과가 있다. 물론 학부제를 도입한다고 해서 학과제가 전면 폐지되는 것은 아니다. 현행 학부제는 입학시에 학부 또는 계열별로 학생을 선발해놓고 대개 2학년에 이르러 다시 전공학과를 선택하게 하는 방식이기 때문에 학과는 그대로 존속할 수 있다. 그러나 입학시 학부제를 적용하는 것 자체로도 엄청난 변동 효과가 있는 것은 사실이다. 학생에게 전공분야 선택권을 주기 때문에 경쟁력 없는 학과의 경우는 곧장 고사될 위협에 처하게 된다. 학부제의 도입은 학문·교육 조직이 학과와는 다른 형태를 갖도록 유도하는 효과가 있다. 일부는 학과, 일부는 학부(또는 계열), 일부는 협동과정 또는 프로그램(여성연구, 문화연구 등), 일부는 연구소 등의 형태로 학문과 교육의 운영 방식을 다양화할 수 있는 것이다.[2] 물론 조직 다양화가 학부제 도입 이전에도 불가능했던 것은 아니나, 학문·교육 조직이 더 큰 유연성을 갖기 위해서는 학부제 도입이 필수적이다. 학부제만이 학과제가 지닌 학문·교육 조직의 안정성 또는 경직성을 해체할 수 있기 때문이다.

학부제 도입은 대학의 지식생산 조직을 크게 뒤흔든다. 학문·교육 조직에 대한 교수와 학생의 귀속 방식을 바꿔놓기 때문이다. 지금까지 교수

---

2) 그러나 개별 대학에서 진행되는 구조조정에서는 학문/교육 조직의 이런 다양성이 별로 고려되지 않는다. 대부분 대학이 입학단위 광역화를 통해 학과제를 포기하고 학부제로 전환하고 있는 경향이다. 이는 대학의 3대 조직 단위인 학문, 교육, 행정이 서로 다르다는 점을, 이들 세 층위의 결합 방식은 다양할 수 있고 또 다양해야 한다는 점을 무시한 처사의 결과다.

와 학생은 단일 학과에 소속되었으나, 학부제에서는 개별 학생과 교수가 복수의 조직에 소속될 수도 있다. 이런 변화는 어떤 여파를 일으킬까? 한편으로 보면 지식생산 활동을 활성화할 가능성이 높다. 다른 생산현장에서 '팀'제의 도입으로 연공서열을 중시하던 노동문화를 바꿔내듯 대학 조직의 유연화도 지식생산의 새로운 역동성을 불러일으킬지 모른다. 그러나 다른 한편에서 보면 학부제 도입은 지식노동의 유연화를 가져올 개연성이 높다. 지금까지 교수들은 우리 사회에서 고용 조건이 가장 안정된 축에 속하였다. 교수의 신분이 안정적이었던 것은 학과라는 안정된 틀에 속해 있었기 때문이다. 학부제의 도입은 이런 신분조건을 크게 약화시킬 것이다.3) 학과 중심의 대학조직이 해체되면, 대학의 지식생산 활동, 즉 학문과 교육은 유동적인 형태로 진행될 가능성이 높고, 교수의 신분도 끊임없이 새롭게 구성될 학문 및 교육 조직에 따라 유동적일 수밖에 없다. 학생의 경우에도 소속이 유동적일 것이기 때문에 단일 학과 소속으로 형성되던 지속적 인간관계는 해체될 것으로 보인다. 학생들 상호간, 선후배간, 사제간의 관계도 크게 바뀔 것이다. 학문·교육 조직의 지속적인 변동은 이처럼 유동성을 증가시키고 교수와 학생에게 새로운 대응을 요구하게 된다. 소속의 유동성과 신분의 불안정은 새로운 규율을 필요로 한다. 교수의 경우에는 가시적인 실적 위주의 경쟁적 행동 양태를, 학생의 경우에는 새로운 책임의식의 증가를 예상할 수 있다. 학부제의 도입으로 대학의 조직이 유연화하여 지식생산 주체의 신분이 불안정할 때 예상할 수 있는 것은 창의성과 규율의 동시적 강화다.

대학 구조조정의 두 번째 축 또는 수단은 대학원중심대 또는 연구중심대 육성책으로 알려진 대학간 위계화 또는 서열화 정책이다. 연구중심대

---

3) 한국의 교수 집단은 그동안 신분의 안정성 때문에 노동자라는 생각이 희박하였지만 이제 자신의 신분과 권익을 보장받기 위한 새로운 노력이 필요해졌다. 조만간 국내 최초로 교수노동조합을 건설하려는 운동이 태동할 가능성이 매우 높다(이 글을 쓴 뒤 얼마 되지 않아 전국교수노조가 결성되었다).

를 육성해야 한다는 기조는 한국대학의 국제경쟁력 강화가 필요하다는 정책적 판단에 근거하고 있다. 한국대학들의 경쟁력이 매우 취약하다는 것은 자타가 공인하는 사실이다. 1995년 김영삼정권의 교육개혁위원회가 대학 구조조정의 기본방향을 결정한 교육개혁안을 세우며 대학개혁을 해야 하는 가장 큰 이유의 하나로 내세운 것도 한국 대학들의 국제경쟁력이 취약하다는 점이었다. 국내 최고대학으로 자타가 인정하는 서울대학교가 세계 랭킹 800위 정도에 지나지 않는다는 '사실'이 알려지면서 무슨 수를 쓰긴 써야 한다는 사회적 공론이 형성된 터이기도 했다. 김대중정권의 대학정책도 이런 맥락에서 크게 벗어나 있지 않으며, 교육부는 지금 몇몇 대학만큼은 가능한 한 빨리 세계수준으로 끌어올려야 한다며 연구중심대학 육성책을 강력하게 추진하고 있다. 연구중심대 육성책은 그러나 기본적으로 대학을 차별화하고 서열화하는 정책이다. 이 정책에는 대학들을 소수의 연구중심대와 다수의 교육중심대로 이원화한다는 지침이 들어 있다. 국내 대학중 상위 5%에 해당하는 대학들을 연구중심대로 선정하고, 이들 대학에 지원을 집중하겠다는 것이다. 교육재정이 부족하여 모든 대학을 골고루 지원하지 못할 바에야 차라리 지원을 집중하여 소수 대학만이라도 국제경쟁력을 갖춘 대학으로 키운다는 명분이다. 하지만 소수 대학들에 차별적으로 지원하는 것은 이들 대학에 특혜를 주겠다는 것이며, 이에 따라 나머지 다수 대학들은 하향 평준화하거나 경쟁력을 상실하게 될 전망이다.

이 정책의 결정판이 지금 논란을 빚으며 시행되고 있는 '두뇌한국 21' 사업이다. 이 사업은 대학 이원화를 현실로 만들기 위해 지원재정을 불균등하게 배분하려는 조치로서, 개별 대학들로 하여금 구조조정을 더 가파르게 추진하게 만드는 압박으로 작용한다. '두뇌한국' 사업 안에 따르면 앞으로 국가재정의 지원을 받는 대학들은 교육부가 지정한 구조조정의 세부 사항들을 실시해야 한다. [4] 교육부는 학부제의 실시, 학사과정 학생의 감축, 대학원 입학자 중 타교출신 50% 이상 선발 등의 사항들을 개별 대학이 실시하고 있는지 감독할 것임을 분명히 하고 있다. 이것은 사업 선정에서 제외되어 하향 평준화 위협에 시달릴 대학은 말할 것도 없고, 연구중심대로 지정되는 대학도 특혜만 받는 것이 아니라 교육관료로부터 더 많은 통제를 받아야 할 것임을 보여준다.[5]

대학 구조조정을 위한 정부정책의 최종 축은 '대학간 빅딜'로도 알려져 있는 대학통폐합 정책이다. '대학간 빅딜'이라는 표현은 기업간 빅딜이 거론된 이후 사용되곤 했는데, 아직 본격적으로 추진되고 있지는 않다. 따라서 이 정책은 학부제나 연구중심대 육성책과는 달리 사람들의 관심을 끌고 있지 못하지만 궁극적으로는 대학 구조조정의 완결판이 될 가능성이 높다. 사실 대학간 통폐합은 이미 시작되었다. 1995년에 진주의 경상대가 통영의 수산대를 통합하였고, 1996년에는 공주대가 예산농업전문대를 통합하였으며, 같은 해 부산의 수산대와 부산공업대가 통합하여 부경대로 바뀐 적이 있다. 이런 통폐합은 지금도 진행중이며 앞으로 더 확산될 것으로 예상된다. 통폐합 정책에는 지방거점대학 육성정책이 포함되어 있다. 거점대학을 육성한다는 것은 주로 국립대학 중 특정 지역에 중심이 되는 대학을 선정하여 지원한다는 것인데, 이 정책이 계속될 경우 권역별로 거점대학으로 선정된 대학을 중심으로 통폐합이 이루어질 가능성이 높다. 대학 통폐합은 대학들의 난립 상태를 감안할 때 불가피한 것인지도 모른다. 1980년 군사정권의 국보위에서 대학정원 확대 방침이 정해진 이후 엄청나게 많은 대학들이 설립된 결과 남한은 4년제 대학만 하

---

4) 박거용, 「21세기 지식기반사회 대비 고등인력양성사업—Brain Korea 21': 사립대학 교육의 공공성은 폐기되는가?」, 민주화를 위한 전국교수협의회 주최 토론회 'BK21(Brain Korea 21), 무엇이 문제인가?' 자료집(1999. 6. 23) 참조.

5) "BK21 사업의 지원대상으로 선정되려면, '연구인력양성사업단'을 구성해 교육부에 사업계획을 제출해 심사를 받고 제도개혁을 위한 협약을 정부와 체결해야 하며, 선정된 이후에도 사업성과와 제도개혁 관련사항에 대한 점검 및 중간평가를 교육부로부터 받아야 한다…. BK21 사업을 통해 정부는 연구인력양성사업에 대한 재정 지원을 미끼로 하여 선정된 특정 대학들을 거의 모든 부분에서 집중적으로 관리-통제할 수 있는 통로를 획득하게 된다." 김세균, 「'두뇌한국21(Brain Korea 21) 사업'을 비판한다」, 앞의 자료집, 4쪽.

더라도 189개나 되는, 대학교육의 과잉 상태다.[6] 자본과 국가로서는 이런 상황을 방치하지 못할 것이다. 대학교육의 과잉 공급은 고학력인구를 과잉 공급할 수 있을지는 모르지만 고능력 노동력을 수급할 수는 없다. 자본주의적 지식생산 변동은 이런 상황을 개선하고자 하는 시도다. 구조조정을 통해 대학 통폐합을 유도하는 것은 거의 필연적인 것으로 보인다.

그러나 통폐합이 시도될 경우 개별 대학의 반발은 불을 보듯 뻔하다. 학부제 정책과 연구중심대학 정책의 실시는 이런 점에서 대학간 통폐합을 추진하기 위한 포석으로 보인다. 연구중심대 육성을 포함한 대학 위계화 정책은 소수 대학들에 재정 지원을 집중시키는 한편 다수 대학들을 방치함으로써 상당수 대학의 경쟁력을 떨어뜨릴 소지가 있고, 이에 따라서 경쟁력을 확보하지 못해 하위로 처지는 대학들이 대학시장에서 퇴출당할 가능성이 높다. '두뇌한국' 사업은 연구중심대학 육성정책을 좀더 구체적으로 강력하게 추진함으로써 개별 대학들로 하여금 대학조직의 유연화를 요구한다. 여기에 학부제가 큰 작용을 할 수 있다. 학부제는 한편으로 보면 새로운 학문·교육 조직의 가능성을 열기 때문에 조건이 갖춰진 대학의 경우에 한해서는 새로운 분야들을 개설하고, 좀더 효율적인 지식생산의 틀을 갖추게 할 수도 있지만 다른 한편에서 보면 기존의 학과들을 폐지하는 데도 유리하게 활용될 수 있다. 이 결과 많은 대학들에서 학문·교육의 하향평준화가 예상된다. 학부제의 이 하향평준화 효과가 대학 서열화와 연계될 경우 대학 통폐합은 훨씬 더 쉽게 이루어질 수 있을 것이다. 구조조정의 세 축은 그래서 연동되어 있다.

지식체계 및 위상의 변동

대학의 구조조정은 지식생산의 조직만이 아니라 지식체계 자체의 변동

---

6) 대학 설립 인가는 지금도 계속되고 있다. 한 예로 부실 운영으로 폐교 계고를 받은 광양의 한려대, 광주 예술대의 설립자인 이홍하씨가 최근 평택에서 다시 대학 설립인가를 받은 것으로 알려졌다.

을, 즉 상이한 지식들의 관계에 변동을 일으키는 효과도 있다. 이와 관련하여 가장 중요한 정책의 축은 역시 학부제다. 학부제는 도입 방식에 따라 지식체계에 엄청난 변동을 일으킨다. 학부제는 학과제가 편성해온 분과학문들의 위상을 바꿔버릴 것이다. 학문들의 나열로 이루어지는 분과학문 중심 체계에서 지식체계는 안정성과 경직성을 동시에 갖는다. 학부제가 도입되면 이런 지식 편성은 더 이상 당연시될 수 없다. 특정한 학문분야가 퇴출당하기도 하고, 학문분야들의 상관관계에도 큰 변화가 생길 것이다. 학부제 도입은 분과학문들이 그동안 지녀온 자율성에 압박을 가하고, 그 방어능력을 약화시키는 계기가 됨으로써 문학, 사학, 철학 등 오래된 분과학문의 관행과 권력을 무너뜨리고 다수 학과를 하나의 학부나 계열로 만들거나 학문분야들의 새로운 통합을 유도할 수도 있다. 이는 곧 국내대학의 지식체계가 유연화 국면에 들어선다는 말이다. 기존의 학문 배치와 경계구분 방식이 해체되면서 분과학문들 상호간의 관계가 복잡화와 통합화를 겪으며 새로운 학문편성이 생기게 될 것이다.

그러나 학과 통폐합과 함께 학문·교육 조직의 편성, 지식체계의 재조직은 경쟁과 갈등 속에서 이루어질 수밖에 없다. 여기서 중요한 것이 지식에 대한 사회적 요구 또는 수요다. 분과학문 중심의 지식생산이 해체되고 학부제 도입과 함께 지식생산의 복잡화 혹은 통합화가 일어나는 것은 지식생산에 대한 새로운 요구에 기인한다. 지식생산양식의 조절은 기본적으로 지식생산의 혁신과 지식생산성의 강화에 대한 요구 때문인 것으로 보인다. 이것은 기술과 노동의 관계가 크게 변동한 결과이기도 하다. 최근 들어와 사회적 생산은 인간노동에 의존해야 할 필요가 크게 줄어들었다. 과학기술의 발전에 따른 자동화기술의 확산으로 그동안 노동자에 의해 통제되던 생산공정이 대거 기계화하였기 때문이다. 이 결과 오늘날 자본의 축적은 한편으로는 노동의 유연화 정도, 다른 한편으로는 기술의 고도화에 크게 의존하고 있다. 지금 일어나고 있는 구조조정은 이처럼 새로운 축적조건을 맞은 자본의 요구에 부응하여 대학이 지식생산성을 높이려는 몸짓이다. 과연 이 몸짓이 학문들의 새로운 배치와 통합을 제대로 해낼지는 모르지만 지식의 균형적 분배보다는 생산성의 고도화에 초점이 맞춰져 있는 것은 분명하다.

지식생산 변동과 관련하여 지식(인)의 위상에 변동이 생기고 있는 점에 주목할 필요가 있다. 분과학문의 생존이 경쟁력 확보 여부에 의해 결정됨에 따라 지식간 차별화가 부쩍 심해졌다. 인문학, 예술 분야에 대한 사회적 인정이 갈수록 줄어들고, 문화 일반은 문화산업으로 전환될 것을 요구받으며, 상대적으로 비판적 전통이 강한 인문사회과학 분야는 그래서 방치되거나 외면당한다. 이제 지식은 더 철저히 자본의 관점에서 평가된다. 지식생산의 상품생산에의 종속, 지식의 자본화와 도구화가 급속도로 진행중이고 이로 인해 지식의 차별화가 이루어지고 있다. 특히 눈에 띄는 것이 한편으로 자본주의적 생산성과 깊은 관련을 맺고 있는 것으로 취급받는 과학기술 또는 관리지식이 중심화하고 있다는 점, 다른 한편으로 인문학 또는 인문사회과학 등의 문화지식 또는 즉각적 효용성이 없는 기초과학이 주변화된다는 점이다.[7] 문화적 지식의 주변화는 '두뇌한국 21' 사업에서 인문사회과학 분야 쪽에 책정된 예산이 과학기술 분야에 비하면 그야말로 '새발의 피'라는 사실로도 입증되고 있다.[8] 과학기술 지식의 중심화와 문화지식 또는 교양지식의 주변화는 지식생산의 상품생산 종속을 의미한다. 지식은 이제 이익 창출에 이바지하는가 그렇지 않은가에 따라서 평가받는다. 이는 지식이 자본주의 생산성에 기여해야만 가치를 인정받는다는 말이다.

지식의 자본화는 지금 널리 퍼진 '신지식인론'이 주장하는 바이기도 하다. 신지식인론은 전통적 지식인상, 특히 비판적 지식인상을 해체하고

---

7) 이 점에 대해서는 마이클 애플, 「포스트모더니스트들이 잊은 것: 문화자본과 공식적 지식」, 『문화과학』 19호, 1999년 가을, 78-99쪽 참조.
8) 1999년 7월에 교육부가 발표한 「두뇌한국21 사업 추진계획 설명자료」에 따르면 1999-2005년 사이에 "세계수준의 대학원 및 지역우수대학 육성"(1999-2005)을 위해 투여되는 연별 2,000억원 중 인문사회과학에 투여되는 금액은 약 100억원에 불과하다.

지식인을 벤처기업가, 수완가, 발명왕처럼 취급하도록 한다. 이 관점에서 지식은 시장의 성공을 보장하는 정보, 기술, 수완, 능력 등의 의미를 지닌다. 지식의 생산은 여기서 이윤을 창출하는 상품의 생산과 동류로 취급된다. 지식의 자본화는 그래서 자본에 의한 지식의 도구화다. 정보사회론, 지식사회론 등을 통해 사회적 생산성의 원천인 양 추켜세워지고 있지만, 지금 지식은 료타르가 오래 전에 '수행성'(performativity)이라 부른 자본주의적 원칙에 의해서, 즉 효과 생산의 최대화를 위해 활용되고 있다.9) '신지식인론'이 '사물지'나 '사실지'보다 '방법지'를 더 중시하는 것도 그 때문이다.10) 이런 점은 오늘 주로 요청되는 지식이 도구적 이성에 입각한 지식임을 알게 해준다.

펠릭스 가타리는 다음과 같은 말을 한 적이 있다. "대학의 문제는 학생만의, 그리고 교수만의 문제가 아닙니다. 그것은 전사회의 문제이며, 사회가 지식의 전달, 숙련노동자의 훈련, 대중의 욕망, 산업의 필요 등 사이의 관계를 설정하는 문제입니다."11) 가타리의 이 말은 공장, 병원, 대학 등에서 일어나는 일들은 서로 분리되어 있지 않고 연동되어 있다는 것이다. 공장, 병원, 대학 등을 분리하여 사고하는 사람이 많지만 그것은 잘못된 인식이다. 가타리는 특히 사회적 생산과 욕망 생산의 구분을 문제로 본다. "자본에 봉사하는 이론가의 임무는 정치경제를 욕망경제에서 분

---

9) 수행성을 가진 지식을 추구할 때 "과학 언어게임은 부자들의 게임이 된다. 가장 돈 많은 자가 올바를 수 있는 기회를 가장 많이 가지고 있다." 여기서 기술이 중요해진다. "부가 없으면 기술이 없고 기술이 없으면 부도 없다. 그러나 투자는 투자된 일의 효율성을 최대화하기 때문에 그 수행성 증대로부터 발생한 잉여가치를 최대화한다…. 기술에 최초로 수행성 증대와 생산물 실현의 명령을 강제한 것은 지식에 대한 욕구라기보다 오히려 부에 대한 욕구였다. 기술과 이윤의 '유기적' 관련이 기술과 과학의 관련보다 선행했던 것이다"(장 프랑수아 료타르, 『포스트모던의 조건』, 유정완 외 역, 민음사, 1992, 119-20쪽).
10) "방법지는 행동과 결과간의 인과관계를 앎으로써 인간의 욕구를 해결하는 것이다. 구두를 잘 닦기 위해 어떻게 해야 할지를 아는 것이라든지 지식경영시스템을 도입하려면 어떻게 해야 할지를 아는 것 등이 이에 해당한다. 신지식인이 되려면 사물지와 사실지만으로는 부족하며 이를 바탕으로 자신의 일을 고부가치화할 수 있는 방법지를 체득하는 것이 신지식인의 필요조건인 셈이다." 김효근, 『신지식인 보고서』, 매일경제신문사, 1999.
11) 펠릭스 가타리, 『분자혁명』, 윤수종 역, 푸른숲, 1998, 35쪽.

리하는 것이다. 노동과 욕망은 자본주의와 관료주의적 사회주의가 지닌 명확하게 정의된 생산관계, 사회관계 그리고 가족관계의 틀 안에서만 상호 모순된다."[12] 이런 관점에서 볼 때 대학의 구조조정은 대학만의 문제가 아니다. 지식생산성의 강화를 위해 추진되는 구조조정은 지식과 사회적 생산의 관계를 더 밀접하게 만들고, 지식생산을 욕망생산과 분리시키려는 것이 목적이다. 과학기술지식 및 관리지식과 문화지식의 차이는 무엇인가? 전자가 자본주의적 삶을 전제한 지식이라면 후자는 자본주의적 생산의 위계질서를 벗어나게 하는 반성적 삶, 또는 욕망의 생산에 입각한 미학적 삶을 지향한다. 신지식인이 지배적 주체형태로 부상할 경우 비자본주의적 삶에 대한 꿈은 약화할 수밖에 없다. 지금의 대학구조조정이 계속 진행될 경우 대학에서 "욕망, 예술, 꿈의 생산"을 할 수 있는 기회는 갈수록 줄어들 것이다.

　신지식인론에는 '노동윤리'를 강화하려는 노력이 깃들어 있다. 앙드레 고르즈에 따르면 탈산업사회에서 노동의 윤리가 강조되는 이유는 물리적, 신체적으로는 엘리트노동자들을 통제할 수 없기 때문이다. 포스트포드주의 생산에 적합한 신형 노동자들은 자동화된 제조과정을 맡아야 하므로, 기민하게 반응할 수 있어야 하고, 상황에 따라 업무를 나누는 동료들과 협조해야 하고 독창력과 책임감을 보여야 한다. 이런 다기능 노동자를 통제하고 감독하는 것은 물리적으로 불가능하다. 노동윤리를 강조하는 것은 재전문화된 엘리트노동자들이 창의성을 한껏 발휘하되 자본축적에 유리한 방식으로 발휘하도록 하기 위함이다.[13] 이렇게 볼 때 신지식인론의 등장을 포함한 지식변동의 추세는 최근에 들어와서 우리 사회가 고실업 사회, 고용불안 사회로 바뀐 것과 무관하지 않아 보인다. 구조조정이 끊임없이 일어나고 여기저기서 정리해고가 진행되면 노동은 갈수록

---

12) 같은 책, 34쪽.
13) André Gorz, *Critique of Economic Reason*, tr. Gillian Handyside and Chris Turner, (London: Verso, 1989), pp. 65, 70.

귀해진다. 노동이 희귀한 시점에 노동윤리를 강조하는 까닭은 무엇인가? 오늘의 경제가 갈수록 노동을 필요로 하지 않는다는 점을 위장하기 위함이다. 방법지 또는 현장지식, 신지식인상을 추켜 올리는 것은 생산성논리를 강조하는 것이기도 하지만 동시에 고용불안이 가중되는 가운데 늘어날 실업자들과 노동강도가 더욱더 강화되는 상황에 처하게 될 노동대중의 규율을 강화하는 전략이기도 하다. 구조조정과 정리해고로 평생직장 개념은 약화할 수밖에 없고, 대신 평생고용이라도 되면 다행인 상황에서 '신지식인'은 많은 사람들에게 자신들이 처한 고난을 '내 탓'으로 보게 하는 새로운 주체(21세기형 인재) 형성 담론인 것이다. 신지식인은 포스트포드주의 생산양식에서 생존할 수 있는 신형 노동자다. 이런 노동자의 특징은 한편으로는 창의성을 가지고 있지만, 다른 한편으로는 다른 노동자들과의 연관성을 외면하고 나아가서는 자기착취를 자아실현으로 생각하는 데 있다.

구조조정의 역관계

지식의 수행성 강조, 지식간 차별화 등이 성적, 인종적, 계급적 차별과 불평등에 기반을 두고 또 그런 조건을 빚어내게 된다는 점을 의심할 필요가 있을까? 과학기술지식과 관리지식의 중심화와 문화지식의 주변화는 여성, 노동자, 지방 출신, 각종 소수자에게 매우 불리하게 작용할 수밖에 없다. 지금 주로 기초학문 분야들이 폐기 대상이 되고 있는 것은 지식의 수행성에 대한 요구가 늘어나는 과정에서 비자본주의적 삶을 지향하면서 지식 자체를 추구하는 사람들이 바라는 지식생산을 억압할 필요가 있기 때문이다. 현재 일어나는 변동은 산업체나 기업이 지식생산에 참여하거나 개입할 기회를 늘이고, 이 결과 지식생산은 자본에 더욱더 예속할 것으로 보인다. 자본축적에 종속된 지식은 상품의 생산과 유통, 거래, 소비 등을 둘러싼 정치경제적 관리와 통제를 받을 수밖에 없을 것이기 때문이다. 지금 대학에서 추진하고 있는 산학협동 증대는 그래서 지식생산에 위험한 결과를 초래할 것이다. 산학협동은 돈줄을 쥔 쪽의 요구를 지식생산자 쪽에서 들어주지 않으면 안되게 한다. 산학협동 체제로 지식생산이 이루어질 경우 발생하는 문제는, 현존하는 지배 질서에서 사회적인 약자의 위치에 있거나 또는 새로운 삶의 방식을 추구하는 소수자들이 관심을 가지는 학문은 주변화할 수밖에 없다는 것이다.

지식의 분화와 재편, 그리고 통합을 겪는 지식생산의 변동 과정에서 자본의 축적에, 사회적 지배구조의 재생산에, 다시 말해 이익과 권력의 독점화에 유리한 지식과 그렇지 않은 지식간의 차별화는 거의 필연적이다. 이런 경향이 대학의 위계화와 결합될 경우 우리 사회 엘리트 양성은 더욱더 비민주적인 성격을 띨 것이고, 교육을 통한 사회적 불평등이 심화될 것이다. '두뇌한국 21' 사업은 '21세기 지식기반사회 대비 고등인력양성사업'으로서 연간 2,000여명의 경쟁력을 갖춘 세계수준 박사인력을 양성한다는 계획을 가지고 있다. 교육부의 복안대로 성과를 거둘지도 의문이지만, 설령 성공한다고 하더라도 문제가 예상된다. 고급인력에 대한 수급정책이 마련되지 않으면 고학력노동력이 과잉 공급될 것이다. 그뿐만 아니다. 비민주적으로 양성되는 엘리트가 우리 사회에서 어떤 역할을 하겠는가? 교육부는 '국제수준'의 경쟁력을 지닌 인재들이 필요하다고 하지만 그들이 한국사회의 지배구조를 바꾸지는 않을 것이다. 그들 자신은 세계적 지배블록에 참여하는 기회를 거머쥘지 몰라도 우리 사회 안에서는 반민중적 엘리트로 행세할 가능성이 높다.

지식생산의 변동은 물론 물 흐르듯 일어나지 않는다. 이미 지적한 대로 그 변동은 지배세력의 전략에 따라서 진행되고 있는 만큼 당연히 반발과 저항을 불러일으킨다. 학부제를 취소하고 학과제로 환원하는 곳도 생겨나고, 특히 퇴출 위험에 직면한 분과학문 전공자들의 반발이 크다.[14]

---

14) 문과계열만 놓고 보면 독문학, 불문학 분야가 가장 큰 위기에 처해 있는 것으로 보인다. 영문학은 영어에 대한 수요 때문에 사정이 좀 나은 편이고, 일문학, 중국문학 분야는 아직 큰 위협을 느끼지 않는 것으로 보인다.

대학의 구조조정에 대한 반발은 개별 대학 차원에서 그치지 않고 범대학 차원에서 일어나기도 한다. 1998년 한총련 소속 대학에서 학생들이 학부제 반대 투쟁을 하기도 하였고, 특히 최근에는 교수들이 BK21 사업에 대해 강력하게 저항하는 태도를 보이기도 하였다. 15)

그러나 상황이 단순하지는 않다. 지금 진행중인 대학구조조정이 문제가 있는 것은 분명하다. 그렇다고 그것을 중단하면 문제가 해결될까? 대학개혁, 지식생산의 개혁은 전혀 필요가 없는가? 많은 교수들이 4. 19 이후 처음으로 항의 집회를 가지고 가두 시위를 벌이는 등 대학사회가 '두뇌한국' 사업을 반대하고 있지만 정부는 꿈쩍도 하지 않고 사업을 진행하고 있다. 교수들의 반발에 대한 언론의 호응도 시원치 않았다. 대학교수들의 단체 행동을 '집단 난동'이라고 몰아붙이는 사람까지 나왔다. 16) 물론 이런 반응에는 교수들의 항의와 저항을 '철밥통' 챙기기로만 볼 뿐 BK21 사업을 주도한 교육관료의 전횡에 대한 비판이라는 점, 그리고 제대로 된 대학개혁에 대한 요구라는 점을 외면하는 문제가 있는 것이 사실이다. 그러나 꼭 이런 왜곡된 해석만 있었던 것은 아니다. 사안에 대한 대중의 이해나 여론의 지지가 특히 부족했는데 이런 것은 그동안 고등교육과 학문에 대한 대중의 불신이 깊으며, 구조조정의 필요성을 인정하는 여론이 있다는 것이 아닐까? 이런 점을 생각하면 지식생산 변동을 좀더 복잡한 방식으로 이해할 필요가 있을 것 같다.

현행 구조조정 정책의 3대 축인 대학 조직 유연화, 서열화, 통폐합의 특징은 '위로부터의 개혁'이라는 것이다. 이 개혁은 이미 말한 대로 자본축적의 위기를 극복하려는 시도이지만, 다른 한편에서 보면 아래로부터의 요구에 부응한 측면이 없지 않다. 한국사회에서 대학 구조조정이 시작된 것은 1990년대 중반이다. 이 시기는 군사정권과 야합을 한 태생적 한

---

15) 1999년 6월 15일에 부산에서 1,000여명의 국립대 교수들이, 그리고 7월 8일에는 서울의 명동성당에서 전국의 교수 1,200명이 모여 항의 집회를 가졌다. 7월 19일에는 부산대, 경북대, 전북대 교수들이 '두뇌한국 21' 사업에 참여하는 데 반대하며 농성을 벌인 바 있다.
16) 안경환, 「교수들의 데모」, 『참여사회』, 1999년 8월호, 11쪽.

계를 지니기는 했지만 문민정부 시절이라는 점을 염두에 둘 필요가 있다. 왜 이 시기에 지식생산에 대한 위로부터의 개혁이 전개되었을까? 1980년 대 우리 사회가 변혁운동의 고양으로 '아래로부터의 개혁' 요구가 사회적 의제로 떠오른 것과 무관하지 않다고 본다.

아래로부터의 개혁 요구가 나온 것은 기존의 지식생산에 문제점들이 많았기 때문이다. 한국의 지식생산은 양적 팽창만 지향하여 질적인 성장을 거두지는 못하였다. 대학생수의 급증에 따른 학력 인플레에도 불구하고 교육의 내실이 별로 이루어지지 않아서 지금도 고급인력 양성을 외국에 의존해야 하는 형편이다. 대학들은 그동안 경제규모의 팽창에 따라 고학력노동자를 과잉 공급하는 역할만을 담당하여 교육의 질, 학문의 수준에 대해서는 개의치 않았다. 학부제가 실행되기 전 전국에는 500개 가까운 학과가 있었는데, 미국에 비해 적지 않은 수였다. 한국 대학들이 수천개 대학이 있는 미국과 엇비슷하게 많은 학과를 운영한다고 자랑할 일은 아니다. 정원을 늘이기 위해 비슷한 계열, 동일 학과를 쪼개고 쪼개어 교수가 두어 명밖에 없는 경우에도 학과를 운영한 기현상이었기 때문이다. 이런 학과 분화는 분과학문 중심 체제에서 비롯된 점이 적지 않으며, 나아가서 대학사회의 헤게모니를 서울대, 연세대, 고려대 등 소수대학들이 장악해온 사실과 무관하지 않다. 한동안 지방에 신설되는 대학들은 명문대 출신들을 위한 취직처였고, 심한 경우에는 특정 대학 출신의 진출을 위해 신설학과의 틀이 결정되기도 했다. 한국의 지식생산 기계는 그래서 심한 기능부전을 앓고 있었다고 할 수 있다. 이 부전증은 당연히 미시적 수준에서 작동한다. 그동안 한국의 지식생산 기계를 장악해온 것은 교육관료, 사학재단, 정치인(특히 국회의 교육위원회 소속 의원들), 개별 대학의 보직교수, 학과내 원로교수 등이었다. 이들이 만들어낸 지식생산 양식이 비민주적이고 관행 우선적이고, 비생산적임을 다시 강조할 필요는 없을 것이다. 대학에서 발언권과 능력은 연공서열이나 원로 대 소장교수의 구분에 의해서 결정되고, 분과학문 중심 체제가 지닌 학문 편제의 경직성으로 인해 학문적 실험정신은 완전히 메마른 상태다. 게다가 그동안 비민주적 정치문화의 영향으로 사상과 표현의 자유, 학문의 자유마저 제대로 보장되지 않았다.

교육부가 주도하는 신자유주의 대학 구조조정이 기본적으로 반개혁적이고 반민중적임에도 불구하고 대중의 반발을 상대적으로 덜 산 것은 기존의 대학들이 이처럼 많은 문제점들을 안고 있었기 때문이다. 교육부는 사실 '관치교육'을 자행함으로써 오늘 지식생산의 기능부전을 초래한 책임이 가장 크다. 교육자본의 대학난립을 허용하고, 부실운영은 물론이고 교육범죄를 일삼는 상당수 사립대의 비리, 전횡 등을 눈감아 준 당사자가 교육관료다. 개혁의 대상이 되어야 할 교육관료들이 어떻게 개혁 주체로 나설 수 있을까? 물론 교육부가 국가장치의 일부로 대학정책을 실질적으로 추진하는 권한을 행사할 물적 기반을 갖추고 있기 때문일 것이다. 하지만 한국 대학들이 그냥 방치해 둬서는 안될 만큼 비생산적인 측면을 가지고 있고, 이에 따라 누구라도 먼저 '대학개혁'을 외치며 소매를 걷어 올려붙이면 대중의 지지를 받게 되어 있다는 점 또한 무시할 수 없다.[17]

물론 학부제의 도입, 연구중심대 육성, 대학 통폐합, 나아가서 신지식인론 등을 그대로 수용하자는 것은 아니다. 내 말의 요지는 구조조정은 분명히 '위로부터의 개혁'이지만 이 개혁에 깃들은 '아래로부터의 요구'에 귀를 기울일 필요가 있다는 것이다. 현재 진행중인 지식생산의 구조조정을 보면 자본측이 포스트포드주의적 생산양식을 수용한 방식이 상기된다. 포스트포드주의 생산방식은 노동의 유연화를 지향함으로써 노동권의 약화를 가져오는 것으로 이해되지만, 포스트포드주의 등장을 노동자계급

---

[17] 이런 점에서 BK21 사업에 반대한 교수들은 좀더 철저하게 자기 반성과 개혁에 대한 대안을 준비했어야 했다. 물론 대안 제출이 쉬운 일은 아니다. 교수들이 독자적 대학정책안을 제출하기 위해서는 현재 개별 교수들의 헌신에 의해서 운영되는 교수단체들(국립대교수협의회, 사립대교수협의회연합, 민주화를위한전국교수협의회)만으로는 부족하다. 전교조와 같이 노조원의 상근 체계를 갖춘 교수노조와 같은 물적 기반 없이는 늘 교육관료들이 선제공격식으로 펼치는 대학정책에 뒤따라갈 수밖에 없을 것이다. 그러나 이런 점에도 불구하고 교수들의 자기 반성과 정책 대안 마련 노력은 필요하다.

특히 청년 세대의 사회변혁 요구를 자본이 수렴한 결과로 보는 것도 가능하다. 포스트포드주의 생산에서 요청되는 능력들은 "일반적 사회성, 대인 관계를 형성할 수 있는 능력, 정보를 지배하고 언어적 메시지를 해석할 수 있는 재능, 그리고 지속적이고 급작스런 재전환에 적응할 수 있는 능력"이다. 빠올로 비르노는 이탈리아의 포스트포드주의가 바로 이런 능력들을 활용하고 있다며, 이를 1977년 아우토노미아 운동의 활력이 자본주의에 의해서 수렴된 것으로 이해한다. "그것〔운동〕의 유목주의, 안정된 직업에 대한 그것의 혐오, 그것의 기업가적 자기충족성, 나아가 개인적 자율성과 실험에 대한 그것의 취미 등은 자본주의적 생산조직 속에 모두 결합되었다"는 것이다.[18] 이런 관점에서 볼 때 1990년대에 이르러 남한에서 대학의 틀을 바꿔내는 작업이 시작된 것은 80년대 운동의 효과로 볼 수도 있지 않을까 싶다. 예컨대 현재 실시되고 있는 학부제나 연구중심대 육성책, 대학 통폐합 방침 등은 지식노동의 유연화와 대학의 위계화 등의 문제를 안고 있는 것이 사실이나 다른 한편에서 보면 경직된 대학조직을 유연화하고, 새로운 학문 방식을 수용할 수 있는 틀을 열어놓는다는 점에서 개혁적인 요소가 전혀 없는 것은 아니다. 한 예로 학과중심제에서는 가능하지 않던 협동과정 운영의 가능성이 열린 점을 들 수 있다. 이런 점은 포스트포드주의적 생산처럼 보수적 개혁에도 부분적인 진보성이 담겨져 있다는 것을 말해준다.

지금 진행중인 지식생산 변동이 우리 사회의 불평등 구조를 심화시킬 것을 우려하면서도 구조조정을 무조건 반대하는 식으로 접근해서는 안 된다고 보는 이유가 여기에 있다. 구조조정에 반영된 아래로부터의 개혁 요구를 외면해서는 진보진영이 되레 보수세력으로 몰릴 가능성이 높다. 이런 점에서 BK21 사업이나 여타 대학 구조조정에 대한 반대와 개혁에 대한 반대를 엄격하게 구분할 필요가 있다고 본다. 이런 차별화와

18) 빠올로 비르노, 「당신은 반혁명을 기억하는가?」, 쎄르지오 볼로냐/안또니오 네그리 외, 『이딸리아 자율주의 정치철학』, 이원영 편역, 갈무리, 1997, 201-2쪽.

함께 지식생산 변동에 대처해야 진행중인 구조조정이 결코 제대로 된 개혁이 아님을 드러낼 수 있다. 사실 지금 구조조정이 진행되면 대중에게는 바뀌는 것이 별로 없다. 불평등 구조는 심화되고 노동강도는 강화될 것이고, 지식을 통한 대중 차별화는 더욱 커질 것이기 때문이다. 필요한 개혁은 신자유주의적 개혁이 아니라 다른 형태의 개혁, 구조조정이란 표현보다는 구조개혁이라는 말이 더 적합한 그런 개혁이다. 이제부터 아래로부터의 개혁 혹은 민중적 원칙에 따른 지식생산의 변혁을 생각할 시점이다.

지식생산의 세 원칙

지식생산을 아래로부터 개혁시키려면 적어도 3가지의 원칙을 확인할 필요가 있다고 본다. 그 원칙들은 지식생산의 민주성, 공공성, 나아가 생산성이다.[19] 첫째, 민주성 원칙은 지식생산 정책의 과정과 절차에 적용되며, 여기에는 지식의 내용, 지식생산의 방식 등을 둘러싼 의결권을 누가 어떻게 행사하느냐라는 문제가 들어있다. 지금 진행되는 대학 구조조정 과정을 보면 교육의 수요자인 학생에게 교육내용을 선택할 권리를 준다고 하고 있는데, 사실 기만이다. 학생들의 수강이 주로 취업 전망이 좋은 학과목으로 몰리는 것을 보면 교육의 실질적 수요자는 학생이라기보다는 자본이라고 해야 할 판이다. 대학 구조조정을 교육관료가 주도하고 있는 것도 문제다. 대학정책을 교육관료가 입안하여 실행하게 되면 지식생산의 주체인 교수와 학생은 배제되고 만다. 주체를 배제한 채 입안한 정책이 어떻게 민주적일 수 있겠는가? 나아가서 현재 지식생산은 민중적, 민족적, 성적, 지역적 주체들의 정책 참여를 원천적으로 배제하고

---

19) 이 원칙들은 1999년 7월 초 '두뇌한국 21' 사업에 대한 〈민주화를위한전국교수협의회〉의 대안을 마련하기 위해 김세균(서울대), 박거용(상명대), 최갑수(서울대) 교수와 필자가 가진 대책회의에서 대학개혁의 기본원칙으로 확인한 것이다. 나는 이 원칙들이 지식생산 일반에도 적용된다고 본다.

있기 때문에 지배질서의 성격—신식민지적, 독점자본주의적, 남녀차별적, 지역차별적, 세대차별적—에 의해 지식내용이 결정되는 경향이 크다. 지식생산의 민주화는 정책의 절차 공개와 정책 입안에 다양한 주체들이 서로간의 차이를 보존한 채 평등하게 참여할 수 있을 때 보장된다. 신지식인 담론의 확산에 정부가 나서고 있는 것 역시 이런 점에서 큰 문제라고 하겠다. 새로운 지식인상을 전파하고 홍보하는 데 행정부가 나설 일은 아니다. 지식인상은 지식인사회 내부의 자율적인 논의의 결과로, 지식인사회에 대한 대중의 비판 또는 외면, 무관심, 냉소에 따른 지식인 자신의 반성으로, 나아가서 지식생산의 자율적 개혁의 결과로 제출되어야 한다.

둘째, 지식의 사적 소유를 제한하고 지식을 공공재로 만들고, 나아가서 대학과 같은 지식생산 공간을 공공영역화하는 노력을 기울임으로써 지식생산의 공공성을 강화해야 한다.[20] 현재 대학들은 공공영역으로서의 기능이 극히 취약한 상태이며, 특히 사립대학들은 마치 사적 소유물인 양 취급되고 있다. 이에 따라 사립대학에 대한 사회적 통제가 이루어질 수 없게 되어 적잖은 대학들이 교육범죄자에 의해 장악되고 있다. 지식생산이 새로운 단계로 도약하려면 대학의 사유화 경향을 막고, 사학재단에 대한 사회적 통제를 강화하고, 대학의 민주화를 추진해야 한다. 대학민주화가 이루어지지 않고서는 대학의 공공성 강화는 기대하기 어려울 것이다. 지금의 구조조정은 이런 공공성 강화와는 정반대의 길을 걷고 있다. 대학 위계화 정책도 마찬가지다. 불평등한 지식생산 정책은 학력에 따른 인구서열화를 초래한다. 연구중심대 육성책은 경쟁에 살아남는 대학들만 연구중심대의 위상을 갖도록 하겠다는 것인데, 이럴 경우 '살아남은' 대학과 거기에 속한 교수와 학생을 '승리자'로 만들고, 지식엘리트로 하여금 반사회적 태도를 갖게 할 가능성이 높다. 지식은 사적 소유로만

---

20) 대학의 공공영역화에 대한 좀더 상세한 논의를 위해서는 졸고, 「대학의 공공성 강화와 민주적 개혁」, 『지식생산, 학문전략, 대학개혁』, 문화과학사, 1998, 271-99쪽 참조.

간주될 것이고, 엘리트는 공적 책임이 없는 집단처럼 굴 것이다. 신지식인론도 마찬가지다. 신지식인론은 지식생산의 수행성에만 관심이 있을 뿐, 지식의 사회적 공공성을 구축하는 데는 무관심하다. '신지식인'은 성공한 인물이다. 그러나 경쟁사회에서 성공하는 사람은 소수일 수밖에 없다. 성공한 소수에게만 주어질 수 있는 지식은 공공을 위한 것이라기보다는 사적인 소유에 가깝다. 사회적 공공성은 이런 방식으로 이루어지지 않는다. 지식생산의 공공성을 강화하려면 지식생산을 통해 생산되는 지식을 사적 소유가 아닌 사회적 소유로 전환시켜야 한다. 이와 관련하여 첨단 기술의 개발을 사적 소유물로 취급하여 자본축적의 기회로 삼는 데 대한 사회적 통제가 필요하다. 한 예로 과학기술 발전에 따른 생산성 제고로 얻어지는 이윤은 사회에 환원되어 임금 삭감 없는 노동시간 단축이 이루어지는 조건이 되어야 한다.

셋째, 대학개혁의 방향이 지식의 생산성을 강화하는 쪽으로 잡혀야 한다. 여기서 말하는 지식의 생산성은 앞에서 언급한 자본주의적 지식의 생산성과는 구별해야 한다. 자본주의적 지식의 생산성 강화는 지식의 수행성 강화, 또는 경쟁력 강화로밖에는 풀이되지 않으나, 여기서 말하는 생산성은 '사회적' 생산성을 의미한다. 지식의 사회적 생산성을 높이려면 생산성을 생태론적 관점에서 이해할 필요가 있다. 이를테면 "대학의 생산성은 학문과 교육의 생산성이지 자본의 생산성이 아니다. 자본의 눈으로 보면 비능률적이고 비생산적인 것도 학문과 교육의 관점에서 보면 가장 생산적일 수 있다. 대학은 일종의 생태계다. 이 생태계에 자본주의적 경쟁 논리를 끌어들이면 꼭 필요하면서도 당장 이득이 오지 않는 학문과 교육 분야는 멸종할 우려가 크다. 이는 깊은 산 속에 있는 몇 그루 안 되는 희귀종 나무가 수적으로 열세하다고, 다른 수종에 비해 경쟁력이 약하다고 뽑아내는 것과 같다. 생태계의 훼손은 자본의 경쟁력을 포함하여 모든 경쟁력의 기반이 되는 자원 자체를 없애는 일이다."[21] 지식의 사회적 생산성은 이런 관점에서 보면 지식에 대한 생태론적 이해에 바탕을 두어야 하며, 이에 따라서 학문과 교육의 종 다양성을 지키는 방향으로 나가야 할 것이다.

지식생산 개혁의 기본 방향

이상의 세 원칙에 입각하면 다음과 같은 방식으로 지식생산의 구조개혁 방향이 나온다고 본다. 대학 구조조정의 3대 축을 중심으로 이 방향에 대해 생각해보자.

첫째, 학부제를 새롭게 생각할 필요가 있다. 현행 학부제 정책은 대학 조직의 유연화를 추구하지만 이 유연화의 효과는 대체로 반학문적이다. 학부제가 실시되는 데서는 거의 예외 없이 '시장가치'가 높은 학문분야만 학생들의 관심을 끌기 때문에 학부제가 '인기없는' 학과들을 퇴출시키는 데 악용되는 경향이 많다. 그러나 이것은 학부제를 일면적으로 도입하여 운영할 때 생기는 폐단이다. 진행중인 구조조정과는 다른 방식으로 접근하게 되면 학부제는 기존의 분과학문중심 체제를 극복하는 데 활용될 수 있고, 다른 한편으로는 현재의 신자유주의적 대학 구조조정과는 달리 비자본주의적 지식생산의 길을 열 수도 있다. 예컨대 문화연구나 여성학 프로그램과 같은 것은 학과 틀 안에서는 운영되기 어렵기 때문에 다수 학과를 횡단하는 방식으로 그 방법론과 영역을 설정해야 할 필요가 있다. 이때 분과학문 중심의 학과제로만 대학을 운영하는 것은 큰 문제가 된다. 학문의 분과적 운영은 반분과적, 분과횡단적 성격을 지닌 문화연구와 같은 통합적 학문을 수용할 수 없는 것이다.[22]

이런 점을 고려할 때 학부제 문제는 학문과 교육의 구성을 어떻게 할 것인가라는 문제로 전환시켜 생각할 필요가 있다. 학문과 교육의 구성,

---

21) 졸고, 「대학 구조조정, 무엇이 문제인가」, 97쪽.
22) 분과학문 중심 체제에서 벗어난 지식생산의 필요성과 비분과적 지식생산 방식에 대해서는 졸고, 「분과학문체제의 해체와 지식생산의 '절합적' 통합」, 『지식생산, 학문전략, 대학개혁』, 15-43쪽 참조.

편성, 조직 방식은 그것을 추진하는 주체가 누구인가에 따라 결정된다. 지금 학부제가 문제인 것은 그 도입 주체가 자본, 국가이기 때문이다. 대학에서 실시되는 지식생산의 구조를 개혁하려면 그래서 주체의 새로운 설정이 필요하다. 노동계급을 포함하여 여성, 세대, 소수자 등이 지식생산의 불평등 배치를 통한 자본주의적 지배에 저항하는 주체로 설정되어야 한다. 이들 소수자 대중의 관점에 서면 학부제는 자본주의체제가 지배를 원활하게 하기 위해 가동해온 분과학문 중심 체제의 문제점을 극복할 수 있는 한 방편이 될 수도 있다. 나는 저항의 관점에서 학부제를 수용할 수 있는 구석이 있다고 본다. 저항을 위해서는 현실의 복잡성과 연관성을 이해하고, 문제들을 연관 속에 사고하고, 연대와 접속의 실천을 할 수 있어야 한다. 지식생산과 관련하여 보면 이 연대와 접속은 분과적 틀 속에 안주하는 것과는 거리가 멀다. 이것은 분과학문을 반대하는 말이 아니라, 분과학문의 자족성이 지닌 한계를 지적하는 말이다. 생산의 지구화와 소비의 세계화가 보여주고 있듯이 현실은 복잡하게 연관되어 있다. 이런 상황에서 "어떤 한 영역에 안주하면서 나는 이 부분의 전문가일 뿐이다, 그쪽은 내가 하는 일과는 상관없는 일이다 하는 식으로 분과(학문)적인 사고와 실천방식을 고집하는 것은 결국 자본주의 '공리계'(axiomatic)를 지지하거나, 새로운 사회기계의 생성을 막는, 그래서 혼자서는 스스로 진보라고 자처할지는 모르나 보수적이고 반동적인 결과만을 만들어낼 공산이 크다."[23] 여기서 중요한 것은 분과적 실천들의 연계, 분산되어 이루어지고 있는 생산의 절차들의 연결이며, 따라서 현실을 인지하고 변화시키는 방식을 새롭게 전환시키는 일일 것이다.

둘째, 연구중심대학 정책도 개혁의 관점에서 추진할 필요가 있다. 연구중심대 육성책이 대학들의 연구 역량을 강화하자는 제안이라면 무턱대고 반대할 수는 없다. 그러나 지금처럼 서울대나 연세대, 고려대 등 소수

---

23) 졸고, 「IMF의 신자유주의 공세와 문화변동—문화정치를 위한 구상」, 『경제와 사회』, 1998년 여름, 117쪽.

대학들에게만 연구중심대학이 될 수 있는 길이 보장된다면 이미 말한 대로 우리 사회 엘리트 충원의 불평등 구조를 고칠 길은 더욱 멀어질 것이다. 엘리트 양성은 필요하다. 하지만 이미 사회의 기득권층에 속해야만 진학할 수 있는 일부 대학들에만 지원을 집중한다는 것은 불평등한 인구 정책과 교육정책을 실시하려는 반민주적 처사다. '연구중심대'라는 개념을 폐기해야 한다. 다수 대학들을 교육중심대로 하향 평준화시키면서 소수 대학들에 특권적 지위를 부여하는 것은 공정하지도 옳지도 않다. 그렇다고 대학의 연구 기능을 약화시키자는 말은 아니다. 당연히 연구 기능과 수준을 강화해야 한다. 그러나 소수 대학만 연구 기능이 강화되기보다는 가능한 많은 대학들이 연구역량을 갖출 수 있도록 하는 것이 역시 올바른 방향일 것이다. 현실을 무시하는 듯 들릴지 모르지만 이상론에 입각한 말이라고 생각하지는 않는다. 더 많은 대학들이 연구능력을 갖춰야 한다는 것은 모든 대학이 '연구중심대'가 되어야 한다는 말과는 구분되어야 한다. 개별 대학들의 연구역량은 '특성화'를 통해 추진되어야 할 것이다. 특성화 효과는 개별 대학이 학문과 교육을 편성하는 방식이 다른 대학과 다를 때 생겨난다. 학문과 교육의 이런 특성화 없이 지금처럼 대학마다 학문과 교육을 닮은꼴로만 편성하게 되면 남는 것은 대학 서열화밖에는 없다. 특성화의 장점은 개별 대학이 적어도 일부 분야에서만큼은 다른 대학과는 다른 방식의 학문·교육을 수행할 수 있게 됨으로써 특성화된 분야에서의 연구와 교육의 수준을 높일 수 있다는 것이다.

연구중심대학 대신 '기초학문중심대학'을 육성할 필요가 있다고 본다. 지식생산의 자본주의화가 너무 많이 진척됨에 따라서 인문사회과학, 자연과학 등 기초학문은 지금 주변화의 압력에 시달리고 있고, 자본주의적 경쟁력과 구분되는 학문의 생태적 생산성이 후퇴할 조짐을 보이고 있다. 지식생태계의 건강성을 유지하고 회복하기 위하여 기초학문을 보존하고 발전시킬 필요가 있는데, 이를 위해서는 '기초학문중심대학'이 적합한 대학 형태다. 물론 기초학문을 중심으로 대학을 운영하는 데는 문제가 따를 것이다. 기초학문은 기본적으로 인문학이나 사회과학, 자연과학의 분과 학문인 경향이 많고 자본주의화의 진척에 따라서 수요가 줄어드는 경향이 있다. 그러나 기초학문을 육성하지 않고서는 지식생산성을 높이기 위한 기반 자체를 확보할 수 없다. 기본적으로 시장 경쟁력이 낮은 기초학문을 어떻게 육성할 것인가? 사립대학이 기초학문중심대학으로 성장할 것을 기대하기는 어려울 것 같다. 대학 대부분이 경쟁의 한 바다로 내몰리고 있는 마당에 열악한 재정으로 운영되는 사립대에 기초학문들을 육성할 여력을 기대할 수는 없다. 아무래도 기초학문중심대는 국공립대학이 맡아야 한다.

끝으로 대학간 통폐합의 방향도 새롭게 생각할 필요가 있다. 앞서도 말했다시피 지금 우리 사회는 고등교육 과잉 공급 상태에 놓여 있고, 대학들이 난립하여 상당수 대학들의 퇴출은 불가피해 보인다. 따라서 통폐합도 충분히 생각해볼 수 있는 일이다. 대학 통폐합을 제대로 하기 위해서는 전국에 있는 189개 4년제 대학들과 또 그만큼 많은 2년제 대학들의 상호관계를 파악하지 않으면 안된다. 이때 가장 우선적으로 고려해야 할 것이 아무래도 서울대의 위상과 기능 문제다. 서울대는 1946년 '국대안 파동'을 겪으며 설립된 이후 가장 많은 특혜를 받으며 한국의 중심 대학으로 성장해왔지만 사실 대학문제의 진원지로 작용해왔다. 서울대에 설치된 학문분야는 대체로 지방대학에 그대로 배치되어 국내 대부분 대학들이 종합대학의 틀을 갖추도록 하는 가장 중요한 원인으로 작용하였다. 지금 대학들이 난립하고, 또 거의 닮은꼴을 갖추고 있는 것은 서울대가 한국 대학들의 정점에 군림하면서 다른 대학들의 학문편제를 지배하고 있었던 탓이 크다. 이런 점에서 대학들의 특성화를 이룩하려면 서울대를 새롭게 재조직하고 그 특혜를 없애는 것이 중요하다고 본다. 이제 서울대는 해체하여 기초학문대학으로 새롭게 태어나야 한다고 본다.24) 서울대

---

24) 최근 서울대 내부에서 서울대를 기초학문 중심대로 규모를 축소해야 한다는 견해가 나온 적이 있다. 김세균, 「서울대학교 '구조조정'에 대한 비판적 검토」와 최갑수, 「기초학문

는 또한 독자적인 설치령 대신 국립대 설치령으로 복귀하여 다른 국립대와 균등한 지위를 받으면서 공정한 경쟁을 벌일 필요가 있다.

나아가서 국공립대학과 사립대학의 역할조정도 필요하다. 한국의 고등교육은 사립대 의존도가 매우 높다. 사립대가 많은 문제를 안고 있는 것이 사실이지만 현실적으로 많은 사립대를 방치하는 것은 문제이기 때문에 사립대와 국공립대의 역할을 조정하여 새로운 공생관계를 만들도록 해야 한다. 바람직하기로는 물론 교육재정의 국가 부담을 늘여야 하는데, 현실적으로 볼 때 국가재정은 적어도 당분간은 기초학문을 육성시킬 국공립대에 집중될 필요가 있다. 그러나 그렇다면 사회적 재원을 확보하여 사립대에 대한 지원을 하는 방안도 강구해야 한다. 이때 떠오르는 문제가 산학협동을 위한 기금의 배분이다. 국공립대가 기초학문대학의 역할을 맡을 경우 산학협동의 기회는 가능한 한 사립대로 이전시키는 것이 필요하다고 본다. 지금처럼 서울대가 국립대 중 가장 많은 재원을 국가로부터 지원받으면서 산학협동도 가장 많이 추진하고 있는 것은 공정거래의 정신에도 위배된다. 국공립대와 사립대의 역할 조정만이 아니라 서울과 지방 대학들의 균형적 발전도 필요하다. 이를 위해서는 권역별 기초학문대학을 설치하고 이를 중심으로 서울과 지방 소재 대학들의 균형적인 발전을 도모해야 한다.

이렇게 볼 때 대학 통폐합 정책은 지방과 서울의 균형적인 발전을 위해서 한편으로는 기초학문중심대를 권역별 거점대학으로 만들고, 다른 한편으로 기초학문중심대를 중심으로 권역내 국공립-사립대의 역할을 새롭게 조절함으로써, 개별 대학들의 특성화에 입각한 대학들 전체의 유기적 연관성을 높여가는 방식으로 진행되어야 한다. 이때 중요한 것은 이들 대학들을 위계화하지 않고, 각기 특성화된 기능들을 갖추게 함으로써 개별 대학들이 독특성, 차별성을 갖도록 해야 한다는 점이다.

중심대학과 서울대학교 구조조정의 방향」, 『서울대학교 구조조정 이렇게 하자』(서울대 민교협 춘계토론회 자료집), 1999. 4. 14.

결어

불평등한 사회의 지식생산은 불평등하게 이루어진다. 유감스럽게도 이 명제는 참이며, 특히 남한사회에 잘 적용되는 것 같다. 지식은 지금 자본과 국가에 의해서 그 내용, 체계, 위상 등이 크게 바뀌고 있고, 이 변화의 주된 방향은 불평등성의 강화로 잡혀 있다. 지식생산의 불평등성은 우리 사회 전체의 불평등성과 연동되어 있다. 지식생산의 불평등과 차별화를 바로 잡으려면 따라서 우리 사회를 평등한 사회로 만들어내는 노력이 필요하다. 지금까지 지식생산의 변동 방향을 구조조정이 아닌 구조개혁으로 전환시키기 위해 요청되는 원칙과 개혁의 기본 방향을 살펴보았지만 지식생산이 이처럼 우리 사회의 불평등 구조와 연계되어 있음을 생각하면 지식생산의 개혁과 변혁을 이루기 위해서 정작 필요한 것은 사회운동이라는 생각이 든다. 학문과 교육을 포함한 지식생산의 양식을 바꿔내려면 우리 사회의 노동자, 여성, 청년, 지식인과 함께 다양한 소수자들의 접속과 연대가 필요하다. 이 필요한 접속과 연대가 지금 제대로 이루어지고 있지 않다. 일차적으로는 지식생산의 '고유한' 주체들의 관행이나 문제의식의 부족 때문이다. 현재 대학 내부에서는 지식생산의 구조조정에 대한 저항도 미미하려니와 구조개혁을 위한 노력은 그나마도 없다. 한총련은 해마다 8월만 되면 범민족대회라는 연례행사를 성사시키는 데 운동에 너지를 다 소모하고 있고, 교수들은 대학개혁보다는 신분보장에 더 많은 관심을 기울이고 있는 것이 사실이다. 대학 내부에 지식생산을 변혁시킬 자율적 힘이 분출하지 않으니 대학 외부에서 관심이 생길 리가 없다. 접속과 연대를 강화하기 위해 대학 내부 주체들의 반성이 필요하다. 그렇지 않고서는 지식생산 개혁과 변혁에 대중이 참여할 것을 기대할 수 없다. 지식생산 변동에는 대중이 개입해야 한다. 이 '대중'은 학생대중 또는 교수대중만이 아니라 노동자 계급, 여성, 청년, 그리고 다양한 소수자들, 즉 자기교육권을 확보하고, 자율적 지식생산 능력을 강화하고자 하는 사람들까지도 포괄한다. 이 대중은 대학과 대학 바깥을 횡단하며 존재한다.

자본주의적 지식생산을 극복하고, 비자본주의적 지식생산의 길을 열 수 있느냐 여부는 이 다양한 주체들, 대중의 역량에 달려 있다. 이는 곧 지식생산의 변동이 지식생산 영역 안에서만 이루어지는 것이 아님을 말해준다. 대학의 구조조정은 대학만의 구조조정일 수 없다.

03

대학개혁과 지식의 공공성[*]

대학개혁과 과학적 지식생산

지금까지 대학개혁이 학문발전의 관점에서 진행된 적은 별로 많지 않았던 것 같다. 곰곰이 생각해보면 이것은 언제부터인가 대학개혁은 곧 교육개혁이라는 등식이 성립하여 교육개혁으로 학문발전도 동시에 이루어질 수 있다는 생각이 지배한 결과로 보인다. 그러나 학문과 교육은 동일하지 않으며, 학문의 관점에서 추진할 대학개혁과 교육의 관점에서 추진할 대학개혁은 각기 다른 과제를 안기 때문에 교육개혁의 일환으로 추진하는 대학개혁이 학문의 관점에서 제대로 추진될 것을 기대할 수는 없다. 학문정책의 관점에서 볼 때 대학은 지식을 생산하는 사회적 제도이고, 이때 대학의 발전은 거기서 생산하는 지식이 과연 제대로 된 것인지, 올바

[*] 2003년 6월 11일 사교련, 민교협, 교수노조, 학단협, 시민대학추진위훤회 주최 '참여정부의 대학개혁, 어떻게 할 것인가?' 토론회, 2003년 7월 16일 WTO교육개방저지와교육공공성실현을위한범국민교육연대(주)가 주최한 '공교육 개편 시론 심포지엄'에서 발표한 글이다.

른 과학적 개념에 따른 종류 및 성격이며, 적합한 기능을 가지고 있는지 등의 기준에 의해서 가늠된다. 반면에 교육정책에서 본 대학은 지식의 생산보다는 재생산을 위한 기관, 즉 학문의 직접적 수행보다는 학문후속 세대 양성을 위한 제도라는 성격이 더 크다. 대학개혁을 온전히 추진하려면 따라서 학문과 교육 중 어느 일방만 중시할 것이 아니라 양자를 연동시킬 필요가 있다. 한국사회는 그동안 이 연동의 중요성을 외면하고 대학개혁을 교육정책의 연장이라고 보고 추진해왔으며, 이 점은 진보적 교육운동 진영도 예외는 아니라고 본다.

진보적 교육운동이 대학개혁을 추진하면서 학문의 관점을 취하지 못한 데에는 나름대로 이유가 없지 않다. 무엇보다 한국의 대학사회가 내외적으로 안고 있던 절박한 문제들로 인해 학문이나 교육내용과 같은 '유장한' 과제들에 관심을 기울일 여유가 없었다. 사실 그동안 대학의 민주적, 진보적 진영이 떠안아야 했던 과제들은 한편으로는 한국사회의 비민주적 제도와 관행을 극복하고, 열악한 민중의 삶을 개선하며, 분단현실을 타파하기 위해 민주화, 민중해방, 민족통일 운동을 전개하는 것이었고, 다른 한편으로는 교육부의 관료주의와 사학재단의 비리와 전횡 등 대학 내부에 산적한 비민주적 관행과 권력구조를 개혁하는 운동으로 크게 대별되었다고 할 수 있다. 최근 이런 구도에 다른 중요한 변수도 생겨났다. 90년대 중반 이후 형식적 민주주의가 정착되기 시작함으로써 독재정권에 대한 투쟁의 필요성이 줄어든 반면, 신자유주의 정세가 형성됨으로써 대학이 전에 없던 시장의 공세를 받는 위기를 맞은 것이다. 여기에는 한국 대학의 양적 증가가 큰 몫을 한다. 학생간, 대학간 경쟁이 치열해지고, 특히 지방대학을 중심으로 한 대학 붕괴 조짐까지 보이고 있는 것은 대학의 이런 급격한 팽창 때문일 것이다. 이로 인해 교육운동 진영은 교육부의 관료주의 극복, 재단의 비리척결, 대학운영의 민주화, 대학평준화와 같은 현안들에 역량을 투입하지 않을 수 없게 되었다. 이 발제에서 나는 이들 문제들이 그 자체로 중요하다는 점을 부정하지 않지만, 그로 인해 대학교육의 내용이라 할 교과과정, 학문의 문제를 외면하는 것은 교육운동의 오류라는 입장을 취한다. 이제 진보적 교육운동 진영은 학문정책과 교육내용의 관점에서도 대학개혁을 추진할 때가 되었다.

대학개혁을 추진할 때 학문정책의 관점이 필요한 것은 오늘날 대학이 지식생산을 위한 가장 중요한 사회적 제도이기 때문이다. 대학에서 생산되는 지식은 우리 사회에서 '공식' 지식으로 공인되어 통용된다. 이 지식의 정체성, 성격, 기능, 수준, 내용 등을 규정하는 과정에 개입하는 노력은 따라서 진보운동에도 매우 중요한 의미를 지닌다. 대학의 지식생산을 지배전략의 일환으로 방치해둘 것인가, 해방을 위한 과정으로 만들 것인가, 이것이 우리에게 주어진 선택이다.

해방을 위한 지식은 지식생산이 해방을 위한 실천으로 구성될 때 가능할 것이다. 대학에서 추구하는 학문, 교과과정의 성격과 지향, 강의실에서 실천하는 교육의 내용과 방식 등을 중시해야 하는 것은 그 때문이다. 무엇보다 지식을 이데올로기로부터 해방시켜 과학화하는 작업, 이데올로기적 지식을 극복하여 과학적 지식을 생산하려는 노력이 필요하다. 오늘 지배적 지식은 인간해방이 아니라 인간의 착취와 탄압, 자연의 정복 등을 전제한 지식, 사람들은 모두 개인 능력에 따라 서로 경쟁하며 살아갈 수밖에 없다는 부르주아적 태도를 상식으로 만들어냄으로써 지배를 당연시하는 지식, 즉 이데올로기적 지식이다. 이런 지식은 부르주아계급의 지배를 위한 지식이요, 남성의 여성 지배를 위한 지식이요, 백인(서구인)의 비-백인(비-서구인) 지배를 위한 지식이요, 동성애자 억압을 위한 지식이며, 청소년·외국인노동자·장애인·노인 등을 사회적 약자로 만들어내는 지식이다. 해방을 위한 지식생산은 이런 지식을 생산하는 오늘의 지배적 지식생산에 개입하여 지식의 탈지배화, 즉 지식의 계급적, 인종적, 민족적, 성(애)적, 세대적, 지역적, 신체적 평등을 위한 작업이 되어야 한다. 이런 작업과 관련하여 대학개혁은 어떤 과제를 갖는 것일까? 먼저 과학적 지식, 즉 인간해방을 위한 지식을 생산할 수 있는 조건을 만드는 노력을 꼽을 수 있겠다. 이와 관련해서는 대학이 그 내부와 외부에서 오는 이데올로기적, 혹은 규율적 통제에서 자유로울 필요가 있다.

진보적 대학개혁을 위하여

오늘 한국의 대학을 지배하는 외부는 지금 대학에 끊임없는 구조조정의 압박을 가하는 국가와 시장이다. 전통적으로 대학은 국가와는 끊을래야 끊을 수 없는 관계를 맺어왔다. 그것은 근대사회에서는 국가가 민족(=국민) 국가 형태를 띠고, 이 국가를 구성하는 국민들을 양성할 기능을 대학에 위임해왔기 때문이다. 박정희 이래 군사정부가 때로는 강압적 통제, 때로는 재정 지원을 통해 대학을 관리해온 것은 그 때문이다. 그런데 지난 10년 가까운 기간 동안에 신자유주의 노선이 한국사회 전반을 지배하게 되면서 대학에 대한 국가의 강압적 통제는 약해진 반면 시장의 영향력은 더 커졌다. 지금도 국가가 대학을 관리하는 역할을 포기한 것은 물론 아니지만 국가의 역할을 규정하는 힘은 이제 주로 시장에서 나온다고 봐야 할 것이다. 한국은 WTO, OECD 등에 가입하고, 특히 90년대 말부터 국제통화기금(IMF)의 관리를 받게 되면서 전반적인 구조조정을 겪었다. 이 과정에서 나타난 변화의 특징은 전반적으로 자본의 자유로운 이동을 보장하기 위한 금융·교육·문화시장의 개방, 공공부문의 민영화, 노동의 유연화 등 자본, 그것도 거대자본, 특히 초국적자본의 축적을 용이하게 한다는 것이었다.

1995년 김영삼 정부의 대통령 산하 교육개혁위원회가 '5·31교육개혁안'을 발표한 뒤 '대학개혁'이라는 이름으로 진행되어 대학사회를 격동의 소용돌이로 빠뜨린 일련의 조치들도 이런 신자유주의 기조로부터 결코 자유롭지 못하다. 그동안 진행된 대학개혁의 결과 한국의 대학들은 이제 상상하기 어려울 만큼 심도 있게 기업화, 시장화가 진행되어, 시늉으로나마 교육과 학문의 전당이 되려하던 과거의 포부를 접고 자본축적을 위한 인적 자원을 양성하는 곳으로 전락하였다. 지금 대학에서 추구하는 지식은 더 이상 삶의 가치나 사회의 작동 원리를 궁구하지 않는다. 지식의 상품화로 말미암아 돈이 안 되는 학문과 지식은 외면당하는 지식의 편중 현상도 만연되어 있다. 법학, 의학, 행정학, 경영학, 신문방송학, 교육학 등 실용성 또는 시장성이 있다는 학문만 선호를 받는 것이다. 이런 현상이 벌어지는 가장 큰 원인은 물론 지식생산의 독점화 경향이며, 지식의 시장논리 지배, 또는 지식권력의 발호다. 기초학문이 무너지고, 교양과정이 파괴되고, 보편적 교육의 기틀이 무너지는 것은 바로 지식을 시장에서 판매할 수 있는 상품으로 보고, 이 상품의 생산을 지배하는 자본이 오늘 신자유주의 시대의 지배세력이기 때문이다.

이런 상황에서 대학개혁은 어떤 방향으로 이루어져야 하는가? 두 가지 길이 있다. 하나는 국가와 시장의 요구에 따라서 진행되는 보수적 개혁, 다른 하나는 민중·시민운동의 힘을 통해 국가로 하여금 지배가 아닌 해방의 기능을 수행토록 하기 위하여 국가와 시장의 결탁을 중단시키고, 대학을 과학적 지식과 해방적 능력을 생산하는 사회적 제도로 만드는 진보적 개혁이다. 현재 국가는 한국사회를 미국을 중심으로 한 신자유주의적 세계질서에 종속시키려 하고 있고, 시장은 대학에서 생산되는 지식과 기술, 그리고 거기서 훈육되는 학생들을 더 쉽게 유통시킬 수 있는 상품으로 만들어줄 것을 요구하고 있다. 이런 요구는 최근 대학들간의 경쟁이 격화하면서 생존의 위협을 느끼는 많은 대학들에게 엄청난 압박으로 작용한다. 대학의 지식생산도 그로 인해 학부제를 실시하고, 교수업적평가제를 도입하는 등 일대 변동을 겪고 있다. 지금 이것을 대학개혁이라고들 하지만 그것은 개혁의 이름을 딴 보수혁명일 뿐이다. 보수혁명의 일환으로 진행되는 대학개혁을 통해 생산되는 지식은 결코 해방을 위한 과학적 지식이 될 수 없다. 대학을 과학적 지식의 산실로 만들기 위해서는 진보적 대학개혁이 필요하다.

다른 한편, 과학적 지식생산을 위한 조건은 대학 내부에서도 만들어져야 한다. 이와 관련하여 가장 먼저 떠오르는 것이 지식생산의 민주화라는 과제다. 근대사회에서 대학은 대표적인 훈육 혹은 규율의 장소로서 내부에 독특한 인간 축적 테크놀로지를 가지고 있다. 그것은 지식권력이 행사되는 곳이며, 이 과정에서 특정한 능력과 성향, 태도를 지닌 개인들이 만들어진다. 아울러 대학에는 다양한 학문들이 제도화해 있으며, 이들 학문들간에도 경쟁과 위계의 질서가 형성됨으로써 학문들의 투쟁이 일어나는 곳이다. 학문이 알튀세르가 오래 전에 지적한 대로 계급투쟁을 통해 쟁취되는 장이라면, 지식권력의 형성, 학문들간의 위계는 이 투쟁의 결과가 지식의 장에서 정세적으로 규정된 모습일 것이다.

대학개혁의 기본방향

해방을 위한 지식생산과 학문전략의 관점에서 볼 때 대학개혁의 목표와 방향은 네 가지로 요약할 수 있을 듯싶다. 지식의 자율성 강화, 지식의 공공성 강화, 지식생산의 민주화, 지식의 사회적 생산성 강화가 그것이다. 이들 목표를 차례로 살펴보자.

첫째, 대학개혁 과정에서 자율적인 학문과 교과과정을 구축할 필요가 있다. 여기서 '자율'이라 함은 한편으로는 지식의 식민화를 탈각한 '민족' 교육의 자율성을 말하면서 다른 한편으로는 '민족' 내부에서 서로 차이를 지닌 구성원들이 아래로부터 드러내야 할 자율성을 가리킨다. 자율적 학문과 교과과정은 따라서 한국사회가 자기결정권을 가진 주권국가로서 구성해야 하는 지식의 체계에 해당한다. 여러 학문들의 관계, 교과목의 내용과 목표도 자율적이고 독립적인 주권국가로서 한국이 필요하다고 판단하는 대로 설정할 필요가 있다. 예컨대 도서의 분류, 지식체계는 지금처럼 서구, 특히 미국 중심이 아닌 한국사회 중심이어야 하며, 세계에 대한 지식을 구축하거나 축적하는 방식도 한국사회가 세계 다른 사회들과 평화로운 공존을 하면서도 독립적 능력을 발휘할 수 있도록 해야 할 것이다. 교과목은 또한 한국사회 내부의 다양한 구성원들이 자신들의 다양한 욕구와 욕망을 충족할 수 있도록 구성될 필요가 있다. 자칫 '민족주의' 교육을 강조하는 나머지 민족 자체가 내부에 수많은 특이점들을 지닌 소수자들, 다중들, 세력들로 구성되어 있다는 점을 망각해서는 안된다.

둘째, 지식의 공공성 강화가 필요하다. 지금 대학에서 일어나고 있는 심각한 현상 가운데 하나는 학생들이 전공공부보다는 취직공부에 매달리고 특히 기초학문을 외면한다는 사실이다. 이것은 지식을 자본축적의 수단으로 만드는 시장논리가 횡행하면서 지식 자체도 상품이 되고, 지식이 사적 이윤 추구의 수단이 된 결과다. 이 흐름을 더 이상 방치할 것이 아니라 지식으로 하여금 사회적 공공성을 강화하는 데 기여하도록 그 기능을 전환시킬 필요가 있다. 이를 위해서는 국가가 대학을 시장의 도구로 전환시키고 있는 현행 대학개혁의 흐름을 막고, 대학이 시장만이 아니라 공공영역을 위해서 기여하도록 해야 한다. 지식이 공적인 기능을 수행할 때 해방을 위한 지식생산의 가능성이 더 높아진다.

셋째, 학문들, 교과목들 간에 생겨난 잘못된 위계질서를 타파하고 서로 다른 지식들간의 올바른 관계를 설정함으로써 지식생산의 민주화를 꾀할 필요가 있다. 현재 한국의 지식생산은 신자유주의 세계화 정세에 의해서 지배되고 있으며, 이 결과 반사회적 생산성 또는 경쟁력 개념에 의해 포획되어 있다. 학부제 도입을 통해 기초학문들이 고사 위기에 빠진 것이 단적인 예다. 지금 대학에서 강조되는 것은 지식의 실용성이요, 경쟁력이지만, 이로 인해 인문학, 사회과학, 자연과학, 예술의 기초분야들은 '장사가 안 된다'는 이유로 배척을 받음으로써 학문들과 지식들간의 균형이 깨지고, 다양한 지식들이 공존해야 하는 지식의 생태계가 파괴되고 있다. 이것은 기본적으로 특정한 지식들이 지식권력을 행사하면서 다른 지식들을 억압하는 것과 다를 바가 없으며, 학문-지식공동체에서 민주주의가 억압을 받기 때문에 생긴 결과다.

넷째, 과학적 지식을 생산함으로써 지식생산의 질적 향상을 꾀하고, 대학에서 생산하는 지식이 사회적 생산성—지배의 생산성, 이데올로기적 생산성과는 구분되는—을 발휘할 수 있도록 노력할 필요가 있다. 지금 한국사회의 대학은 사회적 '무능'을 생산하는 곳으로 전락해 있다고 할 정도로 지식생산 능력이 많이 부족하다. 여기에는 그동안 우리 사회가 대학에 투자를 거의 하지 않은 결과 생긴 열악한 재정상황으로 생겨난 양적 측면의 공공성 부족도 작용하지만, 동시에 지식을 주로 지배를 위한 이데올로기로 만들어 생겨난 질적 측면의 공공성 부족도 큰 작용을 한다. 인문사회과학의 경우 과학과 이데올로기를 구분함으로써 진보적 지식을 생산할 수 있으며, 이 결과 학생들의 역능을 키우는 데 기여할 수 있다. 그러나 지식생산을 지배의 수단으로 삼은 결과 한국 대학들은 집단적 무능 생산제도로 전락했다. 교육내용의 질적 향상이 필요하다.

지식생산을 중심으로 대학개혁의 방향과 목표를 이렇게 설정하는 것은 지식이 해방적 기능을 하도록 하기 위함이다. 해방을 위한 지식은 과학적 지식이며, 이런 지식생산은 사사로운 이익이 아니라 공적인 이익에 도움이 되고, 제국주의 등 불의의 질서에 굴종하지 않는 자율적 결정에 따라 구성되며, 민주적으로 운영되어야 하고, 나아가서 사회적 공공성을 위한 실질적 효능을 갖기 위해 끊임없는 질적 향상을 이루는 생산성을 지녀야 할 것이다. 이 기본방향을 중심으로 대학개혁을 학문전략의 관점에서 실제로 구현할 수 있는 현실적인 추진방안을 구상해보자.

공공영역 일자리 창출과 대학개혁

위에서 대학개혁의 기본방향으로 네 가지를 말했지만, 이 네 목표들간의 관계를 다시 생각해보면 무엇보다 중요한 것이 대학에서 생산하는 지식의 공공성을 강화하는 것이 아닐까 한다. 사실 대학개혁의 최종 목표는 학문과 교육의 공공성 강화에 있을 것이다. 학문의 관점에서 볼 때 지식생산의 민주화, 지식의 사회적 생산성 강화, 그리고 지식의 자율성 강화는 지식이 사적 이윤 추구의 수단으로 전락하지 않고 공적인 기능을 제대로 하도록 하기 위함이며, 모두 지식의 사회적 공공성 강화라는 목적에 수렴되기 때문이다. 이제 이 공공성을 강화하려면 어떻게 해야 할지 살펴보자.

지식의 공공성을 실현하려면 전략적 사고가 필요하다고 본다. 최근 교육부가 도입한 '두뇌한국 21'과 같은 사업이 진행되면서 지식생산에 대한 자본의 지배 현상이 강화되고 있으며, 이런 현상을 부추기는 '산학협동'과 같은 접근을 당연시하는 경향이 높아지고 있다. 이런 경향에서 확인되는 (자연)과학적 지식과 기술의 수단화가 지식의 사회적 공공성을 강화하기보다는 오히려 잠식하고 붕괴시킨다는 점이 문제다. 지식의 공공성을 강화하려면 다른 접근이 필요한데, 이와 관련하여 아직 공론으로 떠오르지는 않았으나 꼭 고려해야 할 중요한 의제가 있다고 본다. 그것은 다름아니라 고학력노동자로 양성되는 대학생들의 사회진출 문제다. 대학의 학문정책, 지식생산을 이야기하면서 학생들의 졸업 후 취업문제를 거론하는 것이 의아하게 들릴지 모르지만 사실 대학에서 학문이 발전하기 위해서는 학문발전을 위한 물적 기반이 필수적이다. 이 물적 기반에서 빼놓을 수 없는 것이 학문후속세대의 양성이다. 학문의 관점을 중시해야 한다는 말을 하면서 대학개혁을 교육정책의 관점에서만 추진해서는 안 된다는 입장을 모두에서 밝혔지만, 교육의 기반을 갖지 않고 학문에만 의존하여 대학개혁을 추진하는 것 역시 불완전하기는 마찬가지다. 오늘날 대학이 지배적인 지식생산의 거점이 된 데에는 분명한 이유가 있다. 현대사회에서는 대학만이 교육과 학문이 동시에 이루어질 수 있는 제도이기 때문이다. 이런 점에서 학문정책의 관점에서 대학개혁을 추진할 때에도 교육의 관점을 놓치지 않는 것이 중요하며, 학문의 일차 주체라고 할 연구자, 교수대중이 지식생산의 공공성을 강화하려 할 때 학문 차세대인 학생들의 진로를 염두에 두는 것은 너무나 당연한 일이다.

　이와 관련하여 공공영역의 일자리 창출의 중요성을 강조하고 싶다. 지금 지식의 사유화가 강화하고 있는 것은, 적어도 학생들의 진로와 관련하여 생각하면, 학생들이 갈 곳이 시장밖에 없기 때문이다. 지금 거론되고 있는 대학의 위기에서 가장 핵심적인 것은 학생들이 전공분야를 외면하는 데 있다고 본다. 특히 인문학, 사회과학, 자연과학, 순수예술과 같은 기초분야의 경우 전공에 기반을 두며 사회에 진출하는 기회가 전무하기 때문에 전공 외면 현상은 심각한 지경에 이르렀다. 이런 현상은 대학의 지식생산과 사회의 요구 사이에 있는 어떤 구조적 괴리로 인해서 생겨난 것이므로 학생들만 탓할 일은 결코 아니다. 대학을 졸업한 뒤 갈 곳이 일반 기업체뿐인데, 철학, 문학, 역사학 등 기초학문 전공자들이 전공과목에 관심을 가질 리가 있겠는가. 어떻게 해야 할 것인가? 기초학문과 순수예술을 전공한 학생들의 비-시장사회 진출 기회를 확대하는 정책이 필요하다. 학생들이 대학에서 전공하는 학문과 예술을 통해 갖게 되는 지식과 기술과 능력을 사회가 사용할 수 있도록 하는 지식생산의 연계망을 형성해야 한다. 그런데 이런 조직을 마련하는 유일한 길은 사회적 공공성, 특히 문화적 공공성을 강화함으로써 우리 사회의 공공영역을 본격적으로 구축하는 것이다. 공공영역은 이때 초등학교, 중고등학교, 대학교, 연구소 등 교육과 학문을 위한 사회적 기관들, 각종 학교도서관, 대학도서관, 공공 또는 전문 도서관과 같은 도서관, 그리고 박물관, 미술관, 미디어센터, 영상아카이브, 문화의 집, 문예회관과 같은 공공문화기반시설이다. 이런 기반시설을 확충하고 내실 있는 운영을 할 경우 문학, 철학, 역사학, 인류학, 예술 등을 전공한 사람들이 진출할 새로운 일자리가 만들어진다. 예컨대 전국의 1만1천 학교에 있는 도서관에 두 명 이상의 사서를 배치할 경우 적어도 2만여 일자리가 생기며, 전국에 있는 6,000여 공공문화기반시설에 학예직이나 연구관 등 전문직을 5명 이상 배치하더라도 3만여 일자리가 생긴다.

물론 문제가 없는 것은 아니다. 현재 우리 사회에는 이들 시설이 태부족일 뿐만 아니라 개별 시설을 운영하는 실태도 말할 수 없이 열악하다. 그러나 GDP가 세계 12위인 지금 우리의 사회적 공공성을 현재 상태로 방치할 수만은 없다. 외국의 경우 지역공동체마다 도서관을 두고서 지역문화의 산실로 만들고 있는데 우리도 시·군·구, 그리고 면 단위까지 규모는 작더라도 도서관을 운영하고 적절한 수의 사서를 배치한다면 당장 수만 명의 사서요원이 필요해진다. 이런 식으로 문화의 집, 문예회관, 영상아카이브, 미디어센터, 각종 미술관, 각종 박물관의 수를 늘이고 또 운영을 내실있게 할 경우 수십만 명의 일자리를 창출하는 엄청난 효과를 낼 수 있을 것이다. 사회적 공공성, 문화적 공공성을 구축하는 요구투쟁을 벌이면 기초학문을 전공한 학생들의 일자리를 창출할 수 있고, 이것이 기반이 되어 대학도 시장에서만 통용되는 지식과 기술을 생산하라는 압박에서 벗어나서 공적인 용도로 사용되는 지식을 생산할 채비를 차릴 수 있을 것이다.

기대효과

이 일자리 창출(노력)이 대학에 미치는 효과는 무엇일까?

첫째, 기초학문을 포함하여 대학에서 학생들이 전공하는 학문의 정상적 운영을 기대할 수 있다. 지금 대학을 위기에 빠뜨리고 있는 요인들 가운데 가장 중요한 것은 취업난으로 인하여 학부과정 또는 대학원 과정에서 학생들이 전공공부를 할 여유를 갖지 못한다는 것일 게다. 시장 이외의 진로를 찾지 못하는 학생들로서는 시장이 요구하는 지식, 기술, 능력을 습득하는 데 당연히 더 열중하겠지만, 문제는 이로 인해 학생들이 필요하다고 생각하는 지식과 기술과 전공공부가 제공할 수 있는 것들 사이에 커다란 괴리가 생긴다는 것이다. 공공영역에서, 특히 오늘 한국사회가 성취한 경제발전에 걸맞은 인간적, 시민적 삶의 질을 향상시키는 데 필요한 문화적 공공영역에서 대규모 일자리가 창출될 경우 이 괴리가 크게 사라지리라는 것이 내 판단이다. 문화적 공공서비스란 기본적으로 삶의 질을 향상시키는 것이며, 대학에서 가르치는 기초학문, 순수예술이 바로 그런 삶의 질과 관련된 학습 내용을 가지고 있기 때문이다. 공공영역의 구축과 이곳에서의 일자리 창출이 대학의 지식생산, 기초학문과 예술 분야에 미칠 영향은 분명하다. 공공영역의 활성화는 대학이 제도화하여 운영하고 있는 기초학문에 대한 사회적 수요가 생겨남을 의미하며, 따라서 지금과는 달리 대학이 학문의 정상적 운영을 하게 만드는 물적 기반이 될 수 있다. 위에서 대학개혁의 기본방향의 하나로 본 지식생산의 자율성을 강화하는 데도 이런 노력은 큰 성과를 거둘 것으로 기대된다. 왜냐하면 시장에서의 취업 압박에서 해방될 경우 학생들은 좀더 유장한 방식으로 자신이 선호하는 학문과 지식을 습득하는 여유를 가질 수 있고, 이를 통해 타율적 학문하기를 벗어날 수 있을 것이기 때문이다.

둘째, 공공영역의 일자리 창출을 전제할 경우 지식생산의 제도 운영 개선을 기대할 수 있다. 지금 대학에서 운영하는 학문들간에는 비민주적 관행과 위계질서, 즉 부당한 지식권력이 작용한다. 의학, 법학, 경영학, 행정학, 교육학, 신문방송학, 영문학 등 돈벌이와 취직에 유리한 학문들이 다른 학문들의 존립을 위태롭게 하면서 군림하기 때문이다. 지식과 학문의 이런 편중 현상은 무엇보다도 지식생산을 지배하고 있는 시장논리의 결과다. 이 문제를 해결하는 길은 오직 하나, 공공영역을 확충하는 것이며 지식과 학문의 기능을 사회적 공공성의 관점에서 전환시키는 것이다. 이때 꼭 고려해야 할 것이 학문제도, 지식생산 제도로서 특히 사회적 기능이 다른 학문분야들의 수학(修學) 시기를 재조정하는 일이다. 지금 대학에서는 법학, 의학, 경영학, 행정학, 신문방송학, 교육학, 도서관학, 건축학 등과 같은 전문직 수련 분야들이 기초학문분야인 인문, 사회, 자연 과학 학문들과 함께 학부 과정에 배치되어 있다. 이런 조치가 지금 심각한 학문간의 불균형 문제를 낳고 있다는 것은 주지의 사실이다. 기초학문 분야를 전공하는 학생들도 법대, 경영대, 신문방송학 과목들만 선호하도록 만들어버리는 것이다. 전문직 전공분야를 학부과정에 설치한 데에는 물론 근대 국가 및 사회를 구축하기 위한 인재들을 단기간에 육성해야 했던 과거의 역사적 요구가 작용했겠지만, 이제는 인재육성 방식을 개선하여 인문문화의 발전 기반이 되는 기초 학문과 예술을 살리는 길을 찾아야 한다.

이를 위해서 필요한 것이 지금의 학년제도를 바꿔서 전문직업인을 양성하는 학과와 대학, 기초학문을 하는 학과와 과정을 시차별로 조정하는 일이다. 예컨대 사서를 배출하는 도서관학과의 경우 학부과정에 두는 것은 향후 도서관에서 근무할 때 필요한 전문지식 함양이라는 관점에서 문제가 있으며, 법학을 전공하는 경우에도 법 문제가 삶의 모든 측면과 관련되어 있다는 점을 생각할 때 학부에서 바로 시작하는 것은 문제라고 본다. 중세 이래 서양에서는 의학, 법학, 신학 등을 전문직 학문으로 취급하여 교양과목과 분리해왔다. 이들 전문과목의 목적이 먹고사는 일에 치중되었기 때문에 문법, 논리, 수사학, 산수, 기하, 음악, 천문 등 일곱 가지 기본 교양과목과는 성격이 다르다고 보고 취한 조치였다. 서구전통에서 '교양과목'의 '교양'을 '리버럴'(liberal)이라고 하는 데서 드러나듯 이때 교양은 먹고사는 전문직업과는 분리된 이해관계에서 자유로운 내용을 담은 학과다. 현재 대학은 이런 교양과목을 전공과목과 같은 시기에 동시에 배우도록 하고 있는데, 이제 수학시기를 재조정하여 대학교육의 학년 제도를 근본적으로 시정할 필요가 있다.

셋째, 공공영역 일자리 창출은 대학 지식생산의 질적 향상을 유도하고, 대학에서 생산하는 지식이 사회에 책임을 지도록, 사회적 생산성을 강화하는 계기가 될 수 있다. 지식생산의 질적 향상은 첨단이론과 기술을 생산하는 것으로만 이루어지는 것이 아니다. 물론 새로운 이론과 지식과 기술을 개발하는 것도 중요하지 않은 것은 아니겠지만 더 중요한 것은 이런 지식개발의 사회적 목적을 올바로 설정하는 일이다. 공공영역의 일자리 창출은 지식의 사회적 공공성을 높이는 계기로 작용함으로써 학문과 지식생산의 목적을 사회적 서비스 향상, 공적인 기능 증대에 두도록 하는 효과를 가질 수 있을 것이다. 나는 학문과 지식의 이런 공공성 강화가 지식생산에 선순환을 일으켜 인간해방을 위한 과학적 지식의 생산으로 나아가는 계기가 되리라고 믿는다. 사실 인류가 지식을 생산하고, 학문을 추구하는 것은 돈을 벌고, 권력을 통한 지배를 위함은 아니다. 철학, 문학, 과학, 예술, 경제, 정치 등 삶과 사회의 근본 문제영역들을 제대로 파악하려는 노력, 그리고 이를 통해 우리의 삶을 해방시키는 일이 더 큰 목적이기 때문이다.

그런데 해방을 위한 학문과 지식은 철학이든 문학이든 혹은 과학이든 예술이든 과학적 성격을 띠어야 한다. 문학을 전공하는 필자의 입장에서 볼 때 문학의 개념을 과학적으로 설정하고, 문학이 오늘의 삶에서 차지하는 기능을 적확하게 파악하는 것이 매우 중요하다. 이를 위해서는 학문분야, 지식분야의 구성과 작동을 과학적으로 파악해야 한다. 대학의 문학 교육은 이런 점에서 너무나 큰 문제를 안고 있다. 문학은 사학, 철학과 함께 중요한 인문학 분과학문임에도 불구하고 지금 온전한 분과학문으로 운영되지 못하고, 민족문학을 중심으로 한 하위분과학문 체계로 운영되고 있는 것이다. 이로 인해 수사학, 문체론(stylistics), 표상학(typology), 문자학, 기호학, 시학, 서사이론, 해석학 등 분과학문으로서 문학에서 다루어야 할 이론과 교과목은 문학연구와 교육에서 체계적으로 배제되어 버린다. 이런 방식으로는 문학에 대한 과학적 인식에 이를 수가 없으며, 적어도 문학과 관련한 지식과 학문의 질적 향상을 기대하기는 어렵다. 문학에만 이런 문제가 있는 것은 아닐 것이다. 오늘 철학, 경제학, 정치학, 자연과학 등이 과연 바람직한 과학의 개념을 구현하고 있는지, 혹시 지배를 위한 지식생산에 복무하고 있지는 않은지 살펴봐야 할 것이다. 공공영역의 일자리 창출은 지배가 아니라 봉사를 위한 학문과 지식을 구상하고, 이 학문과 지식으로 하여금 착취와 탄압과 왜곡의 기술이 아닌 해방을 위한 전략이 되게 하는 데 중요한 역할을 해줄 것으로 기대된다.

끝으로, 공공영역 일자리 창출은 우리 사회의 구체적 영역, 모든 지역에서 요청되는 일인만큼 지역사회와 지역대학의 좀더 긴밀한 인재육성 프로그램 개발을 촉진시킬 가능성이 있으며, 이로써 지금 가장 위기에 처한 지방대학을 육성할 수 있는 길을 찾을 수도 있다. 지방대학의 육성은 그 자체로도 중요하지만 공공영역을 균형적으로 구축하는 물적 기반 확보라는 측면에서도 중요하다. 공공영역은 특정한 지역에만 국한되어 구축될 수 없으며, 수도권과 지방에 골고루 배치되어야 한다. 앞서 언급한 공공문화기반시설을 먼저 들일 곳은 수도권이나 대도시보다는 문화적, 사회적 서비스가 빈약한 지방이다. 지방 곳곳에 문화의 집, 문화원, 문예회관, 각종 기념관, 미술관, 박물관을 먼저 짓고, 이들 시설에 필요한 인원을 배치한다는 것은 지방에서도 중요한 능력을 갖춘 인재들이 일자리를 가질 수 있다는 것이며, 따라서 지역의 인간자원을 풍부하게 할 수 있다. 이런 물적 기반을 갖추려면 지방대학도 그런 인재를 배출하기 위한 노력을 해야 할 것이며, 이와 연동하여 지방대학의 지식생산능력, 즉 지식의 사회적 생산성이 강화될 수 있을 것이다.

학생운동과 교수운동의 연대

지금까지 나름대로 바람직한 대학개혁의 방향을 학문정책과 지식생산의 관점에서 모색해본 셈이다. 여기서 주장한 것은 두 가지로 요약할 수 있다. 첫째, 대학에서 실천하는 지식생산은 사회적 공공성을 강화하는 데 기여해야 하며, 둘째, 이를 위해 지식생산의 민주화, 자율화, 질적 향상이 필요하다는 것이다. 나는 이런 취지에서 대학졸업생으로 하여금 비-시장 영역에서도 일자리를 찾을 수 있게 하자는 제안을 했다. 이 제안의 목적은 분명하다. 우리 사회의 공공성, 특히 문화적 공공성을 강화함으로써 사회의 균형적 발전을 이루고, 민중의 삶의 질을 향상시키자는 것이다. 물론 여기에는 큰 전제가 따른다. 공공영역에서 일자리 창출을 하기 전에 공공영역 구축이 필요하고, 이를 위해서는 엄청난 재원이 필요하다. 공공영역에 필요한 인재를 양성하기 위해 추진하는 대학개혁에도 큰 재원이 요청된다. 그러나 지금은 노동자, 여성, 장애자, 노인, 청소년, 동성애자 등 소수자와 약자들을 주변인구로 만들어내면서 '20 대 80 사회'를 구축하는 신자유주의 국면으로서 지식의 사회적 공공성을 오히려 파괴하는 대학 구조조정이 진행되는 시기가 아닌가? 이런 시기는 민중과 시민의 복지, 그들의 삶의 질을 높이기 위한 공공서비스는 최소화하고, 국가예산도 '경제발전'을 위해 재투자된다. 이런 상황에서 어떻게 대학졸업자들의 일자리 창출을 위한 공공영역을 구축한다는 말인가?

　바로 여기서 운동의 관점이 중요하게 떠오른다고 생각한다. 사회개혁은 사회운동이 없으면 이루어지지 않고, 대학개혁도 대학교육운동이 없으면 기대할 수가 없다. 앞에서 대학개혁에는 두 가지 길이 있다고 했지만, 신자유주의의 보수적 개혁이 아닌 진보적 개혁을 위해서는 대학사회의 주체들, 특히 학문과 교육의 주체인 교수와 학생이 참여하는 교육운동의 필요성이 생긴다. 나는 지금이야말로 대학생들과 교수들이 자신들의 경제적 권리를 쟁취하기 위한 경제투쟁을 벌일 때라고 생각한다. 그런데 학문과 지식 공동체의 경제적 권리는 대학사회만으로 보장되는 것이 아니라 사회 전체가 학문과 지식을 정당하게 대우할 때 보장을 받을 수 있다. 이는 곧 학생과 교수의 경제투쟁은 대사회투쟁, 즉 우리 사회에 지식의 공공성을 구축하라는 요구투쟁의 형태로 진행되어야 하며, 따라서 사회개혁 요구로 전개되어야 함을 의미한다. 다시 말해 대학개혁이 사회개혁과 연동되어야 하는 것이다. 그런데 이 개혁을 추동하는 힘이 분산되면 곤란할 것이므로 학생운동과 교수운동의 협력과 연대가 요청된다고 하겠다. 이 협력과 연대를 기대할 수 있을까? 가능하다고 본다. 학생과 교수는 사회개혁을 위한 대학개혁에 참여하는 주체로서 지식과 학문의 공동체에 속하기 때문이다. 대학개혁 자체만 놓고 볼 때도 학문과 교육의 주체인 교수 대중과 학생 대중은 연대하여 자기 해방의 일환으로 지식생산의 진보적 변혁에 공동 주체로 참여할 필요가 있고, 또 그럴 수 있다고 본다.

　사회개혁과 연동된 대학개혁을 힘있게 추진하려면 학생운동이 매우 중요하다는 점을 강조하고 싶다. 대학에서 학생들은 수가 워낙 많기 때문에 사회운동 주체로서 큰 힘을 발휘할 수 있다. 다만 대학생들이 학문정책, 교과과정을 개혁하는 주체로 등장하기 위해서는 조건 충족이 필요하다. 학생대중이 학문정책과 교과과정이 자신들의 삶에 중대하고도 구체적인 의미를 가지고 있다는 점을 깨닫는 것이 그것이다. 공공영역의 일자리 창출을 중요하게 다룬 것은 바로 그런 여건을 전제해야만 학생이 대학에서 생산되는 지식과 학문이 자신들의 향후 삶에 직접 관련이 있다는 점을 정확하게 인식할 것이라고 보았기 때문이다. 학생대중은 지금 고학력노동자의 대규모 실업이 구조화된 결과 과거와는 비교할 수 없을 정도로 심각한 취업난에 빠져 있다. 학생운동은 따라서 노동운동으로 전환하고, 경제투쟁을 강화해야 하지 않겠는가? 그런데 이 글의 취지에서 보면 학생들이 일자리를 꼭 시장영역에서만 찾을 것은 아니다. 그보다는 경제성장에도 불구하고 열악한 사회적 공공성을 강화하기 위해 공공영역의 일자리를 대규모로 창출하라는 요구를 벌임으로써 진로를 모색해야 할 때다. 그리고 이런 노력을 대학에서 보내는 기간 동안 전공분야의 학습을 심화시키는 노력과 연결해야 한다. 대학은 지식생산의 가장 중요한 사회적 제도다. 이곳에서 보내는 4년 또는 그 이상의 기간 동안 학생들은 전공분야 공부를 통해 자신의 역능을 강화할 수 있어야 한다.

교수운동도 공공영역 일자리 창출에 관심을 기울일 필요가 있다고 본다. 지금 대학위기는 한편으로 보면 취업난을 중심으로 한 학생들의 위기이지만 갈수록 신분이 불안해지고 있는 교수들, 특히 기초학문 전공교수들의 위기이기도 하다. 한국의 교수운동은 민교협, 교수노조 등으로 조직화해 있고, 그동안 적잖은 사회기여를 해왔다. 하지만 이 과정에서 교수운동과 학생운동은 일정한 거리를 두고 진행되어 왔거나 심지어는 상호불신의 관계를 맺어온 것도 사실이다. 여기에는 학생운동의 지배적 정치노선과 교수운동의 정치노선이 상치한 점이 작용하지만 학생대중과 교수대중이 동시에 위기에 처한 지금 교수운동은 학생운동과 연대하여 일자리 창출에 적극 나설 필요가 있다고 본다. 이를 위해서 교수운동은 사적 자본의 이해를 반영하는 사회운영의 기틀에서 벗어날 수 있는 정책적 대안을 만들어내고, 학생운동을 지원하고 지도하는 노력을 더 기울일 필요가 있다고 본다. 물론 이것은 교수들 자신의 신분보장을 위한 노력이기도 하다.

결어

대학개혁을 학문의 관점에서 추진할 필요가 있다는 말로 이 논의를 시작했지만, 사실 대학개혁의 학문적 측면을 많이 다루지는 못하였다. 학문의 내용을 놓고 이야기할 때는 여러 학문들의 특징을 감안한 제안들을 내놓을 수 있어야 할 터인데, 필자의 능력으로 제학문분야를 관통하는 통일적 정책제안을 내놓을 수는 없었기도 하지만, 대학에서 학문이 존립하기 위한 물적 기반으로서 학생들의 일자리 창출에 더 많은 관심을 기울였기 때문이다. 대학개혁을 위해서는 대학에서 생산하는 지식의 내용도 바꿔야 한다. 이 글에서는 제대로 다루지 못했지만 그동안 한국대학을 지배해온 지식의 식민지성에서 벗어나서 지식의 탈식민화를 꾀하는 일도 매우 중요하다. 하지만 대학개혁을 추진할 때 학문의 관점을 취하더라도 잊어서는 안될 것은 이때도 그 목적은 지식의 공공성을 실질적으로 강화하는 것이라는 점이다. 지식생산의 공공성을 강화하려면 세상을 바꾸지 않으면 안 되며, 이 사회변혁의 노력에 지식생산의 주체들인 교수들과 학생들이 앞장서야 한다는 것이 이 발제의 주장이었다.

04

한국 대학교육의 문제와 대안—문화적 관점*

문제설정

이 발제는 문화적 관점에서 봤을 때 한국 대학교육이 어떤 문제를 가지고 있는지 살펴보는 것이 목적이다. 왜 문화적 관점에서 대학교육을 보려는 것인가? 대학은 사회의 문화적 역량을 구성하는 3대 축인 지적, 정서적, 정의적 능력을 응축하여 길러내(야 하)는 전략적 제도공간이라고 믿기 때문이다.

알다시피 대학은 사회의 지적 능력을 길러내는 중요한 제도다. 간단히 말해 대학은 수많은 사람들이 모여 공부하고 연구하는 곳이다. 사회의 지적 능력이 떨어질 때 사람들은 그래서 대학에 그 책임을 묻곤 한다. 아울러 대학은 사회적 감성과 정서가 가장 자유롭게 분출되는 곳이라 할 수 있다. 대학생활을 누리는 개인들은 이곳에서 청춘의 전성기를 보낸다.

---

* 교육개혁시민운동연대가 주최한 '노무현정부 교육정책 평가와 올바른 교육개혁을 위한 정책 제안' 토론회(2003. 11. 10)에서 발표한 글이다.

많은 사람들이 대학시절을 인생의 가장 활기찬 시기로 간주하는 것은 이때 느낀 정열의 기억 때문일 것이다. 대학은 정열만이 아니라 기백이 넘치는 곳이기도 하다. 그동안 대학은 사회의 도덕적 성감대로서 각종 사회운동의 진원지로 작용하며 한국 민주주의 구축에 적잖은 기여를 해왔다. 대학생들이 지닌 비판적 사회의식, 윤리적 기백과 정의감이 이 과정에 큰 역할을 했다는 것을 부정할 사람은 많지 않을 것이다. 이렇듯 대학은 지적, 감성적, 정의적 능력이 응축되어 있는 중요한 사회적 공간이다.

지적, 감성적, 정의적 능력은 각기 합리적, 미학적, 윤리적 이성과 연결되어 있다. 임마누엘 칸트가 자신의 철학체계를 통해 정리한 대로 이 세 이성은 동물 등 자연세계와는 다른 인간적 능력을 특징짓는 구별 지점으로서 그것들간의 종합적 관계와 더불어 형성되는 효과로써 인간을 인간답게 만들고, 문화를 구성하는 원천이 된다. 문화는 좁게는 인간적 가치를 구현한 예술이나 학문을 가리키지만 넓게는 삶의 양식 전체를 포괄한다는 점에서 자연과 구분되는 인간적 삶의 터전과 방식을 가리킨다. 인간이 이런 세계를 구축할 수 있는 것은 지적 능력 또는 합리적 이성, 감성적·정서적 능력 또는 미학적 이성, 정의적 능력 또는 윤리적 이성을 지녔기 때문이다. 지적·정서적·정의적 능력 또는 합리적·미학적·윤리적 이성은 원래 자연에 속한 인간으로 하여금 자연과 자신을 구분하고 자신의 고유한 세계를 열고, 이 과정에서 문화를 구성하게 하는 힘이다.

위에서 대학을 사회의 문화적 역량을 위한 '전략' 거점이라고 하였다. 사회가 문화적 역량 고양을 위한 어쩌면 가장 중요한 기능을 수행하는 제도적 위상을 대학에다 부여했다는 판단에서 하는 말이다. 왜 대학이 그런 중요한 기능을 부여받았는지 여기서 자세히 언급할 수는 없지만 대학을 문화의 측면에서 살펴보고자 함은 대학이 문화의 중요한 산실이고, 거처라는 인식 때문이다. 대학은 젊은이들을 교육하고, 이들을 포함하여 사회의 지적·정서적·정의적 자산을 활용하면서 교육과 연구를 통하여,

그리고 또—흔히 간과하지만 매우 중요한 사실이라고 보는데—자신의 존재 자체로써 제공하는 다양한 기회들을 통하여 문화(의 핵심적인 일부)를 만들어낸다. 대학은 이런 점에서 사회의 (어쩌면 가장) 중요한 문화적 공간이다. 이 발제의 주제로 '대학교육의 문제'를 잡은 것은 이런 문화적 공간인 대학이 오늘 그냥 지나칠 수 없는 중대한 문제들을 안고 있고, 이 문제들을 제대로 파악하여 그에 대한 해결방안을 찾지 못하면 대학은 물론 우리 사회 전체의 문화적 역량이 크게 위축되리라는 판단 때문이다.

교육중심주의

오늘 우리 대학들은 어떤 문제를 안고 있는가? 위에서 제시한 문화적 관점과 그 문제의식에 따라서 대학교육의 문제를 '교육내용'이란 견지에서 살펴보고자 한다. 일단 여기서 '내용'은 대학에서 편성하여 운영하는 교과과정, 그 속에 깃들은 사상적, 예술적, 과학적 관점이나 이론적 태도, 그리고 이런 것과 연관된 교육과 학문에 대한 관점 등을 가리킨다.

한국대학의 중대한 문제점 하나는 교육과 학문을 구분하지 않고, 교육의 관점에서 학문의 문제의식을 가려버린다는 것이다. 학문과 교육의 구분 외면은 대학정책 전반에 걸쳐서 교육정책이라는 말은 자주 나와도 학문정책이란 말은 별로 나오지 않는 데서 일차 확인된다. 이것은 대학에 편성한 교육과 학문의 위상이나 기능 차이, 양자의 관계를 제대로 규명하지 않고 석연찮은 이유와 방식으로 둘을 분리한 결과 교육이 학문을 장악해버렸다는 말이다. 또한 교육의 내용과 형식을 분리시켜 놓고 후자가 전자를 과도하게 지배하게 만든다는 말이기도 하다. 오늘 대학에서, 그리고 나아가 우리 사회에서 학문정책이 실종한 것은 학문과 교육을 모두 포괄해야 할 '지식생산'이 교육정책으로 축소되어 나온 필연적 결과다.

교육의 우위는 지식정책이 기본적으로 입시 위주이기 때문에 생긴 현상이다. 한국의 초·중등 학생, 학부모 대부분은 대학진학에는 목을 매달면서도 대학교육의 내용에는 관심이 없다. 다들 대학에 가고싶어 안달을 하면서도 정작 그 안에서 무슨 일이 일어나고 있는지, 거기서 제공하는 교육내용이 어떠한지 알려고 따지는 경우는 드물다. 이것은 대학진학 목표가 진지한 공부, 학문 추구보다는 사회적 경쟁의 수단으로 학위를 취득하는 데 있기 때문에 생기는 경향이지만, 문제는 이 결과 한국사회는 교육의 질도 제대로 유지하지 못한다는 것이다. 대학교육의 내용에 무관심한 것이나, 교육의 질 제고에 등한한 것은 대학들이라고 해서 예외는 아니다. 신임교수 채용시 국내박사보다는 외국박사들을 선호하는 데서 드러나듯 한국 대학들은 자신의 능력에 전혀 신뢰를 가지고 있지 않다. 오늘 대학이 학문은 물론, 교육도 제대로 운영하지 못한다는 증거라 하겠다.

잠깐 학문과 교육의 관계를 살펴보자. 지식생산의 측면에서 보면, 학문은 지식을 창조하는 생산의 측면을, 교육은 학문의 성과를 전수하고 확산하는 재생산의 측면을 가리킨다. '학문'과 '교육'을 꼭 지식의 차원에서만 생각할 필요는 없다. 지식은 인간 능력의 한 차원일 뿐이며, 좀더 넓게, 특히 위에서 언급한 문화적 관점을 동원하여 지적, 정서적, 정의적 역능의 동시적, 종합적 추구라는 차원에서 보면, 지식을 넓은 의미의 능력, 즉 문화적 역량을 대변하는 것으로 이해할 수도 있다. 아이들에게 당부 삼아 곧잘 하는 '공부 잘 해라'에서 '공부'가 꼭 학습을 가리키기보다는 전반적인 능력 향상에 힘쓰라는 의미를 지닌 것과 같은 이치다. 지식생산은 이런 점에서 역능생산이라 하겠다. 이제 주목할 것은 이 생산양식에서 교육 측면이 학문보다 우위에 서면 교육 자체에도 변화가 생긴다는 점이다. 학문의 중요성을 망각한 교육은 아무래도 그 내용보다는 형식을 중시하게 될 것이다. 한국대학들이 지난 세월 엄청난 외형적 성장을 이뤘어도 내세울만한 내실화를 이루지 못했다는 사실도 이런 맥락에서 이해할 수 있다고 본다.

오늘 한국대학들이 운영하는 교과과정과 그 속에 깃들은 사상적, 예술적, 과학적 관점이나 이론적 지향, 다시 말해 교육내용은 단도직입적으로 말해 신뢰할 것이 못된다. 어려운 처지에서 경탄할만한 성과를 거두는 예외적 현상도 없지는 않겠지만 사회적 투자에 비하면 너무나 부실한 성과를 내놓고 있어서 '교육에 의한 무능의 생산'이 한국 대학교육의 실상이라고 해야 할 정도다. 교육이라면 응당 문화적 역량을 키우고, 지적·정서적·정의적 능력을 함양하는 사회적 실천이 되어야 하는데 어쩌다가 무능을 생산하는 기제로 전락한 것일까? 인간적 능력과 문화적 역량을 강화하기 위한 교육내용에 대한 철저한 무관심, 아니 그런 내용에 대한 억압구도가 작동한 결과는 아닐까? 이 질문과 관련하여 지난 수십년 한국에서 대학교육이 어떤 주된 기능을 해왔는지 생각할 필요가 있다. 거두절미하여 그동안 대학교육이 수행한 가장 중요한 역할은 고학력노동력의 생산, 그것도 과잉공급이었다. 현재 대학진학률은 해당연령 인구 기준으로 70%를 넘어서 80%를 향하고 있고 이 결과 한국의 대학생인구비율은 세계 1, 2위를 다툰다. 하지만 지금 대학의 상황은 어떠한가? 대졸실업자가 40만에 육박하고, 올 가을만 하더라도 기업체 취업지원률이 상상을 초월하는 88 대 1에 이른다. 이 현상은 1980년대 초부터 이어진 대학난립과 대학생인구의 급증과 연결되어 있으며, 그동안 교육부가 주도한 교육정책이 실패했다는 증거다. 교육부는 교육의 외형적, 형식적 측면에 집착한 나머지 계량적 대학정책에만 매달려 숫자 늘이기에만 급급함으로써 '교육인적자원부'라는 명칭 자체가 말해주듯 교육정책을 노동정책에 종속시켰다. 교육정책의 목적을 이처럼 고학력노동자 양산에 두다보니 대학 팽창을 조장하게 되고, 부실운영도 방치하고, 대학생인구의 급증과 함께 대졸자실업 문제까지 낳은 것이다. 학문을 포기한 교육정책은 노동정책의 관점에서 대학교육을 보게 되고, 대학비대화를 초래하여 오늘의 청년실업 사태를 빚었다.

지금 상황을 정확하게 파악하자. 오늘의 실패는 우리 국가가 학문과 교육을 지배의 도구로 삼은 필연적 귀결이 아닐까? 어떤 나라도 실패할 것을 목표로 삼아 국정운영을 하지는 않을 것 같아 보이지만 대학교육을 노동정책의 견지에서 본 것은 단순히 정책의 단견만은 아닌 것 같다. 나는 그것이 단견이라면 계산된 단견, 또는 어떤 분명한 사회적 태도와 판단의 반영이라고 본다. 위에서 한국교육은 무능생산의 사회적 장치임을 주장했는데, 이 무능의 생산이 기실 한국교육정책의 일관된 목표가 아니었는지 묻고 싶다. 과연 한국사회에서 교육은 시민, 대중, 민중, 국민이 잠재적으로 지닌 인간능력의 계발을 위한 사회적 노력으로 자리잡고 있는 것일까? 왜 한국인들은 별로 '쓸모없는' 대학에 들어가기 위해 세계 어디서도 찾아볼 수 없는 과도한 사교육비와 학습노동을 투여하는 것인가? 교육이 사회적 권력관계의 분할, 특히 계급적 차별화가 일어나는 투쟁의 현장이고, 만인을 위한 능력계발, 신분상승의 기회라기보다는 지배의 기제이기 때문은 아닌가? 많은 사람들의 주장이나 착각과는 달리 한국과 같은 사회에서 교육의 주된 기능은 더 많은 사람들로 하여금 교육을 통해 사회적으로 실패하도록 하는 데 있다. 이것은 한국사회가 계급적 불평등 구조를 가동하는 자본주의사회라는 사실과 관련되어 있다.

더 나아가 교육을 통한 무능생산이라는 사회적 실패는 한국이 처한 국제질서의 객관적 조건과도 무관하지 않다. 자본주의 세계체제에서 한국은 미국, 독일, 일본과 같은 선진 자본주의사회가 이룩한 교육과 학문의 수준을 능가해서는 안된다! 문제는 우리 사회가 짊어진 이 객관적 조건으로 인해 대학의 학문과 교육에 수많은 제약이 가해진다는 점인데, 문화적 능력들을 포괄하는 우리의 지식생산양식이 지닌 (신)식민지성이 대표적 사례다. 미군정 시절에 설립한 서울대학교가 학문을 운영하고 있는 꼴을 보자. 서울대학교는 자타가 공인하는 '한국최고' 대학으로서 성적이 뛰어난 학생들을 독점해왔으면서도 교육능력이 부족하여 외국박사, 특히 미국대학에서 최고학위를 받은 사람들만 골라 신임교원으로 뽑고 있다. '한국최고 대학'의 이런 모습은 신식민지 한국의 객관적 조건을 반영한 것일게다.

한국 대학교육의 문제는 교육과 학문의 분리와 후자의 전자 지배 현상, (신)식민지 지식생산 구도의 고착, 고학력노동자의 과잉공급 등 지금까지 지적한 것들 이외에도 많겠지만 일단 지금 지적한 것만 가지고 종합해보면 대학교육은 교육문제가 학문문제를 가림으로써 외관상으로나 형식적으로는 성장하고 비대해진 반면 내용상으로는 부실해졌다고 할 수 있다.

경영학주의

지금까지 살펴본 한국 대학교육의 우울한 그림은 최근의 정세 속에서 더 어두운 색깔을 띠게 된다. 오늘 대학교육의 형식과 내용, 교육과 학문을 지배하는 것은 신자유주의 정세다. 경제논리인 신자유주의가 대학교육에 도입된 것은 김영삼 정부가 대통령산하 교육개혁위원회를 운영하여 '교육개혁안'을 낸 1995년으로서 이후 국내대학에서 일어난 변화는 그 여파다. 신자유주의 지배를 받으면서 대학은 엄청난 변화를 겪었다. '대학'(gown)과 '시장'(town)이 긴장, 아니 적대적 관계까지 형성하곤 하던 중세까지 올라가지는 않더라도 대학은 최근까지 자신의 주변환경과는 인식상 태도상 거리를 둔 자율적 공간으로 존립했고, 그 존재 자체로써 주변에 영향을 행사해왔으나 지금은 그 위상이 크게 실추했다. 운동가요를 부르며 학생들이 대학주변의 분위기를 장악하던 80년대의 모습은 완전히 사라졌다. 강의실에서도 들리는 핸드폰소리, 소비문화에 완전히 지배당한 대학문화를 보면 오늘의 대학은 외부에 영향을 주기는커녕 외부로부터 오는 영향력에 완전히 압도당해 있다.

대학은 이제 그 자체로 시장이다. 논문들, 실험결과, 특허 등 대학이 생산하는 지식과 기술, 교수들의 강의, 그들이 주장하는 이론, 대학의 문화, 대학이 제공하는 꿈과 정신, 대학이 배출하는 학생들과 학위는 대부분이 서비스나 상품으로 전락했다. 시장이 된 대학은 자신을 상품으로 판매하기 위해 과거에 보지 못하던 각종 판촉활동을 벌인다. 라디오, 신문, 텔레비전에서 대학광고가 빈번해지고, 지방(고속) 도로변에 지방대학선전을 하는 광고판이 늘어나는 것은 갈수록 많은 대학들이 생존경쟁에서 살아남기 위한 노력의 일환으로 대학이미지통합전략(university identity)을 가동하고 있다는 증거다.

대학의 외형만 바뀐 것이 아니다. 학문적 관점의 상실, 교육내용의 중요성에 대한 외면이라는 구래의 대학교육 전통은 그대로 남은 채 대학교육의 외형에 짓눌린 교육내용과 학문마저 다시 시장의 힘으로 유린하는 신자유주의판 '분서갱유'가 진행중이다. 신자유주의 '개혁'이 일어나기 전의 대학교육이 더 나았으니 '그리운 옛날'로 돌아가자는 말을 하려는 것이 아니다. 나는 신자유주의 대학개혁을 시작한 90년대 중반 이전의 대학교육의 모습, 분과학문체제가 지배하던 당시의 학문운영방식과 이 방식을 아무런 문제가 없는 양 학생들에게 가르쳐온 교육방식을 지지하지 않는다.[1] 하지만 90년대 후반에 도입한 '학부제'를 필두로 하여 나타난 교육정책 주도의 학문 개편으로 인해 생겨난 후유증은 비록 문제가 있다고 하더라도 결코 도태시켜서는 안 되는 분과학문들의 와해로까지 이어진 학문정책 파탄 그것이었다. 개혁은 꼭 필요한 것이었으나 신자유주의 교육개혁은 개혁의 이름으로 교육을 재단하고 그 과정에서 학문까지 유린한 것이다.

신자유주의 교육개혁은 학문적 관점을 결여한 만큼, 더 정확하게 말하여 교육정책의 관점에서 학문을 이해하는 만큼 그 지형을 재단하고 성격을 왜곡하였다. 대학사회에서 불고있는 영어광풍, 고시광풍이 단적인 예다. 지금 대학에서는 '토익'이다 뭐다 하여 다들 영어 배우느라 야단이다. 경제사정이 나은 경우겠지만 '본토' 영어를 배운다고 휴학까지 해가며 해외연수를 떠나는 학생도 늘고 있다. 영어학습에 안달인 것은 갈수록 험난한 취업경쟁에서 조금이나마 유리한 고지를 차지하기 위함이겠으나 문제는 이때 배우는 영어가 상담(商談)을 위한 것일 뿐 세계의 심도 깊은 이해, 학문의 심화나 발전과는 한참 동떨어졌다는 점이다. 상담영어의 습

---

1) 강내희, 「분과학문체계의 해체와 지식생산의 '절합적' 통합」, 『지식생산, 학문전략, 대학개혁』, 문화과학사, 1998.

득이 외국인과의 대화에 도움이 되고 이것이 타문화의 이해를 증진시킨다는 점을 인정하더라도 문화, 정치, 경제와 관련한 영어로 작성된 다양한 정보를 독해, 이해, 활용하는 능력까지 향상시키지 못한다면 영어광풍은 줄잡아 말해도 낭비가 아닐 수 없다.

영어학습의 목표가 영어를 일상적으로 범용(汎用)하려는 데 있다면 고시공부는 좀더 전문적인 용도를 겨냥한다고 할 수 있을 것이다. 고시는 특정한 직업을 위한 자격시험이기 때문이다. 그러나 현재 자신의 '통용가치'를 내세우며 다른 능력, 지식, 학문을 도태시키는 역할을 하기로는 고시공부나 영어공부나 한가지다. 범용을 위한 영어공부가 그래도 나중에 심도 깊은 학문을 위한 가능성을 지닌 편이라면 고시공부 경우는 그마저도 차단한다. 지금 한국의 대학에서는 자기 능력에 자신을 가진 학생일수록, 그리고 소위 상위권대학에 속할수록 더 미친 듯 고시광풍에 휩싸여 있다. 고시를 광풍으로까지 부르는 것은 그 영향권 안에 있는 것은 무엇이든 가리지 않고 휩쓸어 넣기 때문인데, 상위권대학에 국한되는 것 같긴 하지만 문학, 사학, 철학 전공자는 말할 것 없고, 공학을 전공하는 학생들까지 사법고시에 매달리는 것이 오늘 상황이다. 영어광풍과 고시광풍은 한국의 대학이 어떤 학문적 불균형을 드러내고 있는지 보여주는 일부 사례일 뿐이다. 대학이 고등교육기관이라는 명칭에 걸맞게 기능하려면 충실한 교육내용을 갖출 수 있는 자체 학문생산능력을 가지고 있어야 하고, 개별대학이 선택한 학문전략과 교육전략에 따라서 교육내용을 충실히 하려면 당연히 학문다양성을 기본원칙으로 삼아야 할 터이나, 오늘 대학은 극소수 학문과 교육내용의 독점적 우위를 용인하고 있다.

학문과 교육내용의 관점에서 볼 때 대학을 지배하는 것은 경제주의, 좀더 분명히 경영학주의다. 영어와 법학이 대학에서 특권적 위치를 차지하는 지식영역이라 해놓고 이제는 경영학을 지배적 학문모델이라 말하는 까닭은 학생들이 영어와 법학에 집착하는 것은 '학문'과 '빵' 가운데 후자의 길을 선택한 것이라 보기 때문이다. 이와 관련하여 눈여겨볼 점은 학생들이 영어학습, 고시공부에 관심을 두는 것이 영어 자체, 법학 자체에 대한 관심보다는 생존전략의 계산에서 비롯된다는 사실이다. 지금 사법고시 열풍이 부는 것은 청년실업과 함께 '삼팔선, 사오정, 오륙도'로 요약되는 조기퇴직 등 노동유연화 현상이 확산된 정세와 무관하지 않다. 고시광풍은 적어도 지금까지는 고시합격이 청년실업과 해고위협과 같은 고용불안정과 삶의 불안을 일시에 해결하는 만병통치약이며, 이 점을 많은 학생들이 간파한 결과 생긴 현상이다. 그러나 '빵의 논리'를 추종하는 학생수가 늘어날수록 대학교육은 '사적 이윤'을 추구하는 시장이 되고, 교육내용 역시 자본과 시장의 논리에 더 지배받을 수밖에 없다.

더 큰 문제는 학생들에게 강요되는 경영학주의가 학문영역 내부까지 침투해 들어온다는 점이다. 최근 들어와서 새로운 교육내용을 운영하는 학과들이 생겨나고 있다. 문화영역만 가지고 살펴보면 문화컨텐츠학과, 첨단영상학부, 애니메이션학과, 문화관광학과 등이 그런 경우다. 다들 학과나 학부로 존립할 근거가 충분히 있겠지만 여기서 주목하고 싶은 것은 이들 교육분야의 상당수 또는 일부는 철학, 미술 등 기존의 학문과 예술 분야를 대체하며 나타난 것으로서 '돈이 되기' 때문에, 즉 갈수록 대학 간 경쟁이 심해지는 상황에서 학생들의 관심을 끌 수 있기 때문에 생겨났고, 나아가서 학문과 예술을 도구화하고 상품화하는 경향을 띠고 있다는 사실이다. 다른 한편에서 개설되고 있는 관광경영학과나 바둑학과, 골프학과 등의 경우도 대학에서 가르치는 지식, 기술, 학문, 예술의 내용과 의미를 크게 변색시키며 상이한 지식, 학문, 예술, 기술의 상대적 가치를 규정하기도 한다는 점에서 대학교육에 적잖은 영향을 미친다. 경영학이 만들어내는 좀더 학문 내적인 변화의 예로는 교육내용, 학문연구의 의제와 일정을 학문 외적인 요구에 따라 설정하는 경우다.[2] 두어 해 전 서울

---

[2] 경영학이라는 학문분야 전체를 폄하하기 위해 이런 말을 하는 것은 아니다. 여기서 '경영학주의'는 경영학 전체의 특징이라기보다는 도구적 성격을 지나치게 띠는 경영학의 한 흐름을 가리킨다.

대 자연대의 한 교수가 학과에서 혼자 외로이 학생들을 가르치는 모습을 한 텔레비전 프로그램에서 본 기억이 난다. 학과동료들이 '두뇌한국(Brain Korea, BK) 21 사업'에 차출되어 학생들을 가르칠 여유가 없어지자 자진해서 학생 교육과 지도 등 학과운영을 떠맡은 그의 모습은 후학에 대한 개인적 헌신의 아름다움과는 별도로 '돈이 되는' 학문과 연구프로그램이 경영의 관점에서 우대를 받게 될 때 그렇지 않은 학문이 어떤 상황에 빠지는지 보여주는 음울한 그림이었다. 'BK21 사업'이 만들어낸 대학의 이런 그림은 경영학적 마인드가 지식생산을 지배할 경우 아무리 중요한 학문이라도 '지원의 간택'을 받지 못하면 단순히 간택만 받지 못하는 것이 아니라 그로 인해 고사될 수도 있음을 보여준다.

경영학주의는 갈수록 많아지고 있는 학제(學際, interdisciplinary) 연구에서도 확인되고 있다. 지금 진행중인 대부분 학문분야에서 일어나는 공동연구, 협동과정을 가로지르는 하나의 축이 있다면 그것은 수행성(performativity), 생산성, 효율성을 앞세운 경제논리, 경영논리다. 추진하는 공동연구나 협동과정이 '예술', '인문학', '문화', '컴퓨터', '환경' 등 어떤 분과학문, 전공영역을 포함한다 해도 별 상관이 없다. 한 예로 '문화경제학'이 문화산업논리를 강하게 추구하고 있는 데서 확인할 수 있듯이, 그런 연구와 과정 대부분은 갈수록 경제, 경영 논리의 지배를 받고 있기 때문이다. 이런 흐름은 김대중정권 이래 정부가 주도한 '지식기반사회'나 '신지식인' 담론이 영향력을 행사하면서 더 거세졌으며, 그 자체로 가치를 인정받는 지식 또는 대상 자체를 알게 해주는 대상지(對象知)보다는 생산성이나 효율성을 올려주고 특히 자본축적에 활용하기 쉬운 방법지(方法知)를 중시하는 경향과 함께 강화되었다.

이상 지적한 것처럼 지금 대학교육과 학문지형은 신자유주의 정세와 더불어 큰 변화를 겪고 있다. 이 변화를 지배하는 것은 대체로 지식의 도구화와 수단화이며, 학문영역에서 이 흐름을 주도하는 것은 경제학과 경영학의 어떤 지배적 경향들, 혹은 두 학문영역을 관통하는 경제주의나 경영학주의라고 할 수 있다. 이제 이런 흐름을 문화적 관점에서는 어떻게 이해해야 할까? 인간의 지적, 정서적, 정의적 능력과 가장 밀접한 관련을 지닌 것이 문화고, 이 능력을 계발하고 전수하며 확산하는 것이 교육이 지닌 문화적 순기능이라면 오늘 대학교육은 이런 문화기능을 강화하기는 커녕 오히려 억압하는 데 앞장서고 있는 셈이다. 지식, 기술, 학문, 예술을 포함한 인간능력들이 시장이윤을 위한 도구로 전락한 곳에서 인간적 역능과 가치들이 그 자체로 존중받기 어렵고, 이런 것들을 자양분으로 삼아 구성되는 문화가 생명력을 키우기도 어렵다. 지금 대학은 점점 더 기업을 닮아가고 있으며, 그 경향은 경영학주의가 대학의 교육메커니즘을 그 외형만이 아니라 내용까지 지배하게 되면서 더욱 강화되고 있다. 대학이 이런 경향에서 벗어나 지적, 정서적, 정의적 능력들을 더욱 계발하고 사회의 문화적 역량을 키우려면 어떻게 바뀌어야 할까?

사회적 일자리

대학교육이 더 많은 사람들의 지배가 아니라 해방을 위해, 인간적 잠재력의 억압보다는 개방에 기여하도록 하려면 대학의 사적 기능보다는 공적 기능을 강화해야 한다. 오늘의 주요 대학문제가 신자유주의의 사회 지배에서 비롯된다고 지적한 것은 이 정세로 말미암아 대학이 자본의 논리를 추종하게 되면서 학문 연구와 교육을 사적 동기를 지닌 활동으로 전환시켜 결국은 대학의 사회적, 공공적 성격을 약화시켰다는 점을 비판하기 위함이었다. 대학이 구성원에게 생산성과 효율성을 입증하는 교육과 학문을 추구할 것을 요구하는 것은 학문과 교육을 이문 남기는 상품으로 만들라는 것과 진배없다.[3] 최근 들어와서 교육소비자, 교육공급자 등의 용어가 부쩍 자주 쓰이는 것은 결코 우연이 아니다. 교육은 여기서 상품이다. 알다시피 상품은 교환을 위해 존재하는 듯하지만 이 과정에서 사적

---

3) 물론 생산성, 효율성을 깡그리 부정하려는 것은 아니다. 문제는 추구하는 생산성과 효율성이 누구를 위하느냐는 것이다.

소유로 귀결되는 잉여가치를 생산하는 수단이 된다. 빈부격차, 부익부빈익빈 현상이 심화되고 있는 데서 보듯 신자유주의 정세 속에서 상품교환 과정에서 생산되는 잉여가치는 갈수록 불균등한 축적을 낳고, 상품화된 교육 역시 그 이문을 일방적으로 교육자본으로 귀속시키는 경향을 드러낸다. 지금 대학교수들이 노동조합을 결성하는 것이나, 학생들이 고시공부에 몰리고 있는 것은 이런 경향이 강화되고 있는 국면에서 불가피하게 나타나는 개인적 집단적 반응이고 대응이라 할 수 있다. 영어학습과 고시공부에 매달리는 학생들의 집착이 더 나은 삶의 전망을 우리 사회가 보여주지 못하는 상황에서 개인적으로 사적 이윤을 추구하는 생존전략이라면 교수가 노동조합을 결성하는 것은 갈수록 사적 지배가 높아지는 대학사회에서 집단적으로 자신을 방어하려는 노력일 것이다. 하지만 선택이 필요하다. 교육과 학문에 대한 사적 지배로 발생하는 문제를 해결하기 위해 다시 사적인 생존전략을 추구하는 것은 좋은 해결책이 되지 못한다. 혼자 성공하는 것보다는 함께 성공하는 공존의 지혜가 더 소중하며, 따라서 대학교육의 사회적 기능을 더 많은 사람들을 위한 것으로 바꿀 필요가 있다. 이 일을 어떻게 할 것인가?

대학을 시장지배에서 해방시켜야 한다. 이것은 신자유주의 극복이야말로 오늘의 대학문제, 좀더 구체적으로는 대학교육과 그 내용이 왜곡된 문제를 풀 가장 유력한 길이라는 주장이기도 하다. 이 '신자유주의 극복'의 구체적 내용은 무엇인가? 개인적으로 학생들의 일자리 확보가 핵심이라고 생각한다. 교수들의 학문 지향과 교육내용도 당연히 중요하지만 인구수나 등록금 등 대학의 물적 기반 대부분을 구성하는 것이 학생 대중임을 고려하면 교수들의 연구조건 개선이나 학문 입장을 고려하기 이전에 학생들의 사회진출 기회에 대해 먼저 걱정할 필요가 있다. 미래에 대한 학생들의 전망과 확신이 있어야 대학이 활기를 얻을 것이기 때문이다. 나는 1980년대 대학의 상황이 그 증거라고 본다. 당시는 학생운동이 큰 힘을 발휘하고 있었기 때문에 대학의 사회적 발언능력, 개입능력이 지금보다 비교할 수 없을 만큼 훨씬 더 컸다. 물론 80년대 대학사회에 문제가 없었다거나 또 지금 교수들의 역할이 중요하지 않다는 말은 아니다. 하지만 지금의 국면 돌파를 위해서 전략적 선택이 필요하다면 학생의 일자리 마련이라는 과제를 중심에 놓아야 대학문제를 제대로 풀 계기를 마련할 수 있다는 생각에는 변함이 없다. 미래에 대한 학생들의 전망을 확보하는 일이야말로 대학교육을 위한 핵심적 과제다.

왜 일자리가 핵심인가? 지금 대학교육을 붕괴시키고, 기초학문, 본격 예술을 가르치는 학과들이 무너지고 있는 가장 큰 이유는 이들 분야를 전공하는 학생들에게 취업 전망이 없다는 데 있다. 1980년의 국보위 결정으로 졸업정원제를 실시하고, 아울러 대학난립이 일어난 뒤 대학생 인구는 급속도로 증가했다. 대학생 인구는 지금 주요 산업예비군이 되었으며, 학생들 개개인이 이로 인해 엄청난 경쟁 압박을 받고 있다. 더구나 지금은 신자유주의 국면, 구조조정과 조기퇴직, 비정규직 증가 등으로 갈수록 취업 기회가 줄어드는 중이다. 극도의 생존경쟁 속에서 학생대중은 전공분야와 취업전망 사이의 실낱같은 희망을 움켜쥐려고 하지만 철학, 예술, 문학, 사학 등 대학이 사회에서 존립할 근거를 제공하는 문화분야는 노동시장에서는 쓸모없다고 외면당할 뿐이다. 게다가 신자유주의는 민영화, 사유화 경향을 부추기며 인간활동을 가능한 한 시장 안으로 몰아가면서도 노동유연화를 통해 취업과 고용기회는 더 축소시키고 있다. 학생들이 갈수록 학문과 교육에 흥미를 잃고 영어광풍, 고시광풍에 휩싸이는 이유도 여기에 있을 것이다. 학생들의 일자리 문제를 대학교육 재정립의 계기로 삼으려는 것은 이런 정세 판단과 함께 학생들이 없는 대학교육은 존립할 수 없으며, 학문과 교육내용 역시 발전과 개혁을 기대할 수 없다고 보기 때문이다. 이 맥락에서 학문과 교육내용은 사회적으로 구성되는 역사적 현상임을 강조하고 싶다. 교수들만 확보한다고 학문이 발전하지는 않는다. 학문과 교육은 서로 구분되어야 하고, 교육정책만으로 학문정책을 포괄할 수 없는 것이 사실이지만 학문이 발전하기 위해서는 교육이라는 지식생산의 뒷면이 필요하며, 교육은 학생의 존재를 필수적 조건으로 전제한다. 학생들의 일자리가 어떻게 학문발전에 도움이 되는가? 학생들이 요구하는 지식, 기술, 기능 등이 전제되어야 대학의 학과가 유지될 수 있기 때문이다. 대학이 당면한 위기는 시장논리로 인해 학생들에게 필요한 지식, 기술, 기능이 갈수록 대학이 자랑으로 여겨온 학문분야와는 동떨어지면서 나온 현상이다.

이 점을 고려하면 지금 필요한 일자리는 시장에서 제공하는 것과는 달라야 한다. 정확하게 말해서 대학교육이 제 자리를 잡고 발전할 기회를 얻으려면, 그리고 대학에서 가르치고 배우는 학문과 예술, 기술이 지적, 정서적, 정의적 능력의 계발로 이어지려면 학생들이 사회적 일자리를 얻을 수 있어야 한다. '사회적 일자리'는 기본적으로 공공영역이 제공한다. 음악, 미술, 체육과 같은 예체능 분야, 문학, 철학, 사학과 같은 인문과학 분야, 물리, 화학, 수학과 같은 자연과학 분야, 사회학, 경제학, 정치학, 지리학과 같은 사회과학 분야, 나아가서 여성학, 문화연구, 시각문화연구와 같은 통합학문 등 기초학문의 경우 시장의 논리와는 다른, 아니 오히려 시장의 지배적 경향에 기본적으로 비판적이고 저항하는 성격까지 띤다. 이 학문분야들을 전공한 학생들은 기업체, 산업계 등 시장영역보다는 학교, 도서관, 박물관, 연구소, 정부, 직능단체, 사회운동단체 등 공공영역에 진출하는 것이 제격이다. 문제는 이런 곳의 일자리가 턱없이 부족하다는 것인데, 이제라도 공공영역을 확대하고 내실있게 하여 일자리를 획기적으로 많이 만들어야 사회 전반적으로는 공공성—지금 너무나 취약하여 중대한 사회적 요구 사항이 되고 있는—을 확대하고, 대학교육 내용 가운데 중요한 분야들에 대한 실질적 수요를 늘일 수 있을 것이다.

하지만 왜 사회적 일자리가 대학교육에 중요한가? 앞에서 교육에 의한 무능 생산을 한국 대학교육의 문제로 지적했지만, 지금까지 대학교육이 지식, 취미, 상상력을 포함한 개인들의 능력 계발에 실패한 것은 대학교육에 공공영역이 개입할 여지가 없었다는 사실과 무관하지 않다. 적어도 대학졸업정원제를 도입한 1980년의 국보위 결정 이후 대학정책은 사실 노골적으로 노동정책 중심이었고, 특히 노동시장에 고학력노동자를 과잉 공급하는 것을 목표로 삼았다고 할 수 있는데, 시장논리가 대학교육에 노골적으로 침투한 것은 이 결과다. 더구나 신자유주의 지배 국면이 형성된 1990년대 중반 이후로는 시장만능주의가 모든 것을 재단하면서 기초학문의 경우 설자리도 찾기 힘든 지경이 되었다. 공공영역에서 대거 일자리를 창출할 수 있다면 이런 상황을 역전시킬 물적 기반이 된다. 위에서 경영학주의, 생산성, 효율성 중시를 비판했으나, 이것은 그런 경향이 시장가치를 우선시하며 더 많은 사람들의 지배를 조장한다고 본 때문이지, 경영의 묘나 생산성, 효율성을 무조건 거부할 일은 아니다. 생산성, 효용성 등은 대학이라는 보호막 뒤에 숨어 절대적 자율주의, 사적 윤리학에 빠진 한국 인문학이나 예술에게는 더욱 필요한 가치라고 할 수 있다. 인문학이나 예술은 인간다운 개인을 위한 중요한 자산이지만 동시에 개인이 타자와 더불어 사는 공존의 지혜, 호혜의 멋을 얻는 데 도움을 주는 탐색이될 필요가 있다. 이때 예술, 지식, 학문에 요구되는 것이 공적이고 사회적인 윤리학이고 상상력일 것이다. 그러나 이런 것은 그저 주어진다기보다는 사회적 요구에 부응할 때 제대로 모습을 갖출 가능성이 높다. 공공영역 일자리에 소용되는 능력들이 그런 요구에 해당할 것이다. 지식의 (신)식민지성, 교육과 학문의 시장종속, 고학력노동자의 과잉공급과 교육정책의 노동정책화, 학문적 관점의 실종 등 지금까지 언급한 한국 대학교육이 지닌 문제들을 해결할 방향을 모색하는 데에도 공공영역 일자리는 중요한 역할을 할 수 있다. 무엇보다 그것은 대학교육의 의제 설정에 영향력을 행사할 것이다. 한국의 학문, 특히 인문사회과학은 한국이라는 현실을 외면하는 경우가 허다하다. 한편으로 보면 지식의 탈식민화가 이루어지지 않아서 주체적인 학문과제를 설정하지 못한 때문이고, 다른 한편에서 보면 학문연구가 공공의 요구와는 동떨어진 채 진행되기 때문이며, 또 다른 한편에서 보면 학문이 지배의 도구가 되고 무능생산에 이바지해야 하기 때문이다. 공공영역의 일자리는 사회적 요구와 대학교육의 분리를 극복하는 소통구조를 만들어낼 것으로 전망된다.

결어

오늘 발제에서 나는 대학교육의 문제를 문화적 관점에서 진단하고, 문화적 관점에서 대안을 모색해보았다. 사회적 일자리 창출을 오늘 대학이 당면한 문제들을 해결하는 방안으로 제시하면서 한편으로 과연 이것이 현실성이 있을 것인가 하는 의문을 가지지 않을 수 없다. 가령 지금 정부가 대학교육의 정상화와 발전을 위해 공공영역을 구축하는 데 노력하고, 거기서 일자리를 많이 만들어 대학 졸업자들의 노동안정성을 확보함으로써 비판적인 사회의식, 반성적인 인문문화, 지배가 아닌 해방을 위한 과학적 사고방식을 심으려는 대학의 기초학문 육성에 앞장설 것인가? 유감이지만 그럴 것 같지는 않다. 지금 노무현정부는 정치적 자유주의와 경제적 신자유주의를 동시에 추구하는 모순적 사회정책을 운영한다. 정치적 자유주의는 여기서 한국사회가 지난 세월 민주화운동을 통해 어렵사리 구축해온 정치적 자유를 중심으로 한 부르주아민주주의를 지향하는 이념이다. 노무현정부가 이런 태도로 박정희정권 이래 한국사회를 지배해온 극우 보수주의를 어느 정도 극복할 수 있다면 한국사회는 얼마간의 사회적 진보를 이룰 것이다.

하지만 문제는 노무현정부는 동시에 경제적 신자유주의를 사회정책의 기조로 삼고 있다는 점이다. 신자유주의 경제정책을 실시한 나라에서 빈부격차를 해소했다거나 충분한 노동권을 보장했다는 보고는 없다. 따라서 신자유주의 경제정책이 성공하면 할수록 한국의 국민대중은 질곡에 빠질 것이고, 이것이 사회운영 기조로 작용하는 한 대학교육도 위에서 언급한 문제상황에서 벗어날 수 없을 것이다. 해결책은 오직 하나, 정부로 하여금 대학교육 정상화에 기여하게 하려면 경제적 신자유주의 대신 경제적 자유주의 정도는 수용하도록 만들어야 한다. 경제적 자유주의는 케인즈주의국가 또는 복지국가 모델로서 신자유주의에 비해 사회적 공공성을 강화했던 편이다. 공공영역의 구축, 거기서의 사회적 일자리 창출을 기대하려면 신자유주의 정세에서 진행되는 민영화나 사적 소유 강화의 흐름을 바꿔야 한다. 나는 복지국가 모델도 만족스럽다고 보지는 않는 편이지만 적어도 지금의 경제적 신자유주의를 되돌리는 것만은 꼭 필요하다고 본다.

노무현정부의 현재 권력 구조를 감안할 때 이 맥락에서 중요한 것이 경제관료의 권력과 영향력을 제한하는 일이다. 노무현정부는 지금 정치적 자유주의를 위한 정치개혁 이외에는 나라살림을 전적으로 이들 경제관료에게 맡기고 있는 실정이다. 의료도, 환경도, 복지도, 문화도, 교육도 모두 경제적 관점에서 문제파악을 하고 정책을 세운다. 지금 한국 대학교육을 지배하는 것도 재경부, 기획예산처, 외교통상부 등 경제부처 관료들이지 교육인적자원부가 아니다. 대학교육을 문화적 관점에서 올바로 세우려면 따라서 이들 경제관료들과의 권력게임에서 이기지 않으면 안 된다. 이 일을 어떻게 할 수 있느냐가 대학교육을 바로 세우는 관건이다.

05

지식생산의 탈식민화와 공공성 강화
─서울대에 바란다[*]

서울대 폐지?

어제오늘 일은 아니지만 세간에는 "한국교육은 심각한 위기에 처해 있다, 입시제도가 그 근본원인이다, 입시 문제를 야기하는 '원흉'은 서울대다, 서울대를 없애야 입시제도가 바로 잡히고, 교육도 정상화할 것이다" 라는 주장이 널리 퍼져 있다. 나는 서울대가 한국 교육문제 중의 하나라는 데에는 동의하지만 '서울대폐지론'을 지지하지는 않는다. 서울대를 폐지함으로써 한국 교육문제를 해결할 수 있다면 모르겠으나 그렇게는 보이지 않기 때문이다.[1] 서울대 문제는 한국교육의 원인이기도 하지만 그

---

* 2002년 10월 9일 서울대학교 민주화교수협의회 주최로 연 '서울대학교의 정체성을 다시 생각한다' 토론회에서 발표한 글이다.
1) 서울대 폐지와 해체는 다른 문제라고 본다. 폐지가 서울대를 아예 없애는 것이라면 해체는 서울대의 현재 모습을 바꾸되 기능을 전환을 하자는 것이다. 서울대의 특권을 없애고, 그 기능을 전환시킬 경우 서울대가 사라지지 않더라도 다른 모습과 역할을 할 수 있다고 본다.

이전에 징후다. 말썽 많은 오늘의 교육현실을 야기한 것은 한국의 사회구조이며, 따라서 이 구조를 제대로 인식하고 그것을 변혁하는 일이, 그리고 서울대를 포함하여 한국의 교육이 이 구조를 바꿔내는 데 기여하게 하는 일이 더 중요하다.

오늘 생산과 그것을 둘러싼 명령 체계는 지구적 분절 구도 속에서 그 '지휘탑들'을 곳곳에 분산 배치하고 있지만 이들 가운데 주요 센터는 서방 8개국에, 그 중에서도 핵심적인 것은 오늘 세계제국의 중심인 미국(의 메트로폴리탄 센터)에 두고 있다. 지식생산도 마찬가지다. 세계 도처에 유수한 대학과 연구소가 있지만 이것들은 개별 생산라인에 가깝고, 이들 생산라인을 통합하고, 거기서 생산되는 지식과 교육의 내용을 규정하고 통제하는 것은 미국을 중심으로 동심원을 좁혀 가는 지식생산의 통제탑들이다. 미국 대학이 전세계 대학교육의 패러다임이 되고 있고, 갈수록 영어가 지식소통의 유일한 수단인 양 사용되고 있으며, 지금 미국이 다른 어떤 나라보다 의료, 학술, 문화, 교역 등에서 지적 재산권을 강조하는 것이 그 증거다. 생산과정은 어떤 것이든 거기에 참여, 기여, 개입하는 생산자들의 기술, 지식, 정보 등과 관련한 능력 등을 전제, 형성, 배분하는 법이다. 오늘의 지구화된 생산은 지식과 기술, 정보 등을 세계적 수준에서 편성한 지식생산 과정을 구성해놓고 있고, 개별 지식 생산라인이나 개인들은 생산과정의 어느 위치에 놓이느냐에 따라서 그 기능, 위상, 성격, 권력 등이 달라진다. 특정한 지식 생산자는 구상 능력이 최대한 발휘되는 지위(총괄 기획)를 차지할 수도 있고, 전체 시스템의 말단 단말기에 지나지 않은 곳에서 극히 제한된 단순 지식노동만을 요구받을 수도 있다.

나는 서울대의 지식생산도 이런 세계적 지식생산의 분할구도에서 자유롭지 않으며, 문제가 근본적으로 여기서 출발한다고 본다. 여기에는 역사적 이유가 있다. 1946년 '국립서울대안'을 통해 구성된 서울대는 설립 시기부터 미국의 지식 감시탑 휘하에 들어갔고, 이후 한국 지식생산의 지휘탑 노릇을 하면서 지식생산을 미국식으로 재편하는 교두보 역할을 해왔다. 이에 따라 서울대는 한편으로는 미국을 중심으로 한 지식생산체제의 지휘를 받고 다른 한편으로는 국내의 지식생산을 지휘하는 역할을 맡게 되었다. 서울대폐지론은 서울대의 이런 기능적 위치를 깊이 고려하는 것 같지 않다. 서울대를 폐지한 뒤에도 유사한 체제가 지속될 것이라는 점을 외면하는 것이다. 물론 서울대를 폐지하자는 주장에는 한국의 지식생산의 구조적 문제에 대한 비판이 없지는 않겠지만, 아직 서울대폐지론이 그런 구조적 분석을 명료하게 제출하는 것을 보지는 못했다.

신자유주의 국면의 지식생산

최근의 지식생산 상황은 서울대가 처음 출범했을 때와 같지는 않다. 동서냉전 구도 안에서 출발한 서울대는 미국의 지식생산 영향하에 우리 사회의 엘리트를 양성하는 역할을 부여받아왔으나, 지금은 비슷한 기능을 수행하더라도 새로운 방식을 따르고 있지 않은가 싶다. 가장 큰 변화는 사회주의권의 붕괴와 함께 전지구적 영향력을 강화한 신자유주의 정세에 서울대도 노출되었다는 점일 게다. 신자유주의는 1970년대 후반 이후 서구 반혁명 세력이 1960년대의 진보운동이 제출한 사회적 요구들을 보수적으로 수용하는 축적전략으로 등장한 뒤, 1980년대 이후 사회주의권의 약화와 함께 세계적 수준에서 그 힘을 발휘하기 시작했고, 1995년의 교육개혁안 발표 이후 국내 지식생산에도 큰 영향력을 행사하기 시작했는데, 서울대도 이 영향을 받고 있다.

신자유주의 정세는 한국의 지식생산에 어떤 변동을 일으켰는가? 대학을 중심으로 볼 때 신자유주의 지식정책은 학부제 도입, '두뇌한국(BK) 21' 사업 실시, 교수평가제 및 연봉제 도입 등으로 나타났다. 이들 조치는 학문과 교육의 수월성을 높인다는 명분으로 진행되었으나, 김대중정권이 '지식기반사회의 구축'을 국정지표로 내걸며 지식 자체의 가치를 주장하는 전통적 지식인보다 지식의 부가가치를 높이는 '신지식인'을 더 높이 평가하는 담론을 퍼뜨린 것을 보면, 이때 '수월성'은 수행성(performativity) 중심으로 이해된 것임을 알 수 있다. 최근의 대학개혁은 신자유주의 국면에서 형성되는 생산조건의 재생산을 위해 학생들과 교수들을 통제하려는 목적에서 진행된다는 생각이 든다. 교육의 선택권을 부여하는 '소비자 중심' 교육을 한다며 학생들을 새로운 노동력으로 양성하려고 하고, 교수들에 대해서는 평가와 보상을 통해 교육노동의 유연화를 꾀하는 것이다. 이런 변화는 지배와 명령의 효율화와 그것을 통합한 지배체제의 경쟁력 강화에 목적이 있으며, 김대중정권의 교육부 명칭이 '교육인적자원부'라는 사실이 단적으로 말해주듯이 지식인구의 통제를 겨냥한다.

IMF 주도로 신자유주의 정책이 본격적으로 도입된 1998년 이후 한국의 노동상황은 극도로 열악해졌다. 'IMF 졸업'과 함께 실업률이 낮아져 2002년 가을 현재 2%대라고 하지만 비정규직 비율이 60% 가까이 치솟은 것을 보면 신자유주의 국면은 구조적 고실업 또는 노동불안정을 '정상' 상태로 가짐을 알 수 있다. 몇 년 전부터 교육인적자원부가 분과학문 체제 극복을 구실로 내세우며 거의 강제로 학부제를 도입한 것도 이 맥락에서 이해해야 할 것이다. 불안정노동이 정상인 상황에서는 노동 환경과 조건만이 아니라 그 대상과 영역도 바뀐다. 상이한 생산라인을 전전해야 하는 노동자는 빈번한 탈숙련화 과정을, 다시 말해 자신의 기술과 지식을 적용할 대상을 반복해서 잃게 된다. 이런 상황에서 요청되는 기술과 지식은 고정 대상을 벗어나기 쉬운데, 교육인적자원부는 이 점을 계산하여 분과학문 체계를 허물어뜨리고 쉽게 복수전공을 할 수 있게 했다. 물론 이것은 불안정한 노동시장을 전제한 노동력 관리 전략이다.

이 과정에서 서울대는 어떤 역할을 떠맡은 것일까? 최근의 변동에서 서울대는 다른 대학들에 비해 학부제를 도입하라는 압박을 별로 받지 않았고, BK 21 사업에서도 공대를 중심으로 최대의 수혜자가 되었다. 불평등 극복보다는 심화를 위해 존재하는 한국의 대학교육이 최근 유연노동력 재생산이라는 새로운 사회적 기능을 부여받는 과정에 있음을 고려할 때, 이것은 서울대는 기존의 위상을 일단 재확인 받았음을 보여준다. 서울대폐지론의 등장은 서울대의 이런 지위에 대해 비판적인 시각이 형성되었다는 말이겠지만, 최근 들어와서 서울대의 특권 유지 방식은 이전과 다르지 않은가 싶다. 과거 서울대는 '대표 선출'의 특권을 누렸다고 할 수 있다. 서울대 학위는 이전에도 출세의 지름길로 여겨졌지만 서울대 입학은 출신 성분과는 관계없이 '공부만 잘하면' 되었으므로 사회적 유동성을 실현하는 기회를 제공한 점도 없지 않다. 그러나 서울대는 이제 가난한 집안의 자녀도 '공부만 잘하면' 다닐 수 있는 대학이 아니다. 우리 사회의 불평등 심화를 반영하듯 서울대 진입의 기회는 경제력을 쥔 소수에게 집중되고 있기 때문이다.

신자유주의 정세와 관련하여 생각해보면, 서울대는 이 과정에서 학부제 도입을 강요받은 대학들과는 달리 핵심 노동력 제공의 과제를 부여받은 것으로 보인다. 신자유주의가 지배이데올로기로 부상한 뒤 '20 대 80 사회'가 만들어지고 있다. 노동자들 사이에 이 현상은 핵심노동력과 주변 노동력의 분할로 나타난다. 생산과정의 기획과 이것을 총괄하는 위치에 있는 핵심노동력은 지식과 기술의 습득, 정보 처리 등에서 최고, 최첨단의 능력들을 그것도 통합적인 다기능의 형태로 가져야 할 것이다. 가소롭게도 교육부는 이런 능력을 양성한다는 구실로 대학사회에 학부제를 도입했지만, 그런 능력을 양성하는 데 필요한 교육인프라를 가지고 있지 못한 대부분의 한국대학들이 한 일은 기존의 학과들 가운데 '장사 안 되는' 것들을 없애는 것이었을 뿐이다. 학과제도 철폐 압력에서 다소 자유로웠던 서울대는 분과학문 체제를 유지하면서—그러나 통합적 다기능 보유자 양성의 과제는 별로 수행하지 않은 채—핵심 노동력 제공을 하는 방식을 취하지 않았는가 한다. 물론 개별 분과학문이 지닌 중요성을 감안할 때 서울대의 이런 선택에는 나름대로 학문적인 정당성이 있었던 것이 사실이지만 말이다.

대학교육이 부의 편중과 인구의 양분화에 어떤 역할을 하는가에 따라서 대학의 지식생산도 바뀔 것이다. 서울대가 맡은 여기서 역할은 무엇인가? 신자유주의 정세 속에서 서울대는 어떤 역할을 했는가? 생산의 명령과 통제, 사회적 불평등에 어떤 저항을 했는가? 서울대의 지식생산은 한국 지식생산의 (신)식민지성, 성차별주의와 인종차별주의 극복에 어떤 기여를 했는가? '서울대에 바란다'라는 제목의 발제 요청을 서울대 민주화 교수협의회로부터 받고 이런 질문들을 떠올렸다.

지식생산의 '특권지대'?

위에서 언급한 이유로 서울대폐지론을 수용하지는 않지만, 서울대가 문제를 안고 있다는 지적은 틀림이 없다. 현재 서울대는 한국 지식생산에서 특권지대를 이루고 있다. 서울대가 지식권력을 독점해온 결과일 것이다. 사실 서울대는 그동안 한국대학체제의 정점에 서서 교육과 연구를 관장해왔고, 이 결과 국내 지식생산 지배구도의 정점을 이루고 있다. 입시교육 중심으로 교육내용을 운영하는 중등교육은 예나 지금이나 서울대 입학을 최고 목적으로 삼고 있고, 이런 이유 때문에 비대해진 사교육 시장에서도 '서울대 합격'이 최우선 목표다.

서울대의 특권적 지위는 고등교육 전반에도 영향을 미치며, 서울대에 설치해놓은 학과는 거의 예외 없이 전국대학에서 '랭킹 1위'로 치부된다. 꼭 종합대학 안에 들어와 있을 필요가 없는 학문분야, 전공분야가 한사코 서울대에서 학과의 지위를 부여받으려는 것은 이런 이유 때문일 것이다. 서울대가 미술대학, 음악대학, 법학대학, 의과대학, 경영대학 등을 굳이 운영해야 하는 이유는 무엇일까? 특히 법대나 의대, 경영대 같은 경우에는 왜 학부에 편성해야 하는가? 이들 대학이 서울대 학부 과정에 편성되어 있는 것은 앞서 말한 국대안을 통해 그전까지 흩어져 있던 대학들이 서울대 산하에 들어오고, 서울대가 '최고대학'이 되면서 프리미엄을 갖게 된 것과 무관하지 않다. 국대안은 식민지 조선의 지식생산을 총괄한 경성제국대학의 후신인 경성대학을 중심으로 관공립 전문대 등을 서울대학교로 통합시키는 내용을 골자로 하고 있었다. 이것은 미국에서 주별로 하나의 주립 종합대학교 체계를 만든 방식과 유사한데, 한국에서는 종합대학 모델의 확대재생산 현상을 불러왔다. 오늘 한국의 대학들이 서울대를 정점으로 한 닮은꼴 종합대학들 일색으로 편성된 것은 진보세력의 반대에도 불구하고 미군정에 의해 통과된 국대안이 이후 한국 대학정책의 근간을 이룬 결과다. 아래에서 좀더 살펴보겠지만 서울대가 학과체제를 분과학문들을 중심으로 운영하고 있는 것도 이런 점과 무관하지 않다.

8년 전 한 학기 동안 서울대 출강을 하면서 이곳 교수들은 내가 재직하는 대학에 비해 연구실을 잘 지킨다는 것을 알았다. 예나 지금이나 서울대의 월급수준이 아주 낮다는 것을 알던 터라 서울대 교수들이 연구실을 열심히 지키는 이유가 궁금했다. 다른 대학에 비해 교육과 연구환경이 좋아서일까? 서울대가 한국 지식생산 교통의 요지이고, 서울대 교수는 그런 곳의 '교통경찰관' 몫을 하는 것이 아닐까 하고 짐작했던 기억이 난다. 사실 서울대야말로 한국의 지식생산과 관련된 가장 많은, 가장 양질의 정보가 집합하는 곳이 아니겠는가? 이 대학은 아직까지 전국대학에 교수 공급을 가장 많이 하는 기관이고 학과모델의 주된 제공자다. 신자유주의 교육정책이 본격 도입되기 전까지 전국의 종합대학들이 설치해놓은 학문과 교육의 체계는 분과학문 제도였고, 이것의 모델은 당연히 서울대학교였다. 1980년대 이후 급작스레 늘어난 지방대학들이 설립한 학과들은 대체로 서울대에 있는 학과를 축소 모방한 형태였다고 해도 과언이 아니다. 서울대 교수들이 연구실을 열심히 지키는 이유로 이런 사실을 떠올린다면 오직 연구와 교육을 위해 연구실을 지키는 분들을 모독하는 것일까?

한국 지식생산의 사다리가 있다면 서울대는 당연히 그 맨 꼭대기에 놓여 있다. 지식의 피라미드 꼭대기에 워낙 오래 있다보니, 서울대는 특별대접 받는 것을 당연하게 여긴다. 최근 지방국립대학들의 분노를 사고 있는 서울대특별법안도 그런 경우다. 이런 법안이 나오는 데에는 서울대의 사정이라는 것이 작용했겠지만 자신을 위한 '특별한' 법안을 준비하려는 태도 자체가 서울대가 자신을 얼마나 특별한 존재로 보고 있는지 적나라하게 보여준다. 비슷한 방식으로 서울대교수는 서울대에 들어오는 학생은 당연히 최고의 수학능력을 갖춰야 한다고 믿는 듯하다. 내가 아는 교수 가운데 최근 들어와서 학생들의 수학 능력이 너무 떨어졌다며 (교육과정을 입시교육에서 벗어나게 하고 교육 시수도 대폭 줄이자는 전국교원노조 등의 주장과는 달리) 중등교육 핵심 교과의 이수시간을 늘여야 한다는 취지의 말을 하는 이도 있다. 나 역시 요즘 학생들의 텍스트 이해능력 등 수학능력 저하를 느끼고 있는 터라 공감이 가는 부분이 전혀 없지는 않지만, 은근히 서울대에는 당연히 최고의 학생들이 와야 한다는 점을 전제하는 것 같아서 씁쓸한 마음이 들기도 했다. 자질 있는 학생들이 자기 대학에 많이 올 것을 바라는 것을 잘못이라 할 수는 없겠지만, 서울대에 몸을 담고 있으면, 마치 자신에게는 이들을 독식할 권리가 있는 듯 여기는 태도가 배어나는 것은 문제다. 최근 정운찬 신임 총장이 소외지역 출신의 서울대 수학 기회를 늘이기 위한 방안을 강구하겠다는 의미있는 발언을 내놓고 있는 것은 이런 점에서 다행스러운 일이다. 하지만 서울대 구성원이 서울대의 특권적 지위를 쉽게 포기할지는 불분명하며, 서울대 수학 기회의 확대가 어느 지방대학 총장의 우려처럼 지방인재의 '싹쓸이'로 이어지는, 의도와는 다른 결과가 나올 우려도 있다.

서울대는 자신에게 붙어있는 특권적 지위를 어떻게 떨쳐버릴 것인가? 그동안 축적한 지식권력, 상징적 권력을 벗어 던질 자세가 되어 있는가? 한국 지식생산의 특권지대로 군림해온 서울대가 다른 대학들과 함께 더불어 공존할 길을 찾지 않으면, 서울대 폐지의 주장은 그치지 않을 것이고, 서울대특별법 등을 통해 특권적 지위를 얻더라도 그 정당성에 대한 문제제기가 그치지 않을 것이다. 나는 대부분 사람들이 서울대의 발전을 원하더라도 특별한 존재가 될 것을 원하지는 않을 것이라고 본다. 서울대 발전은 그래서 정당한 방식으로 이뤄져야 할 것이다. 이제 그 방향을 살펴보고 싶다.

지식생산의 탈식민화

한국사회는 독자적인 지식생산 능력이 결여된 사회다. 우리는 자주적 근대화를 이루지 못하고 식민지로 전락한 결과 근대사회에 필요한 지식과 기술을 자체적으로 생산하는 능력을 갖추는 데, 독자적인 지식생산 기반을 구축하는 데 실패했다. 이 결과 '첨단' 기술이나 지식, 이론은 꼭 외국에서 수입해야 하는 신세이고, 엘리트 양성도 외국에 의존하는 실정이다. 현재 서울대 교수들 가운데 국내와 국외에서 학위를 취득한 사람들의 비율이 어떠한지 정확히는 모르지만 한국학 관련 전공분야를 제외하면 해외유학파의 비율이 분명 불균형적으로 더 높을 것이다. 서울대는 해외 주요 대학에서 박사학위를 받은 사람들을 대거 보유하고 있다고 자랑스러워해야 할까, 아니면 독자적 지식생산을 가동시키지 못하고 외국에서 양성된 엘리트에 의존한 채 한국 '최고대학'으로 군림하는 것을 부끄러워해야 할까?

서울대는 그동안 한국의 최대 엘리트 공급자였고, 대학사회에도 서울대 출신이 가장 많이 진출해 있다. 하지만 최근 들어와서 서울대의 이런 지위에 변동이 생기는 조짐도 있다. 지금 지난 몇 년 간 중앙일보가 단독으로(그래서 문제가 많지만) 발표하고 있는 대학 서열에서 서울대가 계속 3위로 밀리고 있다는 것을 말하려는 것은 아니다. 국내에서 서울대 경쟁력은 적어도 아직까지는 확고하다. 신임교원 임용에서 서울대 박사와 비서울대 박사가 경쟁할 경우 당연히 서울대 박사가 절대적으로 유리하다. 하지만 서울대의 이런 확고부동한 지위가 흔들린다는 조짐이 나오고 있는데, 서울대 박사과정에 사상 처음으로 지원 미달 사태가 빚어졌다는 보도를 접하면서 그런 느낌이 들었다. 이게 사실이라면 서울대는 이제 최고학력 배출 기관으로서의 매력을 상실한 셈이 된다. 왜 서울대 대학원이 기피의 대상이 되었는가? 서울대 대학원이 국내 대학들과의 경쟁에서 밀리기 때문에 '인기'가 없어졌다고 보지는 않는다. 해외 대학과의 경쟁에서 밀려난 때문일 것이다.

박사과정 지원 미달은 한국의 최고대학도 교육의 국제경쟁력을 상실했고, 우리 사회 전체가 독자적으로 엘리트를 양성하지 못한다는 말일 것이다. 이런 현실은 지식생산의 주체로서 우리 모두가 부끄러워해야 할 점이지만, 앞서 말한 대로 우리 사회가 지식의 세계체제에서 주변에 위치하게 된 객관적 조건의 결과이기도 하다. 한국에서 학문과 교육은 국제적 지식생산의 중앙관제탑에 현장 사정을 보고하고, 거기서 내려오는 명령을 수령하여 현장을 감독하는 역할에서 자유롭지 못하다. 지식노동의 국제적 분할 속에서 한국에 위임된 지식생산의 역할은 현실(의 구성과 생산과정)에 대한 비판적 이해와 현실의 문제, 한계, 왜곡을 극복하는 것이라기보다는 그 문제들을 봉쇄하는 것이다. 서울대는 이런 상황에 과연 어떻게 대처하고 있는가? 대학원 박사과정 지원미달 사태가 서울대가 대학원학생의 지원을 주된 목적으로 하여 진행하는 BK 21 사업의 최대 수혜자가 된 시점에 일어난 점을 주목할 필요가 있다고 본다. 과거에 비해 더 큰 재정 지원을 받고 있는데 서울대대학원 외면 사태가 일어나는 까닭은 무엇일까?

서울대의 '국제경쟁력'이라는 표현을 쓰긴 했지만, 국제경쟁력 약화는 증상일지언정 근본 원인이라고 보지는 않는다. 대학원까지도 학생들의 외면을 받는 것은 분명 서울대가 해외대학들보다 평가가 낮다는 말이기는 하지만, 서울대가 이런 평가를 받게 되는 구조를 생각해볼 필요가 있다. 도대체 대학들이 생산하는 지식의 가치를 어떻게 등수로 매길 수 있는 것일까? 지식의 가치, 중요성, 효율성, 경쟁력 등에 대한 일원화된 평가구도가 작동해야만 그런 가능성이 생길텐데, 이 구도는 지식과 권력의 특정한 배치를 전제한다. 전근대적 지식에 비해 근대적 지식을, 식민지 지식에 비해 제국주의 지식을 우월한 것으로 배치하는 것이 그 예다. 식민지배를 받게 되면서 우리 사회는 이전의 지식생산 체계, 장치, 도구, 인력, 제도를 해체당했고, 일제에 의해 근대적 지식생산양식을 강요받았으며, 해방 이후 미국의 지식생산 영향권 안에 들어간 뒤에도 이 흐름은 크게 변하지 않았다. 이런 상황에서 지식의 위계화는 필연적이며, 최근 대학원 교육의 위기는 신자유주의 국면에서 한국의 지식생산이 새로운 종속의 단계로 들어선다는 것을, 서울대 역시 이 흐름에서 자유롭지 않다는 것을, 우리 사회가 지식생산 전반의 무능력을 가지고 있다는 것을 보여준다.

이 '무능'을 우리 사회가 최첨단 이론과 지식, 기술을 개발하는 능력을 갖지 못했기 때문에 생기는 것으로만 이해해야 할까? 이 문제는 물론 지식생산에서의 '병참능력'의 차이와 이에 따라 지식이 권력과 맺는 관계와 관련이 있다. 하지만 바로 이런 이유 때문에 지식생산의 병참능력을 독자적으로 조직하고, 지식과 권력의 관계를 재조정하려는 노력이 필요할 것이다. 예컨대 WTO가 출범한 상황에서 '첨단' 이론과 지식은 어떤 형태라야 할까? 국제교역의 노하우를 개발하고, 교역대상인 상품을 생산하여 판매하는 기술이어야만 하는가? WTO 이후 빈번하게 체결되는 투자협정의 제국(주의)적 성격을 분석하고, 그 문제들을 파악하고, 대안들을 만들어내는 지식은 첨단이론에 속하는가, 속하지 않는가? 신자유주의 세계화 속에서 미국은 스크린쿼터 폐지를 요구하고 있고, 한국정부는 최근 미국, 호주, 뉴질랜드, 일본 등 겨우 4개국이 적극 추진하는 문화분야 시장 개방을 받아들이기 위한 양허안을 제출했다. 이런 사실을 알아내고, 대응을 위한 논리를 개발하거나 혹은 대안을 만들어내는 능력은 신자유주의 국면에서 최고지식의 유형에 속하는 것일까, 아니면 무식한 민중을 위한 엉터리 지식인가? 한국의 전문가들, 지식인들 가운데는 이번에 우리 정부가 제출한 WTO 양허안의 문제점을 파악하는 것은 고사하고 그 사실 자체를 아는 사람이 드물다. 이런 문제를 해결하려고 노력하는 사람들이 물론 있고, 그 가운데 일부가 서울대에 몸담고 있다는 것을 개인적으로 알고 있지만, 소수에 불과할 뿐이다.

이런 사실은 오늘 우리가 생산하고 있는 지식이 우리 현실과 무관하게 일어난다는 것이며, 우리 현실에 대한 판단을 외부로부터 가져온다는 것을 보여주는 하나의 사례일 뿐이다. 서울대를 포함하여 한국의 대학들은 지금 지식의 국제교류에서 어떤 역할을 하고 있는 것일까? 지식은 지금 일방적으로 서구, 특히 미국에서 발원하여 주변으로 퍼져나가는 것처럼 여겨지고 있는데, 지식유통의 이런 지배적 이미지에 대해 서울대는 어떤 대응을 하고 있는가? 서울대의 지식생산 전략은 앞서 말한 국제 경쟁력과는 다른 의미의 경쟁력, 즉 지식의 주체적 생산을 위해 어떤 기여를 하고 있는가? 사실 따지고 보면 우리는 그동안 엄청난 경비와 시간과 정성을 들여 서양 혹은 근대적 지식을 배워왔다. 아직도 수많은 사람들이 유학을 가서 그쪽 공부를 하고 돌아온다. 이 과정에서 우리는 단순한 정보제공자(informant)로 지위에만 만족하는 것은 아닌가? 지식의 국제적 교류에서 현장의 경험, 전통, 인구, 사실 등에 관한 실증적인 자료를 제공하는 위치에만 머물 때 지식의 체계화, 이론화 작업은 우리 과제가 될 수 없다. 한국 지식생산의 정점을 거머쥔 서울대는 이런 상황을 바꾸기 위해, 즉 이론과 지식의 탈식민화를 위해 어떤 노력을 기울이는가?

분과학문과 통합학문의 연대

지식의 탈식민화는 기본적으로 우리 사회 현장의 문제에 관심을 돌리는 것, 그리고 이 문제들을 우리 사회 구성원의 자율성을 최대한 강화하는 방향으로 풀려는 노력일 것이다. 나는 이런 점에서 지식생산을 한국의 상황에 맞게 기획하고, 배치하는 일이 지식의 탈식민화의 유일한 길은 아니더라도 불가결한 작업이라고 생각한다. 이와 관련하여 서울대가 한국 대학의 정점에 서있다는 사실을 현실로 수용하면서 동시에 서울대가 한국의 고등교육에 대해 그만큼 책임지도록 하는 것이 필요하다고 본다. 서울대는 그런데 대학의 정점이라는 위치를 유지하는 것 이외에 어떤 일을 했는가? 서울대는 한국의 학문과 교육이 독립성과 자율성을 갖는 데 얼마나 기여했는가?

이와 관련하여 서울대가 최근의 학부제 도입 소용돌이 속에서 '다행스럽게' 지켜낸 분과학문 체계를 다시 살펴보고 싶다. 학문체계는 지식생산의 핵심적 문제이며, 서울대학이 학문체계를 어떻게 제도화하느냐는 엄청난 파장이 있을 것이다. '다행스럽게'에 따옴표를 붙인 것은 서울대가 유지하고 있고, 다른 대학들이 모방하여 수용한 분과학문들에 대해 이중적인 판단이 들기 때문이다. 교육인적자원부가 강제로 도입시킨 학부제가 지닌 문제점들을 생각하면 서울대가 분과학문들을 지키고 있는 것은 한편으로는 다행한 일임이 분명하다. 서울대는 국립대학으로서 공적인 자원을 가장 많이 사용하는 대학이다. 이런 대학으로서 분과학문들을 유지한 것은 분과학문이 기초학문의 성격을 가진다는 점을 생각할 때 학문의 균형적 발전에 도움이 된다. 서울대가 국립대학으로 존속하는 한, 그래서 공적 자원의 지원을 다른 대학에 비해 많이 받는 한, 현존하는 분과학문들을 보존하고 발전시킬 의무를 지고 있다고 본다.

하지만 분과학문의 중요성을 인식하고, 그것을 발전시키려는 노력과 지식생산의 구도로서 분과학문 체제를 옹호하는 것은 다르다. 분과학문이 아무리 중요하다고 하더라도 그동안 한국에서 분과학문 제도가 서울대를 닮은 지방대학들, 사립대학들을 양산한 것은 물론 서울대에만 국한되는 과오는 아니더라도 반성이 필요할 것이다. 서울대에 편성된 개별 분과학문 종사자들은 자기 분야의 학문발전을 위해 노력했다고 할지 모르나 서울대의 특권적 지위로 인해 동일 분과학문이 한국 대학 전체로 단순 재생산된 점을 생각할 때 서울대는 한국에서 분과학문 '체제'를 고착시킨 책임이 크다.

분과학문 체제는 학문을 개별적 완결성을 지닌 단위로 배치하는 경향이 있다. 이 결과 분과학문들은 스스로 자족적이라는 의식을 갖기 쉬워 분과학문 중심으로 학문을 배치할 경우 학문간 연관이라는 문제를 제기하고 그 연관의 변화를 추구하려는 노력은 곧잘 봉쇄당한다. 여러 분과학문들이 지식의 생산라인들처럼 편성된 방식은 대체로 수평축을 따라 나열되어 있는 형식이다. 근대적 지식생산체계인 종합대학을 백화점에 비유하는 것은 이 때문이다. 물론 이처럼 나열된 학문들 사이에 위계가 전혀 없는 것은 아니지만(학문의 성격 때문이라기보다는 주로 학문외적인 권력 관계에 의해 결정되는 경우가 많다), 대체로 학문들간의 관계는 원칙적으로 독립적이며 따라서 동등한 것으로 이해된다. 분과학문들 사이에 생겨나는 교류라 할 '학제간 연구'가 외교관들의 라운드테이블과 유사해진 것은 이런 이유 때문일 게다. 학제간 연구는 특정한 연구 주제에 참여하는 서로 다른 학문분야가 각기 동등한 발언권을 갖는 조건에서 이루어진다. 물론 현실적으로 특정한 분야의 전문가가 지도력을 발휘할 수는 있겠지만 이것은 사전에 조율된 학문분야들간 위계에 의한 결과라기보다는 연구과정에서 생겨나는 권위 때문일 것이다. 학제간 연구는 이리하여 학문들을 상호 분리해놓은 채 외교적 관계만 맺게 한다. 이것은 기본적으로 학문들간의 상호 단절을 전제하는 것이다. 이에 따라 개별 학문은 외부로부터 자신의 문제설정에 대한 근본적 도전을 받지 않은 채 내적인 위계체계를 구축할 수 있다. 대부분의 근대적 학문이 규율체계로 구실을 해온 것은 개별 학문을 하는 것이 곧 이 내적인 위계질서로의 입문 성격을 띠기 때문이다. 이 결과 학문은 한편으로 엄격한 계서(階序) 질서 속에 학문수행자를 위치시키고, 다른 한편으로는 타학문과의 단절을 통해 위계를 어기거나 계율을 어길 경우 파문도 서슴지 않는다. 이런 점을 고려할 때 서울대의 분과학문 체제 고수는 학문의 순수성을 위한 것만은 아니라고 본다. 다시 말해 지식권력에 대한 강력한 의지를 품고 여전히 다른 대학들을 수하에 거느리려는 태도를 지닌 때문이 아니냐는 것이다.

서울대는 어떻게 자신의 지식권력을 보장받는 특권적 지위에서 벗어날 수 있을까? 학문과 교육의 방식에서 민주화를 지향하지 않고서는 어려울 것이다. 기본적으로 서울대 지식생산양식의 개혁, 즉 서울대가 배치한 학문의 성격 변화, 분과학문의 규율권력 민주화, 학문분야들간의 관계 재조정, 교육 목표와 방식의 쇄신, 개혁 등을 포함한 다양한 노력이 필요할 것이다. 그런데 앞서 언급한 탈식민화의 과제와 관련하여 이 지식생산

개혁 혹은 민주화를 생각하면, 이 과정은 서울대가 지식생산의 국제적 분할구도 속에서 새로운 위치를 차지하기 위한 노력의 일환이 되어야 할 것 같다. 지배적 생산의 명령 집행자가 아닌 해방의 기획자가 되기 위해서는 일방적 명령 수령의 자세에서 벗어나야 하고, 지식권력의 독점 혹은 우위를 통해 명령을 복제하는 일을 중단해야 한다. 그것은 서울대가 지식생산의 현장을 한국사회에서 발견하고, 이 현장의 민주화와 독립을 위해 기여해야 한다는 말이다. 물론 이 과제는 지식생산 자체의 개혁으로도 연결되어야 할 것인데 이때 분과학문 체제와는 다른 학문편제의 방식도 실험하고, 수용할 필요가 있을 것이다. 나는 분과학문 체제는 대학의 인구통제와 무관하지 않다고 믿는다. 오늘 대학의 지배적 기능은 복잡한 사회기계에 적응하는 개인 주체들을 형성하는 과정에서 사회의 복잡성과 사회 부문들의 연관성을 인식하거나 그 연관성으로 인해 발생하는 문제들에 대처할 수 있는 능력을 부분적으로만 허용하고, 총체적으로는 봉쇄하는 데 있다는 생각이다. 자본주의적 사회운영은 개인들과 집단들의 연대와 변혁의 힘들 또는 특이점들의 '접속'을 예방하는 것을 목표로 하며, 이는 사회적 생산과 긴밀하게 연계되어 있는 대학과 대학이 운영하는 학문 부문에서도 마찬가지다. 이 봉쇄는 대학이 분과학문 중심 또는 그와 유사한 학문배치 체제를 유지하는 한 지속된다는 점에서 제도적으로 보장되는 효과라고까지 할 수 있다. 학문간 경계 설정의 취지나 문제점에 관한 근본적인 학문학적 질문마저도 제기하지 못하게 하는 것이 이런 분과학문 중심 학문편제의 현실이며, 아래에서 언급하겠지만 이것은 학회 중심의 학문운영이 지배적 형태가 되어 있는 지금 교수와 대학원생들을, 나아가서 학부생들까지 옥죄는 힘을 발휘한다.

분과학문 체제와는 다른 학문편성 방식은 무엇인가? 여기서 제시할 수 있는 대안은 개인적으로 생각한 몇몇 사례일 수밖에 없다. '협동과정'의 운영, 학과 대신 연구소를 연구와 교육 단위로 만드는 방안, 아니면 지역학, 문화연구, 여성학 등 통합적 학문 형태의 수용 등이 일단 인문사회과학 분야에서 떠오르는 대안들이고, 자연과학과 인문사회과학의 통합적 모델로는 인지과학이 떠오른다. 물론 여러 사람들의 지혜를 모으면 이밖에 다른 대안들도 생각할 수 있을 것이고, 이들 대안들 가운데 상당 부분은 이미 서울대가 도입했는지도 모른다. 하지만 문제는 이들 대안을 어떻게 도입하느냐는 것, 그리고 이들 대안을 도입하더라도 보존해야 할 분과학문들과 어떻게 연결하느냐는 것이다. 지식의 분과화에 매몰되어 지식의 단절을 초래하고, 이를 통해 현실, 자연, 사회의 연관관계의 파악을 봉쇄할 것인가, 아니면 지식의 연관성을 구축하고, 지배의 명령이 아닌 해방의 기획이 지식생산에서 일어날 수 있게 할 것인가, 이것이 문제다.

지식의 공공성 강화

지식생산의 개혁과 민주화가 필요한 것은 탈식민화 이외에 지식의 공공성 혹은 사회성을 확보하기 위함이기도 하다. 공공성은 지식생산의 사적 소유화와 반대되는 개념이며, 서울대가 생산하는 교육과 학문의 방법, 혜택, 내용 등을 공공자원으로 전환하자는 말이다. 현재 서울대는 국내 대학 가운데서 공적 자원의 가장 큰 수혜자이지만, 과연 서울대가 이 혜택을 사회적 공공성을 강화하는 데 활용하는지는 의문이다. '20 대 80 사회'의 구축, 사회적 불평등의 심화가 진행되는 지금, 서울대는 어떤 역할을 하고 있는가? 지식생산의 탈식민화의 중요성을 말했지만 이것은 지식생산 터전이 우리 사회임을, 우리가 주체적으로 지식생산을 관장하는 주체가 되어야 함을 강조하는 것이기도 하다. 문제는 이 주체가 결코 단일하지 않다는 점이다. '우리 사회', '우리 현실'이라는 말은 사실 사회 자체가 분할되어 있다는 사실을 은폐하는 효과가 있다. 여기서 '지식의 공공성'을 말하는 것은 사회가 계급, 민족/인종, 성차/성애, 세대, 지역 등으로 분할되어 있고, 이 분할관계를 둘러싼 사회적 이해관계가 복잡한 만큼 이 관계를 공정하게 다루어야 한다는 생각 때문이다. 공적 자원을 가장 많이 받는 국립대학임을 생각하면, 서울대가 제도적으로 편성해놓은 연구와 교육을 통해 생산되는 지식이 어떤 사회적 공공성을 가지는지 따지는 것은 필수적이다. 신자유주의 국면에서 서울대는 혹시 지식의 부익부 빈익빈, 그리고 그것에 기초한 다른 사회적 부익부빈익빈 강화에 기여하고 있지는 않은가?

이와 관련하여 오늘 지식생산자가 어떤 종류의 인간으로 바뀌고 있는지 살펴볼 필요가 있겠다. 교수평가제, 연봉제가 도입되기 시작한 이후 연구와 교육의 수월성을 강조하는 담론이 대학사회에서 만연하고, 대학별 경쟁력을 강조하는 언설이 난무한다. 지금 학생들이 교육의 '소비자'로서 학과목 선택권을 주장하고 자신의 능력 스스로 기획한다는 이름으로 기초학문을 외면하고, 심한 경우에는 벤처사업을 벌이며 학생인지 사업가인지 구분하기 힘든 '학생시절'을 보내고 있는 반면, 교수들은 그들대로 강의 부담이 증가한 가운데 '뛰어난' 연구업적을 양산하는 예외적 기계가 되라는 요구를 받고 있는 중이다. 교수에 대한 이런 요구는 지식의 생산성, 효율성, 경쟁력 강화의 견지에서 보면 당연한 일일 것이다. 하지만 이것은 동시에 정세 변화에 따른 것이다. 최근 들어와서 교수들에게 더 많은 요구와 압박이 가해지고 있는 것은 1990년대 중반 이후 학생운동이 크게 약화하고, 학생통제를 위한 교수들의 협력이 불필요해진 결과임이 분명하다. 90년대 중반만 하더라도 학생들의 운동행태 일부를 교권에 대한 도전으로 규정하며 교수의 권위를 세워주는 척하더니 이제 태도를 바꿔 교수들을 직접 통제의 대상으로 삼고 있는 것이다.

지난 해 일본 학자들과 가진 한 토론회에서 교수들을 '지식인'으로 지칭하곤 하는 한국의 관행이 낯설다는 말을 들은 적이 있다. 일본에서는 교수들을 가리켜 '지식인'보다는 '연구자'로 파악한다고 한다. 이 말을 듣고 처음에는 일본과 우리의 상황이 많이 다르구나 했는데, 다시 생각하니 꼭 일본에만 적용될 것은 아니었다. 지금 대부분 대학이 교수평가제와 연봉제를 도입하여 연구업적 중심으로 교수를 평가한다. 일견 연구를 독려하니 올바른 조치라고 할지 모르지만 교수들을 연구자로 한정시킴으로써 지식인 교수의 설자리를 축소한다는 점에서 문제가 없지 않다. 러셀 자코비에 따르면 미국에서는 이미 1950년대에 '공공 지식인'의 퇴조가 일어나기 시작했다는데, 최근 한국에서도 대학을 중심으로 비슷한 상황이 일어나는 듯하다.[2] 이전에도 지식인 교수에 대한 감시가 없었던 것은 아니다. 이미 박정희정권 시절에 '정치교수'들을 대학에서 쫓아낸 적이 있지 않은가. 그런데 최근의 변화는 교육인적자원부라는 국가장치가 개입하고 있기는 하지만 시장논리의 강화 속에서 일어난다는 점에서 과거와는 다른, 일종의 대학 '자율'에 의한, 혹은 경쟁에 의한 통제의 성격이 더 크다.

최근 학술진흥원은 1,200억원 가량의 재원을 동원, 인문사회과학 박사학위 소유자의 지원에 나섰다. 최악의 노동조건에 시달리는 박사학위 강사들의 생활고를 해결해준다는 점에서 이 지원은 환영할 만한 일이다. 하지만 이 결과 대학들이 강사요원을 구하기 어려워진 것까지는 최저임금에 허덕이는 강사들의 가치를 높이는 효과가 있어서 바람직하다고 할 수 있을지 모르나, 지식생산의 관점에서 볼 때 우려되는 일도 나오고 있다. 급하게 기획한 프로젝트에 젊은 연구자들이 대거 동원됨으로써 자율적 연구가 어려워지고 있는 것이다. BK 21 사업에 동원된 대학원 학생들이 이미 겪은 바지만, 여기서 최종 확인되는 것은 연구 성과일 뿐이다. 이 성과주의는 교수들에 대한 연구업적 평가 강화 속에서도 관철된다. 그런데 문제는 연구업적을 평가할 때 기준이 위에서 언급한 분과학문 체제가 제도적으로 만들어낸 학회가 중심이 된다는 점이다. 학문의 업적을 평가할 때 학회 중심은 당연하지 않은가 생각할 수도 있겠지만, 학회가 학술진흥재단의 평가를 받고, 이 평가에 따라 등급이 매겨지는 학회지에 제출한 논문들만 학술적 가치를 인정받게 되면서 학회가 전에 없는 지식권력을 행사하게 되고, 나아가서 학회들이 이익집단으로 변하고 있다. 최근

---

2) Russel Jacoby, "The Decline of American Intellectuals," in Ian Angus and Sut Jhally, eds., *Cultural Politics in Contemporary America* (New York and London: Routledge, 1989), pp. 271-81.

대학이 교수 평가를 강화하고 연구업적 양산을 요구하면서부터 학회의 권위는 갈수록 높아지고 있는데, 이 과정에서 학문은 더욱더 기존의 학문 제도에 종속되는 경향을 드러낸다. 서울대는 이런 성과주의가 학문영역에 침투하는 것에 대해 어떤 대응을 하고 있는가?

여기서 성과주의는 학문의 생산성에 대한 강조이겠지만, 이 생산성이야말로 학문세계에 시장논리가 침투한 결과, 즉 과거 시장으로부터 상대적으로 자율적인 지위를 누렸던 대학사회가 경쟁력 논리에 의해 지배당하기 시작했다는 징표다. 개인적 관찰이지만 최근 대학사회는 성과를 내느라고 바쁘다. 과거 진보운동 현장에서 자주 보이던 많은 얼굴들도 이제는 연구실 안으로 사라져버렸다. 이들이 교육과 학문의 '수월성'을 위해 노력하리라 믿지만, 과연 지식의 탈식민화를 위해, 지식의 공공성을 위해 어떤 노력을 하고 있을지 생각하면 일말의 회의가 없지 않다. 자본주의 지배, 제국의 지배를 위한 수행성의 관점에서 수월성을 추구할 경우, 지식생산의 주체는 더 이상 공공지식인이 될 수 없을 것이다. 공공지식인은 분과학문의 틀 안에 갇힐 수는 없으며, 더구나 학회 안에 안주할 수는 없다. 분과학문과 학회 체제로 학문과 교육을 제도화하는 것은 학문의 발전을 위한 제도적 기반을 확보하는 일이기도 하지만 학문의 제도화를 초래하여, 제도화에 도전하는 학문, 기존의 학문제도 외부에서 기존의 학문방식에 저항하는 학문, 학문의 경계를 가로지르며 새로운 가능성을 탐색하는 학문을 규제하는 역할을 한다.

서울대의 교수들은 이런 지식생산의 관행에 어떻게 대응하고 있는가? 최고 대학의 자부심으로 학문과 연구의 엄밀성, 객관성을 주장하면서 혹시 민족지식인, 비판적 지식인, 공공지식인의 자세는 버리는 것은 아닌가? 대학원생들의 학위논문 주제에 대한 감시와 통제를 강화하고 있지는 않은가? 학회의 주요 인사가 됨으로써 지식권력을 축적하는 반면 지식의 탈식민화, 공공성 강화를 봉쇄하고 있지는 않은가? 연구의 중요성을 강조하면서 지식인을 연구자로만 만들어 학생들이 도구적 지식인으로 전락하는 데 조력하는 것은 아닌가?

지식인 교수의 연구자 교수로의 전환 속도는 신자유주의 국면에서 교육과 지식노동의 유연화가 진척됨에 따라서 더욱 가속되고 있다. 물론 연구의 중요성을 부정할 수는 없으며, 지식의 생산성, 효율성, 경쟁력도 필요하다고 본다. 하지만 무엇을 위한 생산성이며, 무엇을 위한 경쟁력인지 따지지 않으면, 지식생산은 지식의 도구성만 강조하게 되고, 이 결과 지식생산은 지배와 그것의 명령을 강화하는 데만 이바지할 뿐이다. 서울대는 지배를 위한 지식생산을 강화할 것인가, 해방을 위한 길을 선택할 것인가?

서울대에 바란다

오늘 지식의 가치는 수행성, 수월성, 생산성, 효율성, 경쟁력 등에 의해 규정되고 있다. 그러나 이런 지표들은 계급, 성(애), 인종(혹은 민족) 등을 빌미로 한 사회의 불평등 분할을 극복하기 위해 고안된 것이라기보다는 기왕의 불평등 구조를 전제하고 그 위에서 일어나는 지배, 통제의 방법을 개량하기 위해 제출된 것이다. 계급, 성차 혹은 성애, 인종 또는 민족 간의 공존과 공영을 생각하며 벌이는 지식생산의 '진형'과 이런 사회적 분할선을 통해 더 많은 경쟁, 아니 억압과 탄압, 적대가 일어나도록 해놓은 '진형' 사이에는 근본적인 차이가 있을 수밖에 없다. 차이가 있다고 하여 두 진형이 공유하는 문제나 과제가 없는 것은 아니리라. 계급해방, 민족해방, 성해방을 추구할 때에도 전략을 구사하는 만큼 나름의 경쟁력과 효율성을 가질 필요가 있다. 그러나 경쟁력과 효율성 추구의 목적이 무엇이냐가 중요하다. 사회적 불평등을 해소하기 위함인가, 오히려 그것을 심화시키기 위함인가에 따라서 효율성과 경쟁력의 의미는 달라진다. 서울대는 계급, 성차/성애, 민족/ 인종의 문제에서 어떤 입장을 취하면서 자신의 지식생산을 추구할 것인가?

서울대는 지금 거대한 공룡 혹은 우주선처럼 보인다. 관악산 계곡을

꽉 메우고 있는 무수히 많은 건물들은 각기 혹은 서로 연계되어 어떤 일을 하는 것일까? 여기서 진행되는 지식생산은 민족해방에, 노동해방에, 성해방에 어떤 기여를 하는가? 이 발제에서 서울대에서 나름대로 열심히 연구와 교육을 하는 사람들에게는 미안한 말을 많이 한 편이다. 하지만 나는 서울대가 없어질 것을 바라는 사람이 아니기 때문에 서울대에 바라는 바가 있다. 지금까지 한 말을 다음과 같이 요약하고 싶다. 서울대가 국립대학으로서 면모를 일신하려면 지금까지 누려온 특권을 포기해야 한다. 서울대는 지식생산의 국제적 분할 구도에서 만들어진 특권적 지위를 포기하고, 제국의 명령에 저항하는 지식의 탈식민화와 공공성 강화를 위해 지식생산의 개혁을 시도하기 바란다. 그리고 이를 위해서 연구자 양산에 그칠 것이 아니라 지식인의 배출에도 노력해야 할 것이다. 이런 것들이 내가 서울대에 바라는 바다.

2부

문화교육의
길

06

신자유주의 시대 청소년·학생과 문화교육[*]

문제설정

교육은 사람들의 개인적 성장이나 발전, 사회적 평등을 위해 기여하기만 하는 것이 아니라 지배를 위한 기제이기도 하다. 교육을 통해 지식과 기술을 익히고, 삶과 사회를 이해하고 거기에 적응하는 능력을 길러 각종 질곡에서 벗어나고 싶어하는 사람들이 교육과정에서 계급투쟁의 쓴맛을 보는 경우가 많은 것은 그 때문이다. 사실 오늘 우리 사회가 맞고 있는 학교위기, 교육위기를 보면 이런 생각을 떨치래야 떨칠 수가 없다. 이 위기는 자본주의사회의 일반적 경향이 빚은 결과요, 특히 최근 벌어지고 있는 자본축적의 전략, 즉 신자유주의로 인한 사회적 변동의 후유증이라 여

---

[*] 2002년 9월 〈문화개혁을위한시민연대〉와 전교조가 공동으로 주최한 '우리 사회 학생, 청소년이란?' 토론회에서 「신자유주의 시대 청소년·학생을 위한 문화사회와 문화교육」이라는 제목으로 발표한 글이다. 문화교육에 관해 좀더 자세히 보려면 문화연대 문화교육위원회에서 펴낸 『이제, 문화교육이다』(심광현 편, 문화과학사, 2003)를 참조할 것.

겨지는 것이다.

자본축적 전략의 가동으로 어떤 일이 일어나고 있는가? 자본주의의 3대 주체는 노동, 자본, 국가다. 신자유주의 국면 이전까지 자본주의는 이들 3자의 관계를 국가 중심으로 조정해왔으나 1980년대 말 동구의 현실사회주의 붕괴와 함께 자본의 지배력이 커져 그에 따른 사회 및 생산관계의 재편이 이루어졌다. 한국의 경우, 계속되는 구조조정과 정리해고, 실업률 증가, 부익부빈익빈 현상의 심화, '20대 80 사회'의 구축이 그 예들이다. 자본의 지배 강화는 사회적 공공성을 약화시키고, 그 여파가 교육현장까지 덮친다. 이제 이곳을 지배하는 것은 국가라기보다는 자본이고, 알량하게 남아있는 국가의 기능도 자본을 위한 기능에 가깝다. 자본주의 사회에서 교육은 노동력을 형성하는 중요한 사회적 기제다. 자본에 의해 지배를 받는 교육의 노동력 형성은 어떤 모습을 보일까? 자본의 노동 지배에 따른 영향을 받게 된다.

1997년 가을, 그러니까 외환위기가 벌어지기 직전 당시 전체 1,300만 명 노동자 가운데 일용직 및 임시직이 45%(600만)라는 사실을 알고 경악한 적이 있다.[1] 만 5년이 지난 지금 상황은? IMF 관리체제에 의해 긴축재정, 구조조정이 실시된 결과 훨씬 더 나빠졌다. 비정규직 노동자 비율은 이제 60%에 육박한다. 그런데도 한편에서는 실업률이 크게 떨어져 2%대라고 한다. 비정규직 노동자 비율이 올라갔는데 실업률은 완전 고용 수준으로 낮아진다? 경제위기 극복, 실업률 저하에도 불구하고 안정적인 노동이 사라진다는 말일시 분명하다. 노동통계와 관련하여 고개를 갸우뚱하게 만드는 일은 또 있다. 한국인의 노동시간은 아직도 세계 최장이다. 법정노동시간이 44시간, 실제 노동시간은 48시간으로, 연간 2,500시간에 가깝다. 수많은 사람들이 비정규직으로 내몰리고 있는데도 노동시간이 이토록 길어지는 데는 까닭이 있다. 노동기회의 배분에 변동이 생

---

1) 졸고, 「인문학, 문화연구, 문화공학—지식생산의 전화와 대학의 변화」, 『지식생산, 학문전략, 대학개혁』, 문화과학사, 1998, 151쪽.

기고 있기 때문이다. 비정규직의 증가는 노동이 품귀 현상을 빚고 있음을 말해준다. 다른 한편 장시간노동이 지속되는 것은 요행히 노동기회를 누리는 사람들은 엄청난 노동강도에 시달린다는 말이다. 결국 노동으로부터의 배제와 노동강화가 동시에 진행되고 있는 셈이다. 노동자에게 이것은 일자리의 불안정, 삶의 불안정일 것이다.

노동시장의 이런 변화는 교육에서 어떤 함의를 가지며, 피교육자에게는 어떤 영향을 주고, 또 피교육자를 어떤 인간형으로 만드는 것일까? 이 질문의 답을 찾으려면 노동과정의 변화와 그에 따르는 노동자에게 요구되는 능력의 변화를 살펴볼 필요가 있다.

신자유주의와 '소비자 중심' 교육

끊임없는 취업과 해고의 위험에 놓인 노동자는 자신의 능력, 기술을 새롭게 구성해야 한다. 과거처럼 평생직장이 보장되었을 때, 노동자의 능력이나 기술은 직무와 지속적으로 연관되어, 고정된 대상을 가지고 있었다. 이런 지식과 기술은 그래서 '대상지식'(object knowledge)의 성격이 강했다. 언제 이런 지식이 지배했던가? 국가가 자본과 노동의 안정적 관계를 책임지는 포드주의 생산이 지배할 때다. 2차대전 후 자본주의는 사회주의의 도전을 받으며, 수정자본주의 즉 케인즈주의를 수용했고, 지식생산 방식도 이에 따라서 규정되었다. 분과학문체계가 그것이다. 이것 자체는 물론 루카치가 '물화'라고 부른 경향이 강화된 결과, 자본주의적 삶이 통합적 이해와 지식을 방해하는 파편화가 진행된 결과다. 이런 삶 속에서 사람들은 채플린의 〈모던 타임tm〉가 보여주는 기계의 부속품 같은 모습을 갖게 되고, 지식이나 기술도 특정 영역과 대상에 한정되기 쉽다. 생산이 컨베이어벨트 위에서 이루어지면서 개별 노동자는 파편화된 생산과정의 일부분만을 담당하기 때문이다. 소위 '인간의 소외' 테제를 유행시킨 이런 생산양식은 지식생산에도 그대로 적용되어 분과학문들로 분할된 채 나타나서 전공영역의 세분화를 초래했다.

하지만 지금은 포드주의 생산이 유일한 지배적 생산방식은 아니다. 1971년 미국의 달러화를 중심으로 안정된 체제로 운영되던, 금태환주의를 제도화한 브레튼우즈 협약이 파기되고, 1973년에 석유파동이 일어나면서 자본은 새로운 축적 전략을 찾기 시작한다. 생산방식을 포드주의에서 포스트포드주의 혹은 유연적 축적으로 전환시키고, 현실 사회주의권의 위기와 붕괴에 따라서 자본운동의 자유를 극대화하는 신자유주의 전략을 채택하기 시작했는데, 이 과정에서 국가, 자본, 노동간의 위상 조정과 각 주체의 새로운 대응이 일어나게 되었다. 이 과정에서 자본은 보수적 혁명을 추진한다. 1960년대에 분출된 진보적 사회적 요구를 자신에게 유리하게 수용하기 위함이었다. 자본이 기업의 조직 구도, 고용, 사회적 투자 등에서 유연화를 추진하면서 유연적 축적구조가 만들어지기 시작한다. 노동의 저항이 강하게 남은 곳에서는 여전히 포드주의적 신분보장을 허용했지만 갈수록 노동에 압박을 가하여 끊임없는 구조조정과 정리해고를 강요하면서 노동의 힘을 약화시킨 것이다. 이 과정에서 노동시장은 핵심과 주변으로 이분되었고, 이 변동은 지식과 기술에도 변화를 초래했다. 조직과 생산의 유연화가 지식과 기술의 유연화를 요구했기 때문이다.

현재의 지식생산은 대상지식보다는 '과정기술'(process skills)을 강조한다. 노동자가 여러 직장과 직종을 전전해야 할 때 필요한 것이 과정기술이다. 포드주의체제에서 노동은 분과화, 파편화를 보이고 있었지만 비교적 안정적이었고, 실직과 탈숙련화를 겪어도 비교적 쉽게 재숙련화를 거쳤던 편이다. '과정기술'은 이와는 다른 노동조건에서 요청된다. 이제 실직한 탈숙련 노동자는 단일 대상이나 현장과 관련된 기술보다는 '다기능'을 요구받는다. 다기능은 컨베이어벨트와는 다른 방식의 생산라인 조직, 소품종 대량생산이 아닌 다품종 소량생산을 하는 모듈러셀(modular cell) 방식, 혹은 기업체에서 최근 도입한 팀제 운영 등에서 요구되는 기능이다. 이것이 다기능인 것은 하나의 대상에 매여서는 안 되는 다면적 능력이어야 하기 때문이다. 나아가 다기능은 이전 가능한 기술(transferable skills)과 연결되어야 한다. 끊임없는 직장 및 직종 이동으로 인해 하나의 노동현장에서 다른 노동현장으로 이전될 수 있는 노하우를 가져야 하는 것이다. 지식과 기술이 대상 중심에서 과정 중심으로 성격이 전환되는 것은 이 때문이다. 과정 중심의 지식과 기술이 강조되는 것은 따라서 노동자의 직업안정성이 크게 후퇴한 것과 관련이 있다. 이 후퇴는 물론 신자유주의 정세의 산물이다.

한국에서 신자유주의가 도입된 것은 1990년대 이후, 외환위기와 경제위기로 인해 한국경제가 IMF의 관리체제에 들어간 1998년 이후다. 신자유주의 도입으로 한국의 교육현장도 큰 변동을 맞았다. 1995년 김영삼정권의 대통령산하 교육정책개혁위원회가 수립한 교육개혁정책이 김대중정권 출범 이후 본격적으로 가동되면서 대학에서는 학부제가 도입되고, '두뇌한국(BK) 21' 사업이 시행되었고, 중등학교에서는 7차 교과과정의 시행, 특목고 도입 시도가 이루어졌다. 이 일련의 과정에서 교육정책 전문가들의 표현을 따르면 '공급자'가 아닌 '소비자' 중심의 교육 재편이 일어났다. 초중등 과정에서는 교육과정을 축소하고, 학생들의 과목 선택권을 강화하겠다고 하고 있고, 고등교육에서는 학생들의 학과 및 수업 선택의 권리를 보장한다고 하고 있는 것이다.

왜 90년대 후반 이후 '소비자' 중심 교육을 강조하게 된 것일까? 먼저 대학교육을 살펴보면 첫째, 대학생인구 급증과 고학력노동자 과잉공급에 따라 대학을 엘리트대학과 여타대학으로 이원화할 필요가 생기고, 둘째 취업난의 책임을 학생에게 전가할 필요가 생겼으며, 셋째 기업의 조직 유연화로 과거처럼 학과체계로 운영되던 분과학문 중심의 교육이 갈수록 한계를 드러냈기 때문이다. 중등학교에서도 비슷한 변화가 일어났다. 통합교육을 명분으로 다시 입시교육을 유지하면서도 학생들에게 명목상으로 학과목 선택의 권리를 줌으로써 선택의 책임을 학생 스스로 지게 한 것이다. 이 과정에서 일어나는 실질적 변화는 교육 내부의 '20 대 80 사회' 건설이다. 다시 '두뇌한국 21'이 단적인 예다. 이 사업은 지식의 수행성(performativity), 즉 자본 창출 능력을 가장 중시하여 돈 되는 연구 쪽으로, 그것도 주로 서울공대와 같은 특정한 대학의 프로그램을 지원했다. 알다시피 '20 대 80 사회'는 신자유주의가 만들어낸 것이다. 여기서는 무엇보다 자본의 자유가 최대한 보장된다. 지금 대학에서는 학술연구 결과를 자본화하는 바람이 한창이다. 대학에 회사가 설립되기도 한다. '국민의 정부'는 이런 현상을 놓고서 국민의 '신지식인화'라고 할지 모르나, 두뇌한국 21 사업이 보여주듯 승리자에게 모든 것을 넘겨주는 조치다. 불평등의 심화인 것이다.

교육현장은 지금 이 불평등의 구조화를 위한 핵심 기제로 작동하고 있다. 교육은 재생산의 장치다. 재생산은 알튀세르가 지적한 대로 생산조건의 재생산이며, 자본주의사회에서는 이 재생산을 자본주의적으로 하게 되어 있다. 자본주의사회의 교육은 노동력을 만들어내는 현장, 즉 자본축적과는 다른 '인간 축적'이 일어나는 곳이다. 여기서 교육은 재생산의 틀에 따라서 인간을 형성한다. 현재 한국은 생산 조건에서 큰 변화를 일으키고 있으며 재생산의 조건도 바뀌고 있다. 노동시장의 변동으로 노동자계급의 이분화가 일어나면서 노동력 재생산의 핵심 장치인 교육에서도 이분화가 발생한다. 오늘 교육의 위기는 이런 불평등 구조의 심화와 관련되어 있다.

청소년 · 학생의 모습

청소년 · 학생의 모습이 이 결과 크게 바뀌었다. 청소년의 삶을 가장 크게 규정하는 것은 아무래도 교육과정일 것이다. 오늘 교육과정에서 발생하는 불평등의 심화는 청소년 · 학생의 태도, 행동, 꿈, 능력, 욕망 등에 새로운 조건을 부과한다. 한국의 교육은 고등교육에서는 일류 대학과 기타 대학으로, 중등학교에서는 대학, 아니 일류대학에 갈 수 있는 학생들과 그러지 못하는 학생들로 양분한다. 이 양분화를 조절하고 감시하고 통제하는 장치가 중등과정에서는 입시교육이다. 입시교육이 불평등한 사회의 합리화 장치라는 것을, 노동시장의 이분화에 학생들을 적응시키기 위한 장치라는 것을 구태여 말할 필요가 있을까? 경쟁 강화를 부추기는 이 장치는 그 작동 기술을 매우 정교하게 만들었다. 한동안 일류 대학에 가느냐 못 가느냐로 학생들을 구분하더니, 대학의 급격한 증가는 물론이고 일류 대학 내부에서도 '비생산적' 학문분야를 도태시키기 위해 BK 21이라는 새로운 분할선을 만들어낸 것이다. 최근에는 급기야 전집형평가 제도를 도입하며 초등교육에까지 분할선 도입을 위한 서열화를 시도하고 있다.

학생/청소년이 이 정세에 대응하는 방식은 크게 두 가지로 보인다. 한편으로 경쟁을 강화하며 서열화를 부추기는 신자유주의 자본축적 전략을 수용하는 길, 다른 한편으로 이 전략과 교육을 전면 거부하는 길이 그것이다. 이렇게 볼 때 오늘 '교육위기'는 교육이 사회적 불평등의 심화를 위해 학생들을 계속 경쟁으로 내모는 데서 발생하고, '교실붕괴'는 이런 상황에 대한 학생들의 저항을 가리키는 것일 게다. 중등학생들의 경우 저항은 교사의 권위에 대한 도전, 불량한 수업태도, 등교거부, 공공질서에 대한 도전(폭주족), 유흥업소 출입, 원조교제 등 다양한 형태로 나타난다. 이런 태도는 학교에서 스스로 '사나이' 즉 '문제학생'이 되어 교육을 거부함으로써 생산직 노동자로 '전락'하는, 폴 윌리스가 1970년대에 연구한 바 있는 영국의 노동자계급 자녀들의 모습과 유사한 점이 있지만,[2] 당시 영국과는 달리 포드주의적 노동 기회가 희귀해지는 상황에서는 노동거부의 양상으로도 이해해야 할 듯싶다.

현재 청소년보호법이 사회적 쟁점으로 떠오르고 있는 것도 이런 맥락에서 볼 필요가 있다. 청소년보호법은 최근 한국사회 변동의 분수령이라 할 1997년에 제정되었다. 이 해를 전후하여 한국사회는 1987년 이후 노동

---

2) 폴 윌리스, 『교육현장과 계급재생산─노동자자녀들이 노동자가 되기까지』, 김찬호·김영훈 역, 민맥, 1989.

운동이 축적한 성과를 되돌리기 시작했다. IMF의 한국경제 장악과 함께 노동유연화가 본격적으로 시작된 것이다. 청소년에게 이런 상황은 서비스산업 이외에는 일자리 얻기가 더 어려워진다는 것을 의미하며, 예비노동자로서 학습노동에 종사하는 교육과정에서 탈락할 경우 실업상태가 아니면 비정규직 노동으로 빠져들어야 한다는 것을 의미한다. 1998년 이후 중산층 가계도 붕괴하면서 부르주아 계층 청소년의 상황도 크게 나빠졌다. 문제는 이런 상황 악화가 1980년대 이후 고도로 발달한 소비자본주의 속에서 발생했다는 것이다. 대중매체의 급속한 확장, 세계 최고를 자랑하는 인터넷 보급률, 영화·대중음악·연예 등 문화산업의 확대 속에 청소년은 생산적 노동보다는 비생산적 혹은 서비스 노동으로 내몰리게 되었다. 서비스 노동은 한편으로는 한국 정보기술(IT)산업의 발전 기반이 되기도 하지만, 다른 한편으로는 서비스산업, 문화산업, 유흥산업의 발달에 따라 만연한 소비문화와 밀접한 관련을 맺게 된다. 1998년 인천 호프집 화재의 희생자 가운데 '모범' 혹은 '정상적' 학생 고객 이외에 아르바이트생이 포함된 것이 그런 예다. 물론 청소년문화에서는 생산적 노동도 서비스 노동도 아닌 노동 거부의 양상도 있다. 폭주, 채팅, 팬덤문화, 힙합문화가 널리 퍼지고 있는 양상은 청소년이 임금노동과는 다른 활동을 하기도 한다는 증거다.

오늘 청소년·학생의 삶을 일관하는 특징은 극히 예외적 경우를 제외하면 자기결정권이나 자율권이 없다는 사실이다. 폭주족의 경우 자신의 목숨을 담보하며 위험한 상황을 즐기겠지만 그것은 특별한 날의 일탈일 뿐이다. 팬덤문화 역시 청소년 팬들이 자신의 아이돌을 자율적으로 선택하는 점이 없지는 않지만 최근의 연예인비리사건에서 보이듯 연예산업과 방송의 유착관계가 특정 스타로 제조한 연예인을 추종한다는 점에서 소비문화에 길들여진 사례라고 할 수 있다. 청소년·학생은 따라서 한편으로는 통합교과목 도입과 과목선택권 부여에도 불구하고 입시경쟁의 격화로 학습노동에 얽매인 경우와 이런 '강제노동'을 거부하고 교실과 학교를 뛰쳐나와도 소비자본주의가 마련해놓은 소비노동에 포섭되는 경우로 양분되어 있으며, 어렵사리 두 극단 사이에서 자신의 삶을 꾸려가고 있다. 어디를 보더라도 지배적인 것은 여전히 노동이고, 노동의 강제성에서 벗어난 자율적 활동은 실종되었다. 청소년·학생의 이런 삶을 규정하는 것은 신자유주의 축적전략이다. 하지만 나는 자본주의가 지닌 노동사회의 특징이 그런 경향을 부추긴다고 말하고 싶다.

노동사회와 소비문화

자본주의는 노동사회이며, 노동사회는 노동, 특히 임금노동이 중심인 사회다. 자본주의는 자본과 노동력이 결합된 생산양식이다. 맑스는 자본이 공동체를 파괴하며 일어난 원시적 축적을 통해 형성되었고, 이 엔클로저 운동으로 공유지에서 쫓겨난 사람들을 포함하여 생산수단을 상실한 사람들은 프롤레타리아가 되어 임금노동의 굴레 속에 빠져들었다고 분석한 바 있다. 자본주의는 폭력적으로 형성된 자본을 지닌 사람들이 노동력을 사서 상품을 생산케 하여 작동하기 때문에 상품생산 노동, 즉 임금노동을 중심으로 사회를 운영한다. 이런 점 때문에 자본주의는 노동윤리, 다시 말해 노동이야말로 가장 가치 있는 인간활동이라는 이데올로기를 퍼뜨린다. 자본주의사회가 노동윤리를 강조하는 것은 이런 이유 때문이다. 문제는 자본주의에서 노동은 갈수록 파편적일 수밖에 없다는 데 있다. 자본주의는 사적 이해관계가 지배하기 때문에 공동체적 삶을 분해하는 경향이 있다. 자본주의에서 노동이 구상과 실행, 지식노동과 육체노동으로 철저히 분리되는 것은 이 때문이며, 또 이 결과 자본주의 지식생산 역시 철저한 분과적 성격을 띠게 된다.

그런데 위에서 언급한 대로 신자유주의 정세에서 노동은 새로운 국면을 맞게 되었다. 신자유주의는 1960년대 서유럽과 미국 등에서 일어난 신좌파운동을 진압하기 위한 자본의 보수적 전략이기도 하다. 신좌파운동은 당시 지배적인 생산방식인 포드주의에 대한 저항, 즉 히피운동 등이 보여주듯 생산적 규율과 규범의 가치에 대한 도전이었다. 자본은 1970년대 이후 이 도전을 부분적으로 수용하는 시늉을 취하면서 노동의 유연화를 꾀했다. 노동자의 창의력을 수용한다는 명분으로 공장이나 기업 등 생산 조직의 유연화를 진행하고, 노동자에게 시간조직의 권한을 준다며 재택근무를 도입하면서 사실은 노동력을 핵심과 주변으로 나누는 이원화를 추진한 것이다. 이 과정에서 자본이 노동의 창의성 발휘를 권장한 것은 사실이나 생산성 제고가 더 큰 목적이었고, 노동과정에 대한 자율적 통제는 오직 고급기술을 보유한 노동자에게만 국한되어 허용될 뿐이었다. 최근에는 기술교체시간의 단축으로 노동자의 수명이 짧아져 자율적 노동은 갈수록 획득하기 어렵다. 심지어는 자본가마저 자기 시간을 자율적으로 조직할 수 없는 상황인 것이다. 빌 게이츠 등 오늘의 최대 자본가는 물론이고 김대중정부가 상찬해 마지않는 '신지식인들'은 사실 자기노동 착취자들이다.

신자유주의적 노동지배 전략은 지금까지는 성공적이다. 노동의 창의성을 강조하는 듯 보여 노동현장에서 직접 겪지 않는 사람들에게는 신자유주의가 설파하는 노동방식이 설득력 있는 것처럼 들린다. 현재 교육현장에서 지식생산의 신자유주의적 '개혁'이 학부모나 학생들의 지지를 받는 것도 그 때문일 것이다. 통합교육, 학생의 교과목 선택, 학부제, BK 21 사업 등을 제도 혹은 정책으로 도입하고 있지만 이에 대한 대중적 저항은 교육계 내부에 국한된다. 하지만 신자유주의 교육개혁이 강조하는 것은 기본적으로 '수월성', '경쟁력'이며, 따라서 학습노동과 교육노동의 강화다. 교수의 경우 평가제가 도입되었고, 취직 전선에 내몰린 대학생은 영어학습을 위한 해외연수, 자격증 취득 등 눈물겨운 학습노동을 해야 하고, 중등학교의 입시경쟁은 여전하고, 이제는 초등학교는 물론 유치원, 유아원에 이르기까지 학습노동이 심화되고 있다.

노동사회의 특징은 사회적 관심, 능력, 자원이 무엇보다도 상품의 생산, 관리, 유통, 소비에 집중된다는 점이다. 이는 가치의 창출이 상품 생산에서 나오며, 자본의 사회 지배가 강화되는 시점에는 특히 상품을 둘러싼 각종 활동이 더 큰 가치를 가진 것처럼 간주되기 때문이다. 학습노동이 강화되는 것도 이와 관련이 있다. 노동자의 유일한 상품은 노동력이다. 노동자는 이 상품의 가치를 높이기 위한 투자를 하게 되는데, 학습노동 강화는 그런 투자의 일환으로 이루어진다. 문제는 신자유주의 국면에서 노동의 품귀로 인해 노동력이 갈수록 저평가된다는 것이다. 이에 따라 사람들은 더욱 노동에 얽매이게 되고, 이것은 또 상품논리를 강화하는 요인으로 작용한다. 구조조정, 실업, 비정규직화 등은 상품 생산으로부터 노동력을 소외시킴으로써 상품화를 부추기는 자본의 지배 전술이다. 실직한 사람은 상품을 생산할 기회를 상실하고, 이에 따른 임금 소멸과 소득 감소로 상품을 소비할 기회도 상실하게 된다. 노동사회는 이처럼 상품의 생산과 소비를 중심으로 사람들의 관심 그리고 활동을 조직한다. 노동을 중시하는 사회는 인간의 주요 활동들을 상품 생산 노동의 연장으로 만들어낸다. 학습노동이 청소년·학생에게 더 넓게 요구되는 것도 이 결과다. 계급투쟁에서 패배한 결과 노동자의 노동안정성이 낮아지자 노동강도는 더 세졌다. 학습노동이 장시간화하고, 어린아이에게까지 부과되는 것도 이와 관련된 현상이다.

인간의 주요 활동을 상품가치 생산 노동에 투여하는 사회, 상품을 위해 인간적 자원을 헌납하는 사회에서 상품과 노동으로부터 자유로운 활동은 갈수록 희귀해질 수밖에 없다. 노동사회의 또 다른 특징은 그래서 자유시간의 절대 부족이다. 갈수록 사람들은 더 바빠지고, 요새는 아이들이 더 바쁘다는 말이 말해주듯 청소년 학생도 예외가 아니다. 여기서 잊지 말아야 할 것은 과학기술 발달 및 생산자동화로 갈수록 노동이 불필요함에도 불구하고 이런 현상이 일어난다는 것이다. 노동사회가 노동 외부의 삶까지 왜곡하는 것은 그 때문이다. 우리는 거의 모든 시간을 임금

노동에 투여하고 있기 때문에 노동에서 해방된 시간은 언제나 자투리 시간뿐이다. 하지만 노동사회는 이 자투리 시간마저 임금으로 번 돈을 빨리 써야 하는 시간, 그래서 다시 임금을 벌기 위해 노동현장으로 되돌아가게 만드는 시간으로 만든다.

노동 외부의 삶을 지배하는 것은 물론 소비문화다. 발달한 자본주의사회 치고 소비문화를 비축하지 않은 경우는 없다. 자본주의사회는 상품의 생산과 소비에 의해서 운영되기 때문이다. 자본주의 대중문화는 그래서 자연히 소비문화의 특징을 갖게 된다. 사람들이 뼈빠지게 번 돈을 쓰게 만들어 계속 허덕거리며 노동을 하도록 만드는 지배전략인 것이다. 물론 소비문화라고 해서 부정적인 측면만 있는 것은 아니다. 오늘날 소비문화가 대중문화가 된 것은 대중의 꿈과 욕망을 구현하는 측면을 지닌 때문이기도 하다. 뭔가 해방적 요소가 없어서야 어떻게 청소년, 여성, 노인인구, 남녀노동자 다수가 소비문화에 빠져들겠는가. 그러나 소비문화는 사람들을 '소비의 전사'로 만들어 우리의 삶을 자본주의적 생산의 틀로부터 벗어나지 못하게 하는, 궁극적으로 대안적인 삶을 추구하지 못하게 만드는 문화다. 소비문화의 지배를 받는 사람들은 임금노동의 굴레를 벗어나기 어렵다.

교육위기

노동사회와 교육위기 간에는 어떤 관계가 있을까? 상품의 생산과 소비를 위한 노동이 지배하는 사회에서 교육위기는 필연적이라고 생각한다. 노동사회는 노동을 중심으로, 노동을 가장 가치있는 인간 활동으로 설정해놓은 사회다. 그런데 지금은 이 노동이 갈수록 귀해지고 있다. 정보통신기술, 자동생산기술 등의 발달로 수많은 노동자들이 실직을 당하거나 비정규직으로 전락하는 중이다.[3] 노동사회에서 이처럼 노동의

---

3) "인간의 노동은 현재 처음으로 생산과정으로부터 체계적으로 제거되고 있다…정교한 정보통신기술의 새로운 시대가 다양한 노동상황에 신속하게 침투하고 있다. 지능기계가 무

기회가 줄어든 결과 학습노동 이후 생산노동으로 진출할 길도 좁아지고 있다. 노동의 품귀와 소멸이 대세가 되면서 학교교육이 더 이상 일자리를 보장하지 않는 것이다. 최근 한편으로 학생들간의 극심한 경쟁, 다른 한편으로 교육 자체에 대한 거부가 교육의 주요 문제로 떠오르는 것은 이 때문이다. 학교교육의 위기는 예비노동자인 학생대중이 오늘의 교육에서 자신들의 절망적인 미래를 보고 그것을 거부한 데서 비롯되었을 것이다.

다른 한편, 이데올로기국가장치로서 학교교육의 위상도 실추했다. 한국의 이데올로기국가장치가 새로운 지형을 드러낸 것은 1990년대 이후로 보인다. 이 시기에 새로운 대중매체 정세가 만들어짐에 따라 이전의 이데올로기 쌍두마차인 가족-학교 대신 가족-학교-대중문화의 새로운 삼위일체가 이데올로기국가장치 지형을 지배하게 된 것이다.4) 대중문화는 이데올로기장치일 뿐만 아니라 들뢰즈와 가타리가 말한 욕망기계이기도 하다. 학교에서 개인들은 지식과 기술을 습득하고, 문화전통을 익히며 국민 혹은 민족 정체성을 갖는 훈련을 거치는 반면 대중문화에서는 이와 같은 이데올로기적 호출 이외에 쾌락의 추구라고 하는 또 다른 주체화 과정을 겪는다. 오늘 대중문화가 비대해지는 것은 생산양식의 결과로서 과잉 생산된 상품의 소비를 위해 만들어진 삶의 양식을 가정과 학교가 더 이상 관리, 통제하지 못하기 때문이다. 이데올로기국가장치로서 가정과 학교는 갈수록 지배와 투쟁이 일어나는 현장의 성격을 강화하고 있다. 교육이 발전과 성공의 기회로 작용하는 경우는 갈수록 줄어든다. 대중문화 역시 지배의 공간이다. 하지만 청소년·학생의 관점에서 볼 때 그곳은 지배만이 아닌 해방을 위한 투쟁의 공간이기도 하다. 욕망을 통제하고 관리하는 지배세력의 노력과 욕망의 분출을 원하는 대중의 '탈주'가 얽혀 있

수한 과업에서 인간을 대체하면서 수많은 블루칼라와 화이트칼라 노동자들을 실업자로 만들고 있다." 제레미 리프킨, 『노동의 종말』, 이영호 역, 민음사, 1996, 21쪽.
4) 졸고, 「문화와 재생산, 그리고 국가주의」, 『한국의 문화변동과 문화정치』, 문화과학사, 2003, 147-48쪽 참고.

으며, 이데올로기적 통제를 하려는 힘과 그 통제기계와는 다른 길로 접속하려는 욕망이 뒤엉킨 곳이 대중문화의 장인 것이다. 오늘 이 영역은 자본주의체제에서 더욱 중요성을 얻는 반면, 학교교육의 위상은 추락하고 있다.

노동시장의 변동, 대중문화의 부상, 그리고 그에 따른 교육의 위상 변화는 물론 신자유주의로 인해 자본의 자유가 강화된 결과다. 외국의 경우를 보면 신자유주의는 자본의 지배력 강화와 함께 노동의 유연화, 국가의 후퇴를 가져온다. 여기서 '후퇴'란 국가가 노동과 자본의 관계를 조정하는 전통적 역할을 포기하고 자본의 이익을 위해 일방적으로 나서는 것을 말하는데, 한국의 경우는 박정희정권 이래 국가가 자본을 일방적으로 지원하고 강압적인 노동통제를 시행해왔기 때문에 최근의 정세는 사실 한국사회에서 국가의 성격이 근본적으로 바뀐 것을 의미하지는 않는다. 하지만 최근의 변화는 노동운동의 결과 1980년대 말 이후 상승한 노동자의 지위를 다시 추락시킴과 아울러 사회 전반의 민영화를 추진하며 자본에 대해 국가가 누리던 주도권을 제거하고 있다. 민영화는 국가가 장악해온 공적 부문의 축소와 함께 사회적 공공성의 약화를 말하며, 교육부문에서 이것은 교육의 영리화, 학생의 소비자화, 대학의 기업화, 학문의 상품화 등으로 나타난다.

이런 현상은 물론 교육의 공공성 약화를 가리킨다. 학교위기란 이에 대한 학생인구의 거부 및 저항과 연결되어 있으며, 오늘의 지배적인 학생 및 청소년의 모습도 이런 조건에서 형성되고 있다. 청소년·학생의 삶은 지금 취업준비(대학생), 입시교육을 위한 학습노동(초중등학생)에 매진하지 않으면 소비지향적 대중문화에 철저히 매몰된 형국이다. 이들 역시 노동으로부터 자유롭지 못하다는 말인데, 이 결과 자신의 자아를 실현하는 창의적인 삶, 자유시간에서 나오는 삶의 여유, 자율적인 인생 설계는 꿈도 꿀 수가 없다.

문화사회

이런 청소년·학생의 모습과는 다른 상을 구성하려면 어떤 사회적 노력이 필요하며, 어떤 상상을 해야 할까? 교육이 자본주의 생산조건의 재생산에만 바쳐지지 않고 학생의 삶이 학습노동에 얽매이지 않는 길은 어디 있을까? 노동사회와는 다른 삶을 허용하는 사회, 자본주의와는 다른 사회적 법칙이 작동하는 사회를 상상하고 그런 사회를 실현해야 한다고 본다. 나는 자본주의도 아니고 노동사회도 아닌 이런 사회를 '문화사회'라고 불러왔다.5)

내가 생각하는 문화사회는 아직 도래한 것은 아니지만 장시간 노동 때문에 가처분 시간이 턱없이 부족한 노동사회와는 달리 노동에서 해방된 자유시간의 구성비율이 높아서 사람들이 노동 이외의 자율적 활동을 충분히 할 수 있는 사회다. "가처분 시간의 길이가 길어지면 비노동시간은 노동시간의 또 다른 면과 다른 어떤 것이 될 수 있다. 즉 휴식, 기분전환, 피로회복을 위한 시간, 혹은 노동생활에 대해 부차적이고 보완적인 활동들을 위한 시간과 다르며, 타자에 의해 결정되는 강제적인 임금노역의 다른 면일 뿐인 게으름이나 단조로움 때문에 마비적이고 소모적인 일의 짝패라 할 오락과 다른 어떤 것이 될 수 있다." 이런 사회는 "우리가 삶을 영위하며 사용하는 시간을 조직하는 방식이 더 이상 일하며 쓰는 시간에 의해 규정받을 필요가 없는 사회, 오히려 노동이 개인의 인생설계에 종속적 위치를 차지하게 될 수밖에 없는 사회"다.6)

문화사회를 건설하려면 어떻게 해야 할까? 우선 '노동으로부터의 해방'이 필요하다. 정식화하면, '임금노동이 지배하는 노동사회에서 자유시간

---

5) '문화사회' 개념은 필자가 참여하고 있는 『문화과학』과 〈문화연대〉에서 강조하고 있는 비자본주의적 사회의 이념이다. 이에 대해서는 강내희, 『신자유주의와 문화—노동사회에서 문화사회로』, 문화과학사, 2000; 심광현 외, 『문화사회를 위하여』, 문화과학사, 1999 참고.

6) André Gorz, *Critique of Economic Reason*, tr. Gillian Handyside and Chris Turner (London: Verso, 1989), p. 93.

이 넘쳐나는 문화사회로 전환'하는 것이 필요하다. 대량 실직과 비정규직 증가, 즉 불안정 노동을 해결하려면 노동시간을 획기적으로 단축해야 하며, 이를 바탕으로 문화사회를 구성하려면 새로운 삶의 조건과 주체형성의 길을 조직해야 한다. 노동시간을 단축하게 되면 더 많은 사람들이 일자리에서 쫓겨나지 않고 노동을 할 수도 있겠지만 무엇보다 자유시간이 연장된다. 이 경우 장시간 노동이 지배하는 삶의 패턴(과로사, 지루한 삶의 반복, 자투리 휴식시간 등)을 바꿀 수 있다. 자유시간이 늘어나면 인간적 삶의 구현이 가능해진다. 노동시간을 연 1,000시간 혹은 그 이하로 단축할 것을 제안한 고르는 다음과 같이 말하고 있다. "1년에 1천 시간은 예컨대 이틀 반으로 나눈 주당 20시간으로, 혹은 매월 10일로, 혹은 매년 25주로, 혹은 2년에 10개월로 나눠질 수 있을 것이다."[7] 자유시간이 충분히 보장될 경우 우리는 연대와 호혜의 삶, 우리의 꿈과 희망, 욕망, 그리고 자아를 실현할 수 있는 중요한 조건을 확보하게 된다.

이런 꿈을 백일몽이라고 할 사람이 더 많을 것이다. 언제 경제위기가 닥칠지도 모르는데 주 20시간 노동이 무슨 홍두깨냐며, 깡통 차지 않으려면 불철주야 일을 열심히 해야 한다고 할 사람이 더 많을 것이다. 그러나 불안정노동이 늘고 있다는 사실 자체가 노동시간을 획기적으로 줄여야 하는 이유다. 비정규직이 늘어나는 것은 사회적으로 필요한 노동시간이 그만큼 줄었다는 말이다. 기술혁명과 생산자동화로 노동시간을 단축할 수 있는 조건은 이미 마련되어 있다. 그런데도 노동사회가 강화되는 것은 프롤레타리아가 계급투쟁에서 패배한 결과다. 노동자계급은 지금 일자리가 있는 사람들과 일자리를 부분적으로나 전면적으로 잃은 사람들로 분할되어 노동 대 노동의 경쟁과 갈등으로 내몰리고 있다. 노동사회가 강제하는 이런 악순환에서 어떻게 벗어날 수 있을까? 문화사회 건설을 위한 노력이 필요하다. 여기에는 노동시간의 단축과 일자리의 공유만이 아니라

---

7) Ibid., p. 234.

자유시간을 위한 새로운 삶 형태의 기획도 포함되어야 한다. 예컨대 소비노동으로부터의 해방이 그것이다. 가라타니 코진의 최근 저서(*Trans-critique*)에 따르면 이런 노력은 맑스가 말한 코뮌주의에 해당한다. 맑스는 코뮌주의를 현실의 지배적 삶의 구조, 사회체제를 지양하기 위한 운동으로 파악했다. 자본주의 노동사회는 기본적으로 잉여가치의 창출에 의해 작동되며, 이는 노동을 매개로 이루어진다. 이 노동은 생산에만 국한되지 않고 소비영역에까지 확장되어 있기 때문에 코뮌주의 혹은 문화사회의 건설 여부는 기본적으로 노동거부가 얼마만큼 실현되었느냐에, 즉 임금을 받는 생산노동과 임금을 쓰는 소비노동으로부터 우리가 얼마나 해방되었느냐에 달려 있다.

문화사회 건설의 조건은 무엇일까? 세 가지가 핵심적이라고 본다. 첫째 계급투쟁의 승리에 의한 노동시간의 단축과 자유시간의 확대, 둘째, 사회적 공공성의 구축, 셋째 새로운 인간 형성이 그것이다. 충분한 자유시간을 확보하려면 노동시간 단축이 필수이지만 자본과의 투쟁에서 노동의 승리가 없으면 그 단축은 불가능하다. 현재 주5일제근무를 도입하려는 과정에서 실질 노동시간 축소가 제대로 이루어지지 않는 것은 신자유주의 정세 속에서 자본의 지배가 관철되고 있기 때문이다. 노동시간이 단축되더라도 임금이나 소득이 줄어들면 의미가 그만큼 감소한다. 예상되는 임금이나 소득의 감소를 막기 위해, 그리고 개인의 경제적 능력과는 별도로 인간적 삶을 영위할 수 있도록 하기 위해서는 각종 복지를 포함한 사회적 공공성이라는 기반이 필요하다. 사회복지가 사라진 곳에서 실업자나 비정규직에게 주어진 '자유시간'은 해방보다는 질곡의 시간밖에 되지 않을 것이기 때문이다. 마지막으로, 새로운 인간형성 기획이 필요하다. 자유시간이 넘친다고 해도 그 시간을 활용할 수 있는 능력을 개인과 집단이 갖지 못하면 창조성이나 활기가 없는 삶이 지배할 공산이 크다. 사회의 성격이 바뀌면 새로운 사회적 능력들이 필요하며, 이는 새로운 인간형태가 출현할 때 가능하다.

사회적 공공성

이런 논의는 한국의 교육문제, 학생 및 청소년 문제와 무슨 관련이 있을까? 나는 위의 관점과 분석을 취할 경우 교육개혁의 새로운 길을 열 수 있고, 아울러 우리 사회의 변혁에 새로운 동력을 확보할 수 있다고 본다. 노동시간의 단축은 학생인구에게는 학습노동시간의 단축으로, 사회적 공공성 확보는 교육의 공공성 강화로, 그리고 새로운 인간 형성 기획은 교육내용의 재조직으로 이해될 수 있기 때문이다. 이미 노동(시간)과 교육의 관계에 대해서는 위에서 산발적으로나마 언급했으니 이제는 사회적 공공성과 새로운 인간형성의 문제를 교육의 관점에서 생각해 보자.

사회적 공공성의 구축은 의식주라는 인간의 기본 욕구를 사회가 최소한은 보장하는 것을 의미하지만 아울러 인간의 행동과 활동의 경험적 조건이라 할 시간과 공간을 사회적 존재로서의 인간에게 적합한 형태로 가꾸려는 노력이기도 하다. 이런 점에서 사회적 공공성 구축은 현재 자본주의 노동사회의 관점에서 편성되어 있는 시공간을 새로이 조직하는 과제로 이해하고 싶다. '공간'은 이때 주택의 소유, 공공건물의 건축, 도시형태의 결정과 관련된 문제일 뿐만 아니라 인간의 신체를 배치하는 문제로까지 파악되어야 하고, '시간' 역시 신체리듬과 삶의 활기 배분 문제로 이해될 필요가 있다. 동회, 문화의 집, 박물관, 영화관 등을 짓는 것 자체로 공간의 문제는 끝나지 않는다. 거기서 생체권력이 어떤 방식으로 펼쳐지느냐가 계속 문제가 되기 때문이다. 학교건물을 짓는 것만으로 공간적 공공성이 확보된다고 할 수는 없다. 건물이 주변 환경과 어떻게 조화하는가, 그곳으로의 접근 경로는 어떻게 설정되어 있는가, 학교에 담장이 있는가 없는가, 교실에서 책걸상은 어떻게 배열되어 있는가, 교사와 학생의 시선 설정은 위계적인가 아닌가 등이 계속 문제가 될 것이기 때문이다. 같은 관점에서 도시설계에서 도로가 보행자 중심인가 차량 중심인가, 공공도서관이나 미술관의 위치가 이용자가 접근하기 좋게 설정되어 있는가, 공공건물에 계단만 있어서 장애인의 이동권을 막고 있는가 하는 것도 공간의 문제가 된다. 공간의 새로운 조직은 이런 점에서 공적인 공간의 단순한 확보만이 아니라 확보된 공간을 우리의 신체와 새롭게 관계 맺게 하는 일이 될 것이다. 관공서를 차도에서 멀리 물러선 자세로 짓는 관행은 권력자가 큰 집무실 안쪽에 자신의 책상을 놓고 하급자가 문에서 들어올 때 주눅들게 하는 것과 관련이 있다. 새로운 공간 조직은 이런 점까지도 고려하여 이루어져야 한다.

다른 한편 시간의 문제는 단순히 하루에 노동은 몇 시간을 하고 공부는 몇 시간 하는가의 문제만은 아니다. 등교는 몇 시에 하고 하교는 몇 시에 하는가의 문제만도 아니다. 그것은 내가 사용하는 24시간을 자율적으로 할 수 있는가, 인생설계를 내가 원하는 방식으로 할 수 있어서 제2의 인생, 제3의 인생을 살 수 있는가의 문제이기도 하다. 단 한번 사는 인생을 자율적으로 조직하는가, 아니면 임금노동시간에 의해 강제되어 타율적으로 조직하는가의 문제인 것이다. 나아가 우리가 일상을 조직하는 것도 시간을 조직하는 문제다. 24시간 편의점이 있는 것은 한편으로 보면 편리하지만, 다른 한편에서 보면 노동의 강도가 지나치게 강화되었다는 징후이기도 하고, 더 나아가서 우리가 하나뿐인 지구를 혹사시키고 있다는 말이기도 하다. 24시간 소비를 하는 것은 과잉생산을 전제로 하고, 이는 다시 생태파괴를 통해 이루어지기 십상이기 때문이다. 이런 점에서 시간의 새로운 조직은 현재 우리가 지배당하고 있는 삶의 패턴을 바꾸는 것이며, 바로 그런 점 때문에 심원한 변혁의 차원을 지닌다. 가령 축제를 새로운 시간의 차원에서 생각해보자. 축제는 일상과는 다른 이차원(異次元)의 세계이며, 바로 그런 점 때문에 미하일 바흐친이 말한 다성성(多聲性), 즉 다양한 목소리의 혼효(混淆)가 가능한 세계다. 서울과 같은 대도시의 밤이 불야성을 이루는 데서 보듯이 이 축제를 일상 속에 편입시키는 것은 소비문화가 가장 잘하는 일이지만 축제를 오늘의 일상과는 다른 형태로 조직할 경우 그것은 새로운 시공간을 확보하는 일이기도 하다. 축제는 일상의 시간에서 벗어나는 특이한 시간대, 틀에 박힌 삶과는 차원이 다른 삶의 시간을 여는 시간이기 때문이다.

다른 한편에서 보면 시공간의 조직은 인간활동의 조직이기도 하다. 일상의 조직을 들여다보면 시간과 공간의 관계 설정이라는 차원이 있다. 오늘 대도시 생활에서 교외는 거의 필수적인 공간 배치의 조건이자 환경으로 설정되어 있는데, 이것은 지하철, 개인승용차와 같은 교통수단을 전제하면서 동시에 출퇴근 시간이라는 특정한 시간대를 만들어낸다. 이 시간대는 과거 전통적인 삶에서는 따로 설정할 필요가 없었지만 대다수의 사람들이 임금노동을 하는 지금은 일상의 필수적인 부분이 되어버렸다. 레저생활도 마찬가지다. 레저활동은 관광산업과 자동차 산업의 일부가 되면서 한편으로는 사람들의 생활근거지에서 관광지나 휴가지로의 이동을, 다른 한편으로는 이 이동에 걸리는 시간 소요를 포함한다. 이 결과 놀러 다니는 것과 노동하는 것은 둘 다 힘들기는 마찬가지이지만 하나는 돈을 벌기 위해 힘을 들이지만 다른 하나는 돈을 쓰느라 힘을 들이는 차이가 있을 뿐이라는 농담이 설득력을 갖게 되었다. 현재 우리 삶을 지배하는 이런 시공간적 조건에서 벗어나기 위해서는 새로운 접근이 필요하며, 이때 꼭 지켜야 할 원칙은 사회적 공공성이다. 거리, 공원, 박물관, 도서관, 학교 등의 공공시설의 배치를 시간과 공간의 관계설정으로 이해하는 것은 기본이지만, 강조하고 싶은 것은 이 문제가 우리의 신체, 활동, 활기, 생명력을 배치하는 일이라는 것이다. 이 생명의 배치를 우리는 어떻게 하고 있으며, 생명력을 강화하기 위해 어떤 노력을 하고 있는가?

사회적 공공성을 생명력의 관점에서 이해할 때 다시 강조해야 할 것은 인간의 역능이라고 본다. 역능은 인간의 생명력이 표출하는 힘이며, 동시에 인간이 서로 공유하는 물적 기반이면서 동시에 이 기반을 토대로 개인들이 각기 다양한 형태로 개체적 발전을 해나가는 원동력이다. 나는 이런 생각에서 사회적 공공성은 개인들의 자아 발전을 위한 기본 조건, 사회적 존재인 인간만이 지구상에서 안정적으로 구축할 수 있는 것이라고 본다. 이 공공성은 인간의 생명력과 역능을 지키고 발전시키기 위한 시공간의 형태를 띠며 나타난다. 먹고, 마시고, 자고, 입고, 병 고치고, 나아가서 개인과 집단의 능력 계발을 위해 지원하는 각종 사회보장과 복지는 일상에서 이루어져야 하는데, 이 일상은 우리가 구체적으로 살아가는 형태라는 점에서 시간과 공간의 조건에서 구성된다. 일상의 재조직은 결국 시공간의 재조직이며, 이를 위해서는 노동사회적 삶의 조건과는 구분되는 방향으로 새로운 조직 원칙을 가동할 필요가 있으며, 여기서 문화사회 건설이 요청된다고 하겠다.

문화사회가 건설되려면 사회적 공공성만이 아니라 새로운 인간 형성도 필요하다. 일상에서 활동하는 우리가 새로운 인간형태로 태어나야 하는 것인데, 바로 여기서 교육의 중요성이 나온다. 교육은 지금까지 말한 사회적 공공성의 중요한 한 축이기도 하지만 새로운 인간 형성과 관련해서 볼 경우 그 중요성을 더 잘 이해할 수 있다.

문화교육

다시 말해, 교육은 문화사회를 구성할 새로운 인간 형성을 위한 사회적 공공성 확보의 가장 중요한 사회적 제도다. 하지만 위에서 언급한 대로 이 교육은 계급투쟁의 현장이기도 하기 때문에 현재 한국교육 현실은 새로운 인간 형성의 디딤돌이 아니라 걸림돌이 되어 있다. 이 문제를 해결하려면 물론 계급투쟁의 전개 속에서 노동자계급이 승리해야 하는데, 이 투쟁의 전개를 교육 외부에서만 찾을 일은 결코 아니다. 교육 자체가 계급투쟁의 현장이라면 교육현장에서의 투쟁은 필수적이다. 여기서 강조하고 싶은 것은 이 투쟁을 하는 지점을 좀더 근본적인 데서 찾아야 한다는 것, 즉 인간의 역능을 구성하는 바로 그 자리를 찾아야 한다는 것이다. 나는 이 자리는 교육의 내용이 결정되는 교과과정, 교육과정이라고 본다. 현재 이 교육과정을 장악하고 있는 세력은 교육지배세력으로서 국가와 자본이며, 대학에서 기초학문분야가 홀대받고, 중고등학교에서 입시 중심의 교육이 일어나는 것도 그 때문이다. 중등교육의 내용을 보면 기본적으로 지식교육, 인성교육, 예능교육 등으로 구성되어 있지만 지식교육이 중심이 되고 있는 것은 그래야만 국가와 자본이 인구를 통제하기 쉽게 학생들을 평가할 수 있기 때문이다. 이 결과 학생인구는 지금 교육을 통해 자신의 역능, 꿈, 희망을 키우기보다는 평가를 받기 위해 학교생활을 하는 꼴이 되었다. 학생들은 자율적인 인간으로, 자신의 활동을 스스로 기획하고 자유시간을 인간다운 삶으로 채울 수 있는 사람으로 크기보다는 노동사회가 설치해놓은 사다리의 좁은 칸에 갇히도록 강요받고 있는 것이다.

중등교육에서 새로운 인간형성을 위해서는 교육과정의 지식교육, 인성교육, 예능교육의 관계를 새롭게 조직해야 한다고 본다. 지식교육이 중심이 된 현재의 교육방식은 지양해야 하겠는데, 그렇다고 지식교육을 배제해서는 물론 안 된다. 김대중정권이 강조하는 '지식기반사회' 같은 용어는 기만적인 부분이 없지 않지만 '지식'은 인간적 삶을 위해 필수적이며, 지식생산은 교육분야가 그 책임을 주로 맡아야 할 사회의 중요한 기능 가운데 하나다. 하지만 지식교육이 지금처럼 학생능력 평가의 기본 잣대가 되어 있는 것은 잘못이며, 인구의 기형적 발전과 배치의 중요한 원인이다. 교육과정을 새로운 관점에서 개혁할 필요가 있다.

필자가 속한 문화연대는 교육과정을 문화교육 중심으로 새롭게 통합하자는 제안을 내놓고 있다. 여기서 문화교육은 예능교육과 많은 부분에서 연관이 있기는 하지만 그것으로 환원되지는 않는, 오히려 지식교육, 인성교육, 예능교육을 가로지르면서 세 분야를 통합하는 원칙에 해당한다. 칸트는 인간에게 순수이성, 실천이성 판단력의 세 가지 능력이 있다고 보고, 이 세 능력을 판단력이 서로 연결한다고 했다. 여기서 말하는 문화교육이 판단력과 비슷하다. 판단력은 칸트에 따르면 미학적 영역에서 발휘되는 능력인데, 그는 순수이론 영역과 정치적, 현실적 영역이 서로 분리되는 것을 판단력이 종합하는 역할을 한다고 보았다. 문화교육은 기본적으로 그 자원을 예능교육에서 찾지만 예능교육에 국한되지 않고 여기서는 지식교육과 인성교육을 연결하고 통합하는 것으로 설정된다. 왜 문화교육인가? 그것은 이 분야에서 칸트가 말하는 판단력이 기본적으로 작동하기 때문이다. 1+1=2라는 수학적 명제와 도덕적 판단은 서로 연결될 수 있는 통로가 없다. 과학의 세계와 정치의 세계는 별도의 다른 세계로 보인다. 미학적 판단력은 이런 세계들을 부족하나마 엮어내는 역할을 하는데, 문화교육 영역의 기본 역시 미학적 세계이기 때문에 지식교육과 인성교육, 예능교육을 서로 묶는 기능을 할 것으로 기대하는 것이다.

문화교육을 현재 학교교육의 교육과정을 통합하는 원칙으로 삼는 것은 단순히 기술적인 문제가 아니라 교육의 목표에 일대 변혁을 초래하는 것이라고 할 수 있다. 그것은 기본적으로 입시교육에 대한 저항의 태도를 담고 있으며, 교육을 통해 양성하고자 하는 인간들의 모습을 바꾸자는 제안이기 때문이다. 문화교육은 학생들이 인간 주체로서 자율성을 되찾아야 한다는 발상을 담고 있으며, 지식교육이든 인성교육이든 예능교육이든 노동사회로 편입하기 위해 받고 있는 교육은 문화사회의 건설을 위해 개인들의 능력을 계발하려는 목표를 가지고 있다. 이런 점에서 문화교육은 기본적으로 교과영역이 아니다. 물론 문화교육의 하위 영역들을 상정할 수는 있을 것이다. 예를 들어 시각문화, 소리문화, 연행문화, 언어문화, 매체문화 등이 그런 경우이고, 이들 영역의 특수성에 따라서 예컨대 매체문화의 경우 오늘 그것의 지배적인 형태가 영상이라는 점을 감안하여 영상매체문화라는 특수한 영역을 설정할 수는 있다. 하지만 그렇다고 이들 영역을 기존의 교과영역을 대체하는 새로운 영역으로 생각할 필요는 없다. 문화교육은 영역 개념을 뛰어넘는 교육의 태도, 원칙, 그리고 방법의 개념으로 이해할 필요가 있기 때문이다. 설령 몇 개 영역을 설정한다고 하더라도 그것들을 횡단하며 거기서 일어나는 교육을 지휘하는 것은 기본적으로 매체(인간의 신체든, 문자든, 영상이든, 아니면 하이퍼텍스트 같은 첨단 매체든)를 가지고 삶을 만들어내고 표현하려는 인간의 생명력, 활기, 역능이다. 이 능력은 구상과 실행을 동시에 해내는 능력으로서 영역에 국한되는 것이 아니라 영역들을 관통하는 능력이다. 개인들은 이런 능력을 언제 잘 계발하고 발휘할 수 있을까? 그런 능력의 계발과 발휘를 자기결정권을 가지고 할 수 있을 때, 즉 교육을 자율적으로 하는 자기-교육의 기회를 가질 때일 것이다. 이렇게 진행되는 문화교육은 따라서 전교조가 창립 때부터 주창해온 인간화교육, 참교육과 크게 다르지 않다. 하지만 필자나 문화연대가 이 표현을 사용하는 것은 '참교육'은 설명을 듣지 않으면 쉽게 그 내용을 짐작할 수 없는 데 반해서 '문화교육'은 피상적이나마 미학적 영역과의 연계로 인해 그 내용 짐작이 가능하고, 나아가서 위에서 언급한 '문화사회'와 쉽게 연결될 수 있기 때문이다.

결어

문화교육의 목적 가운데 하나는 청소년 학생의 삶을 노동사회의 속박에서 해방시키자는 것이다. 오늘 젊은이들은 자신의 꿈을 실현하기 위해 상급학교에 진학하거나 취직을 하는 대신 취직을 하기 위해, 상급학교에 가기 위해 꿈을 접어야 한다. 이것은 우리 사회가 인구 다수에게 노동의 명령을 강요하기 때문에 일어나는 일이다. 이 명령체계에서 벗어나려면 계급투쟁이 필수적이지만 동시에 새로운 삶에 대한 꿈이 강렬해야 한다. 학습노동을 강화하는 현재의 교육상황에서 이 꿈은 여지없이 깨지고 있고, 학생과 청소년은 학교제도가 이런 꿈을 깨는 것을 간파하고 교육을 거부하려 한다. 하지만 학생들의 이런 거부를 이해할 필요는 있지만 교육의 거부를 당연한 것으로 받아들이는 것은 곤란하다. 최근 학교제도의 문제가 불거지면서 대안교육을 추구하는 노력도 있지만, 이 노력은 현재 한국교육에 대한 불만의 표현임을 이해하면서도 훌륭한 대안이라는 생각은 들지 않는다. 문제의 핵심은 공교육이고, 공교육의 내용이다. 신자유주의 정세 속에서 민영화가 진행되고, 자립형 사립고 설립이 교육부에 의해 권장되고 있는 가운데 나오는 대안학교 개념은 신자유주의 노선과 타협하는 측면이 강하다. 나는 그래서 전교조가 추진하는 공교육의 정상화가 올바른 길이라고 보는데, 여기서는 이 정상화의 길로 문화교육을 제안한 셈이다.

문화교육을 통합교육의 기본 원칙으로 수용하려면 교육개혁이 필요하고, 이는 기본적으로 국가와 자본에 대한 싸움으로 진행될 가능성이 크다. 어쩌면 자본은 문화교육을 수용할지 모른다. 1960년대 서구의 반문화운동을 체제내화한 것을 보더라도 자본은 창조성과 생산성이 높은 인력을 탐낼 가능성이 크다. 하지만 기본적으로 자본은 노동력의 창조성을 빨아먹는 존재다. 자본은 노동자의 살아있는 노동력이 만들어내는 가치를 노동자로부터 전유함으로써 존재하기 때문이다. 국가의 경우, 특히 교육 관료의 경우 문화교육을 거부할 가능성이 거의 확실하다. 국가는 인구의 통제를 위해 존재하는데, 자율성을 강조하는 문화교육의 도전을 순순히 받아들일 리 만무한 것이다. 하지만 바로 이런 이유 때문에 국가에 대해서는 개입을 끊임없이 시도해야 하고 국가의 성격을 바꾸는 노력이 필요하다. 이런 노력은 전교조나 문화연대와 같은 사회운동 영역이 해야 할 몫이다. 문화사회라는 이념과 문화교육이라는 새로운 교육모델은 사회적 공공성을 확대하려 하면서 좀더 구체적으로 청소년·학생 대중의 욕망, 꿈, 표현욕구, 즉 생명력을 강화하려는 입장을 제출하기 때문에 그들의 지지를 받을 수 있지 않을까 싶다. 이들 청소년·학생을 교육하는 선생님들이 결성한 전교조가 문화교육을 교육개혁의 일환으로 수용하고 실천할 경우 그 파급력, 영향력은 엄청날 것이다. 문화연대는 공교육의 통합교육 모델로서 문화교육이 수용될 경우 문화사회 건설이 앞당겨질 것이라 믿기 때문에 전교조 선생님들이 문화교육을 실천할 경우 적극 연

대할 태세가 되어 있다. 전교조와 문화연대, 나아가서 청소년·학생을
포함한 다른 교육 관련 사회운동 주체들이 함께 연대할 길을 마련할 필요
가 있다. 신자유주의 정세를 종식시키고 학습노동의 명령을 받아 주눅들
었거나 아니면 교육을 거부하여 소비노동으로 빠져든 모습이 아니라 문
화교육을 통해 자신의 꿈을 실현해 가는 청소년·학생의 모습을 하루 빨
리 보고 싶다.

07

문화교육과 대학의 학문제도[*]

서언

문화개혁을위한시민연대(이하 문화연대)는 2002년 12월 6일 산하에 '문화교육위원회'를 발족시킨 바 있다. 문화연대가 이 위원회를 출범시킨 것은 문화교육 운동을 본격적으로 벌임으로써 궁극적으로는 공교육을 바로 세우기 위함이다. 공교육의 붕괴가 오늘날 얼마나 중대한 사회문제를 야기하고 있는지는 여기서 새삼스럽게 설명할 필요가 없을 것이다. 하지만 문화연대가 공교육을 바로잡는 데 문화교육 운동이 꼭 필요하다고 보는 것은 이것이야말로 공교육을 내부에서 개혁할 수 있는, 다시 말해서 공교육 자체의 모습을 바꿔낼 수 있는 가장 올바른 교육학적 전략이라고 믿기 때문이다.

문화연대는 문화교육 운동을 벌이는 과정에서 전국교직원노조(전교조)

---

[*] 2002년 1월 9-11일에 열린 전국교직원노조 제2회 전국참교육실천보고대회에서 발표한 글이다.

와 긴밀한 연대를 추구해왔다. 공교육을 내부에서 개혁하려는 목적에서 볼 때 초·중등 학교에서 공교육 정상화와 개혁을 추진하는 교육노동운동과의 연대는 매우 절실하다. 하지만 전교조가 주최하는 제2회 참교육 실천대회에 참석하여 발언할 수 있는 기회를 빌어 오늘 나는 교사 여러분이 문화교육 운동에 핵심적인 역할을 맡고 있음을 미리 전제함으로써 문화교육과 관련된 또 다른 중요한 현장인 대학의 문제를 살펴보고자 한다. 대학은 통상 고학력 인구의 역능을 계발한다는 자기의식을 가지고 있다. 하지만 과연 그럴까? 이 대학은 문화교육과 어떤 관련을 맺고, 어떤 문제를 안고 있으며, 앞으로 어떤 변화가 필요할까?

대학은 지식생산의 두 핵심 측면인 연구와 교육 활동을 체계화하여 관장하는 매우 중요한 사회적 장치다. 최근 문화교육의 필요성이 제기된 것은 한국사회의 공교육이 맞고 있는 심각한 위기를 그냥 방치할 수 없다는 문제의식에서 비롯되었지만, 위기로 치자면 대학교육, 대학의 지식 및 역능 생산이라고 예외는 아니다. 대학은 초·중등 교육의 모델이 되기는커녕 지금 신자유주의라는 폭풍 속에서 자신의 몸도 가누지 못할 정도로 위태로운 지경에 빠져 있다. 문화교육의 견지에서도 대학의 문제는 심각하다. 전교조 조합원들이 모인 이 자리를 빌어 대학의 문제, 특히 대학에서 운영하는 학문제도의 문제를 살펴봄으로써 문화교육 운동이 지향하는 공교육 개혁이라는 목적을 달성하기 위해서는 교사 여러분이 초·중등 교육과정의 개혁만이 아니라 고등교육의 개혁에도 영향력을 미쳐야 한다는 점을 환기하고 싶다.

대학의 학문제도와 문화교육

문화교육을 위해 대학에서 꼭 이뤄야 할 것은 학문제도의 개혁이라고 본다. 이것은 문화교육 운동이 기본적으로 교과과정 개혁을 지향한다는 사실과 관련이 있다. 문화연대가 이 운동을 시작했을 때 '전국교사모임'과 먼저 연대를 모색하기 시작한 것은 우연이 아니다. 인적 구성은 대부분 전교조와 겹치지만 전교조 활동과는 별도로 교과목 연구에 관심을 가진 교사들이 모인 '전국교사모임'을 문화연대가 중시한 것은 교육운동이 궁극적으로 교육내용의 개혁으로 이어져야 하고, 교과과정의 개혁을 통해서만 이 운동을 제대로 실천할 수 있다고 본 때문이다. 나는 문화교육 운동을 교과과정 개혁 운동으로 분명히 규정할 때 대학이 문화교육 운동에서 차지하는 역할을 좀더 분명하게 파악할 수 있다고 생각한다. 교과과정은 교육의 내용을 이루며, 학생은 이 내용의 인지, 체험, 습득, 활용, 실천 등을 통해 새로운 주체로 탄생하고 성장한다. 지금까지 국가가 7차에 걸친 교육과정 개발을 통해, 그리고 교과서 선정 과정을 통해 교과과정을 장악해온 것도 그것이 학생의 주체화 과정에서 핵심적임을 파악했기 때문일 것이다. 국가에 의한, 그리고 국가가 지지하는 지배세력에 의한 교육 지배를 저지하기 위한 전교조 운동도 궁극적으로는 이 교과과정에 개입함으로써 학생대중의 주체형성 과정에 영향을 미치기 위함이라 할 수 있다. 민족교육, 인간화교육 등 전교조가 이념으로 내건 '참교육'을 실현하려면 교과과정에 개입하는 것이 필수다. 문화교육, 나아가서 대학이 이 과정에서 중요한 것은 전자의 경우 초·중등교육에서 실시되는 교과과정의 내용과 방향을 설정해줄 수 있고, 후자의 경우 문화교육을 실천하게 될 전교조 교사들을 양성하는 역할을 하기 때문이다.

대학은 두 가지 기능을 집중적으로 수행한다. 첫째 대학은 교육을 위한 기관으로서 고학력 노동자를 양성하는 이데올로기국가장치(ISA)다. 2002년 현재 고등학교 출신의 대학진학률이 74.2%임을 감안하면 오늘날 노동자 대부분은 대학교육을 통해 노동력으로 양성된다고 할 수 있으며, 이 점은 전교조에 가입했건 아니 했건 간에 교육노동자로서 학교현장에 있는 교사 모두에게 해당된다 하겠다. 문화교육 현장에서 초·중등 학생들을 가르칠 교육노동자를 양성하는 대학이 문화교육 운동에 큰 역할을 할 것은 자명하다. 둘째, 대학은 사회의 연구기능을 가장 체계적이고 종합적으로 수행하는 제도다. 물론 연구소와 같이 연구를 주목적으로 하는 사회기관들이 있는 것은 사실이지만 적어도 한국에서는 대학이 더 중요한 연구기관임을 부인하기는 어렵다. 이 맥락에서 대학은 지식생산을 위한, 특히 학문제도를 관장하는 사회적 장치라는 사실에 주목할 필요가 있다. 대학이 오늘날 거의 모든 사회의 연구기능과 교육기능을 담당하는 가장 중요한 제도로 부상한 것은 전통적으로 학문제도를 장악해서 운영해왔기 때문이다. 학문제도는 대학이 연구와 교육을 수행하는 제도적 틀이다. '학과'라는 틀이 단적인 예인데, 대학에서 학과는 사회학, 경제학, 수학, 인류학, 철학 등 학문의 이름을 내걸면서 연구와 교육은 물론이고 행정까지 수행하는 단위로 작용한다. 이런 제도는 학문들을 분류하고, 개별 학문들의 성격을 지정하고, 이들이 지식을 생산하는 방식을 통제하는 역할을 수행하고, 학문간의 경쟁을 유발하기도 하며, 지식생산 개혁에 걸림돌이 되거나 촉매제가 되기도 한다.

대학이 연구와 교육을 이처럼 학문제도에 근거하여 학과로 제도화하는 데에는 지식에 대한 특정한 가치 판단, 특히 학문을 특권적인 지식 형태로 간주하는 전제가 작용한다. 모든 지식이 학문으로 간주되는 것은 아니다. 지식이 학문이나 학식 이외에 견문, 기술, 상식, 잡학 등 다양한 형태의 앎까지도 포괄한다면, 학문은 지식 가운데서도 좀더 체계적이거나 선별된 것, '학식'처럼 배워서 알게 된 것, 배울 만한 가치가 있고 배워야 하는 것, 그래서 '가치 있는 지식'으로 제시된다. 사실 힘써 배워야만 획득할 수 있기로는 견문, 기술, 상식, 잡학도 마찬가지겠지만, 그래도 학문을 높여 생각하는 경향이 있는 것은 부정하기 어렵다.

물론 이것은 대학이 지식을 관리한 결과다. 대학은 아무 지식에나 정당성과 권위를 부여하지 않는다. 이 사회적 장치가 스스로 부과한 사명 가운데 하나는 지식을 가치 있는 것과 없는 것으로 나누고, 특정한 지식들을 정당화하고 합리화함으로써 공식 지식의 자격과 권위를 부여하는 일이다. 대학은 따라서 지식생산의 가장 중요한 사회장치이며, 개별 지식이 사회로부터 인준을 받으려면 무엇보다도 먼저 대학에 진출할 수 있어야 한다. 대학에 진출한 지식은 정당성과 신분보장을 받는 대신 '희생'을 치르기도 한다. 합법적 지식의 지위를 갖기 위해 지배적 질서와 타협해야 하거나, 적어도 그 질서와 공존할 수 있는 방도를 제시해야 하는 것이다.[1] '학문'이라는 명칭은 이런 평가 과정에서 합격한 지식에게만 주어지며, 오늘날 대학은 이 학문을 제도화하여 관리한다. 연구소와 같은 다른 공인된 학문관리 제도가 없는 것은 아니지만 대학이 더 중요한 것은 사회적 지식 및 역능 생산의 두 축을 이루는 연구와 교육을 동시에 수행할 수 있기 때문이다.

문화교육과 관련하여 대학이 학문제도의 관리자라는 사실은 어떤 의미가 있는 것일까? 이 맥락에서 대학이 사회적으로 통용되는 '문화'의 개념을 관리하는 장치이기도 하다는 점을 짚고 넘어가야겠다. 대학은 지식의 공식 관리자로서 그것이 학문인지 아닌지 규정하는 권위를 가지고 있기 때문에, 문화에 대해서도 학문에 걸맞은 형태와 그렇지 않은 형태로 구분하고 앞의 것에만 '인문교양'과 같이 가치있는 문화의 자격을 부여하는 경향이 있다. 근래에 약간의 변화가 있는 것은 사실이지만 아직도 국내 대학에서는 주로 근대적 예술이나 인문교양만이 '문화'로 인정된다는 사실이 단적인 증거다.[2] 다른 한편 대학에서 문화는 '학문화'(學問化) 과정을 겪기도 한다. 문학 관련 학과를 인문대학에 두는 것

---

1) 들뢰즈는 대학교수를 국가교수라고 불렀다. 그에게 국가는 지배체제이며, 교수가 국가교수인 것은 대부분 교수들은 이 지배체제를 유지하기 위한 지식을 만들어낸다고 봤기 때문이다. 루이 알튀세르가 그의 ISA 논문에서 지적하듯 학생들을 '주체'로 재생산하는 학교교육에서도 혁명적 교사가 없지 않듯이 대학 교원 가운데서도 예외가 없는 것은 아니다. 하지만 적어도 현재의 상황에서 볼 때 이들은 국가장치에 맞선 외로운 '전쟁기계들'이다.
2) 최근의 변화는 문화와 국가의 관계 재조정에 따라서 시장논리가 문화를 규정하는 경향이 높아진 데 따른 것으로 생각된다. 이 변화의 내용을 좀더 상세하게 언급한 글로는 강내희, 「인문학과 문화연구, 대립과 연대의 길」(중앙대 인문과학연구소 외 주최 인문학 심포지엄 '인문학의 새로운 방향모색' 자료집, 2002. 12. 4), 25-26쪽 참고.

은 문학을 인문학의 일환으로, 즉 학문의 한 유형으로 만드는 것이 단적인 예이지만, 좀더 넓게 보면 미술이나 음악 등 예술 전공 분야를 '대학'에 배치하고 있는 것도 비슷한 일이다. 이렇게 하는 것은 여러 이유가 있겠지만 대학에 진출한 지식과 기술, 기능이 권위와 정당성을 부여받고, 대학에서는 학문적 지식이 선호를 받는 저간의 사정과 무관하지 않다.

하지만 이로 인해 문화가 학문적 지식에 종속되는 역효과가 나오게 된다. 문화와 예술의 역능이 꼭 이 지식과 유사해야 한다는 법이 없는데도, 문화적 능력을 학문적 지식에 근접시키려는 흉내 아닌 흉내를 내는 일이 벌어지는 것이다. 미술이나 음악과 같은 예술장르가 중시하는 예술적 기예와 문화적 역량은 나름대로 자율적 독립성을 지니기 때문에 대학과 같은 지식생산 장치 안에 배치될 필요가 꼭 있는 것은 아니다. 외국 사례에서 보더라도 음악과 미술의 교육은 독립된 예술학교에서 수행하는 경우가 허다하다. 한국에서는 한국예술종합학교를 제외하면 대부분 예술교육이 종합대학에 배치되어 있는데, 이것은 1946년 서울대학교 구성을 둘러싸고 벌어진 '국대안' 파동을 통해 한국의 고등교육이 종합대학으로 틀지어진 결과이면서 동시에 그동안 지식교육이 예술 및 문화 교육을 지배해온 결과로 보인다.

문화교육의 학문화, 즉 지식교육에 대한 문화교육의 종속이 왜 문제인가? 지식교육 자체도 적잖은 문제점을 지니고 있기 때문이다. 한국의 대학은 지식생산의 가장 중요한 제도화 장치이지만 여기서 구태여 밝힐 필요가 없는 문제점들을 너무 많이 안고 있다. 문화적 생산 또는 예술적 창조가 학문적 지식에 종속된 상황에서 지식교육 자체가 문제가 있다는 것은 한국의 지식생산이 지닌 문제점이 고스란히 문화예술과 지식의 관계 설정에도 반영되어 나타난다는 말이기도 하다. '학문화'라는 표현이 상기하는 것과는 전적으로 달리 지식과 문화의 관계에 대한 문제의식 자체가 실종되는 현상이 생겨나는 것도 한 경우다.

'문화교육'이란?

이제 관심을 끄는 질문은 '문화교육'과 관련해서 대학의 이런 상황은 어떤 문제를 지니며, 또 문화교육을 위해 대학은 어떻게 바뀌어야 하느냐는 것이다. 문화교육이 대학에서 실시되는 연구와 교육의 활동과 어떤 방식으로 관계를 맺는지 알려면 우선 문화교육이 무엇인지 좀더 세밀하게 살펴보는 것이 필요하다.

여기서 '문화교육'은 일단 문화연대가 그동안 추진해온 교육운동의 내용을 가리키는 말로서, 현재 지배적 교육의 3대 축으로 설정되어 있는 '지식교육', '인성교육', '예능교육'의 관계와 각자의 내용을 변혁하기 위해 설정한 교육 내용과 방식을 가리킨다. 문화연대는 문화교육위원회를 발족시키면서 사람들이 "잠재적으로 지닌 다양한 지적, 정서적, 정의적, 신체적 '능력들'(faculties)을 최대한 계발"하는 문화교육운동이 필요하다고 강조하고, 문화교육은 이들 능력들을 매개하여 새로운 능력을 만들어내기 위한 교육의 지침이자 이념임을 밝힌 바 있다. 이것은 '문화교육'을 문화운동과 교육운동을 절합(節合)하는 전략으로서 새로운 사회운동의 과제로 제출한 심광현의 제안으로서,3) 이 제안은 좀더 구체적으로 칸트의 철학적 논의에 근거하고 있다. 다음은 심광현의 설명이다.

칸트는 인간의 정신능력들이 인식능력, 쾌·불쾌의 감정, 욕구능력이라는 3가지 이질적 능력들로 구분되며, 이는 각기 오성(순수이성), 판단력, 이성(실천이성)이라는 3가지 상위의 인식능력들이 제공하는 3가지 상이한 선천적 원리들(합법칙성, 합목적성, 궁극목적)에 의해 지도되고 운영되며, 이런 능

---

3) 심광현 교수는 〈문화연대〉가 문화교육위원회를 산하에 두고 전교조와 연대활동을 벌이는 데 가장 중요한 역할을 했다. 문화교육에 관한 그의 글을 보려면 「교육개혁과 문화교육운동: 지식기반 사회에서 문화사회로의 이행을 위해」, 『이제, 문화교육이다』(심광현 편, 문화과학사, 2003), 78-79쪽 참고. 이밖에 그동안 문화연대가 행사를 통하여 문화교육에 대한 논의한 글들은 문화연대문화교육위원회 발족식 자료집(2002. 12. 6)을 포함하여 문화연대가 이번 참교육실천대회에 제출하는 자료집들을 참고하기 바란다.

력들은 각기 자연과 예술, 그리고 자유라는 3가지 이질적 적용범위를 가진다고 보았다. 이에 따르면 수학이나 자연과학적 탐구의 열쇠는 오성의 작동에서, 미학적·생태학적 탐구는 판단력(반성적 판단력·목적론적 판단력)의 작동에서, 그리고 도덕과 형이상학은 실천이성의 작동에서 구해질 수 있다. 말하자면 정신적 능력들의 이질적 차이들로부터 학문적 편성의 근거를 도출했던 셈이다. 그러나 칸트의 인식론(단순한 지식이론이 아니라 정신적 능력들에 관한 이론)은 단지 능력들의 차이를 병렬적으로 열거한 것이 아니라, 능력들간의 관계와 매개를 동시에 강조했던 바, 그의 철학적 인간학이 그리는 인간능력의 지도는 다음과 같은 두 가지 특징을 갖는다. (1) 하나는 3가지 인식능력들이 서로 환원 불가능한 고유성과 이질성을 특징으로 갖고 있다는 점이며, (2) 다른 하나는 서로 환원 불가능한 이런 능력들이 완전히 통약 불가능하게 별개로 나뉘어져 있는 것이 아니라(별개일 경우 주체는 내파한다) 판단력을 매개로 일정하게 연결(보다 정확히는 '절합')되어 있다는 점이다. 즉 판단력(미학, 예술, 생태학)을 몸통으로 하면서 한편으로는 순수이성(법칙을 탐구하는 과학)이 그 반대 방향으로는 실천이성(자유를 추구하는 도덕)이 서로 양 날개를 펴는 양상이 그것이다.[4]

이 맥락에서 심광현이 중요하게 생각하는 것은 이질적인 능력들인 지성(지식), 인성(도덕 또는 윤리), 감성(예술 혹은 문화)의 상관관계다. 그는 칸트를 좇아서 이 관계를 규정하는 것이 감성의 영역, 혹은 판단력의 영역이라고 보는데, "칸트의 철학적 인간학이 제기했던 인간 능력론을 재평가할 필요가 있는 것은 바로 진(眞)-선(善)을 매개하는 역할로 미적·생태적 판단력(반성적·목적론적 판단력)을 설정"하기 때문이라는 것이 그의 설명이다. 나아가서 그는 문화교육과 관련하여 '문화적 리터러시'라고 하는 매우 중요한 개념을 제시한다. 오늘날 "진-선을 매개하는" "미적·생태적 판단력(반성적·목적론적 판단력)을 기르는 길은 '문화적 리터러시'(오감과 그에 상응하는 미디어를 다양하게 결합하고 판별하고

---

4) 문화교육위원회 발족식 자료집 참고.

표현하고 독해할 수 있는 복합적 능력: 문자 텍스트만이 아니라, 이미지와 소리, 촉감과 후각, 신체감각을 다양하게 '절합'할 수 있는 능력)를 매개로 하여 지성만이 아니라 도덕적·윤리적 능력까지 균형적으로 발전시키는 것"이라고 보고, "기존의 학교교육의 교육영역을 구성하고 있는 지식교과영역, 예체능교과영역, 인성교과영역들의 관계를 '문화적 리터러시'의 관점에서 재조직할 필요가 있다"고 하는 것이다. 심광현에 따르면 "'문화교육'을 새로운 교육이념으로 제시하고자 하는 것은 바로 오감에 상응하게끔 멀티미디어적 리터러시를 모두가 습득하고 운용할 수 있도록 하자는 것이며, 이를 통해 인간학적 능력들의 균형적 발전을 추구하자는 것"이다.

'인성, 지성, 감성의 상관관계', '멀티미디어 리터러시', '인간학적 능력들의 균형적 발전'을 위하는 교육이라면 그동안 진행된 교육, 그리고 이 결과 출현한 인간유형과는 다른 교육과 인간형을 지향하는 것은 당연하다. 심광현은 오늘 우리 교육현실이 양산하는 인간유형은 도구화된 '인지기계'(cognitive machines)라고 본다. 사실 그동안 교육은 부르주아지 계급투쟁의 무기로서 인구의 서열화를 위한 입시교육의 장이 된 나머지 개인들간의 경쟁만 촉발시켰고, 이 결과 교육과 인간은 수단이 되었으며, 인간은 비인간적 인간에 불과한 인지기계로 전락하였다. '홍익인간'을 양성한다며 '전인교육'을 교육목표로 내세웠지만, 실인즉 구두선이었을 뿐이다. 물론 이것은 교육 전반이 지식교육의 지배를 받은 것과 무관하지 않다. 지금 교실위기, 학교위기, 교육위기가 중등교육을 중심으로 번지고 있는 가장 큰 이유의 하나도 협소하게 이해된 이성, 그것도 도구적 이성의 지휘를 받으며 이뤄지는 지식교육이 인성교육과 감성교육을 장악해온 결과다. 물론 이것말고도 문제는 있다. 지배적 위치에 있는 지식교육 역시 분열적이고, 파편적인 방식으로 이루어져 왔고, 이 결과 때문인지 다른 분야 역시 분열상을 드러낸 것이 그 하나다. 근대적 역능의 교육은 정의적, 정서적 능력의 지적 능력 종속 이외에 각 능력의 부문화 혹은 분과화(分科化, departmentalization) 속에서, 그리고 이들 분야간의 상동성(homology) 구성 속에서 이루어졌다. 장르 구분으로 드러나는 예술의 부문화와 분과학문 체제로 나타나는 지식의 부문화가 그것이다. 이런 부문화의 문제는 연구나 교육, 예술이나 도덕적 실천 등에서 통합적 역능을 구성하기 어렵다는 데 있다. 지식의 내부 분열을 통해 지적인 활동이 갈가리 찢어져버리거나 예술적 능력이 파편화하는 현상, 나아가서 아우슈비츠의 유태인 학살이나 신앙심 깊다는 종교인에게서도 곧잘 확인되는 인종주의 등에서 흔히 나타나는 인성의 파편화 현상은 이 결과다.

지식교육이 이런 헤게모니를 행사하게 된 역사적이고 사회적인 이유는 무엇일까? 한국사회는 세계자본주의에 편입되면서 한편으로는 급속도로 산업화의 길을 걸어왔지만 동시에 이 체제의 하위 파트너라는 한계 때문에 지식생산, 좀더 나아가 역능생산에서 지속적으로 견제를 받아온 점을 인식할 필요가 있다고 본다. 한국은 지구적 생산체제에서 상대적으로 열등한 위치를 차지한 결과 지식생산에서도, 그리고 교육에서도 일정한 수준 이상의 능력을 발휘할 수 없도록 통제를 받아왔다.[5] 지식은 미국을 중심으로 한 서구적 지식에 국한되었을 뿐더러, 이 지식의 수용마저도 '선진' 외국 유학이라는 특권적 기회를 누릴 수 있는 소수와 이들이 장악한 지식생산 장치를 중심으로 위계적으로 이루어졌기 때문에 지식교육은 사실상 학생대중의 지적 역능을 높이기보다는 평가를 통한 선별 작업을 통해 오히려 무능의 체계적 생산에 더 골몰했다고 해도 과언이 아닐 정도다. 이 과정에서 지식교육이 교육에서 상위를 차지한 것은 인구의 서열화를 통한 대중통제 전략에 요긴하게 사용될 수 있었기 때문이다. 문제는 지식교육이 교육의 중심자리를 잡게 되면서 비-지식 교육, 즉 인성교육이나 예능교육이 지식교육의 하위에 자리잡게

---

5) 이 점과 관련해서는 미군정이 1946년 국립서울대학교안을 통과시켜 한국의 대학교육을 미국의 지식생산에 종속시킨 전후관계를 살필 필요가 있다.

되었고, 이 결과 초·중등 교육에서 설정된 인간의 종합적 역능이 도구적 이성에 의해 왜곡되었다는 사실이다. 오늘 사람들이 교육을 받으면 받을수록 도구적인 일차원적 인간으로 바뀌는 것은 이런 이유 때문이다.

문화교육은 이런 교육상의 난맥을 돌파하기 위한 사회운동의 새로운 전략이다. 그것은 새로운 주체화 전략으로서 지적 능력만 중시하는 태도는 물론이요, 장르 구분에 머문, 파편적인 예술적 능력만 지향하거나 도덕과 윤리에서 선의 독점을 주장하는 일체의 비양심적이고 차별주의적 태도를 거부한다. 문화교육을 제시하는 것은 인간 능력들의 균형적 발전이, 좀더 구체적으로 개인들이 "잠재적으로 지닌 다양한 지적, 정서적, 정의적, 신체적 '능력들'(faculties)"의 "최대한 계발"이 필요하다고 보기 때문이다. 지식, 도덕, 예술 내부에서 발현되고, 또 이 세 영역을 가로지르면서 구현되는 새로운 통합적 역능을 계발하려는 교육이 따라서 꼭 필요한데, 문화교육이 이 교육으로 인도하는 길이다.

학문제도의 역사

이상과 같이 이해한 문화교육을 위해 대학의 학문제도는 어떻게 바뀌어야 할까? 문화교육이 새로운 주체 형성 전략으로 제시되고 있다는 점을 다시 환기하고 싶다. 문화교육이 지향하는 바는 도구적 이성의 지배를 받아 전인적 인격이 분열된 '인지기계'가 아니라 판단력을 지닌 인간, 미적이고 생태적인 감수성을 통해 자신의 삶을 자율적으로 기획하고 또 그런 태도에 걸맞은 지적 능력과 윤리적 태도, 반성적 판단력을 갖춘 인간형이다. 문화교육은 따라서 학생들을 자본주의 교육현실이 만들어내는 것과는 다른 인간형, 새로운 인간주체를 형성하기 위한 교육학적 전략이라고 할 수 있다.[6]

---

6) '교육학적 전략'이라고 해서 이 일을 교육학 전공자가 독점해서는 안될 것이다. 한국에서 교육은 교육학을 전공한 사람들이 미국의 지배하에 있는 교육부와 결탁하여 망쳐놓았다

여기서 문화교육은 지식(기술), 인성, 예능 가운데 어느 하나에만 속하는 것이 아니라 이들 영역을 가로지르는 태도와 입장, 그리고 이들 영역을 가로지르면서 형성되는 능력을 향상시키려는 목표를 가진 교육으로 이해된다. 따라서 문화교육의 관점에서 학문제도를 생각하면 꼭 학문을 지식에 한정된 대상으로 볼 것은 아니다. 문화교육을 위한 학문제도 개혁을 추진하면서 학문을 지식과만 관련지어 생각할 경우에는, 초·중등 교육과정에 설치되어 있는 다양한 문화교육 관련 교과과정 가운데 지식교육과 직접 관련된 학문들만을 염두에 두는 우를 범할 우려가 있다. 이런 점을 고려할 때 이제 '학문'은 위에서 살펴본 대로 대학이 지식의 특수한 형태, 합법화한 형태로 만들어낸 것보다는 좀더 확대된 뜻을 지닌 것으로 파악할 필요가 있다. 학문제도는 그래서 대학의 지식생산 이외에 역능 생산 일반과 관련이 있는 것으로 이해되어야 하며, 학문제도의 개혁도 꼭 지식교육과 관련된 분야들만 대상으로 하는 것이 아니라 대학의 교육, 연구 활동 전반을 인간적 능력의 계발이라는 목적에서 재조정하는 일로 이해되어야 한다.

문화교육은 현재 실행중인 세 가지 주요 교육내용 즉 지식교육, 인성교육, 예능교육을 가로지르려고 한다는 점에서 통합교육을 지향한다. 대학의 교육과정에서 이 통합교육의 길을 찾으려면 어떻게 해야 할까? 대학이 제도화한 역능과 학문의 분과체제를 재조직하는 일이 필요하다. 이 작업을 하기 전에 분과(학문)체제가 성립된 과정과 그것의 역할을 살펴보자.

오늘의 분과학문들 가운데 다수가 생겨난 것은 19세기를 거치면서다. 철학이나 수학 등 고대에 탄생한 학문들, 신학, 법학, 의학 등과 같이 중세 시절에 있었던 학문들, 물리학이나 화학과 같이 근대 초기에 등장한 학문들과 달리 20세기에 주요 역할을 한 정치학, 사회학, 인류학, 지리

고 해도 과언이 아니다.

학, 문학, 역사학과 같은 학문들은 대략 서양의 제국주의 시대인 19세기에 생겨났으며, 이들 학문은 20세기에 나타난 경영학이나 행정학처럼 인간과학(human sciences)으로서 사회공학(social engineering)의 기능을 수행했다.[7] 상당수 학문들이 이런 성격을 가지게 된 것은 자본주의의사회에서 지식이 주체형태의 구성, 특히 노동력 형성에 활용되었기 때문이다. 이 변화는 지식의 사회적 역할이 자본주의적 사회변동의 영향을 받았음을 의미하면서, 지식생산의 목적 변동과도 연결되어 있다. 예를 들어 훔볼트가 정의한 근대대학의 이념에 따르면 대학은 보편적 가치를 추구하기 때문에 특정한 사회계급보다는 민족이나 인류와 같은 초월적 주체를 위해 지식과 가치를 생산하라는 요구를 받아왔다. 지식은 이때 보편적 지식으로 제시된다. 19세기에서 20세기 중반까지 일부 국가들이 대학제도 구축에 큰 관심을 가지고 적극 지원에 나선 것은 국가가 '주인과 노예의 변증법'이 끝난 '역사의 종말' 상황에서 보편적 주체로 자처하면서 '절대정신'의 자기 현현(顯現)으로서 지식을 관장한다는 의식이 지배한 맥락 때문이다.

그렇다고 하여 대학과 지식생산이 사회의 지배세력으로부터 독립하여 마냥 자유를 구가한 것은 아니다. 19세기 말 이후 분과학문 체제가 성립된 것 자체가 자본주의적 생산에서 구상과 실행이 분리되고, 지식노동과 육체노동이 분리되면서 역사적, 사회적, 자연적 사실이나 사물의 연관관계 파악을 방해해야 할 필요가 생긴 때문이다. 이 결과 지식생산은 한편으로는 지식의 보편성을 강조하면서 다른 한편으로는 개별 지식들, 학문들을 서로 분리하며 이루어져 왔다. 이것은 훔볼트식 근대적 대학에서 만

---

7) 문학이나 철학, 역사학과 같은 인문학 분야도 사회공학적 인간과학의 성격에서 결코 자유롭지 않다. 예컨대, 영문학의 출현과 발전은 영국제국주의의 인도지배와 밀접한 관련이 있고 역사학의 경우 동양을 이해할 때는 에드워드 사이드가 '동양학'(Orientalism)이라고 부른 문제의식에 지배되고 있었다. 철학의 경우도 식민지조선에서는 그 체계가 일본의 철학자 다카하시 도오루가 설계한 구도에 따라서 이루어졌고, 한때 한국의 최고 철학자로 알려졌던 박종홍의 경우 국민교육헌장 작성에 참여한 데서 확인되듯 박정희의 군사정권과 밀착하여 자신의 '뜻'을 펼쳤다.

들어진 지식이 사실은 개별화하고 파편화했음에도 불구하고 보편성을 참칭했다는 것을, 자신을 '진실' 그 자체로 내세웠음을 의미한다. 같은 시기 이런 경향은 예술에도 나타나서 '자율적 예술제도'를 출현시켰다. 이 제도에서 예술은 도구적 이성에 의해 지배된 사회가 앓고 있는 분열증상을 인식하긴 했으나 자신은 온전한 자율성을 누린다는 자의식에 빠져 있었다. 그러나 예술에게 허용된 자율성은 그야말로 사회와의 절연을 통해 허용된 것이었기 때문에 그 자체로 사회적 분열의 한 양상이었을 뿐이다. 어쨌든 그 자체로 가치 있다고 간주되는 보편적 지식과 예술이 분과학문, 개별 장르로 존재했다는 것은 가치의 보편성이 지식생산, 예술생산의 전문화라는 토대 위에서 주창되었다는 것을 보여준다. 이 전문성은 이중적 배제의 원칙에 의해서, 즉 한편으로는 개별 학문들과 예술들간의 분리와 다른 한편으로는 이들 학문과 예술에 대한 대중 진입 거부를 바탕으로 하여 형성되었다.

서구의 경우 대체로 1960년대까지 대학에서 일어나는 지식과 예술의 연구 및 교육의 주체 혹은 대상은 소수에 국한되어 있었다. 보수성이 큰 사회일수록 이런 경향이 심했는데, 영국의 경우 1960년까지 대학교육을 받은 인구는 겨우 10%에 불과하였다고 한다. 세계사적으로 봤을 때 1960년대를 혁명의 시대로 간주할 수 있는 것은 이 시기에 대중의 진출이 사회 전분야에 걸쳐 진행되었기 때문이다. 서구의 지식사회에서 1960년대는 지식과 예술의 분과체제가 깨지고, 지식의 대중화가 진행된 시대다. 하지만 지식생산의 혁명이 일어나자 그에 대한 반동도 생겨났다. 료타르가 말한 '수행성'(performativity)을 지식의 평가기준으로 삼으려 한 시도를 한 예로 들 수 있다. 수행성의 기준에 따르면 지식은 구체적으로 어떤 효능을 가지느냐, 즉 얼마나 큰 이윤을 창출할 수 있느냐, 제3세계 지배에 얼마나 효과적이냐 등에 따라 평가된다. 사실 이런 지식평가 자체는 19세기 후반에 사회공학 전략의 일환으로 등장한 여러 인간과학들에도 그대로 적용된다고 할 수 있지만 1960년대를 거치면서 지식의 사회공학화를 위한 지배세력의 노력은 더욱 강화되며, 신자유주의 지배 국면에서 이 흐름은 더욱 심화되고 있다.

최근 국내 대학에서 학부제가 도입된 것도 같은 맥락이다. 언뜻 보면 학부제 도입은 분과학문 체제가 붕괴되는 것을 보여주는 것으로 여겨질지 모른다. 그런 점이 전혀 없는 것은 아니지만, 내가 보기에 이것은 1960년대에 서구사회에서 나타난 진보적 지식생산을 보수적으로 수용한 결과다. 60년대 서구에서 등장한 지식생산의 진보적 흐름의 하나는 맑스주의의 쇄신에 따른 이데올로기연구의 확대, 문화연구의 출현, 여성연구, 인종연구 등 소수자 연구의 등장 등에서 볼 수 있듯이 분과학문체제를 넘어서는 것이었다.[8] 이것은 지식생산의 분할구도를 해체하고 대학의 지식생산을 현실과 접목시키는 노력의 일환이었다. 그러나 70년대 말 이후 맑스주의에 바탕을 둔 세계의 진보운동이 후퇴하고, 한국에서는 1990년대 이후 80년대의 운동이 보수세력에 의해 흡수되면서 지식의 상품화가 진행된다. 김영삼 정부가 교육개혁안을 발표한 1995년 이후 진행되고 있는 대학개혁은 정확하게 말해 보수적 개혁이다.

문화적 리터러시와 대학 교과과정의 통합

문화교육을 학문제도의 개혁 방향으로 제시하는 것은 새로운 노선의 대학개혁을 기획하기 위함이다. 대학의 교육과정, 학문제도는 이제 어떻게 재조직해야 할 것인가? 아직 관련된 논의의 수준 미숙함으로 인해 여기서는 대강의 그림밖에는 그릴 수가 없지만, 개혁의 방향은 분명하다고 본다. 지식, 기술, 학문, 예술 등 문화적 역능과 관련된 연구와 교육의

---

8) 여기서 분과학문 체제를 넘어서는 일과 분과학문을 부정하는 일은 다르다는 점을 언급하고 지나가야 하겠다. 분과학문 체제가 문제가 있다고 하여 분과학문을 포기한다는 것은 말이 되지 않는다. 철학, 문학, 언어학, 정치학, 사회학, 경제학, 지리학, 인류학 등은 나름대로 의미가 있는 학문분야들이며, 철학의 문제가 언어의 문제로, 혹은 경제의 문제로 치환되거나 환원될 수 없는 것처럼 경제의 문제가 문학의 문제로 모두 수렴될 수 있는 것이 아니라는 점에서 분과학문의 해체는 바람직하다고 보지 않는다. 문제는 개별 분과학문의 존립이 아니라 이들 사이에 장벽을 설치하는 체제다.

방식을 진보적으로 전환하고, 생산되는 지식과 문화의 내용을 혁신해야
한다. 이를 위해 필수적으로 해야 할 일이 하나 있다. 대학에 배치된 학
문과 기술, 예술의 탐구, 연구, 실험, 교육 등을 제도화한 분과체제의 틀
을 해체하거나 혁신하는 일이 그것이다. 대학에서 벌어지는 역능 계발 프
로그램들의 관계는 이제 새롭게 설정되어야 한다.

좀더 구체적으로 생각해보자. 현재 대학에서 인문대학(계열), 사회대
학(계열)과 미술대학, 음악대학 등 예술대학에 산재하는 교육과정, 교과
목들을 어떻게 문화교육의 관점에서 연계시킬 것인가? 문화교육의 교육
내용을 다루는 분야가 이렇게 분산되어 있다는 것은 문화교육의 범위가
매우 넓다는 말이다. 넓은 학문분야 혹은 지식 및 기술, 그리고 예술 분
야를 가로지르며 이들을 일관되게 통합하는 구체적인 원칙이나 지침이
필요하다. 사실 문화교육은 지성, 인성, 감성을 한꺼번에 고려해야 한다
든가, 문화교육은 다양한 교과영역들을 관통해야 한다는 주장이 말로만
그친다면 의미가 없을 것이다. 중요한 것은 이들 교과영역에 일관성 있게
나타나는 특징들을 분별해내고, 문화교육이 중시하는 역능의 층위를 구
체적으로 드러내어 그것들의 관계를 설정하여 일관된 교육효과를 산출해
내는 기획이다. 이와 관련하여 앞서 언급한 '문화적 리터러시'를 다시 살
펴볼 필요를 느낀다. '문화적 리터러시'는 심광현이 정리하고 있는 대로
"오감과 그에 상응하는 미디어를 다양하게 결합하고 판별하고 표현하고
독해할 수 있는 복합적 능력"이고, "문자 텍스트만이 아니라, 이미지와
소리, 촉감과 후각, 신체감각을 다양하게 '절합'할 수 있는 능력"이다.
나 역시 문화교육은 이 '문화적 리터러시'라는 복합적 능력 계발을 목표
로 삼아야 한다고 보며, 대학의 학문제도도 이 능력의 계발과 향상을 중
심으로 개혁될 필요가 있다고 본다. '문화적 리터러시' 함양을 목표로 삼
을 때 지금까지 분리되어 있기만 한 대학의 여러 분과들이 개별적으로는
"지적, 정서적, 정의적, 신체적 능력들" 가운데 어느 한 쪽의 능력을 더
많이 지향한다고 하더라도 서로 연계될 수 있는 가능성이 열린다고 믿기

때문이다.

일단 '문화적 리터러시'를 매체의 관점에서 살펴보고 싶다. 전통적으로 리터러시는 문자해독력으로 인식되어 왔다. 이것은 인류문명이 수천 년 동안 문자의 발명과 사용을 중심으로 발전해왔고, 지난 수백 년 동안은 인쇄매체가 개발, 확산되면서 문자문화가 문화지형에서 지배적인 위치를 차지한 점을 고려할 때 충분히 납득이 가는 일이다. 하지만 이미 20세기 초부터 사진과 영화 등 문자 이외의 매체들이 그 중요성을 발휘하기 시작하였고, 라디오와 TV가 20세기 중·후반에, 그리고 세기말에는 디지털 기술에 따른 새로운 매체들이 등장함에 따라서 문자문화의 위상은 더 이상 과거와 같지 않게 되었다. 지금은 '문자' 자체의 기술적 변동이 일어나고 있으며, 그것의 문화적 의미 역시 크게 바뀌고 있다. 최근에 들어와서 문학의 위기, 인문학 등 기초학문의 위기가 거론되고 있는 이면에는 대학과 교육의 시장화라는 신자유주의 기조에 따른 학문의 홀대라는 측면과 함께 그동안 전통적인 문자 중심의 학문과 교육이 새로운 도전을 받는 측면도 없지 않다. 개별 사회에서 문자는 민족언어의 문자를 의미한다는 점에서 기존의 리터러시는 민족언어 독해능력을 가리킨 반면, 이제 새로운 리터러시는 '문자 리터러시' 이외에 '미디어 리터러시', '뉴미디어 리터러시', '멀티미디어 리터러시', '하이퍼미디어 리터러시' 등 다양한 형태로 존재하기 때문에 복합적 능력을 포괄하게 되었다. 문화적 리터러시가 "오감과 그에 상응하는 미디어를 다양하게 결합하고 판별하고 표현하고 독해할 수 있는 복합적 능력", "문자 텍스트만이 아니라, 이미지와 소리, 촉감과 후각, 신체감각을 다양하게 '절합'할 수 있는 능력"이라는 말은 이런 변동을 전제한다.

기존의 리터러시가 민족언어에 기반을 둔 문자 중심이었고 또 문자문화가 문화지형에서 우위를 차지하고 있었다는 점에서 지금까지 이 문자문화 중심의 학문제도를 운영해온 대학에서는 문화적 리터러시를 일면적으로 규정하며 교과과정을 운영해온 편이다. 이 한계는 현재 대학의 교수진을 구성하는 기성세대가 성장해온 과정에서는 어쩔 수 없는 것이기도 하다. 문제는 전통적 문자를 중심으로 하여 지식교육을 받은 세대는 이미지, 소리, 맛, 냄새 등 다양한 감각 대상들을 인지하고 감지할 때 탈육화(脫肉化)하는 경향이 큰데, 이런 태도로써는 새롭게 등장한 다양한 매체들로 구성되는 문화적 산물들을 대상으로 문화적 실천을 하기가 쉽지 않다는 점이다. 문화교육을 요구하는 멀티미디어 시대의 청소년은 복합적 미디어에 탐닉하는 것을 자연스럽게 여기는 반면 모노미디어 세대는 그것을 집중력이 부족하여 나온 산만함의 징표로 보기 쉽다. 하지만 새로운 매체들과 함께 살아갈 세대를 위한 교육은 이 매체들을 비판적이면서도 창조적으로 활용할 수 있는 능력이 절대적이다.

대학의 학문과 교육이 개편되는 방향은 이처럼 변화된 문화지형에 대응하는 능력을 계발하는 쪽이어야 한다. 문화적 리터러시를 중심에 둘 경우 지금 문과계열, 사회과학 계열, 그리고 예술계열의 학문, 지식, 또는 기능 분야들은 각기 변신의 요구에 직면하게 될 것이다. 기존의 학문제도들 가운데 문자문화 중심의 학문분야는 지식교육을 포기하지 않으면서도 현재 드러내고 있는 지식의 탈육화 경향을 치유하는 노력을 기울일 필요가 있을 것이고, 기존의 예술과 기능 분야는 거꾸로 지식교육과의 분리로 인해 저하된 지적 능력을 강화하는 노력을 기울이고, 또 사회과학계열에서는 그동안 등한시해온 심미적 차원, 인문교양 차원을 회복하는 노력이 필요하다. 이 말은 역능의 강화만 생각한 나머지 역능들을 분리하여 관리하는 것이 능사가 아니라, 그것들의 차이는 인정하되 그것들을 통합하도록 노력하는 것이 더 중요하다는 것이다.

현재 한국의 대학교육에서 피아노나 바이올린 등 구체적인 한 악기를 전공하는 경우든 서양화나 동양화처럼 회화의 한 장르를 전공하는 경우든 교육방식은 주로 실기에 치중할 뿐 이론적 교육을 별로 하지 않는 편이다. 전공 관련 '이론과목'이 아예 없다는 말은 아니지만 이때 이론은 전공 과목과 대상에 한정된 범위만 포괄할 뿐이어서 국지적 성격을 띤다. 이들 예술전공자들이 철학이나 사회학, 정치경제학과 같은 다른 쪽의 학문분야와 소통하는 것은 따라서 꿈도 꿀 수 없다. 문학을 전공하는 사람도 마찬가지다. 최근 들어와서 경영학이나 법학 등 다른 분야 학문에 관심을 둔 학생들이 많긴 하지만 이때는 대부분이 문학을 포기하고 취직을 하기 위한 경우인 것이지 다른 분야의 학문과 지식을 습득하여 문학과 교통시키기 위한 것은 아니다. 지금 대학교육은 따라서 '분야전문가'—이마저도 사실 제대로 된 경우가 드물지만—만 양산할 뿐 통합적인 역능을 만들어내지는 못하며, 따라서 학생들을 인간 활동이 복합적으로 작용하는 현실 속에서 파편화한 기계, 혹은 그 부속품과 같은 존재로만 주조해낼 뿐이다. 이런 상황을 개선하려면 지식의 탈육화, 기술의 탈성찰, 예술의 탈지성으로 인해 인간의 역능들이 분과화하고 개별화하여 분열된 지금의 역능 분과체제를 극복할 필요가 있다.

능력의 '절합적' 통합: '문형'을 중심으로

하지만 희망과 그것의 실현 사이에는 큰 간극이 있다. 우리에게 필요한 것은 통합적 능력이지만 현존하는 지식과 역능의 제도는 그런 능력을 방해하는 분과체제다. 이런 상황을 어떻게 극복해야 할까? 이 질문에 대한 유일무이한 정답은 없으며, 있어도 상당히 다양한 형태를 띠지 않을까 싶다. 여기서는 수많은 유형의 답을 구하는 대략의 방향만을 그것도 개인적인 한계를 인정하면서 제출해보려고 한다.

먼저 분과학문체제와 분과학문은 다르다는 점을 인식할 필요가 있을 것 같다. 문학, 철학, 역사학, 사회학, 인류학 등 서로 이질적 학문들은 물론이고, 악기 전공이나 회화, 조각 등 예능의 분과들은 각기 고유한 영역을 지니며 이 점을 무시해서는 안 될 것이다. 문제가 되는 것은 지금 대학에서처럼 각 영역이 절대적 자율성을 주장하며 다른 영역과의 교류를 체계적으로 거부하는 경우다. 기존의 개별 지식, 기술, 예능 등의 분과들을 유지하는 것과 이들 분과의 관계를 구성하는 것은 상호보완적으로 하되 양자의 관계를 구체적으로 어떻게 설정하느냐는 대학에 따라서 선택할 문제라고 본다.

예를 들어서 세부전공을 허용하는 음악계열, 미술계열의 단과대학이 있을 경우, 이 전공들을 없애고 새로운 통합적 전공체계를 만들려는 것은 무리일 것이므로, 기존의 전공들은 가능한 한—적어도 적정한 수의 지원자가 있는 한—그대로 두고 이들 전공을 가로지르는 가능성을 최대한 모색하는 것이 좋다고 본다. 학문과 지식과 기술과 예능과 다른 역능의 횡단을 시도하는 새로운 교육과 학문의 제도화를 허용하는 것이 한 예다. 이 교육과정을 개설하는 방식은 대학별로 특성화 전략에 따라서 구상해야 할 것이다. 인문계열, 사회계열, 예술계열, 공학계열 전공분야를 서로 묶는 것도 생각할 수 있겠지만, 새 프로그램을 묶어내기 위해 기존의 프로그램을 꼭 해체해야 하는 것은 아니다. 대학에 따라서 새로운 단과대학 혹은 통합 프로그램을 독립시켜 지원시스템처럼 만들 수도 있다. 비판이론(Critical Studies) 학부를 따로 운영하여 음악, 사진, 영화, 무용 등 예능 전공자의 인문학, 사회과학 교육을 지원하는 미국의 칼아츠(CalArts) 예술대학이 그런 경우다. 이런 프로그램은 인문대나 사회과학대와 같은 종합대학 체제를 흉내내기 어려운 소규모 예술대학에서는 꼭 갖춰야 할 인문사회과학 교육의 인프라 역할, 그리고 종합대학의 경우에는 기존의 인문대, 사회과학대의 교과과정과 교육내용을 새롭게 수정할 수 있는 방향을 제시하는 선도(先導) 역할을 할 수 있을 것이다.

기존의 학과제도를 존치하는 경우든 새로운 교과프로그램을 창안하는 경우든 중요한 것은 인간능력의 균형적 계발을 지향하는 것인데, 이와 관련하여 능력의 절합을 전략적으로 구상할 필요가 있다고 본다. 절합이란 서로 이질적인 것들의 결합을 가리키며, 학문의 관점에서 볼 때 상이한 영역들의 망상조직화, 특히 망상조직에서 결절점의 구성을 가리킨다. 망상조직에서 결절점은 서로 다른 선들이 지나가는 교차로인 셈인데, 학문들도 이런 방식으로 절합될 수 있을 것이다.

　그런 한 예로 문학과목을 새롭게 구상해 보자. 현재 문학은 분과학문 체제에 사로잡혀 사실은 '하위문학' 단위라고 할 국문학, 영문학, 독문학 등으로 분류되어 있으며, 이들 문학간에는 비교문학이라는 통로 이외에는 별다른 교류가 없는 형편이다. 이런 식의 문학 내부 분열을 치유하고, 나아가서 문학과 다른 학문 또는 예술의 소통을 돕기 위해서는 문학의 개념을 근본적으로 수정하여 문학교육이 미학, 철학, 사회학이나 정치학과 같은 사회과학, 그리고 문예창작, 음악, 미술 등과도 교류하게 할 필요가 있다. 어떻게 그것이 가능한가? 문학의 교과과정을 지금처럼 민족문학에 국한시킬 것이 아니라 '문학 일반' 또는 문학이 기반을 두고 있는 문자의 오늘 형태에 맞게 확장하는 것이 한 길이다. 이때 문학교육의 새로운 교과과정은 1) 문학계보학(문학사, 문학개념의 역사 등), 2) 글쓰기 기술, 3) 시학 또는 장르론(시론, 소설론, 희곡이론, 영화이론), 4) 수사학과 문체론, 5) 해석학, 6) 미학, 7) 매체이론(영화, 사진, TV, 애니메이션, 컴퓨터게임 등 포함), 8) 기호학, 9) 담론이론, 10) 문화연구, 11) 도상학, 12) 서사이론 등 새로운 분야들을 포괄해야 하고, 이들 분야를 더 심도 있게 연구하려면 정치경제학, 사회이론, 철학, 과학이론과 같은 학문 분야들과 연계시켜야 할 것이다.[9]

　이럴 경우 문학을 전공하는 의미는 지금과는 획기적으로 달라질 것이며, 대학의 문학 관련 연구와 교육의 관행 역시 근본적으로 바뀔 것이다. 당장 문학연구의 학문적 대상에 큰 변동이 생길 것으로 예상된다. 지금 문학에서 주된, 아니 유일한 대상은 전통적인 문자 텍스트로 상정되어 있다. 그러나 문학을 새롭게 정의할 경우, 이 '문자' 매체는 여러 매체 가운

---

9) 이런 식으로 문학을 정의하고 연구와 교육을 실천할 경우 문학은 이미 문학이 아니게 된다. 이 새로운 문학 개념을 나는 '문형'(文形)이라고 불러왔는데, 이때 문형은 '天地人'에 공통으로 들어있는 꼴과 형태의 의미를 지닌다. 이와 관련된 좀더 구체적인 논의는 「문학교육의 전화와 '문형'의 문제설정」, 『문학의 힘, 문학의 가치─문학의 유물론적 이해』, 문화과학사, 2003 참조.

데 하나로 인식될 것이므로 문학의 개념 자체도 '문형'과 같은 것으로 바꾸어야 한다. '문형'은 이때 '문자의 형태'를 일컫는 것인데, 여기서 '문자'는 전통적 문학에서 사용되는 문자의 범위를 넘어선 것이기 때문에 위에서 말한 뉴미디어, 멀티미디어 등 다양한 매체를 통해 구성된 의미생산의 단위, 즉 상징기호에 더 가깝다. 이런 새로운 문자 혹은 상징기호의 형태로서 문형은 사실 세상에 존재하는 모든 것에 포함되어 있다고 할 수 있을 것이다. 옛날 한자문화권에서 '천지인'(天地人)에 '문'이 있다 하여 '천문'(天文), '지문'(地文), '인문'(人文)을 논했는데, 문형은 바로 이 '문'을 오늘 식으로 해석한 개념이다. 문형이 이처럼 세상만물의 무늬와 꼴을 가리킨다면, 오늘의 '문학하기'는 '문형으로 살아가기'가 될 것이다. 문형으로 살아가기는 온갖 꼴과 함께 살아가기가 될 것이고, 이 꼴을 가꾸고, 새롭게 꾸미고, 만들고 하는 일을 포괄할 것이니, 문형의 문제는 현존하는 대학의 학문제도, 예술제도 대부분에 침투되어 있는 셈이 된다. 문학의 개념을 수정하여, 이것을 문형으로 혹은 문화적 리터러시로 전환할 경우 학문제도가 어떻게 바뀔 수 있는지 보여주는 좋은 사례가 아닐까 한다.

문학 이외 분야의 학문과 지식과 기술과 예술의 연구, 생산, 교육, 실천 등도 비슷한 방식으로 변화를 모색할 수도 있을 것이다. 여기서는 문학만큼 구체적인 구상을 제출할 수는 없지만, 음악과 미술 같은 과목도 근대적 의미의 예술 개념에서 벗어나면, 큰 변화가 예상된다. 미술을 '시각문화'라는 새로운 정체성 관점에서 실천할 경우, 관련 교과과정이 크게 바뀌지 않겠는가. 대학의 예술교육도 '자율적 예술'이라는 분리주의적 아집에서 벗어나 예술의 지성화와 인성화를 지향해야 하지 않을까? 위에서 현재 예술교육에서는 정치경제학과 같은 사회과학이 필수과목으로 포함되어 있지 않다는 점을 지적했는데, 시각문화의 관점에서 보면 미술의 기능을 연마하는 것 이외에 미술 관련 생산행위에 깃들은 사회적 문제들에 대한 천착은 필수적이다. 또 문학의 경우처럼 미술도 나름대로

'문형'의 생산에 주력한다는 점을 생각할 때 다른 매체의 문형과 자신의 문형이 어떤 관계가 있는지도 이해해야 한다. 미술하기와 문학하기, 나아가 다른 지식, 기술, 예술이 이처럼 문형을 둘러싼 문제의식을 공유할 경우, 문형을 중심으로 한 통합교육의 길도 열 수 있을 것이다. 여기서 문형은 문학을 중심으로 생각하여 만든 개념이지만, 문화적 리터러시와 유사한 역할을 한다고 하겠다. 문화적 리터러시를 중심으로 한 학문제도의 통합은 내 식으로 보면 문형을 중심으로 한 학문제도의 통합이 되는 셈이다.

다른 한편 절합의 지점 또는 현장의 문제를 생각할 필요가 있다. 훔볼트가 구상한 대학의 지식생산 방식이 지닌 문제의 편린을 위에서 지적했지만 그동안 많은 기능전환을 이루었으면서도 대학은 지식과 기술과 기능의 생산을 계속 고답적으로 할 뿐이다. 최근 경영자들이 대학의 역능 생산 능력을 평가하면서 기업이 원하는 수준의 20%대밖에 충족시키지 못한다고 하여 대학에 몸담고 있는 사람들의 분노를 산 적이 있다. 사회적 부를 독차지하면서도 재정적 지원은 외면한 채 대학을 비난하는 자들이 가증스럽기는 하지만, 사실 대학이 사회적 능력을 함양하고 향상시키는 역할을 제대로 했다고 하기는 어렵다. 나는 대학의 역능 생산이 제대로 '좌정할' 필요가 있다고 본다. 지식은 생산되는 자리가 있으며, 이 자리를 제대로 잡아야 현실성을 갖는다. 물론 보편적, 추상적 지식과 능력의 가치를 완전히 무시해서는 안 되겠지만 새롭게 추구하는 문화교육의 강화와 대학 학문제도 개혁에서는 능력의 자리 잡기, 지식과 학문의 좌정, 기능과 예능의 현장화가 필수적이다. 이미 말한 대로 능력의 절합은 결절점에서 이루어지는데, 이 결절점을 결정하는 것은 지식생산, 역능생산의 전략이다. 이 전략은 우리 사회가 처한 생존의 조건에서 만들어지는 것이며, 우리 사회의 사회적 관계들, 다시 말해 계급, 성(애), 민족, 인종, 세대, 지역 등을 둘러싼 사회적 관계들을 가로지르는 적대를 그 조건으로 삼는다. 문화교육이 공교육의 정상화를 위한 진보적 기획이듯이 대학의 학문제도 개혁 역시 진보적 기획을 지향해야 할 것이다. 절합은 따라서 진보를 위한 현장에서 구축되어야 한다.

결어

끝으로 문제는 이런 방향 설정을 했다고 할 때 그것을 어떻게 대학개혁에 반영시킬 것인가, 라는 것이다. 이와 관련하여 전교조의 역할이 크다는 점을 다시 강조하고 싶다. 대학개혁은 반드시 필요하지만 이 개혁을 대학 스스로 해낼 것이라 기대하기는 어렵다. 전통적으로 대학은 보수적인 사회집단에 의해 장악되어 왔으며, 지금도 그러하다. 대학개혁이 이뤄지려면 대학의 이런 보수성을 압도할 수 있는 사회적 힘이 있어야 하는데, 이를 위해서는 사회운동이 전반적으로 고양되고, 시민운동, 노동운동 등 대학 외부의 사회운동이 대학개혁에도 관심을 가질 필요가 있다. 대학 외부에서 힘을 보탤 때 특히 전교조가 맡을 몫이 크다고 본다. 나는 전교조가 문화교육을 위해 교수노조와 힘을 합쳤으면 싶다. 교수노조도 교과과정을 연구하고 대안을 구성하는 노력을 기울여야 하는 것은 물론이다. 하지만 교수노조는 지금 겨우 출범만 한 터라서 아직은 조직적 힘이 크지 않고, 특히 교권수호 투쟁에 전념하다보니 학문정책을 논의할 여력은 없는 형편이다. 전교조는 이제 합법화를 이루어 교과과정 개혁까지 교육운동의 과제로 삼을 만큼 역량과 여유를 확보했다. 이런 전교조라면 초·중등 교육만을 자신의 유일한 현장으로 볼 것이 아니라 대학까지도 현장으로 간주하거나 그렇지 못할 경우 대학을 전교조가 제출하는 사회적 요구의 중요한 대상으로 삼을 필요는 있다고 본다. 우리는 사회의 근본적 변화를 원하는 지식노동자로서 사회를 노동의 관점에서 보는 것도 중요하지만 노동을 사회의 관점에서 볼 필요도 있다. 전교조는 학교현장에만 머물지 않고 사회민주화 운동에도 큰 힘을 기울여온 터다. 이런 전교조에게는 대학 역시 관심을 기울여야 할 사회의 일부가 아닐 수 없다. 아니 전교조 조합원 교사들이 교육노동자임을 생각할 때 대학은 더 각별한 의미를 지닌다. 통합교육을 실천하기 위해 문화교육을 통해 교과과정 개혁을 할 경우 교사 조합원은 자신의 교육을 되돌아볼 필요가 있을 것인데, 이 과정에서 대학에서 받은 교육의 내용을 반추하는 작업은 필수적이다. 대학의 학문제도를 개혁하지 못할 경우 초·중등 교육의 내실화와 실질화도 그만큼 어려워진다. 전교조가 문화교육을 통한 공교육 개혁에 힘써줄 것을 기대하는 것만큼 대학의 학문제도 개혁에도 힘을 실어줄 것을 기대한다.

예술교육의 새로운 모델―'이론'의 강화*

1

이 강의의 목적은 예술교육의 새로운 모델을 모색하려는 것이다. '예술교육의 새로운 모델'이라면 무엇을 가리키는 것일까? 그리고 새로운 모델은 예술교육을 어떤 방향으로 추진하며, 어떤 내용이나 경향, 원칙 또는 특징을 가지고 있는 것일까? 이 강의의 주된 관심은 이런 질문에 대한 답변을 구해보는 데 있다. 하지만 강의를 시작하기 전에 먼저 해야 할 일이 있다. 그것은 예술교육을 '새롭게' 하려는 모색이 왜 필요하다고 여기게 되었는지 살피는 일이다. 예술교육의 '새로운' 모델을 모색할 필요를 느낀다는 것은 예술교육의 현재 모습에 문제가 있다는 것을 전제한다. 여기에는 지금까지의 예술교육의 관행에 대한 불만이 작용할 것이다. 예술교육은 지금까지 어떤 관행에 따라서 이루어져 왔는가, 예술교육의 관행은 어

---

* 2001년 6월 12일 문화예술진흥원이 주관한 문화활동가 연수회에서 사용한 강의노트다.

떤 특징이나 경향을 지니고 있는가, 그것의 문제점이나 한계 등은 무엇인가? 이런 질문들을 생각하며 이 강의를 시작하고자 한다.

2

꼭 개인 관찰에 국한되는 것은 아니라고 보지만 내가 알고 있는 한, 기존의 국내 예술교육이 드러내고 있는 주된 경향은 실기 위주라는 것이다. 이런 경향은 문학, 미술, 음악, 연극, 영화, 사진, 조소, 디자인, 무용 등 대부분의 주요 예술장르에서 큰 차이 없이 확인할 수 있다. 예술교육이 실기 위주라는 것은 악기를 다루고 연기를 하고, 작품을 창작하는 등의 기능을 중심으로 이루어진다는 것이다. 예술교육이 실기와 기능을 중시하는 것은 일면 타당한 일이 아닐 수 없다. 시인이나 소설가가 시와 소설을 제대로 만들어내지 못하고, 피아니스트나 바이올리니스트가 전공악기를 솜씨 있게 다루지 못하고, 화가가 그림을 능숙하게 그리지 못하고, 배우가 연기를 못하고, 무용가가 춤을 추지 못한다면 예술가로서의 온전한 기능을 갖춘 것이 아니다. 필요한 기능을 보유하지 않은 예술가는 자격 미달일 터이니 예술가 양성을 주된 목적으로 삼는 예술교육에서 실기교육은 필수적이라 하겠다. 하지만 문제는 모든 예술교육을 과연 실기 위주로만 꾸릴 수 있으며 그렇게 하는 것이 타당한가라는 점이다. 한국의 예술 관련 교육기관은 지금 극히 제한된 예외를 제외하면 천편일률적으로 실기 중심의 교육을 하고 있는데 과연 이것이 바람직할까?

현재 예술교육이 실기 중심으로 이루어지고 있는 것은 예술교육의 목적을 전문 예술가 양성에 두고 있기 때문이 아닌가 한다. 예술교육의 목적을 전문예술가 양성에 두는 것은 언뜻 들으면 당연할지 모르지만, 사실 예술교육의 목적을 이렇게 설정하면 적잖은 문제가 있다. 미술, 음악, 문예창작, 연극, 영화, 무용, 만화, 애니메이션 등을 전공하는 예능계 학생들이 지금 전국에서 수만 명은 될 것이다. 영화학과만 하더라도 현재 학생들이 거의 5,000명 정도가 되는 것으로 알려져 있다. 이렇게 많은 학생들을 전문 예술가로 육성하고자 하는 예술교육은 목표 설정이 잘못되지 않았으면 과도하다고 하지 않을 수 없다. 대학에서 미술을 전공하는 사람들의 수와 비교해볼 때 전문화가로 활동하는 사람의 수는 극소수며, 이런 사정은 음악이나 문학 등 다른 예술장르도 크게 다르지 않다. 이런 사정을 놓고 원래 예술은 '천재'만 하는 것이니 어쩔 수 없다고 해야 할까?

3

실기 중심의 예술교육이 지닌 또 다른 문제점은 예술교육에서 이론의 중요성이 간과되고 만다는 점이다. 실기에 모든 관심을 쏟아 붓는 국내의 예술교육에서 이론의 위상은 그야말로 별 볼 일 없다. 모든 예술교육에서 이론교육이 생략되어 있다는 말은 아니다. 예술대학 커리큘럼을 본 사람이면 알겠지만 예술학과 가운데 이론과목을 빼놓고 교육을 하는 데는 아무 데도 없다. 적어도 그렇게 보인다. 가령 피아노 전공이면 실습 1, 실습 2, 피아노 이론 1, 피아노 이론 2 하는 식으로 실습 혹은 실기과목과 함께 이론과목을 꼭 집어넣고 있기 때문이다. 문제는 이때 말하는 이론과목들은 대부분이 마지못해 넣은 것이며, 그것도 주로 해당 예술 분야에서만 통용되는 이론, 그것도 국내에서만 통용되는 이론이라는 점이다. 한 예를 들어보자. 최근 한국 영화산업이 새로운 부흥을 맞은 것을 계기로 전국 대학에서 영화학과들이 우후죽순으로 생겨났다. 그런데 이들 영화학과의 경우 이론은 이를테면 영화이론, 실험영화론, 영화사, 영화연출론, 영화기획, 영화제작론 등의 형태로 영화 예술에 내재한 이론에 국한되어 있다.

영화를 전공하는 학생들에게 영화 관련 이론을 가르치는 것은 당연하지 않겠느냐고 할지 모르나, 예술교육에서 이론을 이런 식으로 해당 예술 분야의 이론에 국한하여 가르칠 경우 '이론의 협애화'(狹隘化)가 발생하게 된다. 이론의 성격, 경향, 흐름 등에 중대한 제한이 가해져 이론이 예술교육에서 떠맡아야 할 비판적이고 생산적인 역할을 하지 못하게 되는 것이다. 현재 한국 영화학과 커리큘럼에서는 영화를 예술로 높이 추켜세우는 이론적 작업은 하고 있는지 모르지만 영화가 사회 속에서 어떤 이데올로기적 기능을 하며, 영화예술은 자본주의 근대성의 출현과 어떤 관련이 있는지, 영상미학은 민족문화 기획과 무슨 관련이 있는지, 영상문화를 포함한 시각문화는 사회적 변동에 어떤 관계가 있는지, 한국에서 영상미학의 형성 가능성은 어떤 역사적 굴절과 조건을 가지고 있는지 따지는, 영화의 사회역사적 역할에 대한 비판적 성찰을 하기 위해 이론적 점검을 하는 경우는 드물다. 이런 상황에서는 전문 영화이론 교육을 하면 할수록 오히려 비판적 이론에 대해서는 문맹이 되는 역효과가 나올 수밖에 없다. 영화에 관련된 전문이론, 즉 영화계 혹은 영화교육계 안에서만 '이론'으로 예우를 받는 이론만을 교육대상으로 삼음으로써 영화를 미학적, 예술이론적, 사회이론적 견지에서 비판적으로 이해할 수 있는 길은 오히려 막고 있는 것이다. 하지만 영화교육에서만 이런 상황이 전개되고 있는 것은 아니다. 정도의 차이는 있겠지만 다른 예술학과에서도 비슷한 상황이 연출되고 있다.

4

예술교육에서 이론에 대한 외면 경향이 큰 데에는 예술가에 대한 우리 사회의 편견이 크게 작용하는 것으로 보인다. 우리 사회에서 예술가는 지적인 능력과는 동떨어진 사람으로 취급되는 경향이 높다. 예술가를 연예인, 광대, 기생, 혹은 딴따라로 보는 인식이 너무 흔한 것이다. 이런 인물에게는 과학적 사고나 논리적 논증의 능력은 기대되지 않는다. 이들에게 요구하는 것은 대체로 감성적 능력을 발휘할 수 있는 '끼'다. 예술가를 지적인 능력보다는 이처럼 감성적 능력을 더 많이 갖춘 인물로 보는 것이 전적으로 틀린 것만은 아닐 것이다. 예술은 학문과는 달리 정감을 표현하는 인간활동 영역이라는 점을 부정할 수는 없다. 하지만 문제의 호칭들에는 예술가는 꼭두각시처럼 시키는 대로 움직이는 사람이라는 생각이 스며들어 있다. 흔히 예술가의 역할을 그가 참여하는 판을 흥겹게 하는 데 국한시키는 경향이 있는 것도 그 때문일 것이다. 예술가는 올림픽과 같은 국가적 행사장, 기업의 창업 기념식장, 회갑연이나 결혼피로연과 같은 개인의 잔치판, 노조의 파업장, 가두시위 현장 등 다양한 판에 참여하지만 대체로 이들 판에서 그가 하는 역할은 흥을 돋구는 일에 국한된다. 이런 판에서 예술가는 주인도 객도 아닌, 양자를 위한 봉사자일 뿐이다. 예술가는 자신이 출연하는 판 또는 마당의 신명을 만들어낼 사람이지만 자신의 존재를 과시할 독자적 발언을 할 권한은 없는 사람인 것이다. 연기자, 배우 등의 화려한 모습은 이렇게 볼 때 이처럼 부차적인 자신의 위치를 감싸는, 희생에 대한 보상처럼 보인다.

예술가를 이렇게 취급하는 관행은 정치적 성향의 보수와 진보를 가리지 않는 듯하다. 예총의 지금까지 역할에서 여실하게 드러나듯 보수진영에서 예술가는 그야말로 권력의 시녀 역할을 해왔다. 예술과 문화는 정치와 경제에 비하여 늘 부차적이었기 때문에 정치와 경제 권력의 장식품으로 여겨져 왔고 '금강산 식후경'으로만 취급되어온 것이다. 진보진영은 얼마나 다를까? 알다시피 변혁운동의 열기가 전국을 가득 메운 1980년대, 많은 예술가들이 '진보적' 문화예술운동에 참여했다. 세밀하게 보면 이 운동 안에는 노선 차이가 많이 있었겠지만 문화예술 운동과 정치경제 운동의 관계에서 본다면 예술운동이 정치경제 운동의 '5분대기조' 역할을 했다는 점을 부정하기 어려울 것이다. 이것은 진보운동에서도 예술가는 딴따라로 취급받았다는 말이 아닐까. 그런 기질이 전혀 없다고 할 수는 없겠지만 다른 종류의 태도와 능력과 기능을 분명히 갖추고 있을 예술가를 판을 신나게 만드는 기능인으로만 취급한 이런 경향은 우리 사회가 예술을 어떻게 대접하고 있는지 여실히 보여준다.

5

다른 한편으로는 예술을 신비화하는 경향도 없지 않다. 이 경우 예술은 종교와 비슷한 역할을 하는 것으로 이해된다. 이를테면 문학을 문명의 혼돈 속에서 인간을 구원할 수 있는 거의 유일한 인간 활동으로 보는 경우가 그런 한 예다(이런 주장은 문학담론에 심심찮게 등장한다). 이렇게 '종교화된' 판본에서 예술은 창조성의 화신이다. 예술을 창조의 화신처럼 우대한 것은 비교적 최근의 일이다. 서양예술사는 예술이 중세나 르네상스 시절에는 다양한 기술들—예컨대 궁술, 마술, 화술, 시작(詩作)—로 취급되고 있었다고 전하고 있다. 기술이 예술로 전환한 것은 18세기 중반 이후 산업혁명과 함께 수공업이 대거 기계생산으로 전환한 것이 계기가 되었다. 이전의 기술들 가운데 대부분이 기계생산 과정에 들어갔지만 일부가 제외되면서 이것들이 '순수예술'로 특별한 지위를 갖게 된 것이다. 문학, 음악, 미술, 무용, 조각, 건축 등 기계생산 과정에 편입되지 않은 순수예술들은 기계생산에 편입된 기술들이 파편화 경향을 띠는 데 비해 통합적 성격을 보존함으로써, 기계제 생산과 함께 심화된 자본주의적 삶이 드러낸 인간소외 현상과는 다른 경향을 보여주었다. 오늘 예술지상주의자, 혹은 예술종교 신도들은 예술이 이때 드러낸 인간 해방적 요소에 대한 과도한 신뢰를 가지고 있지 않은가 싶다.

서양의 경우 예술의 신비화 경향은 근대에 들어와서 제도화했다. 근대 이후에 기술이 예술로 전환된 것이기 때문이다. 예술의 신비화는 한국에서도 근대에 이르러 이루어졌다. 전통 사회에서 예술은 높은 평가를 받지 못했다. 지금 '장인'이라고 높여 부르는 특수기술 보유자는 무슨 '바치' 아니면 '쟁이'였을 뿐이다. 기술이나 기예가 예술로 인정받은 것은 서양의 근대예술 개념이 국내에 들어온 이후 전통 기예가 이 근대화된 예술 개념으로 재해석되고, 아울러 민족문화 기획이 진행된 이후다. 이 기획은 전통적인 기술과 그 보유자를 무형문화재, 인간문화재 등으로 규정하며 근대적 의미의 예술, 예술가로 승격시킨다.

따라서 서양 근대예술이든, 근대화된 동양 혹은 전통 예술이든 오늘 우리가 사용하는 예술 개념에는 서구에서 기술이 예술로 전환되면서 예술에 부여된 높은 지위가 은근히 작용하며, 이 결과 예술은 종교처럼 숭배의 대상이 되는 경우가 적지 않다. 예술가는 한편으로는 광대, 딴따라, 연예인, 기생 등의 이름으로 불리지만, 다른 한편으로는 (종교도 인간에게 구원을 주지 못하는 시대에) 근대적 삶의 파편화와는 다른 온전한 인간활동의 가능성을 제공하는 제2의 종교, 예술종교의 사제가 되는 것이다. 예술을 폄하하는 이면에는 이처럼 예술을 숭배하는 이중적인 태도가 작용한다.

　이런 믿음이 오늘 예술교육에서 이론의 문제를 비판적으로, 엄밀하게 다루지 않게 만들거나, 예술교육을 실기 위주로 이끌거나, 이론을 가르치더라도 이미 신비화된 개별 예술 내부에서 '이론'으로 자격을 부여받은 것만을 다루게 하는 중요한 이유가 아닐까 싶다. 여기에는 예술을 신비화하고 특히 예술을 창조성으로 보는 관점이 크게 작용한다. 신비화한 창조성과 결부될 때 예술은 상상력의 문제로 이해되곤 한다. 물론 상상력의 문제, 창조성의 문제는 매우 중요한 문제이며, 엄밀하고 치밀한 이론적 검토를 요하는 문제다. 사실 동양이든 서양이든 예술이론은 바로 이 문제와 긴밀한 관련을 맺어왔으며, 오늘의 가장 설득력있는 예술이론은 이 문제에 가장 치밀하게 천착해온 사람들의 노력의 결과로 구축되었다고 할수 있다. 플라톤, 아리스토텔레스, 키케로, 플로티누스, 단테, 시드니, 드라이든, 볼테르, 칸트, 헤겔 등 예술을 논한 무수히 많은 사람들이 예술이라는 인간적 실천을 탐구해왔으며, 이들의 탐구에서 언제나 중요한 위치를 차지했던 것은 예술적 창조의 가치와 의미였다고 할 수 있다. 개인적으로 서양의 예술이론 전통만을 그것도 부분적으로밖에는 공부하지 못하여 서양 전통만을 여기서 언급할 뿐이지만, 우리가 속한 동양을 포함하여 비-서양 세계에도 풍부한 비슷한 예술이론의 자원이 있을 것으로 믿는다. 그러나 오늘 한국의 예술교육에서는 이런 예술의 의미, 기능, 가치 등을 '따지고' 분석하는 전통보다는 그동안 머리를 써서 까다로운 예술의 문제를 따져온 사람들이 말한 일부분만을 전가의 보배인 양 강조하여 예술을 신비화하는 경향이 높은 것이 아닌가 한다.

6

지금까지 한 말을 요약하자면 다음과 같다. 먼저 현재 한국의 예술교육은 적어도 대학 차원에서 보면 실기 위주인데, 이 경향은 한편으로는 예술교육의 목적을 전문가 양성에만 두고 있는 비현실적 판단에서, 다른 한편으로는 이론에 대한 외면에서 비롯된 것으로 보인다. 지금까지 예술교육에서의 이론 외면 경향을 주로 언급했는데, 이 부분을 강조한 것은 이론 외면을 통해서는 예술의 역할이나 기능을 온전하게, 제대로 인식할 수 없다고 보기 때문이다. 예술교육에서의 이론 외면은 예술이 사회에서 지닌 위상을 제대로 이해하지 못하게 하고, 이로 인해 예술을 삶의 부차적인 도구나 장식으로 폄하하지 않으면 신비화하는 중요한 이유로 작용한다. 예술을 '딴따라'의 일로 취급하든 신비화하든 문제인 것은 마찬가지다. 예술교육의 새로운 모델은 예술에 대한 새로운 인식에서 비롯될 필요가 있다고 본다.

7

예술은 상상력이 동원되는 활동이다. 예술이 기본적으로 인간의 창조성을 바탕으로 하는 것은 분명하다. 중요한 것은 이때 상상력이나 창조성을 신비화하지 않는 것이다. 몇 년 전에 유네스코에서 펴낸 『우리의 창조적 다양성』이라는 보고서에 나온 '창조성'의 정의를 참조할 필요를 느낀다. 이 보고서에서 '창조성'은 다양한 문제 풀이 능력으로 이해된다. 예컨대 길을 건너가다가 훌쩍 뛰어서는 건너가기 어려운 시내를 만났을 때 이 난관을 극복 불가능한 것으로만 여기지 않고 꾀를 내어 다리를 만들어 건너가는 것이나, 피라미드를 만들기 위해 기하학적 사고를 하는 것이나, 혹은 옷을 더 멋있게 만들기 위해 더 다양한 본을 개발하는 것 등이 그런 능력이다. 여기서 말하는 예술과 창조성의 관계는 위에서 부정적으로만 검토했지만 그 기능을 전적으로 부정할 수만은 없는 '딴따라'적 기질이라는 측면에서, 달리 말하자면 감수성이나 욕망의 차원에서 생각할 점이 있다고 본다. 들뢰즈와 가타리의 경우 예술은 감각을 창조하는 인간 능력이라고 본다. 사실 예술작품이 보여주는 것은 과학이 보여주는 사실 관계의 확인도, 철학이 행하는 개념의 창조도 아닌 감각의 창조다. 여기서 감각은 대원군이 그려낸 난초 그림처럼, 소설 속의 인물처럼 작품이 존재하는 한 언제나 그 모습을 간직하는 사물이나 인물이 만들어내는 감각이다. "그림이 존속하는 한, 그림 속의 청년은 언제라도 미소지을 것이다. 여자 얼굴의 살갗 아래서는 피가 뛰고, 바람은 나뭇가지를 흔들고, 한 무리의 남자들은 이제 막 떠나려 한다. 소설이나 영화 속에서라면 청년은 이제 미소를 거두겠지만, 소설의 그 페이지, 영화의 그 순간을 다시 들추어보면, 그는 다시 미소짓고 있을 것이다. 예술은 보존하며 또한 스스로 보존되는, 세상에서 유일한 것이다."[1] 예술이 보존하는 것이 감각이다.

8

그런데 감성과 욕망의 문제로, 혹은 감각의 창조로 본다고 예술을 이론과 무관한 것으로 봐야 하는 것은 아니다. 여기서 말하는 이론은 무슨 신비로운 특별한 것이 아니다. 그것은 상식에 입각하고 있고, 세상의 이치와 어긋나지 않는다. 여기서 이론은 금방 말한, 예술은 감각을 만들어낸다고 하는 지극히 타당하고 이해하기 쉬운 이치를 알고 따지는 일과 같다. 어떤 상황에 대한 느낌을 말하고, 그 느낌의 종류, 강도, 선호 등을 이야기하는 것은 예술과 관련된 중요한 이론적 작업에 속한다는 것이 내 생각이다. 이때 예술종교와는 다른 방식의 접근을 하려면 음이면 음, 색이면 색을 우리가 세상을 살면서 터득한 감각과 지각으로 수용하고 이해할 수 있는 능력을 기르는 것을 중시하는 것이 필요하다. 요즘은 IQ만이 아니라 EQ도 중요하게 여긴다고 하지만 아직도 학교교육에서 강조되는 것은 IQ와 관련된 지적 능력이다. 하지만 감성, 감각의 능력은 우리가 행

---

1) 질 들뢰즈 · 펠릭스 가타리, 『철학이란 무엇인가?』, 이정임 · 윤정임 역, 현대미학사, 1995, 233쪽.

복을 추구하며 살자면 결코 포기할 수 없는 능력이다. 이 능력을 최대한 계발하는 것이 예술의 역할이라면, 나는 이론은 이 능력의 계발과 관련된 여러 조건들, 요인들, 상황들을 이해하고 따지고 검토하고 분석하는 일에 속한다고 본다.

9

다른 한편 여기서 말하는 이론은 사회적 쟁점, 즉 사람들이 세상을 살면서 서로 다른 입장 때문에 생겨나는 차이들을 따지는 작업이다. 최근 예술의 음란성 문제가 사회적 쟁점이 되는 경우가 빈번해졌다. 예술교육에서 이론은 이런 문제를 다룰 준비가 되어 있어야 한다고 본다. 예술의 신비화 경향에서 주장하는 것과는 달리, 즉 예술의 절대적 자율성 이데올로기와는 달리 예술은 사회와 절연해서는 결코 성립할 수가 없다. 위에서 근대예술의 출현 과정에 대해 잠깐 언급했지만, 예술에 부여된 신비한 창조성은 통상 예술의 자율성이라는 것으로 재해석되곤 했다. 그런데 이 자율성을 가지고 예술의 사제들은 예술이 사회로부터, 정치와 경제로부터 자유로우며, 자유로워야 한다고 주장하는 경향이 있지만 예술의 이런 자율성은 사실은 사회로부터 허가받은 것이기도 하다. 이 점은 20세기 초 서구의 아방가르드 예술가들이 실험적으로 입증한 바 있다. 이들에 따르면 예술의 자율성 혹은 자유는 사회로부터 부여받은 예술의 특별한 지위인 것이지 사회와 무관하게 주어진 예술의 존재론적 특징이 아니다.

이미 알겠지만 최근 들어와서 우리 사회에서는 예술과 관련된 논란이 빈번해지고 있다. 소설가 마광수, 장정일 등이 음란 소설을 쓴 죄목으로 유죄 평결을 받아 복역한 적이 있고, 만화가 이현세가 동물과의 수간을 묘사한 『천국의 신화』 때문에 벌금형을 선고받은 적이 있고, 화가 신학철은 작품 『모내기』 때문에 국가보안법으로 집행유예를 선고받았고, 영화감독 장선우는 〈거짓말〉 때문에 곤욕을 치렀으며, 지금 시점에는 김인규라는 교사-화가가 자신과 부인의 나체 실사 사진 작품을 인터넷 홈

페이지에 올렸다는 이유로 재판을 받을 예정이다. 나는 그런데 국내 예술 교육에서 이와 같은 사안에 대해 어떤 이론적 점검을 했는지 매우 의심스럽다.

예술의 음란성을 둘러싸고 벌어지고 있는 논란은 우리의 감각, 감성, 욕망, 체면 등을 사회적으로 어떻게 표현할 것인가라는 쟁점으로 귀결된다. 그리고 그것은 우리가 하는 예술적 행위가, 특히 표현 행위가 우리의 행동 일반과 관련하여 어떤 위상을 갖는가 하는 문제로 연결된다. 살인 행위와 살인 표현의 차이는 무엇인가? 나체로 길거리를 나다니는 것과 사진으로 자신의 모습을 찍어 인화하여 사람들에게 보여주는 것 사이에는 어떤 차이가 있는가? 포르노영화를 만드는 것은 범죄행위인가? 한국의 법체계에 따르면 그렇다는 것인데, 그렇다면 외국에서는 음란물을 만들었다는 이유로는 처벌하지 않는 점은 어떻게 설명해야 하나? 미국에서는 적어도 일부 주가, 그리고 독일이나 프랑스, 일본 같은 사회에서는 전체적으로 그런 표현을 불법으로 보지 않는다. 우리 사회는 예술적 표현과 관련하여 이들 사회와 왜 어떻게 다르며, 이 차이에 대해서 우리 사회의 구성원들은 개인적으로나 집단적으로—즉 계급, 성, 성적 취향, 세대, 직업에 따라—어떤 태도를 보이며, 우리 자신은 어떤 입장을 취해야 할까?

이런 질문을 하면 예술적 표현은 아주 직접적으로 사회적 쟁점과 연관될 수 있다는 것을 알 수 있다. 예술교육은 이런 문제를 어떻게 다루어야 할 것인가? 사회적 쟁점을 피하기만 할 것인가? 그렇게만 할 경우 예술은 위에서 말한 딴따라, 광대, 연예인으로 위축된 예술인에게 강요된 예술에서 어떻게 벗어날 수 있을까?

10

앞에서도 말한 바지만 흔히 예술은 지적 능력과는 거리가 먼 것으로 보는 것이 전통이요, 관행이다. 하지만 이런 식으로 가서는 예술의 사회적 위상은 결코 높아질 수 없을 것이다. 예술이라는 활동은 분명히 창조성을 가장 기본적인 바탕으로 삼고 있다. 이 창조성을 일면적으로 해석해서는 안될 것 같다. 창조성을 연예인 혹은 딴따라의 '끼'라는 차원에 국한해서 이해하거나 기량의 문제로만 생각할 수는 없다. 실기 위주의 예술교육에서 기량과 끼를 강조하고 있고, 또 이 끼와 기량을 기르고 발휘하는 것이 예술활동에서는 빼놓을 수 없는 핵심적 사안임은 분명하지만 그렇다고 하여 그런 일에 국한된다면 예술활동은 연예나 5분대기조 역할에서 크게 벗어나지 못할 것이다.

예술은 창조성의 발휘라는 점에서 상상력의 활동이다. 예술이 상상력에 의존한다는 것은 예술이 감성이나 욕망의 차원에만 머물지 않고 지성의 차원까지 아우르기도 한다는 점을 의미한다. 가령 미술의 경우 선을 긋고 색깔을 입히는 기량 혹은 기술 차원만이 아니라 개념에 따른 배치를 하고 선과 색의 관습적 관계를 의문시하고 미술 자신이 지닌 사회적 기능에 대한 공적인 발언을 시도하는 일 등 다양한 실천으로 구성된다. 감성적 표현과 지적인 개념화를 모두 포괄하는 것이다. 문학에서도 시행 하나, 소설 문장 하나가 독자의 감성을 건드리는 선율처럼 작용하기도 하지만 시의 구도라는 차원에 들어가게 되면, 가령 장편 소설의 서사 구조의 문제가 나오게 되면 당대 인식론과 형이상학을 외면할 수 없게 된다. 즉 열린 서사를 할 것인가, 폐쇄된 서사를 할 것인가, 사회문제를 반영론적으로 표현할 것인가 혹은 생산미학에 따른 구성주의적 방식을 취할 것인가는 이미 중요한 철학적 선택의 문제가 된다. 오늘 예술교육에서 이런 문제는 어떻게 다뤄지고 있을까?

11

이상 한 말을 종합하여 '예술교육의 새로운 모델'을 생각해보자. 첫째 예술교육에서 실기교육의 위상을 정확하게 정립할 필요가 있다. 예술교육에서 실기교육의 중요성을 무시할 수는 없지만 실기교육의 목적이 모든 예술교육은 전문가교육이 되어야 한다는 식으로 설정되어 있는 것은 문제다(이 점에 대해서는 따로 논의가 필요하지만 여기서는 생략한다). 둘째, 예술교육에서 이론의 문제를 부각시킬 필요가 있다. 예술교육에서 이론을 중시해야 할 이유에 대해서는 위에서 충분히 언급한 것으로 생각되므로 더 이상 상론하지 않는다. 셋째, 예술교육은 기획능력의 계발에 큰 관심을 기울일 필요가 있다. 이 점을 강조하면서 오늘 강의를 마치고자 한다.

　예술활동에서 왜 기획이 중요한가? 예술의 감성 및 욕망 관련 힘을 사회적 문제제기와 연계하고 지적인 활동을 감성적 측면과 연결지으려면 '전략'이 필요하기 때문이다. 이 전략은 예술이 오늘 사회 속에 존립하고 나름대로 기여하기 위해서 어떤 역할을 하고 기능을 할 것인가를 끊임없이 반성하고 따짐으로써 예술의 사회적 기능을 강화하고 위상을 높이는 일이다. 예술교육을 통한 기획능력을 키우려면 어떤 접근을 해야 할까? 이것은 예술교육의 방법론과 관련되어 있으며, 특히 커리큘럼 문제와 깊은 관련이 있다. 나는 개인적으로 예술교육의 새로운 커리큘럼 구성을 위해 이론과 문화공학의 결합을 한 방법으로 제출한 바 있다.[2] 그러나 이 부분은 또 다른 논의 기회를 필요로 할 것이기 때문에 오늘은 상론하지 않는다.

---

2) 졸고, 「문화예술대학원 교과과정의 특성화 전략」, 『지식생산, 학문전략, 대학개혁』, 문화과학사, 1998, 172-97쪽.

3부

인문학의 살길

노무현정부의 출범과 '인문학 위기'의 극복*

문화, 인문학, 그리고 국가

노무현정부가 출범했다. 새 정권의 출범은 새로운 우려가 아니면 기대를 동반하기 마련이다. 국가권력을 행사하는 강력한 중심이 새롭게 만들어짐으로써 앞으로 5년 동안 사회운영기조에 중대한 변화가 생길 것으로 보인다. 오늘 이 자리는 새 정부 출범으로 대학의 인문학에 어떤 변화가 올 수 있을 것인지, 인문학을 전공하는 사람들은 노무현정부에 대해 어떤 기대를 걸고 어떤 요구를 내놓아야 할 것인지 생각해보기 위해 마련된 것으로 안다. 사실 인문학이라 하면 인생의 의미, 인간적 가치, 삶의 조건에 대한 반성 등 다소 한갓지고 유장한 관심사를 다루는 것이라 국가권력의 단기적 이동이라는 변화에 대해 즉각 반응을 드러내는 것은 어울릴 것 같지 않은 학문 분야다. 하지만 최근에 갖추게 된 이런 이미지나 자화상

---

* 2003년 2월 28일 전국대학인문학연구소협의회가 주최한 '인문학에서 본 노무현정권의 과제' 심포지엄에서 발표한 글이다.

과는 달리 인문학이 역사를 통해 취해온 태도와 기능을 보면 오히려 치세의 학문에 가까웠던 편이다. 과거제도를 통해 유학자들을 관리로 등용한 조선의 전통은 말할 것 없고 서양에서도 르네상스 이후 인문학은 새로운 인간적 가치를 주장하고 또 그에 맞게 사회를 설계하는 데 앞장서 왔다. 인문학자들이 새 정부 출범과 때를 맞춰서 토론의 장을 마련하는 것은 이런 점에서 '본연'의 위상을 찾기 위한 노력일 것이다.

한국에서 인문학을 하는 사람들로서는 오늘의 자리가 그렇다고 자축할 자리는 아니다. 위기 담론의 만연에서 알 수 있듯이 인문학은 오래 전부터 어려움에 빠져있으며, 새 정권이 출범하자마자 발전방향을 모색하는 토론회가 필요하다는 생각을 갖게 된 것도 그만큼 상황이 절박하다는 말일 것이다. 지난 10여 년에 걸쳐서 우리 사회 인문학은 문화지형이나 교육현실과 같은 존립조건의 변화로 그 위상이 크게 실추했다. 무엇보다도 인문학의 제도적 기반으로 지탱해온 대학의 상황이 워낙 나빠졌다. 최근 국가와 대학의 관계가 큰 변화를 겪은 탓이다. 외관상으로는 한국의 대학은 크게 발전한 것으로 보인다. 고등학교 졸업생의 74.2%가 대학에 진학할 정도로 몸집이 크게 불어나고 대학교육이 대중화했다. 동시에 이것은 대학졸업생의 사회적 지위가 상대적으로 낮아졌다는 것, 대졸자의 희소가치가 없어짐으로써 대학생들 사이에 새로운 생존경쟁이 치열해진다는 것, 나아가서 중등교육이 입시교육으로 위기에 처한 것과 유사하게 대학교육도 취업교육에 떠밀려 위기에 처하게 되었다는 것을 의미한다. 대학교육은 지금 시장논리에 의해서 지배되고 있으며, 이로 인해 대학과 기업을 구분하기 힘들 정도가 되었다. 알다시피 이런 변화를 야기한 것은 90년대 중반 이후 대학사회에 불어닥친 신자유주의 질서인데, 대학의 성격과 기능이 그에 따라 크게 변함으로써 인문학의 존립기반이 뒤흔들리고 있다.

인문학은 대학이라는 제도를 중심으로 배치되고 육성되어 왔다. 그것이 지향하는 문화가 근대국가에 꼭 필요한 가치나 규범을 갖추고 있고,

국가가 대학을 통해 이 가치와 규범을 지켜내어 계승시키려 했기 때문이다. 여기서 문화는 19세기 영국의 비평가 매튜 아놀드가 말한 대로 '무질서의 가장 단호한 적', 즉 지배적 사회질서를 위한 변명 혹은 무기다. 국가권력을 주로 행사하는 지배세력이 이런 문화를 '시녀'로, 혹은 지배적 가치로 삼아 진흥한 것은 우연이 아니다. 국가가 인문학을 대학에 배치하여 보호해준 것도 근대 학문체계 가운데서는 인문학이 이 문화를 가장 잘 지킨다고 본 때문이다. 상식이겠지만 국가에게는 국민이 필요하다. 이 국민을 형성하는 일은 다양한 개인들에게 내부 구성원 자격을 부여하는 과정이며, 문화가 필요한 것은 바로 이 점 때문이다. 문화는 이질적 개인들을 통합하는 보편적 질서, 가치, 기원 등 상상의 구성물을 만들어낸다. 국민을 구성하는 개인들의 실질적 기원은 복잡할 수밖에 없다. 계급, 민족, 인종, 성(애), 지역 등 사회적 분할 요인들만큼이나 개인들의 사회적 기원이 다양하다는 사실은 그것이 현실인 만큼이나 사회균열을 일으킬 수 있는 위험 요인으로 작용한다. 이 균열을 예방하고 봉합하기 위하여 인간의 보편적 가치, 민족문화 전통과 정체성, 예술적 승화와 같은 의미나 가치, 규범 등을 구현한다는 문화의 '가상'이 동원된다. 문화는 이로써 사회적 다양성, 이질성, 복잡성을 관리하는 데 국가가 요긴하게 쓸 수 있는, 사회를 통합하는 기술의 일환으로 활용된다.

하지만 현단계의 문화에 가해지는 요구는 국가의 이런 요구와는 성격이 크게 다르다. 문화는 지금 국가보다는 시장이 제기하는 요구, 상품의 부가가치를 높이라는 요구, 아니 상품 자체가 되라는 요구에 직면해 있다. 물론 한국에서 국가가 언제 문화를 제대로 대우한 적이 있느냐고 하면 답변이 궁색해지는 것이 사실이다. 국가가 대학을 통하여 인문학적 문화를 지원했다는 것은 대학 예산의 대부분을 국가가 지원하는 유럽의 복지국가에나 해당되는 것이지 그동안 대학을 지원하기는커녕 통제만 해온 한국의 국가에게는 어울리지 않는다. 하지만 지원이 시원치 않았다고 해서 문화에 국가주의가 관철되지 않는 것은 아니다. 그동안 대학은 교육의 목표나 내용에서 민족문화, 근대적 문화예술제도 등을 지향함으로써 문화와 국가의 관계를 관리해왔다. 최근의 변화는 이 관계의 끈을 풀어서 문화의 사회적 기능을 새롭게 주조하는 과정으로 보인다. 대학은 그동안 근대적 의미의 순수예술을 위한 사회적 제도로 기능해왔고, 대학이 운영한 인문학은 이 문화의 이념적 수호자였다. 지금 인문학이 위기에 처했다는 것은 순수예술 형태의 문화를 옹호해온 인문학의 이상과는 정면으로 배치되는 일이 벌어지고 있다는 말이다. 국립극장이나 미술관, 박물관 등 과거 정부예산으로 운영되던 많은 문화예술기관들이 자체적으로 수익을 창출하라는 압박을 받고, 문화예술이 문화산업으로 바뀌는 중이다. 인문학의 위기는 이 문화상품화와 정확하게 궤를 함께 한다. 상품으로 전환한 문화는 경쟁력을 상실할 때 시장에서 퇴출될 수밖에 없다. 인문학 역시 자신이 지지해온 문화예술의 상품적 가치가 줄어듦에 따라서, 사회과학이나 자연과학 등 기초학문들과 함께 당장 '돈이 되지 않는다'는 이유로 학생대중, 대학당국, 국가의 외면을 받게 된 것이다.

노무현정부의 출범은 인문문화가 당면한 이런 위기와 관련하여 어떤 의미가 있을까? 이 문제를 생각하기 위해서는 새 정부의 성립조건, 지지기반, 그리고 새 정부가 지향하는 국정의 목표나 원칙 등을 파악하는 것이 필요하다.

노무현 당선의 조건

노무현씨가 대통령에 당선될 수 있었던 것은 우리 사회가 나름대로 큰 변화를 겪었기 때문이 아닌가 싶다. 사실 1년 전만 하더라도 그의 대통령 당선을 믿는 사람들은 많지 않았다. 노무현씨가 대통령에 당선되는 과정은 하나의 극적인 드라마였는데, 하지만 그 과정에서 드러난 사회적 흐름들을 보면 우리 사회의 정치적, 문화적 흐름이 크게 바뀌었음도 확인할 수 있다고 본다.

먼저 노무현의 당선은 대중의 정치적 성향이 우에서 좌로 상당히 이동했다는 것을 보여준다. 이 원인은 여러 가지일 것이다. 한국사회는 해방 이후 극우세력이 지배세력으로 군림하여 사회적 부와 권력을 독점함으로써 민중과 시민, 대중의 저항을 받아왔다. 1980년대 변혁운동은 그런 정치지형에 대한 거대한 도전이었으나 이 도전은 1987년 이후 위로부터의 보수적 개혁에 의해서 무마되어 왔다. 하지만 1997년을 고비로 IMF 관리체제가 도입되면서 한국사회는 신자유주의의 노골적 지배를 받게 되었고 이로 인해 '20대 80 사회'가 만들어지기 시작하자 이런 사회적 변동에 저항하는 대중의 태도가 새로이 형성된다. 16대 대선에서 대중이 노무현을 선택한 것은 신자유주의로부터의 이탈을 원하는 대중이 생겨났다는 증거다. 물론 이런 여망을 더 잘 반영한 것은 민노당의 권영길이었지만 대중은 권후보에게도 15대 대선 때의 1%보다 더 높은 4%에 가까운 표를 안겨주면서 당선가능성이 더 높은 노무현을 선택했다. 노무현씨는 선거과정에서 이회창, 정몽준 등과 함께 유력 후보들 가운데서는 비교적 진보적인 입장을 취하였는데, 이런 후보를 지지한 대중이 다수였다는 것은 우리 사회가 이념적으로 과거 극우에 가까운 자유민주주의와는 다른 노선으로, 서구의 사민주의에까지는 이르지는 못하더라도 '제3의 길'정도까지는 가는 좌선회를 한 것으로 분석하는 사람도 있다.[1] 이 좌선회가 일어날 수 있었던 데에는 1980년대 변혁운동 과정에서 이데올로기적 전환을 이룬 세대가 한국사회의 주도층으로 자리잡게 된 점이 크게 작용했던 것을 보인다.

둘째, 노무현씨가 당선된 데에는 매체지형의 변화가 적잖은 작용을 했으며, 좀더 거창하게 말하면 문명의 전환이라는 변환이 작용한 결과로 보인다. 노무현씨는 이회창 후보와 비교했을 때 상대적 진보성을 지닌 점으로 인해 조중동, 특히 조선과 동아의 맹공격을 받았지만 결국 살아남았다. 이 사실은 그동안 여론을 주도해온 종이신문의 영향력이 크게 줄어들

---

1) 최형익, 「한국사회의 이데올로기지형과 노무현정권」, 『문화과학』 33호, 2003년 봄.

었다는, 그리고 인터넷 매체가 대신 더 큰 영향력을 행사하게 되었다는 징후가 아닐까 한다. 사실 이런 변화는 1990년대 이후 일정하게 감지되어 왔다. 한국사회의 매체지형은 형식적 민주화를 본궤도에 올리기 시작한 1987년 이후 급격한 변화를 겪었다. 신문, 잡지 등 문자매체 분야의 자유화와 지면확대가 1차로 일어난 뒤로 공중파방송, 유선방송 시장이 개방 혹은 확대되고, 영화, 애니메이션 산업이 새로운 부흥을 맞더니 급기야는 피씨(PC)의 대중화와 함께 인터넷사용이 폭발적으로 확산된 것이다. 이 과정에서 가장 큰 위협을 받은 것은 근대문화에서 지배적 위상을 차지해왔으며 전통적 인문학의 근간을 이룬다고 할 수 있는 문자문화다. 오늘의 새로운, 젊은 대중은 문자문화에 대한 매력보다는 그와는 다른 매체가 제공하는 문화적 실천들, 의미생산, 기호적 실천에 더 큰 관심을 드러낸다. 인터넷통신으로 대변되는 온라인문화의 경우 기존 문자문화와는 다른 구두문화의 특징이 있다. 하지만 다시 눈여겨볼 점은 이런 흐름이 2002년을 고비로 새로운 경향을 드러냈다는 점이다. "흔히 온라인 문화의 특징은 '신체의 생략'이라 간주된다. 디지털기술의 특징은 아날로그적 과정을 생략한다는 것, 즉 물리·화학·생물학적 물질적 과정을 생략한다는 데 있다." 그런데 월드컵 거리응원에서 확인했듯이 "2천만 이상의 사람들이 길거리 응원에 나서 목이 터져라 외친 사건이 주는 교훈의 하나는 디지털혁명에도 불구하고 우리 인간은 신체를 여전히 소중하게 다뤄야 하며, 이 신체로 모든 일을 해야 한다는 점이다. 뙤약볕 아래 몇 시간씩 앉아 경기 흐름에 따라 파도타기를 하고, 소리를 지르고, 울고 웃는 것은 모두 신체가 없으면 할 수 없는 일이다."2) 2002년 우리 사회는 이 단순한 진리를 확인하게 되었다. 월드컵 거리응원을 통해, 선거 날 사발통문 돌리기를 통한 투표독려 행위를 통해, 촛불시위 참여를 통해 사람들은 더 이상 인터넷의 온라인 세계에만 머물지 않고 오프라인에까지 진출하기

---

2) 졸고, 「'월드컵 현상'과 사회운동의 과제: '문화사회'의 건설」, 『한국의 문화변동과 문화정치—문화사회를 위한 비판적 문화연구』, 문화과학사, 2003, 428-29쪽.

시작했다.

셋째, 노무현씨가 지난 10여 년에 걸쳐 대중이 보여준 문화적 태도의 변화에 힘입어 대통령에 당선되었다는 점을 지적하고 싶다. 특히 2002년은 '오노사건', '노사모 열풍'과 '희망돼지', '붉은 악마들'의 월드컵 응원열기, '촛불 시위' 등 이전에는 쉽게 보지 못하던 대중적 행동양식이 줄을 이어 나타난 한 해였다. 이들 사건에 일관된 가장 중요한 특징은 대중의 자발성이 돋보인다는 점이다. 지난 한 해 동안 한국의 대중은 지금까지의 모습과는 크게 다른 모습, 즉 자율적이고 주체적인 모습을 드러냈다. 1980년의 '서울의 봄', 1987년의 6월 항쟁, 1991년 강경대 정국 과정에서 집회에 참여한 대중을 돌이켜보면 참여방식이 강요에 의한 것은 아니었다 할지라도 중앙지도부가 정한 절차나 일정을 따랐다는 점에서 수동적이었던 편이다. 그들이 집회에 참여한 것은 '운동권' 지도부가 정한 의제에 동의했기 때문이지 그 집회를 직접 조직하고 주도하는 등 자율적 태도를 취한 것은 아니다. 반면에 '앙마'라는 한 네티즌의 제안과 다른 네티즌들의 호응으로 촉발된 효순이와 미선이를 위한 '촛불시위'가 단적으로 증명하듯이 2002년에 일어난 집회는 대부분 대중들이 자발적으로 제안하고, 기획하고, 조직하고, 참여하여 이뤄졌다. 지난해 있었던 대통령선거가 보인 양상도 크게 달랐다. 1987년, 1992년, 1997년 대선기간에 나타난 대규모 대중 동원은 거의 사라졌고 대신 '노사모'와 같은 자발적 지지자들의 자율적 참여가 주를 이루었고, '희망돼지' 사례가 보여주듯 불법선거자금 뿌리기 대신 유권자가 오히려 지지자에게 선금을 모아내는 일이 벌어졌다. 이제 대중은 자발적, 자율적으로 행동하기 시작한 것이다. 여기에는 물론 세대의 변화도 큰 몫을 한 것으로 보인다. 노무현을 지지한 사람들은 주로 2030 세대로서 네티즌들이 많으며, GDP 12위에 해당할 만큼 경제성장을 이룬 우리 사회가 그에 걸맞은 사회운영을 할 것을, 정치적 발전을 이룰 것을 요구하기 시작한 주체적 대중이다. 이들은 노무현씨가 자신들이 요구하는 사회변화와 개혁을 가장 잘 실현할 수 있다고 본 것 같다.

이상 언급한 이데올로기 지형의 변화, 매체환경과 문화지형의 변화, 그리고 대중의 자율적 태도 증가 등 세 가지 사회적 변동만으로 노무현 당선이 가능했던 것은 아닐 것이나 이 세 요인을 생략하고 그것을 설명할 수는 없다고 본다. 그런데 다시 강조하고 싶은 점은 이들 변동이 문화적 성격을 강하게 띠고 있다는 사실이다. 1990년대 초 이후 형식적 민주주의가 어느 정도 틀을 잡기 시작하고, GDP가 세계 12위에 이를 정도로 경제성장을 거두는 등 정치경제의 발전이 이루어졌다는 사실도 물론 중요하다. 하지만 2002년 한 해가 증명한 것은 지난 10년 남짓한 세월 동안 우리 사회가 거대한 문화적 변동을 겪었으며 이로 인해 대중의 태도가 크게 바뀌었다는 점이 아닐까. 최근 불거진 북핵 사태에서도 한국인들은 과거와는 다른 태도를 보이고 있는데 이것은 위에서 언급한 자율성 이외에, 젊은이들의 자신감, 감수성, 삶의 스타일 변동과 같은 문화지형 변화와 무관하지 않다. 이 글은 이런 변화, 새로운 지지기반 위에서 탄생한 노무현정권이 한국의 인문학 발전에 어떤 영향을 줄 수 있을지, 또 인문학은 노무현정권에 어떤 요구를 제출해야 할지 살펴보려는 것이다. 하지만 이 논의를 하기 전에 새 정부가 어떤 방식으로 국정을 운영하려 할지 파악할 필요가 있다.

새 정부 인수위는 △한반도 평화체제구축 △동북아 경제 중심국가 건설 △자유롭고 공정한 시장질서 확립 △과학기술 중심사회 구축 △참여복지와 삶의 질 향상 △국민통합과 양성평등사회 구현 △교육개혁과 지식문화강국 실현 △지방분권과 국가균형발전 △부패 없는 사회와 봉사하는 행정 △정치개혁 실현 등 10대 국정과제를 설정한 바 있다. 이들 과제에는 구체적인 세부과제들이 포함되어 있으나, 위에서 분석한 대로 노정권이 제3의 길을 걸을 것으로 예상할 때, 대체로 새 정부의 국정 운영 방향은 경제성장을 지속하되 가능한 한 공정한 소득 분배를 하기 위하여 사회복지를 늘이는 쪽인 것으로 보인다. 그러나 경제성장과 소득분배라는 사회운영 기조는 한편으로는 90년대 이래 지속된 신자유주의 경제정책 기조를 유지하면서 다른 한편으로는 유럽형 사민주의 또는 복지국가의 틀을 구축하겠다는 것으로서 서로 모순되는 측면이 없지 않다. 이와 관련하여 노무현정부가 정책 결정 과정에서 토론이 맡을 중요성을 강조하며 앞으로 한국을 '토론공화국'으로 만들겠다고 하는 데 주목하고 싶다. 이 발상은 노무현정권이 대중의 좌선회에 힘을 얻는다고 하더라도 예상되는 우파의 공격에 맞서기 위해서 필요한 사회적 정당성, 담론적 우위 등을 확보하기 위하여 사회적 합의과정 절차를 거치겠다는 복안일 것이다. 2월 10일 인수위가 새 정부의 명칭을 '참여정부'로 확정하고 △국민과 함께 하는 민주주의 △더불어 사는 균형발전 사회 △평화와 번영의 동북아 시대를 '3대 국정목표'로, △원칙과 신뢰 △공정과 투명 △대화와 타협 △분권과 자율을 '4대 국정원리'로 삼는다고 발표한 것도 이런 관점에서 이해된다.[3] '토론공화국'이 '참여정부'로 전환한 것은 월드컵 응원이나 대통령선거, 촛불시위 등을 통해 확인된 대중의 자발적 에너지 분출을 정책 수립 및 실행 과정과 국정에 참여하는 힘으로 전환시켜 앞서 지적한 모순을 푸는 방안으로 삼으려는 것으로 보인다. 아울러 새 정부는 이승만정권 이래 한국사회에서는 처음으로 사회적 공공성을 강화하려는 본격적인 시도를 하려는 것이 특징으로 보인다. 이것 역시 우리 사회 대중의 '좌선회'를 반영하는 것일 게다.

노무현정부의 성격과 정책방향에 대한 이 분석이 얼마나 정확할지는 사실 미지수다. 새 정부의 시책이 과연 대중의 좌선회를 제대로 반영할 것인지, 한국사회에서 지난 10여년간 일어난 문화적 변동, 특히 대중의 자율성 강화를 국정에 수용할 것인지, 할 수 있을 것인지는 미래로 향해서만 열려있기 때문이다. 그러나 여기서 내놓는 분석과 예상은 변화하는 현실을 파악하려는 노력이기도 하지만 동시에 희망을 담고 있는 것이기도 하다. 개인적으로 우리 사회는 노무현정부의 청사진보다 훨씬 더 근본

---

3) 한겨레신문, 2003년 2월 11일자.

적인 변혁을 요구한다고 보지만 지금까지 나온 약속이라도 실현된다면 우리 사회의 발전일 것이니 노무현정부가 그 약속을 실현하도록 요구들을 좀더 세밀하게 제출할 필요가 있다고 본다.

인문학을 비시장영역 일자리 창출과 학제 개혁

국가의 역할을 다시 정의할 필요를 느낀다. 위에서 언급한 대로 인문학의 발전에는 국가의 역할이 중요하며, 노무현정부의 출범과 함께 우리 사회 국가의 역할이 크게 바뀌어야 한다고 보기 때문이다. 우선 노무현정부가 경제성장을 지향하면서도 신자유주의로 인하여 발생한 사회적 폐해를 치유할 책임을 지게 되었다는 점을 지적하고 싶다. 대중의 좌선회는 소득을 포함한 사회적 부의 분배에서 정의를 실현하라는 요구의 증대이며, 곧 정치경제적 사회변화에 대한 요구를 담고 있다. 노무현정부가 '더불어 사는 균형발전 사회'를 3대 국정목표의 하나로 삼은 것도 이 요구에 일정하게 부응하겠다는 의사 표명일 것이다. 그런데 대중의 좌선회로 인한 이데올로기 지형의 변화와 더불어 문화변동이 일어났다는 점을 고려하면 문제가 만만치는 않다. 한 예로 이데올로기의 좌선회와 대중의 자율성 강화는 정치적으로 반드시 일관된 것은 아니다. 손호철이 최근 지적한 대로 노무현 당선에 기여한 한국의 20대가 과연 '진보적'인가는 의문의 여지가 있다.[4] 노무현은 크게 보면 우리 사회가 진보로 가는 큰 흐름을 만들었기 때문에 당선했지만 재벌 출신인 정몽준과 '야합'을 시도했다는 점도 중요하다. 지금 우리 사회의 변화를 주도하고 있고 노무현의 승리에 크게 기여한 2030 세대의 한 축인 20대 가운데 정몽준을 지지한 비율이 매우 높았다는 사실을 어떻게 이해해야 할까? 이들이 변화를 원했으면서도 다수가 정몽준을 지지했다는 것은 문화적 진보가 정치적 진보와 꼭 일치하지 않는다는 증거가 아닐까? 한편으로 '20 대 80 사회'를 구축하는

---

4) 『월간 문화연대』, 2002년 12월호.

한국의 경제적 질서에 반대하면서 다른 한편으로는 재벌 2세를 지지하는 대중은 따라서 내부에 복잡한 지형을 가진 구성이라는 생각인데, 이와 관련하여 이데올로기정치와 욕망의 정치는 서로 다르다는 점을 확인하고 싶다.5)

그런데 여기서 국가의 문제를 거론할 필요를 느끼는 것은 이데올로기와 욕망이 현실 속에서는 국가라는 장치 속에서 작동되어야 하며, 이를 통해 국가의 한계를 넘어설 수 있는 전망과 계기가 만들어져야 한다고 보기 때문이다. 인문학과 국가의 관점에서 봤을 때, 이것은 한편으로는 그동안 인문학을 외면해온 국가의 기능을 강화하는 노력으로, 다른 한편으로는 이를 위해 인문학과 인문학적 문화가 전화(轉化)하는 계기로, 또 다른 한편으로는 새로운 문화의 구성과 함께 국가의 기능이 전환되는 계기로 작용할 수 있을 것 같다.

먼저 인문학의 지원, 발전을 위해서 국가로부터 기대할 것이 무엇일지 생각해보고 싶다. 계속 '국가'를 언급하는 것은 학문의 발전은 제도개선을 필수로 전제하는데 이런 정책적 조치를 추동할 가장 큰 힘은 아무래도 국가라고 보기 때문이다. 하지만 한국사회의 국가는 그동안 학문과 교육을 억압하지 않으면 시장논리에 방치해왔다고 해도 과언이 아니다. 이것은 첫째 해방 이후 한국사회가 제3세계 일반과 크게 다를 바 없이 식민지극복을 제대로 할 수 없는 상황에서 서구, 특히 미국의 지식생산에 의존해온 탓이고, 둘째 최근에 들어와서 한국자본주의가 신자유주의 축적전략을 채택하면서 교육과 학문의 사회적 기능을 다시 조정하고 있기 때문에 생긴 결과다. 나는 다음이 우리가 직면한 지식생산의 상황이라고 본다.

오늘 생산과 그것을 둘러싼 명령 체계는 지구적 분절 구도 속에서 그 '지휘탑

---

5) 이데올로기와 욕망의 관계에 대해서는 『문화과학』 30호(창간 10주년 기념호)를 참조. 졸고, 「욕망과 이데올로기, 혹은 제국과 국가」, 『한국의 문화변동과 문화정치』, 문화과학사, 2003, 159-89쪽 참고.

들'을 곳곳에 분산 배치하고 있지만 이들 가운데 주요 센터는 서방 8개국에, 그 중에서도 핵심적인 것은 오늘 세계 제국의 중심인 미국(의 메트로폴리탄 센터)에 두고 있다. 지식생산도 마찬가지다. 세계 도처에 유수한 대학과 연구소가 있지만 이것들은 개별 생산라인에 가깝고, 이들 생산라인을 통합하고, 거기서 생산되는 지식과 교육의 내용을 규정하고 통제하는 것은 미국을 중심으로 동심원을 좁혀가는 지식생산의 통제탑들이다. 미국 대학이 전세계 대학교육의 패러다임이 되고 있고, 갈수록 영어가 지식소통의 유일한 수단인 양 사용되고 있으며, 지금 미국이 다른 어떤 나라보다 의료, 학술, 문화, 교역 등에서 지적 재산권을 강조하는 것이 그 증거다. 생산과정은 어떤 것이든 거기에 참여, 기여, 개입하는 생산자들의 기술, 지식, 정보 등과 관련한 능력 등을 전제, 형성, 배분하는 법이다. 오늘의 지구화된 생산은 지식과 기술, 정보 등을 세계적 수준에서 편성한 지식생산 과정을 구성해놓고 있고, 개별 지식 생산라인이나 개인들은 생산과정의 어느 위치에 놓이느냐에 따라서 그 기능, 위상, 성격, 권력 등이 달라진다. 특정한 지식 생산자는 구상 능력이 최대한 발휘되는 지위(총괄 기획)를 차지할 수도 있고, 전체 시스템의 말단 단말기에 지나지 않은 곳에서 극히 제한된 단순 지식노동만을 요구받을 수도 있다. 6)

위 분석에 입각해보면, 오늘 한국의 인문학 나아가 인문사회과학은 지식생산의 분절구도를 공고히 하고, 갈수록 강화되고 있는 미국 중심의 지식통제에 우리 사회를 종속시키는 교두보 역할을 하고 있다는 생각을 금할 길이 없다. 이것은 1948년 미군정에서 구축된 '서울대국립대안'의 지배 효과가 지금도 근본적으로 바뀌지 않기 때문이라고 생각되지만 노무현정부의 출범과 함께 반드시 바꿔내야 할 지식생산양식이다.

어떻게 바꿔야 하겠는가? 1차로 지금 죽어가고 있는 인문학(과 사회과학 등 기초학문)을 살리는 조치가 필요하다. 이와 관련하여 노무현정부가 두 가지 조치를 취할 것을 기대한다. 첫째, 인문학전공자의 비-시장사

---

6) 이 책에 함께 실린 「지식생산의 탈식민화와 공공성 강화—서울대에 바란다」, 102쪽 참고.

회 진출 기회를 확대해야 한다. 현재 대학에서 인문학이 죽어가는 가장 큰 이유는 인문학 전공 학생들의 사회진출 기회가 없기 때문이다. 지금 철학, 문학, 역사학 등을 전공한 학생들이 살아갈 길은 일반 기업체에 취직하는 것뿐이다. 이런 상황에서는 학생들이 전공인 인문학에 관심을 둬야 할 현실적인 이유가 없다. 인문학 전공자가 진출할 곳이 시장밖에 없다는 것은 아무리 줄잡아 말하더라도 이 학문의 기본 성격과는 어울리지 않는 일이며, 인문학 전공자의 사회 진출 기회는 사회적 공공성, 특히 문화적 공공성 강화를 통해서 제공하는 것이 정답일 것이다. 문학, 철학, 역사학, 인류학 등을 전공한 사람들에게 어울리는 일자리는 초등, 중고등 학교, 대학교, 연구소 등 교육과 학문을 위한 사회적 기관들과 나아가서 각종 학교, 대학, 공공, 전문 도서관, 각종 박물관, 미술관, 미디어센터, 아카이브, 문화의 집, 문예회관과 같은 공공문화기반시설이다. 여기서 교육과 학문 기관은 일단 논외로 치고 문화기반시설만 놓고 보면, 현재 우리 사회에 이들 시설이 태부족일 뿐만 아니라 개별 시설을 운영하는 체제가 빈약하다는 사실을 고려할 때 엄청나게 많은 일자리를 창출할 수 있다고 본다. 외국의 경우 지역공동체마다 도서관을 두고서 지역문화의 산실로 만들고 있는데 한국에서도 시·군·구는 물론이고 면 단위까지 비록 규모는 작더라도 도서관을 운영하고 적절한 수의 사서를 배치한다면 당장 수만 명의 사서요원이 필요해진다. 이런 식으로 문화의 집, 문예회관, 아카이브, 미디어센터, 각종 미술관, 각종 박물관의 수를 늘이고 또 운영을 내실있게 할 경우 큰 일자리 창출효과를 낼 수 있을 것이다.

둘째, 대학의 학제(學制)를 개혁할 필요가 있다. 특히 중요한 것이 사회적 기능이 다른 학문분야들의 수학(修學) 시기를 재조정하는 일이다. 알다시피 한국에서는 법학, 경영학, 신문방송학, 의학, 교육학, 도서관학, 건축학 등과 같은 전문직 수련 분야들이 기초학문분야인 인문, 사회, 자연 과학 학문들과 함께 학부 과정에 배치되어 있다. 1990년대 초 김영삼정권이 법대의 교육과정을 학부에서 대학원으로 옮기려고 했을 때 법학 전공자들이 강하게 반발한 데서 알 수 있듯이 현재의 배치로 기득권을 누리는 세력이 있지만 이로 말미암아 대학교육의 기틀이 무너지고 있음을 부인할 수 없다. 지금 대부분 대학에서 인문학 강좌가 배척을 받는 가장 큰 이유는 학생들이 전공분야를 외면하고 법대, 경영대, 신문방송학 과목을 더 열심히 수강하는 데 있다. 인문학의 존립, 나아가서 발전 기반을 구축하기 위해서는 이런 폐단을 일으키는 학제를 바꿔서 전문직업인을 양성하는 학과나 대학은 대학원과정으로 옮겨야 한다. 사서를 배출하는 도서관학과의 경우 학부과정에 두는 것은 향후 도서관에서 근무할 때 필요한 전문지식 함양이라는 관점에서 문제가 있으며, 법학을 전공하는 경우에도 법 문제가 삶의 모든 측면과 관련되어 있다는 점을 생각할 때 학부에서 바로 시작하는 것은 문제라고 본다. 중세 이래 서양에서 의학, 법학, 신학 등을 전문직 학문으로 취급하여 교양과목과 분리해왔다. 이는 이들 전문과목의 목적이 먹고사는 일에 치중되었기 때문에 문법, 논리, 수사학, 산수, 기하, 음악, 천문 등 일곱 가지 기본 교양과목과는 성격이 다르다고 보고 취한 조치. 영어에서 '교양과목'의 '교양'을 'liberal'이라고 하는 데서 드러나듯 이때 교양은 먹고사는 전문직업과는 분리된 자유로운 내용을 담은 학과다. 현재 대학은 전문과목과 교양과목을 같은 연배에서 동시에 배우도록 하고 있는데, 물론 한국의 경우 국가재정 부족과 급속한 인재양성의 필요성 같은 이유가 있기는 했지만 이제는 어울리지 않는다고 본다.

이상 언급한 두 가지 조치만으로 인문학이 존립할 것이라고 보면 사태를 너무 단순화하는 일일 것이다. 인문학의 발전을 위해서는 연구비 지원이나 교수직 증가 등 인문학자들이 생존할 수 있는 기반을 마련하는 것을 포함하여 많은 다른 조치와 정책이 필요하다. 하지만 이미 인문학자들이 된 교수와 같은 사람보다 인문학을 전공하는 학생들이 살아갈 수 있는 기회가 많아지는 것이 더 중요하다는 생각에서 노무현정부에서 위 두 가지 제안이 받아들여질 것을 기대한다.

인문학의 전화

인문학과 국가의 관계라는 측면에서 두 번째로 고려할 점은 변화하는 국가 기능, 혹은 국가의 기능전환이라는 견지에서 인문학 자신은 어떤 변화를 해야 하겠느냐는 것이다. 사실 인문학 위기와 관련하여 대두되고 있는 '위기' 담론에서 인문학의 자성이 너무 적은 편이라고 믿어왔다. 위에서 전지구적 지식생산의 분절구도에 대해 언급했지만, 그동안 한국의 인문학이 이 구도 안에서 벗어난 적이 별로 없다. 물론 인문학이 부분적으로 비판정신을 지켜온 것은 사실이다. 그러나 인문학의 비판적 측면은 '허가받은' 것이 아니었을까? 즉 인문학이 자신이 옹호하는 근대적 문화예술과 흡사한 방식으로 정당성을 획득한 것이 아닌가라는 말이다. 페터 뷔르거가 지적한 대로 근대예술은 도구적 이성에 의해 지배되는 사회는 분열을 겪고 있다는 비판적 관점에서 자신만이 온전한 자율성을 누린다는 자화상을 가지고 있었으나 이런 자의식 자체가 사회의 단절을 통해 획득된다는 점에서, 그리고 사회로부터 예술이라는 제도로서 성립하는 허락을 받는 한에서 그런 발언을 할 수 있다는 점에서 한계를 지니고 있다. 근대예술이 간직하고 있다는 총체성, 온전성, 혹은 자율성은 그렇다면 그 자체가 사회적 분열의 한 양상이다.[7] 오늘 대학에서 인문학이 비슷한 방식으로 존립하면서 사회비판의 칼날을 벼리는 것은 그래서 적어도 자신의 물질적 기반인 대학제도에 대한 그리고 대학제도와 인문학의 관계에 대한 성찰이 없는 한, 문제현상임을 지적해둘 필요가 있다. 인문학은 성찰적 학문임을 내세우면서 사회에 대해 성찰의 필요성을 강조하고 있지만 정작 자신에 대한 성찰을 게을리 함으로써 자신의 제도적 성격은 감추는 경향이 높은 것이 아닐까.

인문학의 제도적 성격 가운데 가장 도드라진 점은 분과학문으로서 존재한다는 점이다. 분과학문은 인문학에 속한 철학, 문학 등이 느낄지 모

---

7) Peter Bürger, "The Institution of 'Art' as a Category in the Sociology of Literature," *Cultural Critique* 2 (Winter 1985-86) 참조.

를 자족(自足)과는 달리 실은 매우 폐쇄적이고 위계적인 성격을 지닌다. 문화연구(cultural studies)가 지난 반세기에 걸쳐서 끈질기게 지적해온 대로 인문학은 강한 규율성(disciplinarity)을 띠고 있으며, 오직 자신의 위치에 섰을 때 세계를 가장 잘 이해할 수 있다는 자긍의 태도가 강한 편이다. 위에서 인문학의 발전을 위해서 현재 대학의 학부과정에 배치된 상당수 학문 분야를 대학원으로 보낼 필요가 있음을 지적했지만, 여기서는 인문학도 폐쇄적 구도 속에 갇힌 분과학문체제에서 벗어날 필요가 있다는 점을 지적하고 싶다. 분과학문을 없애자는 취지로 이 제안을 제출하는 것은 물론 아니다. 철학, 문학 등의 분과학문은 그 자체로 중요한 전통과 함께 노하우, 내용을 축적해왔으며, 그런 전통에 걸맞은 모습을 지니는 것만으로도 인류문명에 큰 기여를 해왔다. 하지만 덧붙여 학문은 고목과 같은 모습을 띠어야 하면서도 동시에 숲이어야 하며, 숲에 난 길이기도 해야 한다고 말하고 싶다. 문학이나 철학, 사학은 오랜 전통만큼 우람한 내용을 가지고 있고, 고목처럼 그 아래에 서면 시원한 그늘을 제공하는 혜택을 준다. 그러나 고목 아래에서는 새로운 나무가 자라지 않기 때문에 그 그늘을 벗어난 새로운 양지를 제공하는 숲의 넉넉함도 있어야 한다. 그래야 새로운 그늘과 열매를 맺을 싹이 자랄 가능성이 생기지 않겠는가. 한국의 인문학은 그런데 지금 이런 새싹을 기를 노력을 얼마나 하고 있을까? 각종 인문학 학과와 학회가 그동안 유지해온 관행을 살펴보면 학문적 권위를 내세우면서 오히려 신학문의 발전을 방해했다는 생각을 금할 길이 없다.

이 글의 모두에서 인문학을 '치세의 학문'이라고 하였는데, 치세 학문에는 적어도 두 가지 차원이 있어야 한다고 본다. 첫째 그것은 통치기술의 능력이 있어야 할 것이다. 이 능력은 억압과 배제의 성격을 지닐 수도 있다. 중세 조선의 유학은 여성이나 백성, 인민에게는 억압적이었으며 배제적이었다. 하지만 이것 역시 기술인 것은 분명하다. '본원적 축적'이라는 개념으로 약탈도 축적의 수단이 될 수 있음을 증명한 맑스가 가르쳐

준 대로 통치의 기술은 억압적이면서도 그 기술을 활용하는 쪽에서 보면 권력으로 작용하기 때문이다.[8] 두 번째로 치세에는 탄압과 억압의 기술 이상의 능력, 즉 베풂의 기술과 같은 생산적 측면이 필요하다. 푸코가 '생체권력'이라는 개념으로 설명한 대로 지배는 생명의 약탈 위협으로만이 아니라 역능의 생성으로도 이루어지기 때문이다. 인문학이 치세의 학문이 되기 위해서는 한국의 유학전통에서 보건대 사단칠정(四端七情)의 도야나 구축, 제어 능력을 가져야 했다. 사군자를 치고, 시조를 부르던 조선의 선비에게 학문은 백성을 다스리는 기술만이 아니라 자신을 다스리고, 배려하는 '자아의 테크놀로지'(푸코)였던 것이다.

이런 기술, 역능을 갖추기 위해서 인문학은 적어도 현재의 문화지형을 분석하고 설명할 뿐만 아니라 그 지형을 바람직한 방향으로 바꿀 수 있는 능력까지도 제시하고 보유해야 한다고 본다. 이와 관련하여 인문학, 특히 문학의 새로운 발전 전략을 구상해보자. 현재 한국의 대학은 민족 범주를 중심으로 문학을 제도화하고 있다. 적어도 지난 1세기 이상에 걸쳐서 세계의 언어적, 문화적 질서가 민족국가 중심으로 구축되어온 저간의 사정을 반영하는 관행일텐데, 문제는 오늘의 '문자'가 과연 민족언어 중심으로 구성되고 있느냐 하는 것이다. 알다시피 인문학은 문자를 기반으로 구성되는 학문이다. 인문학의 표현매체는 철저히 문자, 그것도 민족언어에 기반을 둔 문자이기 때문이다. 이 매체가 문화지형에서 지배적 위치를 차지하던 시기에 국가는 인문학을 외면할 수 없었기 때문에 적어도 지원을 원칙으로 삼는다는 식의 시늉이라도 내는 노력을 기울였다. 최근에 들어와서 국가가 시장의 대학침투를 오히려 조장하고 인문학의 고사를 방치하는 태도를 취해온 것은 그러나 문자의 이런 지배적 위치에 변화가 생겼으며, 문자의 형질에도 변동이 생긴 점을 간파했기 때문이 아닐까 한다. 나는 이 점과 관련하여 얼마 전부터 '문형'(文形)이라는 개념을 수용

---

8) 칼 맑스, 『자본론』 1권 상 '본원적 축적' 장 참조.

할 필요가 있음을 주장해오고 있는데, 천지인(天地人), 즉 세상에 존재하는 모든 것에는 모습, 형태, 무늬, 꼴이 있으니 매체에 따라 달리 구성되는 온갖 꼴을 연구하는 일, 꼴을 만들어보는 일, 꼴을 가지고 살아가는 기술 등을 새롭게 형성되는 문학의 관심사로 삼자는 것이다.[9] 이 경우 지금 우리가 '문학'이라고 간주하는 문화적 실천은 새로운 문학 또는 문형학의 하위분과에 속하게 될 것이므로, 국문학, 독문학, 영문학, 중국문학 등 지금 대학의 학과제도 안에 정착된 민족문학을 문학의 분과학문과 동일한 수준으로 대우하는 것은 한편으로는 학생들에게 문학을 너무 편협하게 가르치려는 태도이고, 다른 한편으로는 새로운 문학 개념의 탄생 혹은 제도화를 막는 일이라고 본다.

새로운 문학 개념에 따를 경우 민족문학의 범주에 바탕을 두고 진행되는 문학연구와 교육에서는 제대로 허용되지 않는 새로운 학문분야들이 도입될 수 있다고 본다. 문자를 문형의 관점에서 볼 경우 '기호', '텍스트', '담론', '이미지', '재현', '서사체' 등 다양한 의미형성 단위 또는 체계를 새로운 문학 탐구 대상으로 볼 수 있다. 이런 '문형'의 문제들을 중시할 경우 문학연구와 교육은 글쓰기 기술(technologies of writing), 서사이론, 기호학, 장르론(시론, 소설론, 희곡이론, 영화이론), 매체이론(영화, 사진, TV, 애니메이션, 컴퓨터게임), 담론이론, 도상학(iconology), 문화연구와 같은 새로운 방법론이나 이론들, 혹은 지적 기획들을 도입하고, 근대 이전의 전통에서 중시하던 수사학과 문체론을 수용해야 할 것이며, 나아가서 해석학(hermeneutics), 미학과 같이 다른 분과학문에 속하지만 문학 이해에 도움을 주는 분야도, 더 나아가서 문학 개념과 실천의 역사를 다루는 문화계보학까지 다루는 아주 새로운 교과과정을 구성해야 할 것이다. 이런 식으로 본다고 해서 지금까지 지배적 위치를 차지해온

---

9) 이와 관련된 좀더 구체적인 논의는 졸고, 「문학과 아픔의 미학」과 「문학교육의 전화와 '문형'의 문제설정」, 『문학의 힘, 문학의 가치—문학의 유물론적 이해』, 문화과학사, 2003 참고.

민족문학이 사라져야 하는 것은 물론 아니겠지만 그래도 문학을 무조건 민족문학이라는 범주 아래 두는 지금의 관행은 당연시될 수 없다. 여기서는 개인적인 관심사를 중심으로 문학의 재구성을 생각해 봤지만 인문학을 해체하고 재구성하는 데는 이밖에도 여러 가지 방안이 있을 것이다.

국가의 문제를 끄집어내 놓고 인문학의 환골탈태 필요성을 강조하는 것은 인문학 역시 공적인 자원의 지원을 요구하려면 그만한 자격을 갖추어야 한다고 보기 때문이다. 분과학문체제의 문제와 민족문학 중심의 문학 편성의 문제를 지적한 것은 적어도 몇몇 경우에 인문학이 오늘의 삶의 모습에 제대로 개입하는 능력이 없다는 점을, 현단계 세계의 모습을 더 나은 방향으로 가꾸는 데 기여하려면 그 역능을 강화해야 한다는 점을 지적하기 위함이었다. 물론 현재의 인문학이 그대로 가치있는 것이기 때문에 사회적으로 존속할 가치가 있다는 의견도 가능하지만 인문학이 좀더 창조적이고 생성적인 방향으로 발전하여 그 사회적 기능을 강화함으로써 새로운 '치세의 학문'이, 비판적이면서 동시에 생성적인 역량을 강화함으로써 사회에 필요한 학문이 되었으면 한다.

시적 정의의 사회적 반영

인문학과 국가의 관계를 재조정할 때 생각할 또 다른 쟁점은 문화와 국가의 관계다. 지금까지 문학 등 인문학이 발전할 수 있고, 존립할 수 있도록 국가에서 지원할 필요가 있지만 동시에 이 지원을 받기 위한 자격을 인문학이 갖출 필요가 있다는 점을 강조했다. 이제 문화와 국가의 관계를 다시 생각해보면서 먼저 전통적인 (인문)문화도 사회의 공적인 관계들을 이해하고 그것들을 더 정당하게 만드는 데 중요한 역할을 할 수 있다는 점을 강조하고 싶다. 가령 '문학적 상상력'은 국가와 사회에 어떤 기여를 할 수 있을까? 통념에 따르면 국가는 공적인 영역이요 문학의 세계는 사적인 세계라서 서로 교통이 없어 보인다. 나 역시 국가가 공공의 영역이라는 점을 부정할 수는 없다고 보지만 문학이 상상의 세계라고 사적인 영역에 국한된 것으로 보는 것은 시정할 필요가 있다는 생각이다. 누스봄이 주장하듯 '문학적 상상력'은 '공적 상상력' 즉 "재판관이 판결을 내릴 때, 입법자들이 입법을 할 때, 정책 수립자들이 사람들의 삶의 질을 측정할 때 그들을 지도해줄 상상력"이 될 수 있다. 10) 소설, 특히 리얼리 즘 소설의 경우 당대의 윤리와 사회적 가치를 감안하지 않고, 계급이나 민족-인종, 성, 세대 등을 둘러싼 사회적 갈등에 대한 비판적 시각을 전 제하지 않고(물론 작가의 이데올로기로 인해, 혹은 재현상의 미숙함이나 예술적 성취의 실패로 인해 잘못되는 경우도 있겠지만) 등장인물에게 성 격부여(characterization)를 하는 경우란 없으며, 독자들로 하여금 각 인 물에 대한 동정, 애정, 혐오, 갈등을 느끼게 하지 않는 경우도 드물다. 소설 속의 인물들에 대해 느끼게 되는 이런 태도를 누스봄은 공적인 삶에 서도 필요한 인간적 자원이라고 보는데, 가령 흉악한 범죄를 저질렀지만 그 범죄에 이르기까지 엄청난 개인적인 고통을 겪은 사람에 대한 판결, 지원을 하면 경제적 효과가 바로 나겠지만 당장 사정이 그리 급하지는 않 은 부르주아 공동체에 대한 공적 자금 투여와 웬만한 양의 자원을 투여해 도 개선될 여지가 없어서 정치적 선전 효과는 없을 것 같으나 지원을 하 지 않으면 당장 굶어죽을 것만 같은 빈민촌 사람들에 대한 지원 사이의 사회적 선택, 흉악범의 죄상을 밝히려들다 고문이라는 불법적 수단에 의 존하는 검찰에 대한 사법적 판단 등 다양한 사회적 문제와 과제, 혹은 쟁 점이 지닌 복잡성을 이해하는 데 문학작품을 읽으면서 벼린 판단력이 중 요한 역할을 할 수 있다는 것이다.

'비판적 거리'(critical distance)라는 개념도 매우 중요하다. 몇 년 전 영 화 〈거짓말〉을 놓고서 포르노냐 예술이냐를 놓고 논쟁이 벌어진 적이 있 지만 이 개념에 의거할 경우 작품 속에 재현된 남녀 성행위의 표현이 사 람들로 하여금 반성적 판단을 할 수 있도록 하는 재현장치를 내장하고 있

---

10) Martha C. Nussbaum, *Poetic Justice: The Literary Imagination and Public Life* (Boston: Bacon Press, 1995), p. 3.

는가가 그 작품이 포르노인지 아닌지 구분하는 중요한 잣대가 된다. 이 개념은 예술작품 이외의 영역에서도 활용될 수 있다. 가령 국가기관, 시민단체, 직능조직 등이 내부에 자신의 존립근거나 활동을 성찰적으로 검토할 수 있는 '비판적 거리'라는 장치를 두고 있느냐 없느냐는 그들 조직의 건강성을 유지하는 중요한 기준이 될 수 있다. 권위를 내세우기 위해 사회적 상징체계를 활용하여 자화자찬을 일삼는 독재자(군사독재를 정당화하기 위해 광화문 네거리에 이순신 동상을 세운 박정희가 생각난다), 공적 이익을 내세우지만 집단이기주의를 관철시키려 낭비성 공공사업을 벌이는 관료들에게 꼭 필요한 것이 이 비판적 거리가 아니겠는가.

누스봄은 문학적, 예술적 상상력을 통해 형성되는 정의를 '시적 정의'라 부르고 이것을 사회운영의 정의를 실현하는 데 반영할 수 있다고 생각한다. '시적 정의'(poetic justice)라는 말은 17세기의 토마스 라이머(Thomas Rymer)라는 사람에 의해 만들어진 것인데 문학작품 안에서 구현된 권선징악을 가리킨다. 사실 모든 소설에서 권선징악이 이루어지는 것은 아니며, 엥겔스와 맑스가 '리얼리즘'과 관련하여 지적한 대로 판에 박힌 권선징악적 처리가 바람직하거나 효과를 제대로 내는 것도 아니어서 근대로 올수록 권선징악과는 다른 방식으로 작중 인물의 운명을 처리함으로써 더 큰 사회비판 효과를 만들어내기도 한다. 하지만 '시적 정의'는 허구적 세계에서도 관철되기를 바라는 사회적 정의가 있다는 점을 지적해주고, 인물들간의 관계가 납득 가능한 방식으로 전개될 수 있도록 함과 동시에 인물들의 성격, 행동, 태도에서 드러나는 윤리적 차이에 민감하게 반응하게 만드는 일종의 시금석 역할을 한다고 볼 수 있다. 현대의 많은 소설에 '시적 정의'가 지켜지지 않는 경우가 많다고 하더라도 그 개념이 전제되지 않는다면 그 소설들이 만들어내는 아이러니나 비판의 효과는 반감될 것이다. 나아가서 '시적 정의'는 사회운영에서도 적용될 충분한 여지를 가진다.

좀더 구체적으로 학교도서관 살리기라는 과제를 가지고 이 문제를 생각해보고 싶다. 지금 전국에는 1만 1천 정도의 초·중등 학교가 있다. 이들 학교의 도서관을 내실화하고 지역문화센터로 역할을 할 수 있도록 하는 방안을 생각해보자. 학교도서관을 제대로 지어 운영하려면 도서관마다 적정한 수의 사서들을 배치하는 것은 물론이겠지만 지역과 도서관 사이에서 일어나는 각종 행사, 기능을 연결하는 문화촉매자들이 필요할 것이고, 나아가서 도서관 운영의 공공성을 확보하기 위한 지역인의 참여가 필요할 것이다. 이때 참여하는 지역인, 문화촉매자는 누가 되어야 할 것인가? 우선 학부모들을 생각할 수 있지만 아울러 해당 지역에서 시민적, 사회적 공공성을 담지할 수 있는 주체들, 이를테면 시민사회단체의 활동가도 상정할 수 있다. 그런데 이들의 참여를 적극 독려하기 위해서는 어떤 조치가 필요할까? 무척 한가로운 말 같지만 '시적 정의'의 반영이 한 방법이라고 본다. 지금 파악된 바로는 학교도서관의 실태는 철저하게 은폐되고 있으며, 지방의 교육청 등에서는 학교도서관이 세간의 관심을 일으키는 것 자체를 싫어할 정도라고 한다. 학생들을 입시공부에 매진시키기 위해 통제하고 관리해야 하는데, 학교도서관이 지역사회에서 문제가 되고 지역사회가 그 운영에 개입해들어 올 경우 갑자기 학생들의 삶의 방식이 노출되고 아울러 공교육의 틀이 비판의 대상이 될 것이 예상되기 때문일 것이다. 이런 식의 문제은폐, 학생에 대한 통제는 찰스 디킨스와 같은 리얼리즘 소설가들이 자주 다룬 정의롭지 못한 청소년 양육의 대표적인 사례다. '시적 정의'는 여기서 아주 구체적이고 일상적인 차원에서 벌어지는 우리 사회의 교육현장을 어떻게 바꿔야 할지 모색하게 하고, 또 변화의 방향을 적어도 원칙의 수준에서는 제시해주는 것 같다. 지역문화의 촉매자가 학교도서관 운영에 개입하려는 것은 학생들에게 교육기간 동안에도 새로운 자유의 공간을 제공하기 위함이다. 지금처럼 공교육이 입시교육에 종속되어 있고, 교육관료들이 교사와 학생들의 자율적 활동을 철저하게 통제하고 있는 상황에서 필요한 것은 교육현장에 위계화된 방식으로 관철되는 교육의 명령체제를 민주화하는 일이며, 학생들의 서열화를 막기 위해 삶의 다양한 가능성을 일찍부터 제공하는 것이다. '학교도서관' 구상은 이런 가능성을 열기 위한 하나의 제안에 불과하지만 교육부→교육청→교장→교감→주임교사→교사→학생으로 이어지는 위계적 명령체계를 교사와 학생의 상호교육, 지역과 학교의 협조체제로 대체하고, 나아가서 지역사회 자체의 문화적 역량을 강화하는 계기가 될 수도 있을 것이다. 물론 이런 기획은 교육정책과 지역문화정책의 연계 등 복잡한 과정을 거쳐야 그 효과를 기대할 수 있는 만큼 만만치 않은 작업이다. 하지만 교육발전, 지역발전, 사회발전에 그 필요성이 인정된다고 한다면 시적 정의, 비판적 거리와 같은 문학적 개념들이 허구적이고 한갓진 것으로 끝나지 않고 현실 사회의 구체적인 운영에도 적용될 수 있다는 말이 된다.

기존의 인문문화가 지닌 이런 힘은 인정한다고 하더라도, 인문학, 인문문화의 변화가 필요하다고 위에서 한 주장을 취소하고 싶은 생각은 없다. 인문문화가 삶의 질을 향상시키는 중요한 자원이며, 사회적 공공성을 유지하고 강화하는 데 중대한 역할을 한다고 보지만 인문문화도 새롭게 구성될 필요가 있다. 이 글의 모두에서 지적한 대로 문화는 국가운영과 관련하여 지배의 도구, 통치의 기술로 사용되기도 한다. 이런 점에서 문화를 절대적 가치를 지닌 것처럼 여길 경우 의도와는 달리 현존 지배질서만을 옹호할 우려가 있다. 따라서 인문문화에 대한 비판적 성찰은 계속되어야 하는데, 특히 문화를 민주화하는 일이 중요하다고 생각한다.

문화와 민주주의의 문제는 두 측면에서 생각할 수 있을 것이다. 한편으로 문화의 민주화는 이미 가치있다고 인정된 문화예술에 대한 대중의 접근을 최대화하는 일, 즉 대중으로 하여금 문화의 혜택을 누리게 하는 일이다. 중요한 인간 성취로 간주되는 시와 소설, 드라마 작품들, 그림, 조각, 영화, 연극 등 다양한 예술장르를 다수가 누릴 수 있게 하는 것은 매우 중요하다. 하지만 다른 한편으로 문화의 민주화는 문화 개념의 민주화라는 관점에서 접근할 필요도 있다. 이때 문화는 위계적 관점에서 이해되는 것이 아니라 차이와 다양성의 관점에서 이해되며, 그 민주화는 다양한 문화적 표현을 가능케 하는 일로 간주된다. 첫 번째 관점에서 본 문화의 민주화가 박물관이나 미술관, 도서관 등을 많이 짓고 그 내용물을 확충하여 대중으로 하여금 생산된 훌륭한 문화를 쉽게 감상하고 이용하는 정책으로 이어진다면, 두 번째 관점에서 문화의 민주화는 대중 스스로 문화를 생산하고 창조할 기회를 갖도록 하는 조치, 다시 말해서 문화의 생산수단에 대한 대중의 접근을 용이하게 하는 일이 될 것이다. 지역의 주민들이 자율적으로 활동할 수 있는 주민센터나 문화의 집을 운영하는 것, 또 청소년이 자신들의 작품을 제작할 수 있도록 미디어센터 등을 운영하는 것이 그런 조치에 해당한다고 본다.

인문문화 자체의 개념을 민주화하자는 제안은 위에서 제안한 인문학의 새로운 방법론, 이론 도입과 연계될 수도 있다. 이와 관련하여 나는 '문화공학'이라는 개념을 제안한 적이 있는데, 그 취지는 영화나 소설의 기획과 창작, 놀이동산, 거리 조성과 같은 구체적인 문화생산 과정에서 서사이론, 기호학, 매체이론 등의 이론과 방법론에서 제시되는 쟁점들을 사회민주화라는 견지에서 반영할 방도를 찾자는 것이다.[11] 이때 '문화공학'은 자본주의사회에서 광고가 사용하는 감정공학과 유사한 측면이 있으나 여기서는 진보적 문화적 실천이 목적이므로 '비판적 문화공학'이라는 말이 더 어울릴 것 같다. 이 기획의 과제는 광고나 다른 문화산업 분야들이 활용하는 기법들을 비판적으로 점검하고 그것들이 노리는 사회의 상품화 대신 자유와 평등, 평화와 같은 근본적인 인간적 가치들을 구현할 수 있도록 연구하는 것이다. 나는 이 기획이 문화예술적 실천에서 진보적 입장으로 간주되고 있는 리얼리즘과는 일정한 거리를 둔다고 보는데, 여기서 상론하기는 어렵지만 이것은 문화적 실천이 기왕에 전제된 가치를 그대로 문화산물에 반영하는 방식에 머물 것이 아니라 가치가 생산되고,

---

11) 졸고, 「문화공학을 제안하며」, 『지식생산, 학문전략, 대학개혁』, 문화과학사, 1998.

권력이 행사되는 과정을 측정하고, 계산하고, 판단할 필요가 있다고 보기 때문이다. 이때 중요한 것이 기호, 텍스트, 재현체계, 상징체계, 신화 등의 물질적 구조들을 실질적으로 바꿔내고 가꿔내고 실험하는 일이다. 위에서 기호학, 서사이론, 도상학, 문학계보학 등을 제안한 것은 이런 관점에서 비롯한 것인데, 이렇게 하여 새로운 문학, 즉 문형학(文形學)이 구성될 경우 삶의 꼴, 형태, 모습 등 바꿔내는 능력을 좀더 체계적으로, '과학적으로' 할 수 있지 않겠는가, 세상의 '꼴값'을 높이는 일, 즉 삶의 공공성을 좀더 민주적이고 생산적으로 높이는 일이 가능하지 않겠는가 생각한다.

결어

지금은 정권이 바뀌는 중이라 새로운 사회설계가 한창 나오는 시점이다. 노무현정부는 앞에서 말한 10대 국정과제의 하나로 △지방분권과 국가균형발전, 3대 국정목표의 하나로 △더불어 사는 균형발전 사회, 그리고 4대 국정원리의 하나로 △분권과 자율을 포함시켰다. 나는 이런 과제, 목표, 원리 등과 관련하여 인문학의 발전을 바라는 사람들이 힘을 모아서 일관된 요구를 제출할 필요가 있다고 본다. 현재 인문학이 발전하지 못하는 가장 큰 이유의 하나는 대학과 학문이 서열화해 있다는 것이다. 서울대학교를 정점에 두고 지방대학으로까지 마치 사다리를 이루듯이 서열화한 상황에서 인간됨의 의미, 인간적 가치의 구현과 그에 따르는 삶의 조건을 근본적으로 성찰하고 나아가서 삶의 꼴값을 높이려는 노력을 하는 인문학이 발전하기는 어렵다. 인문학이 죽는 데는 시장의 강화라는 한국자본주의가 부추겨온 사회발전전략이 작용한다. 이로써 삶의 균형이 깨지고 일류대학, 이류대학, 삼류대학이 생기며, 서울과 지방대학의 불균형이, 학문과 학문의 불평등 권력구조가 형성되고 있다. 노무현정권은 대중의 좌선회와 자율성 강화라는 문화변동 속에 탄생한 데 따른 압박을 느끼는 듯 사회의 균형발전을 약속했다. 특히 이 과정에서 지방대학을 지역발전의 중심에 놓겠다고 하여 기대를 모으고 있는데, 대학이 인문학의 존립기반이라는 점에서 인문학 전공자에게 이것은 매우 중요한 약속이기도 하지만 공공문화기반시설을 지역의 자치체에 확충하지 않고서는 지역의 균형적 발전을 도모할 수 없다는 점에서도 중요하다고 본다. 이미 앞에서 언급한 대로 인문학 전공자들이 일자리를 구할 수 있는 곳은 공공영역이며, 특히 지방 곳곳에 만들어져 운영될 공공문화기반시설들일 것이기 때문이다.

이 과정에서 '시적 정의'와 같은 전통적인 인문문화의 개념들이 요긴하게 쓰일 것임을 언급했지만 동시에 인문학도 바뀌어야 한다는 점도 지적했다. 사실 인문학의 위기는 사회적 변동의 징후다. 인문학은 이제 새 대중을 만나고 있다. 이들은 자율적 대중으로서 생산자와 소비자, 전문가와 비전문가, 지식인과 비지식인이 합체된 '프로슈머'(prosumer)에 가깝다. 이런 학생을 대상으로 가진 인문학자가 과거처럼 스승으로 군림할 수는 없다. 이와 관련, 지난해 초에 일어난 오노사건을 생각해봄직 하다. 오노가 김동성 선수의 뒤를 따르다 방해를 받은 양 두 손을 치켜든 장면은 바로 인터넷에 제공되어서 네티즌이라면 누구나 쉽게 반복하여 볼 수 있었고, 그 기만성을 재차 확인할 수 있었다. 더 중요한 점은 네티즌들은 기자, 해설자, 교수 등 전문가의 도움을 받지 않고서도 이런 사실을 확인했다는 것이다. 지금은 대중가요 표절, 텍스트 및 이미지의 사실 왜곡, 혹은 공중석상에서 들릴 듯 말 듯 내뱉는 욕설 등 이전 같으면 그냥 지나칠 일들이 삽시간에 인터넷상에, 곧 이어 방송화면이나 지면에 퍼져나가곤 하는 시대다. 이런 지식정보 유통의 상황에서 가르침을 전수하는 고전적 인문학자의 모습은 크게 바뀔 필요가 있다. 지식은 이제 공유되는 것이며, 교육자와 피교육자간의 민주적 관계를 전제하여 생산되는 산물이다. '인문학의 위기'는 외부로부터 인문학에 대한 지원이 강화됨으로써 극복될 성질의 것이 아니다. 그보다는 오히려 인문학이 내부 개혁을 통해 자신의 역능을 강화하고 문화의 민주화에, 특히 자신의 문화 개념의 민주화에 진력해야 사람들의 일상적 삶과 접촉하고 그 공공성을 높이는 데 참여함으로써 살길을 찾을 수 있을 것이다. 참여정부를 표방하는 노무현정부의 출범은 이런 점에서 우리 사회 인문학이 과거에는 기대할 수 없던 도전을 감행할 기회를 가져온 것인지도 모른다. 물론 이 기대는 정권 초두에 내놓은 약속이나 가능성의 단물이 아직은 진하게 느껴지는 시점에 드는 것이어서 얼마나 오래 지속할지는 예상하기 어렵다. 하지만 위기에 빠진 인문학으로서는 지금 제시된 기회라도 과감하게 포착할 필요가 있다고 본다. 인문학은 '비판적 문화공학' 혹은 민주주의를 위한 '치세의 학문'으로서 다시 탄생해야 하지 않겠는가?

10

신자유주의 시대 인문문화의 살길[*]

인문문화의 '위기'

최근 인문문화가 위기에 빠졌다는 말이 자주, 아니 어쩌면 너무 자주 나와서 사람들을 오히려 식상하게 만드는 것이 아닌가 싶다.[1] '문학의 위기', '순수예술의 위기', '기초학문의 위기', '인문학의 위기' 등 인문문화의 위기를 강조하는 언설과 논의가 그만큼 넘쳐난다.[2] '위기 담론'은 흔

---

[*] '인문학·소통·대중'을 주제로 한 2003년도 중앙대학교 인문학 학술심포지엄(2003. 12. 4)에서 발표한 글이다.
1) 여기서 '인문문화'는 인문학만이 아니라 인문적 가치를 구현한다고 볼 수 있는 기초학문과 예술까지 아우르는 말로 사용한다. '인문학'도 그렇지만 '인문문화'는 범주가 모호한 것이 사실이다. 인문문화를 이 글의 논의 대상으로 설정하는 것은 문학, 사학, 철학 인문학 분야만이 아니라 미술, 음악 등의 예술분야, 나아가서 경제나 사회와 구분되는 문화 일반이 다 같이 이 글에서 다루려는 위기나 문제를 안고 있다고 보기 때문이다.
2) 최근 들어와서 때 아니게 '인문학 위기'를 중심으로 한 '인문문화 위기' 논의가 부쩍 늘어난 편이다. 이 흐름은 1997년 14개 대학 인문학연구소가 참여한 전국대학인문학연구소협의회가 '현대사회의 인문학—위기와 전망'이라는 주제로 학술심포지엄을 열고 여기서 발표한 글들을 『현대 사회 인문학의 위기와 전망』(민속원, 1998)으로 출간한 뒤로 계속되었다. 현

히 과장의 수사법을 과도하게 사용하는 경향이 있지만 인문문화 위기 담론도 예외는 아니다. 하지만 그렇다고 인문문화가 위기를 겪고 있다는 사실 자체가 사라질까? 식민지 근대성을 강요받는 과정에서 전통 학문과 예술의 허리가 잘려 자립적인 근대문화를 제대로 구축하지 못한 한국 근대사에서 인문문화가 언제 성황을 누렸을까마는 그래도 그 이념이나 가치만큼은 명목상으로나마 사회적 중요성을 인정받던 터였다. 그러나 90년대 중반부터 인문문화는 아예 노골적으로 그 존립의 정당성까지 의심받기 시작한 것으로 보인다.

최근의 이런 경향은 신자유주의 정세와 무관하지 않다. 대학제도를 중심으로 한 지식생산양식이 신자유주의 개혁을 겪고 이 과정에서 문학, 사학, 철학, 예술을 포함한 분야에서 반성적 사고나 비판적 문제의식, 아름다움이나 진정성의 추구와 같이 인문문화가 중시해온 가치와 태도 대신 시장 중심의 가치 판단이 침투하기 시작한 것이다. 우선 신자유주의 공세로 지식의 사회적 기능이 바뀌었다. 지식은 이제 더 이상 그 자체로 가치를 지닌다기보다는 얼마나 큰 효용성, 생산성을 갖느냐에 따라 평가된다. 김대중정권 이래 바람직한 지식인 상은 '대상지'(對象知) 보다는 '방법지' (方法知)를 추구하는 '신지식인'이라는 주장을 정부와 일부 제도권 언론이 퍼뜨리고 있는데, 여기서 지식의 가치는 그 효과에서 나온다. 아울러 자본의 논리 강화에 따른 사회 전반의 구조조정 진행으로 현대사회에서 지식생산의 가장 중요한 사회적 거점인 대학이 인문문화를 운영하는 기조도 바뀌었다. 근대성이 지배하는 사회에서 인문문화를 보호하고 장려하는 중심은 아무래도 대학인데, 최근 대학들이 학부제, 교수평가제 등을 도입하며 신자유주의 개혁을 추진하면서 그동안 인문문화를 제도화하여 운영하던 관행, 특히 분과학문의 틀과 함께 전통적 기초학문들이 무너

재 전국대학인문학연구소협의회는 70여 대학연구소를 포괄하며, 지난 11월 29일에는 인문사회연구회와 함께 '사회 속의 인문학'이란 주제로 제7회 '인문학 학술대회'를 열어 '인문학 위기'를 다룬 바 있다. 이 글을 발표한 심포지엄도 인문학의 위기를 주제로 삼기는 마찬가지다.

지기 시작한 것이다.[3]

　순수예술, 인문과학, 사회과학, 자연과학과 같은 기초 학문과 예술 혹은 인문문화는 적어도 오늘의 사회구성 견지에서 보면 대학 바깥에서 존립하기 어렵다. 인문문화가 생산하는 지식이나 가치는 시장에서 교환되는 상품과는 다르다. 사적으로 소유할 것이라기보다는 분유(分有)의 대상으로서 공공영역을 기반으로 존립해야 하는 것이다.[4] 인문문화에 대학이 필요한 것은 그 때문이다. 물론 지원하는 공공제도가 있으면 별문제겠으나 한국은 아직까지 사회적 공공성을 제대로 구축하지 못하여 대학 말고는 인문문화를 체계적으로 지원해주는 제도가 없다. 최근 인문문화는 이로 인해 더 큰 어려움에 빠지게 되었다. 한국 대학의 부실한 여건으로 인문문화는 그러잖아도 겨우 명맥만 유지해온 터였는데, 이제는 그 대학들이 시장 중심의 개혁을 진행하여 과학, 지식, 교양, 통찰력, 비판의식, 멋, 아름다움 등 인문문화가 추구해온 교양이 상품화 압박까지 받게 된 것이다. 자본시장에서 '경쟁력'이 없거나 노동력시장의 전문직업과도 관련이 없는 문학, 철학, 사학, 미학, 순수예술 등 전통적 의미의 교양 혹은 인문적 지식, 순수지식, 예술문화는 대학에서 고사할 위기에 처했다.

　하지만 흔히 하는 말로 위기는 기회다. 위기가 닥쳐야 비로소 발본적인 반성을 할 길이 열리기 때문이다. 자신의 존립 자체가 위태로워진 지금 인문문화는 위기의 원인을 제대로 파악할 필요가 있다. 이를 위해서는 자신의 자격 못지 않게 허물도 분명히 깨달아 스스로 위기를 자초하지는

---

3) '분과학문들'과 '분과학문체제'는 서로 구분해야 한다. 학문과 문화의 계승, 발전을 위해 분과학문은 필수조건이지만 그것을 제도화하는 체제는 항상 열린 구조를 지향할 필요가 있다고 보는데, 한국의 분과학문체제는 그동안 완전히 닫힌 방식으로 운영되다가 최근에 들어와서는 분과학문들을 와해시키면서도 그 틀을 계속 유지하는 것으로 보인다. 졸고, 「분과학문 체계의 해체와 지식생산의 '절합적' 통합」, 『지식생산, 학문전략, 대학개혁』, 문화과학사, 1998, 15-43쪽 참고.
4) '분유'는 햇빛, 공기, 물 또는 문화적 전통처럼 여러 사람들이 공동으로 나눠 가질 수 있는 대상을 소유하는 방식이다.

않았는지 되돌아보는 자세가 중요하다. 이는 살길을 찾는다고 무조건 목숨을 구하려 들기보다는 오히려 '사즉생'(死則生) 외길을 따라서 자신의 위상을 되돌아보고 그것을 새롭게, 제대로 정립하자는 말이다. 이 길은 인문문화가 그동안 유지해온 정체성까지 해체할 모험일는지도 모른다. 그러나 자신이 추구하는 목적, 실천하고 존재하는 방식, 그리고 자신의 사회적 위상과 기능, 제도적 형태까지도 근본적으로 바꾸려는 '죽을' 각오를 하지 않고서는 인문문화는 자신의 살길을 쉽게 구하지 못할 것이다. 인문문화가 '위기'에 빠진 이유, '위기'를 기회로 전환하기 위해 인문문화가 해야 할 일, 이를 위해 취해야 할 전략, 실천방안 등을 살펴보고 모색하고자 한다.

원인분석

위에서 간간이 '위기'에 따옴표를 붙인 것은 '위기'란 것이 문제가 있는 표현임을, 객관적 사실로서만 존재하지 않고 담론의 형태로도 존재한다는 점을 가리키기 위함이다. 다시 말하면 '인문문화 위기'에서 '위기'는 담론적 효과다. 이것은 인문문화가 스스로 자신이 위기에 빠졌노라고 경고음을 울림으로써 '위기' 의식이 만들어져 사회적으로 통용된다는 말이다. 이렇게 되어 등장하는 것이 '두뇌한국 21 사업'이 그것을 반대한 많은 교수들의 주장대로 실패하고 기초학문 붕괴 현상이 분명해지자 교육부가 앗 뜨거라 싶어서 시급히 실시한 기초학문지원프로그램 같은 것이다. 담론으로서 '위기'는 이때 여러 경로를 통해 언명되는 순간 자신의 사회적 존재 효과를 만들어내며, 자신이 사회현상으로 등장한 원인이 인문문화에 대한 지원의 결핍 때문임을 주장한다. 인문문화가 존립하기 위해 (지금으로서는 국가 중심의) 사회적 지원이 필요한 것은 사실이다. 인문문화와 그것이 제공하는 가치나 전망 등은 시장에서 상품으로 거래되기 어려우며, 그것을 창조하고 보존하기 위한 물적 기반을 시장 이외의 장소에서 찾을 필요가 있다. '위기' 담론이 신자유주의를 통상 원인으로 지목하는 것도 최근 극도의 시장논리가 사회를 지배함에 따라 대학까지도 시장과 흡사해져 시장의 가치와 차별적인 가치를 추구하는 인문문화의 존립 기반이 갈수록 줄어든 때문일 것이다. 나 역시 이런 신자유주의 경향이 인문학과 인문적 문화의 위기를 초래했다고 보지만 이런 식의 원인 규명에만 머무는 것은 곤란하다. 이 경우 인문학이나 인문문화는 위기의 원인이 바깥에서 오는 것으로 표상하며, 내부의 문제는 봉쇄해버린다. 자신의 책임을 묻지 않고 위기를 진단하는 손쉬운 방식일지는 몰라도 이것은 위기를 극복하는 데에는 문제가 많은 방식이다.

'위기'는 그것을 논하는 인문문화 전문가들의 능력, 아니 무능에서 비롯된 것이기도 하다. 인문학 자체의 취약한 문제의식, 순수예술이 근대 문화 속에서 누려온 제도예술로서의 위치,5) 그리고 인문문화의 총체적 능력 상실 등을 간과하고 '인문문화 위기'를 말할 수 있을까? 혹간 '문화의 세기'를 맞아 '문화산업'이 부상함에 따라서 인문문화에 대한 수요가 늘어나고 있다는 점을 들어 인문문화 자체의 문제를 덮으려는 경향도 있지만 이 수요 증대는 인문문화의 시장가치의 증가일 수는 있어도 그 자체의 가치증가라고 하기는 어렵다. 나는 신자유주의 국면이 인문문화의 목표나 존재근거, 위상과 기능을 크게 바꾼 것이 사실이라고 보지만 인문문화의 전공자로서 그렇다면 인문문화는 무엇을 했느냐는 질문을 자성적으로 먼저 던지고 싶다. 왜 인문문화는 시장논리의 사회지배 앞에서 맥없이 무너지는가? 어째서 그것은 시장세력을 막아내지 못하는가? 왜 최근에 발생한 국가와 시장의 관계 변동에 개입하여 자신에게 유리한 방향으로 조정해내지 못하는가? 이런 질문을 제기하면 신자유주의 정세 못지 않게 인문문화 자체가 지닌 문제점을 생각하지 않을 수 없다.

무엇이 문제인가? 무엇보다 인문문화가 한때 그것을 추구한 주체들에게 제공하던 역능을 상실한 것으로 보인다. 인문학과 인문문화가 늘 지금

---

5) 순수예술은 제도예술의 위상을 누리면서 자본주의사회에서 일어난 사회적 소외현상을 극복했다는 아방가르드의 지적을 상기하자.

처럼 무력했던 것은 아니다. 인문학은 과거 '치세의 학문'으로 군림하며 지배적인 현실 개입의 위력을 발휘하기도 했으며, 예술, 평론, 담론, 학문 등을 중심으로 큰 힘을 발휘한 적도 있다. 조선조의 유학, 서구 르네상스 시대의 휴머니즘이 그런 예다.[6] 인문학과 인문문화가 과거에 이런 현실적 힘을 가졌던 것은 사회적으로 중요한 '자아형성의 기술' 노릇을 했다는 점과 무관하지 않다. 전통적으로 인문학 또는 순수학문의 힘은 과거 유학 전통이 중시한 '명명덕'(明明德), '격물치지'(格物致知), '수신제가치국평천하'(修身齊家治國平天下)처럼 삶의 도리나 사물의 이치에 대한 깨달음, 수양이나 단련을 통한 주체의 형성, 자기표현능력의 강화, 명분을 중시한 사회정의 추구와 대의에 따른 자기희생 등 개인과 사회를 아우르는 다양한 능력 계발에서 나왔다. 이때 유학 또는 학문이라 함은 이를 통하여 사람을 사람답게 만드는 기획이었다고 하겠는데, 오늘의 관점에서 그것은 주로 지배계층, 그것도 성인 남성 중심의 가치를 대변하는 유교적 이데올로기의 역사적 한계가 있기는 하지만 그럼에도 불구하고 사회적 힘을 지녔던 것은 그람시가 말한 '도덕적 지도력'과 유사한 설득력을 가졌던 때문일 것이다.

지금 인문학은 치세의 학문으로서는 사회과학에 밀리고, 격물치지의 학문으로서는 자연과학에 뒤진다.[7] 인문학과 예술을 중심으로 구성되는

---

6) 이것은 서구문명과 동북아문명에서 인문문화와 국가의 관계가 긴밀하다는 말이겠으나, 이 관계가 두 문명에서 드러나는 양상은 달랐다. 조셉 니덤에 따르면 서유럽 지식인들은 정부관리와는 별개였으나 중국에서는 국가관리였다(일리야 프리고진·이사벨 스탕제르, 『혼돈 속의 질서─자연과 인간의 새로운 대화』, 유기풍 역, 민음사, 1990, 91쪽). 서유럽에서 국가는 지식인문화의 후원자였다면 동북아에서는 지식인이 과거제도를 통해 직접 참여하는 현장이었다고 볼 수 있다.

7) 현재 한국에서 권력을 행사하는 사회지도자 대부분은 법학, 사회학, 경제화, 정치학 등 사회과학 전공자다. 이것은 근대사회의 권력구성과 관련된 현상일 것이다. 월러스틴이 『사회과학으로부터의 탈피』에서 사회과학은 비정상이 정상인 사회상태를 관리하는 노하우를 길렀다고 지적하는데 사회과학이 권력을 얻은 것은 이 결과일 것이다. 다만 인문학(문화), 사회과학, 자연과학의 분리와 권력 불균등이 초역사적 현상은 아닐 것이다. 19세기말까지 한국에서 사회과학, 자연과학은 인문학과 함께 '학문'의 이름으로 통합되어 있었다. 인문학, 사회과학, 자연과학이 분리되고 학문분야별 또는 학문문화별 권력 불균등이 나타난 것

인문문화도 반환경적이고 과학기술 중심의 타락한 과학문화 또는 흔히 물질주의라고 부르는 타락한 사회문화로부터 밀려서 위축된 형태를 취하고 있다. '타락'이라는 말을 쓰는 것은 과학문화와 사회문화에도 문제가 있다고 보기 때문이다. 사회과학, 자연과학도 기초학문으로서는 과학과 지식의 기술화, 또는 수행적(performative) 지식의 득세로 인해 외면당하고 위기에 내몰리고 있다.[8] 하지만 자연과학적 문화가 카타스트로프이론, 카오스이론, 프랙탈이론, 복잡성이론 등으로 자연을 이해하는 새로운 안목을 깨치고 그 위에 사이버네틱스, 컴퓨터공학, 나노테크놀로지, 생명공학 등을 발전시키면서 과학기술혁명을 구가하고 있고, 사회과학적 문화의 경우 갈수록 복잡해지는 사회의 관리와 통제를 위한 사회공학적 기술로서, 그리고 특히 경영학을 중심으로 자본의 축적을 위한 사회적 기술로서 영향력을 키우고 있다면, 인문(과학 및 예술)적 문화는 대중매체의 확산과 함께 갈수록 중요해지는 문화적 리터러시의 보강 요청 등 그에 대한 사회적 요구가 늘어나고 있음에도 불구하고 위축된 모습을 띨 뿐이다. 이것은 인문문화가 지금 사회적 요구에 부응하거나 또는 사회적 발언과 개입을 시도할 만큼의 능력을 보유하고 있지 못한 때문이며, 이런 무능은 대부분 인문문화를 구성하는 주체들의 책임이다.

다음으로 생각할 문제는 인문문화가 대학에서 차지하는 위치다. 인문문화가 위기에 처하게 된 것은 대학에서 존립해온 방식과 밀접한 관련이 있다. 흔히 인문문화는 비판적이고 성찰적인 사회적 기능을 수행한다고 한다. 이것은 인문문화가 자본주의사회의 분절화 과정에서 나름대로 총체적 시각을 보유하며 사회의 분열을 반성적이고 비판적으로 통찰해온 점을 가리키는 것이겠지만 이 글의 맥락에서 볼 때 인문문화가 주로 대학이라는 제도 속에서 이런 작업을 해왔다는 점이 중요하다. 이미 아방가르

은 근대적 학문체계가 구축된 결과다.

8) 지식과 기술의 '수행성'에 대해서는 장 프랑수아 료타르, 『포스트모던의 조건』, 유정완 외 역, 민음사, 1992 참고.

드 이론가들이 지적한 바지만 자본주의사회의 분열을 치유한다는 근대의 문화적 또는 미학적 기획은 대부분이 제도예술이나 제도문화의 형태로 사회분열을 비판하고 그것을 극복하는 자기모순에서 헤어나지 못하였다. 근대예술의 경우 도구적 이성의 지배로 인한 삶의 분열을 가져오는 자본주의적 사회질서를 비판하고 통합적인 인간상을 모색한다는 점에서 분열된 삶을 치유하는 통합적 성격의 기획이다. 문제는 이 기획의 제도적 형태가 제도예술이라는 것, 즉 예술이 사회비판을 하기 위해 사회로부터 절연된 대학 속으로 들어와서 그곳을 안전한 자기 터전으로 삼은 뒤, 정작 이 사실에 대해서는 별다른 반성도 하지 않은 채 사회를 비판한다는 것이다. 인문문화는 이런 제도예술과 얼마나 다를까? 여기서 말하는 인문문화는 오늘 대학에서 둥지를 틀고 있는 제도예술만이 아니라 문학, 사학, 철학 등 인문학 분야들까지 포괄하는데, 이것들은 대학에서 거의 예외없이 분과학문체제 속에 안주하고 있다. 이는 곧 인문문화가 제도문화로서 존립하고 있다는 것인데, 여기서 문제로 삼고 싶은 것은 그것이 제도문화로 존립한다는 사실 자체보다는 그런 사실을 문제로 삼지 않는다는 점이다. 어떤 지적(知的) 기획이든 사회적 발언을 하기 위해서는 모험을 해야 하며, 이 모험은 자신의 존립 가능성 자체를 도박하는 것이어야 하는데, 인문문화는 편안하게 분과학문체제의 뒤에 숨어서 자신이 위기에 빠진 탓을 외부에만 전가해온 것은 아닌가?

나는 오늘 인문문화가 위기에 빠진 데는 인문문화의 이런 비겁함이 상당히 작용했다고 봐야만 위기 극복의 길을 마련할 수 있다고 본다. 이와 관련하여 최근 인문학이 자신의 위기를 극복하기 위해 국가에 도움을 청한 방식을 되돌아볼 필요가 있다. 이미 언급한 대로 인문학이 위기에 빠진 데에는 최근 들어와서 대학과 국가의 관계에 일어난 변화가 작용하며, 좀더 근본적으로는 국가와 시장의 관계가 바뀐 결과이기도 하다. 근대사회에서는 전통적으로 국가가 학문과 인문문화를 민족문화의 근간으로 보호, 관리, 지원해왔다. 9) 이것은 자본주의체제에서 국가가 인구의 관리,

특히 노동력 양성의 기능을 맡기 때문이다. 국가는 이런 기능을 위해 공교육체계를 운영하고 대학을 지원한다. 인문문화가 대학과 긴밀한 관계를 맺는 것은 후자가 사회의 고급인력을 양성하는 곳으로서 민족문화, 고급문화의 전승과 창조 등을 주요 과제로 가지고 있는 사회적 장치이기 때문이다. 그러나 한국의 경우 최근까지도 온전한 근대국가를 형성하지 못했고, 국가와 대학도 긴장과 갈등의 관계를 맺어온 것이 사실이다. 더구나 최근에는 신자유주의 정세 속에 '국가의 시장으로의 후퇴'가 진행되고 있다. 인문문화로서는 그러잖아도 변변치 않았던 국가지원은 축소되는데 시장의 압력은 더 커지는 상황에 직면한 꼴인 것이다.[10] 하지만 인문문화는 이런 상황에 대해 능동적으로 대처하기보다는 외부로만 책임을 전가함으로써 국가와 시장의 관계를 인문문화의 관점에서 바꿔내려는 노력을 외면했다. 이미 대학이라는 틀 안에서 그것도 분과학문체제 속에 안주해온 터라서 그런 변화를 놓고 개인 연구실이나 동료와의 술자리에서는 비분강개해 했는지는 몰라도 감히 나서서 주도적으로 막을 엄두를 못 낸 것이다. 인문문화는 지금이라도 국가와 시장에 비판적으로 개입하는 기백과 능력을 다시 찾아야만 제 기능을 할 수 있다. 이 일은 그러나 인문문화의 자기 비판과 개혁을 전제한다.

---

9) 이런 이유 때문에 인문학은 국가에 기여해야 할 의무를 가진다고 할 수 있다. 그러나 이때 기여는 매우 복잡한 과정을 거친다는 점을 지적해야 한다. 최근 한 글에서 "인문학은 국가정책에 기여하는 것이어야 한다"(박경하 · 이석희, 「인문학의 사회적 실현: 정책과제를 중심으로」, 『사회 속의 인문학』(제7회인문학학술대회자료집, 2003. 11. 29)는 주장을 접한 바 있다. 인문학이 국가의 지원을 받는다는 점을 생각하면 국가정책에 기여하는 것은 당연한 일이다. 하지만 인문학과 국가의 관계는 행정학이나 경제학 등 사회과학과 국가의 그것과는 달라야 할 것이다.

10) 여기서 말하는 "국가 지원의 축소"는 인문과학을 포함한 기초학문에 대한 학술진흥재단의 재정 지원이 늘고 있는 사실에도 불구하고 사실이다. 기초학문에 대한 국가의 지원은 재정지원만이 아니라 제도적인 지원, 사회적 기능의 보장 등을 포함한다. 최근 기초학문분야에서 학술진흥재단 프로젝트 수주 기회가 늘어남으로써 기현상이 벌어지고 있다. 생계지원을 위한다고 박사소지자들을 대거 동원함으로써 자율적 연구를 어렵게 만들고 있는 것이다. 국가의 기초학문 지원은 연구비만이 아니라 차세대학자들의 안정적인 일자리 제공이 중요한데, 신자유주의 국가는 오히려 교원의 비정규직화를 부추기고 있을 뿐이다.

자기개혁과 자신감의 회복

이 글의 기본 관점은 인문문화의 근간은 학술문화와 예술문화이며, 사회와 문화의 균형적 발전을 위해서는 이 문화를 지켜내며 더욱 발전시켜야 한다는 것이다. 시와 소설, 드라마가 빠진 사회, 시각문화가 생략되었거나 음악이 사라진 사회, 역사적 기억을 상실한 사회, 나아가서 존재의 신비에 대해 궁금해하지 않는 사회, 하늘의 별과 자연경관에 감탄하지 않는 사회를 상상해 보라, 얼마나 끔찍한가. 인문문화는 문화의 핵심이며, 경제적 이윤 창출과 정치적 권력 장악을 위해 모든 창조적 에너지를 쏟아 붓는 사회질서를 극복하는 대안, 혹은 그럴 정도가 아니라면 적어도 그 대안에 대한 꿈을 제공할 수 있다.[11] 하지만 오늘 인문문화의 위기를 논해야 하는 것은 인문문화 자신이 이런 능력을 갖추지 못한 때문이기도 하다. 지금 인문문화는 개인적, 사적 영역으로 칩거했다. 인문문화가 살아나려면 자신의 사회적 역할과 기능이 얼마나 중요한지 대중에게 설득할 수 있어야 하며, 이 일을 위해 자기 개혁에 나서야 한다.

인문문화는 사람 만드는 문화다. 인문문화의 이념으로 흔히 휴머니즘이 거론되는 것은 그 때문이다. 휴머니즘은 오늘날까지 살아남은 주요 문화권에서 적어도 두 개, 즉 서양문화와 동양문화에서 인문적 교양과 수신 또는 성학(聖學)으로서 공히 중요한 역할을 해왔다. 하지만 현재 대학을 중심으로 한 인문문화의 모습은 교양으로서든 수신으로서든 크게 위축된 모습을 띠며, 정치와 경제의 위압에 눌려 있다. 이는 사람 만드는 인문문화의 기능이 크게 후퇴한 때문이 아닐까? 사람 만들기는 요새 말로 '자아의 테크놀로지' 또는 주체형성이다. 인문문화가 지금도 주체형성의 일에 매달리고 있는 것은 사실이다. 하지만 인문문화의 주체형성은 개인적 교양과 수신의 수준에 머물러 있으며, 이것마저 제대로 하는 것 같지 않다.

---

11) 경제적 이성의 극복을 위한 '문화사회' 기획에 대해서는 졸고, 「위험사회, 노동사회, 문화사회」, 『한국의 문화변동과 문화정치—문화사회를 위한 비판적 문화연구』, 문화과학사, 2003 참조.

한국 인문문화의 주체형성 기획이 대체로 실패한 것은 사회변화와 함께 요구되는 역능을 제대로 계발하지 못한 결과일 것이다.

여기서 인문문화가 지닌 문제점의 하나로 과학문화와 절연하여 자신을 비과학의 세계로 빠뜨려 버린 점을 지적하고 싶다. 씨 피 스노우가 오래 전 『두 문화』[12]에서 과학문화와 인문문화의 단절이 지닌 문제점을 지적한 바 있지만 한국의 경우 이 단절은 그 도가 지나쳐 보인다. 한국의 인문문화를 지배하는 것은 크게 봐서 정신주의와 실증주의다. 언뜻 들으면 정신주의와 실증주의는 대립하는 문화적 태도로 보이지만 둘 다 19세기 이전의 역사적 과학을 둘러싼 찬반 태도라는 점에서 이제는 극복해야 할 낡은 학문적, 문화적 태도다. 한국의 인문문화는 외견상으로는 사회과학을 지배하고 있는 실증주의에 대한 혐오를 바로 드러내며 정신주의로 후퇴하는 듯하지만 실증주의를 극복하기 위한 새로운 과학적 태도를 얻지 못했기 때문에 거꾸로 실증주의의 또 다른 유형인 형식주의에 빠져드는 경우가 허다하다. 실증주의를 반대하면서 바로 실증주의를 자신의 방법론으로 받아들이는 꼴인 것이다. 인문문화가 주체형성의 역량을 키우려면 실증주의를 거부한다며 정신주의로 후퇴하여 형식주의를 수용할 것이 아니라 과학문화와의 대화를 통해 문화와 과학을 절합하는 노력이 필요하다고 본다. 오늘 문화의 복잡성을 이해하기 위해서는 시간, 공간, 매체, 의사소통, 사건 등의 개념에 대한 새로운 과학적 이해가 필수적이다. 인문문화가 역량을 키우려면 사이버네틱스, 인공생명, 정보공학, 디지털 기술과 같은 20세기 후반에 이루어진 과학기술의 성과들을 이해하고 이것들이 인간주체의 형성에 어떤 관련이 있는지 따질 수 있어야 할 것이기 때문이다. "인간 주체는 일괴암적이고 정태적인 실체가 아니라 신체, 감성, 욕망, 오성, 이성, 상상력, 판단력, 직관 등 다양한 역능(faculties)을 지닌 '계열적 절합체'로서 자연적, 역사적 환경과 기술적·의사소통적 미

---

12) C. P. 스노우, 『두 문화』, 오영환 역, 사이언스북스, 2001.

디어, 그리고 다른 주체들과의 상호작용 과정에서 지속적인 주체화 '과정' 속에서 변화하는 특이한 배치 형태를 취하고 있다. 제역능들간의 중층적 상호작용은 물론, 환경, 미디어, 주체간의 상호작용에 대한 정치하고도 복잡한 분석이 필요하다…" "그러나 기존의 인문학과 예술연구, 사회과학 등은 이와 같은 복잡한 분석을 간과했기 때문에 특정한 역능들(상상력, 직관, 이성 등)만 특권화하고 다른 역능들은 무시함으로써 주체의 다중성(multiplicity)을 억압하거나 배제해 왔다…90년대 이후 한국의 인문학, 예술학, 사회과학 연구자들의 무기력증(문학의 위기, 예술의 위기, 사회과학의 위기 등 위기론)은 이런 맥락에서 이해해야 할 것"이다. 13) 이런 관점에서 인문문화가 새로운 활력을 얻으려면 새로운 과학문화와 접목할 필요가 있다고 본다.

다른 한편 한국 인문문화는 교양과 수신만이 아니라 사적 자아의 이런 윤리적 도야를 바탕으로 공적인 자아 발전을 지향할 필요가 있다. 14) 철학적, 문화적, 예술적 소양과 교양은 한편으로는 개인적으로 획득해야 할 태도이자 역능이지만 동시에 사회적으로 공유해야 한다는 점에서 '공공영역'에 해당한다. '공공영역'을 강조하고 싶은 것은 인문문화 발전의 올바른 방향은 지식과 능력, 인간발전 기회의 독점이 아니라 인간적 능력의 동시 개발과 추구, 즉 공유라고 보기 때문이다. 인문문화는 학문과 예술의 사회적 공공성, 민주화, 내실화 등을 지향해야 한다. 학문의 경우 지식의 생산에 그 목적이 있으나 이때 지식은 독점의 대상이 아니라 가능한 한 민족 혹은 국민 공동체, 나아가서 권역과 인류공동체의 공공재가 되어야 하고, 예술적 창조성이나 감동 역시 엘리트만 독점하도록 방치할 일이 아니다. 학문과 예술은 지배의 수단이 아니라 자유와 평등을 실현하

---

13) 『문화/과학』 편집위원회, 「문화/과학―과학혁명과 문화연구의 변증법적 절합」, 『문화/과학』 36호, 2003년 겨울, 36-37쪽.
14) 문학적 상상력의 공적 기능에 대해서는 Martha C. Nussbaum, *Poetic Justice: The Literary Imagination and Public Life* (Boston: Beacon Press, 1995)와 이 책에 함께 실린 졸고, 「노무현정부의 출범과 '인문학 위기'의 극복」 참고.

는 공존의 지혜를 추구하는 활동이 되어야 하고, 인문문화는 따라서 사회적 소유로서 공공영역을 구성해야 한다. 위에서 인문문화의 존립에는 국가가 중요하다고 하였다. 인문문화를 '공공영역'의 견지에서 보자고 하는 것은 그래야만 국가의 지원을 얻을 정당성을 더 확보할 것이기 때문이다. 인문문화는 그 주체인 우리 인문학자, 문화예술인이 아무리 중요하게 여긴다 하더라도 사회적 재원을 나눠야 하는 여러 문화분야의 하나일 뿐이다. 인문문화가 사회적 지원을 획득하려면 자기개혁과 함께 그 공공성을 강화해야 한다.

이 제안은 인문문화가 변화하는 사회에서 능동적 역할을 수행해야 한다는 판단에 따른 것이기도 하다. 한국의 인문문화가 사회과학과 자연과학과 같은 다른 문화들에 비해 위축된 데에는 자족의 세계로 빠져들고, 특히 과학적 비전을 상실한 것이 큰 이유로 작용한다. 인문문화가 새로운 힘을 얻으려면 더 나은 현실을 만들어내는 힘을 가져야 한다. 그 길은 수없이 많을 것이지만, 여기서는 인문학이 무실역행의 역량을 얻는 한 방편으로 '문화공학'을 잠깐 검토해보려고 한다. 15) 이 기획은 근래에 들어와서 인문학의 생존을 위한 돌파구로서 기존의 인문학을 응용학문으로 바꾸려는 방안과 부분적으로(만) 관계가 있다. 예컨대 인문학의 하위 이론 분야인 서사이론을 애니메이션이나 컴퓨터게임, 또는 하이퍼텍스트 소설이나 시의 '제작'에 활용하는 것을 생각해볼 수 있다. 통번역의 노하우를 가르치는 '응용문학', 고대 신화를 컴퓨터게임의 소재로 활용하는 '문화콘텐츠' 관련 응용인문학, 서사이론의 요소들을 활용하여 도시환경을 구성하는 것도 생각해볼 수 있을 것이다. 하지만 이런 문화공학적 구상은 자칫 인문학을 수단화할 위험이 없지 않다. 인문문화는 공적 삶의 '내용'을 채우는 역할을 한다. 그것은 문학, 역사, 언어, 예술, 철학 등의 분야에서 삶의 의미와 삶에 대한 성찰을 제공하는 힘을 가지고 있기 때문이다.

---

15) '문화공학'에 대해서는 졸고, 「문화공학을 제안하며」, 『지식생산, 학문전략, 대학개혁』 참조.

시쳇말을 쓰면 사회과학이 '소프트웨어'를 주로 제공한다면 인문문화 영역은 '콘텐츠'를 제공하는 셈이다. 하지만 이런 시각은 위험한 결과를 초래할 수도 있다. 인문문화를 콘텐츠개발이라는 목적에 매달리게 하여 인문문화로 하여금 자신이 극복해야 할 시장의 논리와 가치에 종속시킬 우려가 있기 때문이다. 중요한 것은 내용이 아니라 그 내용을 어떻게 배치하느냐는 것이다.[16] 인문문화가 국가와 시장을 완전히 배척할 수 없고, 위에서 말한 대로 특히 국가로부터는 지원까지 받아내야 하는 처지이지만 사회에 기여한다며 자신이 지향하는 가치와 국가와 시장이 지향하는 가치의 차이나 긴장관계를 무시한 채 스스로 도구화하여 '내용'만 제공할 수는 없다. 문화공학은 따라서 비판적 문화공학이 되어야 한다고 본다. 응용문학, 문화콘텐츠개발 등이 상업적이고 도구적인 경향을 가진다면 비판적 문화공학은 최근의 과학기술을 이해하고 수용하되 그것이 지닌 혁명적 힘을 해방의 힘으로 전환시키려는 기획이다.

다만 중요한 것은 어떤 경우든 인문문화는 그것을 전공하는 주체들의 실질적 능력, 무실역행의 힘을 강화할 필요가 있다는 것이다. 인문학자가 단순히 주장하는 것만으로 인문문화의 가치를 지키고 구현할 수는 없다. 훨씬 더 능동적으로 인문문화를 위한 창조적 기획을 하고, 나아가서 그것을 현실화하는 실천적 능력도 있어야 하리라. 그러지 않고서야 인문학이 어떻게 그동안 사회발전 전략을 독점해온 사회과학, 응용과학과 대등한 경쟁을 할 수 있을 것이며, 정치경제학 중심주의에서 벗어날 수 있겠는가. 인문문화는 사회적 목표를 설정하고 사회적 경향들을 해석하고 또 사회적 가치들을 평가하며 나아가서 삶의 꼴을 가꾸는 데 기여해야 한다. 인간적 삶의 가치라는 측면에서 봤을 때 한국사회의 가장 큰 문제는 극단적인 경제주의에 얽매여 있다는 점일 것이다. 한국은 그동안 급속한 경제성장을 추진해오면서 세계에서 유례가 없는 생산제일주의, 경쟁제일

---

16) '배치'의 중요성에 대해서는 진중권, 「지식권력과 언론권력」, 『한국 언론의 오늘과 내일』(중앙대학교대학원신문창간20주년기념심포지엄 자료집, 2003. 11. 13) 참고.

주의 사회를 만들어왔다. 이 결과 우리는 이윤생산의 노예가 되어 자유시간과 가처분시간을 빼앗긴 채 삶의 여유를 잃고, 죽어라 일만 하는 '노동사회'에 매몰되었고, 대량참사 등 사고를 빈발시키는 구조를 내장한 '위험사회'라는 괴물을 만들어냈다. 17) 인문문화는 이런 상황을 바꾸는 데 필요한 비판과 성찰, 그리고 상상의 능력을 지니고 있고, 또 지녀야 한다. 인문문화가 기획능력과 그것을 현실화할 능력을 구비해야 하는 것은 주눅들지 않고 이 성찰을 현실화하는 힘을 가져야 하기 때문이다.

자신감을 회복한 인문문화는 개인적 윤리적 자아와 사회적인 공적 능력을 함양함으로써 정치경제에 개입할 수 있을 것이다. 사실 인문문화의 가치와 태도, 전망과 문제의식에 대한 사회적 공유가 일어날 때 정치경제와 문화(학문과 예술, 대중문화 등)의 관계도 정상화될 수 있다. 학문과 예술을 포괄하는 문화는 한국에서 한동안 '정치의 시녀'로 궁색하게 생존해오다가 지난 1990년대에는 소비자본주의 발전과 함께 문화산업론이 퍼지면서 '경제의 도구'가 되었다. 문화는 정치의 시녀도 경제의 도구도 아니다. 유네스코에서 인정하는 대로 그것의 목적은 '인간발전'에 있으며, 여기에는 창조성, 상상력의 함양, 삶의 여유 추구, 과학적 탐구 능력의 배양 등 개인과 집단의 인간적 능력 계발이 포함된다. 인간발전의 견지에서 보면 (인문)문화는 오히려 정치와 경제의 목적이다. 인간적 삶을 위해 사회적 권력관계를 다루는 정치, 재화의 교환을 다루는 경제가 발전해야 하는 것이지 권력과 재물을 위해 인간이 있는 것은 아니다. 따라서 정치경제가 문화를 지배하고, 도구화하는 지금의 상황을 극복하는 것이 올바른 삶의 설계요, 사회발전의 길이다. 인문학, 인문문화, 학문과 예술을 발전시키자는 것은 인간적 가치를 드높이자는 것이며, 문화와 정치경제의 관계를 제대로 설정하자는 것은 제대로 된 '사회발전'을 구현하자는 것이다. 사회발전이 인간적 가치를 위한 것일진대 인문학과 인문문화의 발

---

17) 이 부분의 논의와 관련해서는 졸고, 「위험사회, 노동사회, 문화사회」 다시 참고.

전을 전제하지 않는 사회발전은 공허할 뿐이다.

인문문화가 자신감을 가지면 경제의 원래 의미를 복원하는 데에도 기여할 수 있을 것이다. '경제'라는 말이 늘 지금처럼 좁은 의미의 시장 활동만을 가리킨 것은 아니다. 서양말에서 그것은 '생태'를 의미하는 'eco'와 어원이 같은 'oikos'에서 유래했고, 한자문화권에서는 인민을 구제하기 위해 세상 또는 천하의 문제를 관장하는 '經世濟民'에서 그 어원을 찾을 수 있다. 이때 '경제'는 상품과 화폐의 교환을 중심으로 이루어지는 자본주의 '경제'의 의미를 넘어서서 사회와 자연환경 전체의 온전한 보살핌으로 이해된다. 이런 현상은 과거에만 있었던 것으로 치부할 일이 아니다. 문화인류학이 입증한 것처럼 상품 교환을 중심으로 한 교환경제 대신 호의, 위신과 같은 상징적 의미를 지닌 선물들을 주고받는 선물경제 사례는 전자본주의사회에서는 널리 퍼져 있었고, 자본주의 말기라 할 지금도 부모자식간, 연인간, 부부간, 친구간, 그밖에 다양한 호혜적 활동을 하는 사회주체들간에서 쉽게 확인할 수 있다. 이것은 우리가 이윤창출, 자본축적과는 다른 새로운 형태의 경제, 사람들을 경쟁으로만 내모는 것이 아니라 서로 살리는 경제를 얼마든지 사고하고 실천할 수 있다는 말이다.[18] 사실 위에서 인문문화를 짓누르는 가장 큰 적으로 규정한 '시장'까지도 다른 모습을 상상할 수 있다. 한국 전통에서는 '신시'(神市)나 '소도'(蘇塗)가 있었고, 바흐친이 말하는 장시 등이 자본주의 시장이 지배하기 직전까지 세계 도처에 남아 있었으며, 교환경제가 아닌 선물경제의 원리를 따르는 교역도 적지 않았다. 하지만 자본주의 시장과 경제와는 다른 유형의 시장과 경제를 구현하려면 과거와는 다른 조건의 사회를 만들어내는 것이 필요하다.[19]

---

18) 지금 한국에서도 나타난 지역화폐, 레츠 운동이 그 예들이다. 레츠에 대해서는 강수돌, 「이윤과 권력을 넘어서는 레츠 운동」, 『문화과학』 32호, 2002년 겨울, 127-47쪽 참조.
19) 비자본주의 '시장'의 구축 가능성에 대해서는 심광현, 「자본주의로부터 해방된 시장!」, 『문화사회와 문화정치』, 문화과학사, 2003 참조.

인문문화가 이 과정에서 어떤 일을 할 수 있을까? 인문문화는 자본주의적 정치경제학이 상정하는 것과는 다른 가치들, 주체형성의 길들, 그리고 대안적인 발전의 상들을 제공할 수 있을 것이다. 인문문화는 사람 만드는 문화, 주체형성의 기술이다. 이때 중요한 것이 성장과 발전이다. 지금 사회적으로 통용되는 성장과 발전의 지배적인 개념은 경제주의 해석에 따른 것이다. 여기서 발전은 생산성이나 효용성, 경쟁력의 증가나 제고를 의미하고, 특히 재화나 부의 관점에서 이해된 기술이나 자원의 축적을 의미한다. 인문문화는 이런 토양에서는 살아남기 어렵다. 재화의 축적을 위한 생산성, 효용성 추구는 어머니의 살을 뜯어먹고 사는 형국과 다르지 않다. 인문문화는 '발전'을 다른 방식으로 해석함으로써 사회발전의 새로운 모델을 제시한다. 하지만 이런 기여를 하기 위해 인문문화 자신의 살길도 찾아야 한다. 이제 인문문화 생존의 물적 조건을 확보하는 일이 시급하다.

대학개혁

위에서 부분적으로 언급했지만 인문문화가 제도로서, 특히 대학제도의 일부로 존립하는 방식을 되돌아볼 필요가 있다. 아마 적어도 상당 기간은 인문문화가 대학 외부에서 생존하기란 어려울 것이다. 인문문화가 제 모습을 찾으려면 따라서 그것의 존립 조건인 대학의 개혁이 필수적인데, 이를 어떻게 해야 할 것인가? 여기서 대학개혁의 방향을 충분히 말할 수는 없지만 살길을 찾으려면 인문문화가 대학에서 존립하는 방식을 점검하고 문제점이 있으면 그것을 개선하고 개혁하는 것이 필요하다. 이때 생각할 점이 인문문화를 구성하는 주요 학문 또는 분과들과 그것들의 제도적 형태다. 한국의 대학들이 지금처럼 존립하는 한 인문문화의 발전은 기대하기 어렵다는 것이 나의 솔직한 판단이다.

오늘 인문문화는 문학, 철학, 사학 등의 인문학 분야로서, 미술, 음악, 무용, 조각 등의 예술분과로서 대학에서 학과제도를 통해 존립하고 있다. 학과를 중심으로 인문문화가 제도화되어 있다는 것은 언뜻 보면 당연한 일로 보일지 모르나 학문 및 예술의 분과와 교육제도를 동일시하는 것은 문제다. 분과와 학과는 전자의 경우 학문과 예술의 내용형식을 가리킨다면 후자는 양자의 제도형식을 가리킨다는 점에서 서로 구분할 필요가 있다.[20] 한 대학이 철학과 문학을 교육하기 위해 철학과나 문학과를 두지 않아도 되는 것은 분과와 학과가 서로 다르기 때문이다. 물론 철학, 문학, 미술, 음악을 중시하는 대학은 전공하는 학생들을 모집하여 학과를 운영할 수도 있다. 사실 전공학생들과 교수진을 확보한 학과가 있어야만 이들 분과는 생존과 발전의 기본조건을 갖췄다고 할 수 있을 것이다. 그러나 인문문화의 발전을 위해 한국의 대학들이 모두 그 분과들을 학과로 제도화할 필요는 없다. 솔직히 말해서 내가 전공하는 영문학의 경우 하위분과학문이라는 위상을 감안할 때 백 개 이상의 대학에서 학과를 운영할 필요가 전혀 없다. 열 군데도 많지 않을까? 철학의 경우 학문위상으로 보면 영문학보다 상위인 분과학문이지만 지금처럼 수십 개의 철학과를 둘 필요는 없을 것이다. 한 다섯 군데면 족하지 않을까? 독문학과, 불문학과, 사학과, 그리고 음악이나 미술 관련 학과들도 마찬가지다.[21] 물론 학과를 줄여야 한다고 해당 분과학문과 분과예술을 없애야 하는 것은 아니다. 독문학, 불문학, 영문학은 학과가 없더라도 교육은 필요하다.[22] 그래도 학과를 줄이자는 것은 학문예술을 전공 또는 연구하는 것과 교육하는 것은 다르다고 보기 때문이다.

---

20) 졸고, 「대학의 공공성 강화와 민주적 개혁」, 『지식생산, 학문전략, 대학개혁』, 288-92쪽 참고.

21) 이 경우 교수들의 일자리가 핵심 문제로 떠오를 공산이 크다. 이것을 어떻게 해결할 것인가? 해결책을 찾지 못하면 여기서 말하는 개혁은 십중팔구 대학사회 내부에서 저항에 부딪칠 것이다. 하지만 동시에 이 저항은 보수적, 조직이기주의적 저항으로 매도당할 가능성도 있다.

22) 어떻게 이 교육을 시킬 것인가는 또 다른 복잡한 문제다. 이와 관련해서는 졸고, 「대학 언어문화교육의 문제들」, 『문학의 힘, 문학의 가치―문학의 유물론적 이해』, 문화과학사, 2003, 355-76쪽 참조.

교육과 학문·예술을 분리해서 사고하면서 대학에서 분과학문과 분과예술을 교육하는 구도를 새롭게 짜야 한다. 이때 인문문화가 분과들로 나뉘기도 하지만 이들 분과가 서로 깊은 관련을 지니고 있다는 점을 고려하여 한편으로는 학문과 예술의 특성에 따른 연구와 교육의 차이와 구분을 제도로 반영하고 다른 한편으로는 분리가 아닌 통합의 제도화도 요청된다. 전공분야로 쪼개서 운영하는 학과의 폐쇄성을 혁파하는 것이 중요하다. 지금 대학에서 제도화한 학과와 전공 배치는 한편으로는 학문 발전에 따른 전문화를 반영한 측면이 있기도 하지만, 대부분은 학문 분화를 구실로 한 전공이기주의에 따라 학문을 분할하는 분점권 행사에 더 가깝다. 문제는 이 결과 학생들과 교수들이 근거 없는 학문분할 구도의 폐쇄성에 갇혀 전공분야들을 가로지르는 정보교환과 의사소통을 할 수 없게 됨으로써 통합적인 전망을 상실하고, 분야들간의 상호 문제제기와 검증과정의 기회를 놓치고 만다는 점이다. 전국의 종합대학 대부분이 철학과, 영문학과, 독문학과, 사학과 등을 운영하고 있지만 학과들간의 교류는 원천적으로 거의 봉쇄된 꼴이며, 이 결과 대학의 학문제도가 오히려 학문지형의 비판적 성찰을 막는 일이 벌어진다. 인문문화의 발전을 위해서는 지금의 학문지형을 근본적으로 바꿀 필요가 있다. 문학, 철학, 사학, 예술학 등 분과학문들이 개별 대학에 배치되는 방식을 점검하고 그것들의 관계를 제대로 파악하고 새롭게 설정하여 분과학문, 하위분과학문, 통합학문, 협동과정 등 범주별, 층위별로 구분하는 새로운 학문의 제도화가 요청된다. 문학분야의 경우 학과체계가 천편일률적으로 민족문학 중심의 하위분과학문으로만 되어 있어서 정작 분과학문으로는 사유할 수 없는 것이 지금 상황이다. 이것은 근대문학이 민족문학 중심으로 발전한 데서 비롯된 결과이기는 하지만, 이로 인해 수사학, 문체론, 표상학, 문자학, 기호학, 시학, 서사이론, 해석학 등 분과학문으로서 문학이 다루어야 할 이론과 교과목이 문학연구와 교육에서 체계적으로 배제되고 만다.[23] 사학의 경우 국사학과 서양사학과 등의 구분이 일어나고 있으나 이들의 관계를 어떻게 설정해야 하는지는 학문적 토론의 중요한 주제다. 중요한 것은 앞으로 대학개혁의 방향을 잡을 때는 이런 학문관계의 문제를 반드시 고려해야 한다는 것이다.

여러 학문분야들을 가로지르는 통합학문적 접근, 협동과정을 도입할 필요가 있다고 본다. '문화연구'(cultural studies)를 중심으로 협동과정을 짜는 것을 생각해보자. '문화연구' 프로그램은 순수예술, 응용예술, 문학이나 철학 등의 기초인문문화 분야 이외에도 사회과학, 심지어는 과학기술 분야까지 포괄해야 하지 않을까 싶다. 먼저 문화연구는 계급·성·민족·세대·지역 등 다양한 형태의 사회적 분할을 일으키는 주체적 요인들, 환경파괴와 자본의 세계화와 시장의 개방화로 일어나는 사회적 변동의 문제들, 과학기술의 혁명으로 인한 문명전환의 문제들, 매체증가로 강화되는 '기호화' 현상, 지식생산양식의 변화 등을 쟁점으로 다룰 필요가 있다. 이 경우 이 협동과정 또는 통합학문은 인문학의 제분야, 예술학 분야는 물론이고 사회학, 정치학, 경제학, 인류학, 심리학 등의 다양한 사회과학적 분과학문, 더 나아가서 복잡성 과학, 사이버네틱스이론, 카오스이론 등 자연과학 이론들까지도 반영하는 노력을 기울일 필요가 있다. 물론 여기서 말하는 '문화연구 기획'은 학문과 교육 분야들을 새롭게 설정하는 한 방식일 뿐이다. 인문문화가 대학에서 존립하는 방식은 실로 다양하다. 하지만 인문문화가 현재성을 획득하려면 그 분과들의 제도화 문제를 지금과 같은 방식과는 다르게 사고하면서 대학개혁을 시도해야 한다고 본다.

최근 진행되는 대학개혁 과정에서 이런 요구를 반영하는 듯 다양한 형태의 협동과정이 도입되고 있다. 유감이지만 인문문화 발전의 견지에서 보면 그 양상이 썩 바람직한 것 같지는 않다. 새로 도입되는 협동과정 대

---

23) '문형'(文形)과 '문화교육' 등의 개념에 입각하여 인문학 학문지형을 구상한 논의는 졸고, 「문학교육의 전화와 '문형'의 문제설정」, 『문학의 힘, 문학의 가치』, 25-45쪽과 이 책에 함께 실린 「문화교육과 대학의 학문제도」 참조.

부분이 시장논리에 종속된 것으로 보이기 때문이다. 인문문화의 발전을 위해서는 대학개혁을 하더라도 시장논리만 따를 것이 아니라 대학개혁의 올바른 방향을 잡는 것이 중요하다. 사실 지난 10년 가까이 진행된 대학개혁은 실패의 연속이었다. 수요자 중심의 교육을 실시한다며 학부제를 도입하고, 지원의 집중과 선택을 위해 대학원중심대학육성정책을 펼치고 '두뇌한국 21' 사업을 실시하고, 교수평가제도 도입했으나 교육부 등이 그토록 원하던 경쟁력강화는커녕 인문학을 포함한 기초학문의 발전 기반만 파괴한 것이다. 인문문화 교육을 강화하고 그 발전을 통해 대학이 문화발전에 기여하려면 개혁의 방향을 제대로 잡아야 한다. 대학개혁의 기본 방향은 대학을 시장의 도구로 삼거나 학문과 예술, 문화나 기술을 상품화하는 것이 아니라 바람직한 삶을 만드는 대학주체들의 능력을 강화하는 것이다. 이를 위해서는 무엇보다 학문정책, 지식생산정책을 중심으로, 즉 대학의 학제(학문제도) 개혁을 중심에 놓고 개혁을 추진할 필요가 있다. 지금 추진중인 대학개혁은 신자유주의 노선에 따른 대학의 구조조정으로서 대학간 경쟁만 부추길 뿐이다. 경쟁이 만능이라는 것은 인문문화로서는 결코 지지할 수 없는 관점이다.

이 맥락에서 대학간 서열 경쟁 철폐의 중요함을 강조하고 싶다. 서울대학교를 정점으로 삼는 이 경쟁은 지금 사실 경쟁력을 높이지도 않으려니와 대학교육이 한국사회의 불평등 구조 강화에 기여하게 하는 악폐를 낳고 있다. 대학 서열화는 입시지옥을 만들어내는 주된 원인이며, 초·중등교육까지 끝없는 경쟁으로 몰아넣고 결국 인문문화까지도 황폐하게 만든다. 대학의 서열 구도를 깨려면 먼저 국립대학들을 통합하여 네트워크로 만들고 이를 통해 대학입시경쟁을 획기적으로 완화하여 초·중등교육을 정상화하여 중등 후기, 즉 지금의 고등학교 2, 3학년 교육내용을 인문문화 중심으로 짜자는 제안이 있다. [24] '국립대학 통합네트워크 구축'은

---

24) 정진상, 「국립대학 통합 네트워크 구축―학벌타파와 교육경쟁력 강화를 위한 정책대안」(경상대학교사회과학연구원 2003년 추계 정책토론회 자료집, 2003. 11. 19) 참조.

서울대학교를 실질적으로 없애고 다양한 캠퍼스를 가진 국립대학 하나만 두자는 안이다. 여기서 이 안의 구체적인 내용, 타당성, 실현방안을 따질 수는 없지만 일단 서열화를 없애야 한다는 데에는 찬동하며, 국립대학들을 통합할 경우 대학의 난립과 서열구도를 막을 단초가 열릴 것이라는 주장도 설득력이 있다고 본다. 더 나아가서 이로 인해 입시교육 중심이 된 초·중등교육을 정상화할 수 있다면, 그리하여 초·중등교육이 인문문화 함양에 기여할 수 있도록 할 수 있다면 그야말로 대환영이다.[25] 인문문화의 발전을 위한 대학개혁을 이야기하면서 이런 제도적 문제를 다루는 것은 새롭게 모색해야 할 인문문화의 내용도 인문문화가 배치된 대학에서 가동되는 여러 수준의 제도들을 얼개로 삼아야 할 것이기 때문이다. 대학들간의 서열 구도를 깨고, 대학교육을 공교육으로 전환시켜 그 속에서 인문문화교육이 제대로 자리를 잡도록 해야 한다.

대중의 확보

지금까지 한국의 인문문화가 살아나려면 자기개혁을 해야 하고, 이때 대학개혁을 매우 중요한 과제로 삼아야 한다고 말한 셈인데, 이제 인문문화가 발전하려면 그것을 원하는 대중을 확보할 필요가 있음을 강조하고 싶다. 인문문화가 대학과 긴밀한 관련을 맺고 있다는 점을 생각하면 이 대중은 누구보다도 인문학과 예술을 전공하려는 학생들이 아닐까 한다. 그렇다면 인문문화의 대중 확보는 학생들이 인문학과 예술에 얼마나 관심을 가지느냐에 달렸다고 볼 수 있다. 어떻게 학생들로 하여금 인문문화에 관심을 가지게 할 것인가? 한편으로는 즐거움을 느끼고, 다른 한편으로는 그 효용성을 인정하도록 해야 할 것이다. 문학이 "기쁨 주고 가르치

---

25) 현재 20여 사회운동단체의 참여로 '더블유티오 교육개방 저지와 교육공공성 실현을 위한 범국민교육연대'가 구성되어 공교육 정상화를 위한 운동이 전개되고 있다. 전교조가 중심인 이 운동은 초·중등교육 문제는 물론 대학평준화, 대학무상교육 실시, 대학의 학제개편 등 대학문제에 관해서도 대안을 찾고 있는 중이다.

기"("to delight and to instruct")를 지향하듯이 인문문화 전체도 기대감, 만족감, 성취감 등을 제공하려는 노력이 필요하겠다. 인문문화가 학생 대중을 끌어들이는 매력과 노력을 제공할 때 그것을 평생의 업으로 삼으려는 차세대 전공자도 늘어날테니 말이다. 인문문화는 자기혁신을 통해 그 전공자가 상상력, 창조성, 표현력, 비판적 성찰력, 무실역행의 능력을 가질 수 있도록 해야 할 것이다.

하지만 좀더 실질적이고 제도적인 대중 확보 노력도 필요하다. 이와 관련하여 대학개혁의 방향을 다시 생각할 필요가 있다. 특히 관심을 기울여야 할 것이 분과들의 올바른 관계를 설정하여 학문·예술의 권력관계를 민주화하는 일이다. 지금 인문학 분야들과 순수예술 분야가 고사 위기에 처한 것은 한편으로는 인문문화 자체의 불찰이기도 하지만 다른 한편으로는 대학사회에 배치된 학문들, 예술들, 기술들 간의 권력구조가 왜곡된 탓이다. 인문문화와 기초학문이 학생대중의 외면을 받는 것은 그것들이 추구하는 학문, 지식, 가치가 중요하지 않아서가 아니라 학문과 문화를 통한 한국의 사회발전 전략이 제대로 수립되지 못한 때문이다. 여기서 한국의 학문과 지식, 그리고 문화의 식민지성에 대해 자세한 언급을 하지는 않겠지만,[26] 기본적으로 남한에서 신식민지국가독점자본주의 구도가 형성되는 과정에서 일부 학문이 헤게모니를 행사하고 인문과학, 사회과학, 자연과학의 삼각구도가 만들어내는 발전의 동력을 지배하며 자신에게 유리한 학생배분을 해왔다는 점만큼은 꼭 지적해야 하겠다. 교육학이 대표적 경우다. 이 학문은 한국의 대학교육제도를 주도적으로 관장해왔고, 이 과정에서 타학문에 대한 침탈도 마다하지 않았다.[27] 사범대학을 만들어 많은 학문분야를 끌어들여 총수학문의 노릇을 해온 교육학

---

26) 이와 관련해서는 학술단체협의회 편, 『우리 학문 속의 미국—미국적 학문 패러다임 이식에 대한 비판적 성찰』, 한울, 2003과 이 책에 함께 실은 졸고, 「탈식민화와 공공성 강화를 위한 지식생산의 개혁—서울대에 바란다」 참고.
27) 한국 교육학의 지배구조 형성에 대해서는 김용일, 「한국 교육학의 지배세력과 미국」, 『우리 학문 속의 미국』, 210-33쪽 참조.

은 이제 자기 자리로 돌아가야 한다. 이때 꼭 고려해야 할 것이 학문들의 '시차' 또는 위상 차이의 문제다. 학문들은 그 성격에 따라서 학부 교육과 정에 편성되어야 할 것이 있고, 대학원 과정으로 편성되어야 할 것이 있 다. 교육학이 학부과정에서도 필요한 학문분야인 것은 사실이지만 그렇 다고 영어교육, 국어교육, 수학교육 등을 학부에서 학과를 따로 만들어 운영해야 하는 학문분야라고 보기는 어려울 것이다. 영어, 교육, 수학 등 은 기본적으로 사범대학이 아니라 기초학문을 편성한 대학의 단과대학에 서 학습하고, 그 과목들을 가르치는 지식과 능력은 대학원의 교직과정에 서 습득하도록 하면 된다. 지금 대부분의 종합대학에 설치한 사범대학들 은 따라서 해체할 필요가 있다.

교직과목 또는 사범대학 프로그램들만 학부과정에서 대학원으로 이전 할 것은 아니다. 의학, 법학, 약학, 행정학, 문헌정보학, 사회복지학, 방 송언론학 등과 관련된 교육 프로그램의 상당 부분도 대학원으로 옮겨야 한다. 이들 학문의 특징은 전문직을 위한 분야라는 것이다. 한국사회가 그동안 이들 분야를 학부에 배치하여 운영해온 역사적 이유는 인정한다. 해방 이후 근대적 사회제도를 운영하는 데 필요한 전문가들이 크게 부족 하여 이들을 양성하는 기간을 단축해야 했던 것이다. 하지만 경제규모가 세계 12위가 된 지금도 전문직을 속성으로 양성할 수는 없는 법이다. 인 문문화의 물적 조건을 논하는 자리에서 이런 이야기를 하는 것은 우리 사 회에 필요한 전문가들을 양성해온 그동안의 관행이 사실은 인문문화를 피폐케 한 주요 원인이기도 하기 때문이다. 대학에서 인문문화의 위기는 인문문화 자체의 무능, 비과학적 태도 등을 별도로 하면 기본적으로 학생 들의 외면과 밀접한 관련이 있다. 대학생들은 지금 학부과정에 들어오자 마자 고시광풍, 영어광풍에 휘말려 든다. 이는 "청년실업과 함께 '삼팔선, 사오정, 오륙도'로 요약되는 조기퇴직 등 노동유연화 현상이 확산된 정세 와 무관하지 않다. 고시광풍은 적어도 지금까지는 고시합격이 청년실업 과 해고위협과 같은 고용불안정과 삶의 불안을 일시에 해결하는 만병통치약이며, 이 점을 많은 학생들이 간파한 결과 생긴 현상이다."[28] 고시를 위한 법학, 취업을 위한 영어, 교사가 되기 위한 교직과목, 그리고 의학, 행정학, 사회복지학, 신문방송학, 문헌정보학, 청소년학 등 다양한 전문직을 위한 학문분야가 학부에 배치될 경우 실업의 불안에 떠는 학생들이 인문문화에 심취할 여유를 갖는 것은 불가능에 가깝다. 게다가 인문문화에게는 학생들의 '빵의 학문' 선택을 막을 권한도 없다. 문제는 이 결과 학부과정에서 다른 기초학문과 함께 인문문화가 외면당할 뿐만 아니라 이것이 결코 바람직하지 않다는 것이다. 지금 한국은 세계 최고의 대학진학률, 또 상대적으로 매우 높은 고학력 인구 비율을 과시한다. 문제는 고학력 인구의 수가 많다는 것과 그 질이 높다는 것은 같은 말이 아니라는 점이다. 고학력 인구가 증가하면 할수록 오히려 인구 전체의 전반적 교양 저하가 일어나고 있고, 나아가 사회적 성찰의 힘을 갖지 못한다는 것이 오히려 우리 사회의 문제가 아닌가. 이것을 변호사, 판검사, 의사, 약사, 회계사, 기술사, 교사, 공무원 등 전문가들이 학부교육을 제대로 받지 못한 결과라고 할 수는 없을까? 대학에 들어오자마자 고시준비를 하고, 취업준비를 하여 전문직으로 진출한 젊은이들이 창조적이고 비판적인 역능을 갖기를 기대하기는 어렵다.

학부교육과 대학원교육을 제대로 분리하여 새로운 관계를 맺게 할 필요가 여기에 있다. 도서관 사서만 하더라도 먼저 학부에서 문학, 사학, 예술 등을 전공해야, 그리고 행정직도 인문사회과학의 문제들을 이해하는 능력을 학부과정에서 갖춰야 능력을 한껏 발휘할 수 있을 것이다. 그런데도 지금 학부에서 바로 전문직 과목을 이수하게 함으로써 기초학문을 배제하고 있고, 이 결과 인문문화는 갈수록 수요자대중이 줄어드는 중이다. 사범대학 등을 학부에서 없애자고 제안한 것은 이 흐름을 바꿔야 하겠기 때문이다.[29] 사실 교사가 되고 싶어서 사범대학에 들어오는 학생

---

28) 이 책에 함께 실은 졸고, 「한국 대학교육의 문제와 대안—문화적 관점」, 92쪽.
29) 사범대학을 대학원으로 이전시키는 문제는 결코 인문문화만의 문제는 아니다. 그것은

들은 기초학문의 주요 '고객'이다. 이들이 인문학을 포함하여 사회과학, 자연과학, 예술분야 등을 전공한 뒤 대학원에서 교육학을 중심으로 한 교직을 전공하여 교사가 되는 경로를 취하게 하면 인문문화는 엄청난 물적 기반을 확보하게 된다. 마찬가지로 사회복지, 건축, 사법, 행정, 의료, 사서 등의 전문직 분야로 진출할 학생들도 대학 학부과정에서는 기초학문을 하도록 해야 한다. 공학, 법학, 의학, 교육학, 행정학, 사회복지학, 도서관학 등의 학문을 전공하는 학생들의 교양교육이 실종된 상황이며, 나아가서 인문학, 사회과학, 자연과학 등 기초학문을 전공하는 학생들까지도 자기 전공분야가 아닌 다른 전공을 기웃거리게 만들고 있는 실정이다. 인문문화가 살길의 하나는 이렇게 볼 때 학부과정의 교육과 대학원과정의 교육을 제대로 구분하여 전문직으로 진출할 학생들로 하여금 학부과정에서 인문문화와 접하게 하는 대학교육의 제도적 개혁이다.

인문문화의 창달을 위해서는 인문문화를 사랑하고 거기에 종사할 차세대를 양성하는 일도 중요하다. 이와 관련해서 핵심적인 사안은 인문문화 종사자들 즉 인문학 전공자, 문화예술인의 사회적 일자리 창출에 인문문화인들이 앞장서는 일이라고 본다. 이 일자리 창출은 두 가지 차원에서 생각할 수 있겠다. 먼저 인문문화를 전공한 석·박사의 일자리를 창출하는 일, 특히 국내대학원 과정을 이수한 젊은 학자, 전문가들을 교수요원으로 뽑는 노력이 중요하다. 최근 비정규직 교수노조가 만들어져 이 문제를 집중 거론하고 있고, 또 며칠 전 학술단체협의회가 주관한 토론회에서는 좀더 구체적으로 국내박사 할당제 도입을 주장하는 의견이 제시된 적도 있지만,[30) 차세대 학자들의 일자리가 불안정할 경우 한국의 주체적 학문을 발전시킬 전망은 요원하며 아울러 인문문화도 심화 학습과 연구를 하려는 차세대 전문가를 확보하기 어려울 것이다.

사회과학, 자연과학, 예술, 인문학 등 초·중등 과정의 교사가 되기 위해 받는 교육과정 전반을 대학에서 제대로 운영하기 위해서 필요한 조치다.
30) 신정완, 「주체적 학자 양성의 필요성과 방안」, 『우리 학문 속의 미국』, 385-86쪽.

하지만 나는 정규직 교수가 되기 위해 박사과정을 다니는 사람들보다는 학부생 중심의 또는 전문직을 갖기 위해 석사 정도의 학위를 하는 더 많은 대학원생 중심의 일자리 창출에 더 많은 관심을 기울일 것을 강조하고 싶다. 이 일을 할 수 있는 곳은 크게 공공영역과 시장부문으로 나눠지겠는데, 특히 중요한 것이 공공영역에서 인문문화 전공자의 일자리를 창출하는 일이다.[31] 한국사회는 지금 경제발전의 수준에 비해 사회적 공공성, 문화적 공공성이 지나치게 취약하며, 이로 인해 대중의 삶의 질이 떨어져 불만을 사고 있다. 오늘의 경제성장에 걸맞은 문화적 공공성을 확보하려면 도서관, 박물관, 미술관, 문화의 집, 문화 · 예술회관, 미디어센터, 주민자치문화센터, 향교 등 다양한 공공문화기반시설을 대폭 확대하는 것은 물론 내실을 기할 필요가 있는데, 이때 인문문화 전공자가 대거 필요할 것이다. 인문문화 전공자를 확장된 공공문화기반시설에 투입하여 국민에 대한 문화적 서비스를 강화하면 국민대중의 문화향수권을 크게 신장함으로써 우리 사회의 문화적 권리를 신장시키는 계기가 되지 않겠는가.[32]

인문문화의 발전을 위해 이런 사회적 일자리 창출이 중요한 것은 인문문화를 전공한 학생들의 취업 전망을 밝게 하기 때문만은 아니다. 학부과정에서 인문문화 교육을 받은 학생들이 공공영역으로 진출할 수 있게 하려면 그들이 이수하는 대학교육의 내용, 교과과정도 바꿔야만 할 것이다. 위에서 인문문화의 자기개혁이 필요함을 강조하였는데, 이 맥락에서 이 개혁은 훨씬 더 구체적인 내용과 방향을 얻게 된다. 전공학생들이 공공영역에서 역량을 발휘할 수 있게 하려면 철학, 사학, 문학, 미술, 조각, 음

---

31) 물론 시장부문에서도 인문문화 전공자를 위한 일자리 창출이 필요할 것이다. 이와 관련하여 갈수록 중요해지는 문화산업 영역에 문학, 사학, 철학 전공자들이 진출할 수 있는 기회를 늘일 방도를 찾아야 한다. 이를 위해서 현재 정보, 공학기술 중심의 문화산업 노동자들을 콘텐츠 개발 능력을 갖춘 대학교육 프로그램, 위에서 말한 '문화공학' 전략이 요청된다. 하지만 지금 대부분 대학들이 이 방향으로 살길을 찾고자 몸부림을 치고 있기 때문에 여기서 시장부문 인문문화 전공자 일자리의 중요성을 강조하고 싶지는 않다.
32) 이 책에 함께 실은 졸고, 「대학개혁과 지식의 공공성」 참고.

악 등의 인문문화 분야는 지금보다 더 큰 사회적 책임을 느껴야 하며, 각자가 자랑하는 역능이나 지식, 노하우를 공공재로서 개발할 의무를 지게 될 것이다. 이것은 이들 인문문화 분야들이 공적인 기능을 강화해야 한다는 말이기도 하다.

'인문문화를 위한 지식인포럼'

인문문화가 살아나려면 국가와 시장의 역할도 바꿔내야 한다. 인문문화가 융성하기 위해서는 특정한 사회적 조건이 필요하다. 르네상스 휴머니즘은 인문학자, 예술가들이 각 나라 궁정의 지원을 받았을 때 꽃을 피웠고, 조선조에서 유학이 융성한 것도 과거를 통해 국사에 참여할 수 있었기 때문이다. 오늘 인문문화가 힘을 받기 위해 전근대의 궁정과 왕권이 필요한 것은 아니다. 하지만 사회적 공공성의 강화를 전제하지 않으면 인문문화가 활성화하기는 분명 어려울 것이다. 대학이 개혁을 통해 사회적 일자리 창출 등 새로운 사회적 기능을 강화하고 이에 따라 인문문화가 사회에 기여하는 것이 인문문화의 공공기능을 강화하는 한 방식이라는 것은 위에서 말한 바다. 하지만 이를 위해서는 인문문화가 오늘 겪고 있는 시장지배, 특히 신자유주의 정세를 벗어나는 것이 필요하다. 자본주의 시장은 모든 것을 이윤을 내기 위한 상품으로 만드는 경향이 있고, 신자유주의는 그 경향을 극대화한다. 오늘 대학의 안팎에서 인문문화가 위기에 처한 것은 한편으로는 인문문화 자체의 역량 감퇴 때문이지만 다른 한편으로는 대학이 신자유주의가 지배하는 시장논리의 압박을 받아 인문문화 자체를 상품으로 만들려고 덤벼들기 때문이다. 33)

이런 흐름 속에서 인문문화는 자신의 존립과 발전을 위한 사회적 조건을 확보해야 하겠으나 문제는 그것이 그저 만들어지지는 않는다는 것이다. 사회적 조건은 사회적 주체들의 역관계에서 규정된다. 지금의 생산

---

33) 신자유주의 지배 강화에 따른 한국대학의 시장종속 현상에 대해서는 이 책에 실린 졸고, 「한국 지식생산의 현 상태」 참고.

관계, 권력관계가 지속해서는 우리가 원하는 인문문화를 보존하고 발전시키기 어렵다. 어떻게 해야 할까? 어떻게 해야 대학개혁의 방향을 제대로 잡고, 인문문화의 개혁과 함께 공공적 기능을 강화할 수 있을까? 국가와 시장의 신자유주의 노선을 어떻게 바꿔낼 수 있을까? 사회운동이 필요하다고 본다. 사회정책의 기본흐름을 바꿔내는 것은 국가와 시장이 아니라 전체 사회의 역관계이기 때문이다.

이때 고려할 것이 지식인운동이다. 지식인운동의 차원은 여럿일 것이다. 우선 교수운동을 생각해볼 수 있다. 한국에서 교수운동은 1980년대 후반 이후 활성화되어 왔다. 1987년 '민주화를 위한 전국교수협의회'가 만들어져 교육민주화와 사회민주화에 큰 기여를 했으며, 비슷한 시기에 '전국강사노조', '전국사립대학교수협의회', '국공립대학교수협의회'가 설립되기도 했다. 하지만 지금 시점에서 더 중요한 것은 2001년 11월에 교수노조가 만들어지고 전국강사노조가 비정규직교수노조로 재조직되었다는 사실일 것이다. 교수운동이 교수노조 운동으로 전환한 것은 언뜻 교수의 경제적 권익만 위하는 것으로만 보일지 모르지만 결코 그렇지 않다. 노조를 결성한 것은 교수들이 권익조직을 확보했다는 것만이 아니라 교육부가 대변하는 국가와 사학재단이라는 자본에 대등하게 조직적으로 맞설 수 있는 힘을 얻음으로써 자치적인 교육정책, 대학정책을 수립할 수 있는 조직적 기반을 갖게 되었다는 것을 의미한다. 이런 점에서 나는 인문문화의 살길을 찾는 사람들도 교수노조에 적극 가입할 것을 권하고 싶다.

그런데 지식인운동 가운데서 꼭 있어야 하는데 아직 없는 것이 있다. 나는 지금 우리 사회에 (가칭)'인문문화발전을 위한 지식인포럼' 같은 것이 있어야 하지 않겠는가 생각한다. 이 지식인포럼은 교수노조와 같은 조직이 하기 어려운 사회적 설득을 수행하기 위해 필요하다. 알다시피 지금 인문문화의 주체들이 사회적으로 극복해야 할 것은, 또는 맞붙어 싸워야 할 것은 경제중심주의다. 계속 말하고 있지만 지금 경제가 제일이라는 자본주의 시장 중심의 관점이 우리 사회를 지배하고 있다. 이 관점이 실질적인 지배이데올로기의 기능을 하는 한 아무리 명망 있는 소설가, 시인, 철학자가 나서서 인문문화가 중요하다고 주장하더라도, 아니 문화 장관이나 교육부총리, 심지어 대통령까지 개인적으로 나서서 그런 주장을 수용하려 하더라도 별로 소용이 없다. 인문문화의 존립에 필요한 사회적 재원을 배분하는 과정에서 경제적 이성과 판단이 결정권을 가질 것이기 때문이다. 대학개혁의 방향, 인문문화의 혁신 전략은 아무리 올바르고 바람직하더라도 예산이 지원되지 않으면, 즉 국가의 공적 재원을 관장하는 기획예산처에서 예산 배정을 해주지 않으면 실현될 수가 없다. 지금 공공도서관에 배정되는 쥐꼬리만한 예산을 생각해보면 바로 알 수 있는 일이다. 이런 상태를 어떻게 바꿀 수 있는가? 경제중심주의를 어떻게 극복할 수 있는가? 인문문화를 지지하는 세력이 경제중심주의를 견제하는 힘을 가져야 한다고 본다. 나는 이런 집단적 힘을 규합하는 노력의 일환으로 '인문문화를 위한 지식인포럼' 결성을 제안하고 싶다.

이 '지식인포럼'이 할 일은 많다고 본다. 연구프로젝트를 통해 인문문화의 실태조사를 하는 일, 한국 인문문화 발전을 위한 학문적 토론을 진행하는 일, 인문문화 개혁의 방향을 잡는 일, 대학개혁의 올바른 길을 토론하는 일, 토론회를 열어 이들 문제들을 파악하고 정책을 세우는 일, 대중매체에 기고하여 여론을 형성하는 일, 기획예산처를 중심으로 한 경제부처에 인문문화의 중요성을 설득하는 일 따위가 그것이다. 인문문화 전문가들이 과연 이런 일을 해낼 것인가? 노력을 하면 가능하다. 지금 급한 것은 인문문화가 경제중심주의를 제압하는 힘을 갖는 것, 무엇보다 실천적 능력을 강화하는 것이다. 나는 인문학을 중심으로 인문문화가 자신의 능력을 활용할 필요가 있다고 본다. 인문문화를 위해 지식인포럼이 해야 할 일은 무엇보다도 담론지형에 영향력을 행사하는 것이다. 지배이데올로기는 담론을 통해 형성된다. 알다시피 인문문화 지식인은 담론의 전문가다. 주로 글을 쓰고 말을 하는 것이 전공이 아닌가. 이런 능력을 잘 활용할 경우 인문문화인들은 시장경제 중심의 담론지형, 경제적 이성이 지배하는 오늘의 이데올로기지형을 바꾸는 데 지금 꼭 필요한 여론을 형성할 수 있으리라고 본다. 따라서 인문학자들, 문화예술인이 뜻과 의지, 힘을 모아 스스로 인문문화를 되살릴 방안을 모색하고, 정부, 시장, 시민사회는 물론이고 노동자, 농민, 학생, 교사, 여성 등 민중들에게도 인문문화의 중요성을 설득할 필요가 있다. 정기적인 포럼 개최가 그런 일을 하는 자리가 될 수 있을 것이다. 이 포럼에 문화예술인, 학자, 학생, 교사가 참석하고 지방자치단체장, 대기업회장, 장관, 대통령 등 우리 사회의 지도급 인사들을 초청하여 인문문화의 중요성을 널리 알릴 수는 없을까? 그렇게 하여 지금의 담론지형을 바꿔내면 경제주의를 제압하지는 못한다고 하더라도 그 힘을 상당히 누그러뜨릴 수는 있을 것이다.

글을 맺으며

한국은 지금 GDP가 세계 12위에 오르는 등 괄목한 만한 경제발전을 이루었고, 정치적으로도 세계에서 형식적 민주주의를 구현한 얼마 되지 않는 나라에 속한다. 다만 이런 정치발전과 경제성장에 어울리지 않게 복지, 환경, 문화, 노동 등 인문문화 발전과 관련이 깊은 분야들을 살펴보면 각종 지표가 OECD 최하위에 머무는 등 불균등 발전 양상을 드러내고 있는 것도 사실이다. 이는 우리 사회가 그동안 경제, 그것도 갈수록 신자유주의 노선의 경제만을 중심으로 사회발전 전략을 고집한 결과로서, 국민 대다수가 삶의 질을 놓고 불만을 터뜨리는 원인이 되고 있다. 최근에 인문문화에 종사하는 사람들이 극도의 위기의식을 갖게 된 것도 이 전반적인 흐름과 무관하지 않다. 인문문화의 발전을 위해서는 사회의 운영구도를 근본적으로 바꿔야 한다. 이윤추구만을 경제로 보는 협량한 관점을 버리고 삶의 결 전체로서 '경제'(oikos)를 살리고, 사회를 구성하는 (좀더 좁은 의미의) 경제와 정치와 문화의 관계를 새롭게 설정해야 한다. 정치경제에서 이룬 기왕의 발전과 성장을 인문학을 포함한 학문의 발전, 순수예술의 발전을 위한 물적 토대로 삼아서 문화발전을 이룰 필요가 있다.

그래야 인문문화도 살아날 것이다.

하지만 나는 이 글에서 이를 위해서는 인문문화 자체가 먼저 할 일을 해야 한다는 관점을 취했다. 우선 인문문화는 지금 맞고 있는 위기의 원인을 자신 내부에서 찾아야 할 것이다. 인문문화가 지금 신자유주의 공격을 당하고 있는 것은 사실이지만 후퇴만 거듭해온 것은 역량을 상실한 때문이기도 하다. 인문문화가 역능을 되찾는 일이 따라서 시급하지만 이를 위해서는 자기비판과 개혁이 급선무다. 나는 그 한 방향으로 과학문화와의 새로운 연결을 통해 그동안 상실한 과학적 전망을 되찾을 것을 제시했다. 이런 자기개혁을 전제하지 않을 경우 인문문화는 자신의 가장 중요한 사회적 존립조건인 대학의 개혁에 오히려 걸림돌이 될 우려가 있다. 학문과 예술의 (신)식민지 근대성 구도에서 벗어나지 못한 인문문화가 새로운 진보적 학문지형을 구축하며 진행되어야 할 대학개혁에 보탬이 되기는 어려울 것이다. 나아가 인문문화는 대중에게 질곡이 아닌 삶의 즐거움과 인간적 역능 계발의 기회를 제공할 수 있어야 한다. 이런 자기개혁을 제대로 실천해야 인문문화는 경제중심주의를 극복할 수 있는 대중적 지지를 기대할 수 있다. 이것이 인문문화가 걸어야 할 사즉생의 길일 것이다.

11

노무현정부의 학문정책 과제[*]

취지

1. 문명의 전환과 새로운 삶의 패러다임

지금은 문명의 전환기로서 새로운 삶의 지혜와 능력이 요청되는 시기다. 경제발전을 중시한 20세기의 근대적 삶의 패러다임은 나름대로 삶의 조건을 개선하기도 했으나, 개발로 인한 자연파괴와 환경오염, 문화의 상품화와 획일화, 나아가서 민족·계급·성·인종·세대·지역을 둘러싼 모순과 갈등을 양산했다. 이제 자연과 인간의 조화, 인간과 인간의 상생을 이루는 지속 가능한 문명발전을 위해 삶의 패러다임과 사회발전의 기틀을 새로 짤 필요가 있다.

---

[*] 이 문건은 1998년 2월 민주화를위한전국교수협의회, 학술단체협의회 소속 회원 일부가 수차례에 걸쳐 가진 토론 내용을 충북대 유초하 교수와 내가 정리하여 발표한 정책제안서('21세기 한국사회의 발전을 위한 학문정책의 기본방향')의 내용을 일부 활용하여 서울대

2. 학문발전에 기반을 둔 사회발전

학문발전에 기반을 둔 사회발전 전략이 필요하다. 사회의 발전이 학문의 융성을 바탕으로 한다는 것은 문명사회의 상식이다. 유가(儒家)나 도가(道家)에서 '성인정치'(聖人政治)를 이상으로 내세우고 플라톤이 '철인정치'(哲人政治)를 주장한 것도 학문을 사회발전의 기틀로 삼자는 것이었다. 조선조의 세종과 정조의 예가 보여주듯 한국사에서도 학문과 도덕성에 바탕을 둔 정치라는 이상을 실현하고자 했을 때 가장 큰 사회발전을 이루었다.

3. 자생적 학문 기반의 결여

오늘 우리 사회는 학문의 발전을 통해 사회발전을 추진하려는 의지가 별로 없다. 기초학문의 무시에서 드러나듯 '학문'이라는 개념 자체가 명시적인 사회정책의 일환으로 설정되어 있지도 않다. 이 결과 오늘 한국은 첨단이론이나 학문 방법론, 특히 독자적인 사상과 자생적 지식 생산 능력의 측면에서 볼 때 세계에서 지닌 학문의 상대적 지위가 중세 조선보다도 더 뒤떨어진 형편이다.

4. 학문정책의 수립

한국사회가 주체적인 사유 능력을 확보하고, 이 능력의 현실 적실성을 높이고, 사물을 보는 올바른 태도와 올곧게 실천하는 능력을 기르려면 제대로 된 학문정책이 필요하다. 우리가 자신을 성찰하고 현실을 분석하고, 산적한 사회적 문제들을 파악하여 미래를 바람직한 방향으로 설계하는 총체적인 사회적 능력은 학문 융성에 기여하는 학문정책을 통해 기를 필요가 있다.

학문정책의 기본 방향

1. '학문전략'의 수립

김세균, 최갑수 교수, 상명대 박거용 교수 등과 새로운 논의과정을 거쳐 정리한 것을 2003년 4월 18일 문화연대, 민교협, 교수노조, 전국대학인문학연구소협의회, 학단협, 비정규직대학교수노동조합 공동 주최로 가진 '노무현정부의 학문정책 개혁과제' 토론회에서 발표한 것이다.

현재 한국사회는 학문전략을 수립하려는 체계적인 노력도 주체도 없다. 학문이 사회발전에 핵심적으로 중요함을 인식한다면 이제 우리 사회도 학문전략을 수립해야 한다.

1) 학문정책과 교육정책의 구분과 양자의 올바른 관계 설정

학문정책을 올바로 세우려면 학문정책의 범주와 개념을 제대로 설정할 필요가 있다. 이를 위해서는 현재 학문정책이 '교육정책'에 포함되어 있는 현실을 시정해야 할 것이다. 현대사회에서 교육이 학문과 밀접한 관련이 있는 것은 사실이지만, 교육이 학문을 주도하는 것은 아니다. 오히려 교육의 내용을 선취해야 하는 학문이 교육을 선도하는 견인차라는 사실을 인식할 필요가 있다.

2) 학문정책은 '학문학'의 관점에서

당대의 바둑 수준이 최고수의 기량에 의해 결정되듯이 학문 역시 당대 최고 수준의 학자가 배출됨으로써 수준이 향상된다는 특징이 있다. 우리 사회의 학문수준은 세계적으로 자랑할 만한 학자들을 얼마나 많이 보유하고 있는가에 의해 결정된다. 그동안 학문정책이 교육정책 담당자, 교육학의 책임으로 간주됨으로써 학문 자체의 발전을 위한 노력은 없었던 편이다. 이제 학문정책은 교육학과 교육정책에서 벗어나서 학문의 내용과 체계, 학문들간의 관계를 고려한 '학문학'(science of the sciences)의 관점에서 독립시킬 필요가 있다.

3) 대학정책에 학문정책 관점 반영

대학정책은 교육정책의 일부일 뿐만 아니라 학문정책의 근간을 이루고 있다는 점을, 그리고 대학이라는 제도는 교육에 못지 않게 학문 진흥에도 비중있는 역할을 해야 한다는 점을 명심해야 한다.

2. 학문의 민주화

1) 대학민주화

학문의 발전을 위해서는 가장 중요한 학문생산기관인 대학개혁이 필요하고, 이 개혁의 출발점은 민주화와 자율화다. 현재 대학의 권력구조는 그러나 매우 비민주적이다. 국공립과 사립 가릴 것 없이 재단, 교육부, 대학본부 등 관리자나 경영자의 권한이 비대해져 상명하달식 운영이 이루어지고 있는 것이다. 사립학교법을 위시한 교육관계법을 개정하여 대학민주화를 실질적으로 추진해야 한다.

2) 학문과 사상의 자유 실질적 보장

학문사상의 자유에 대한 학계 외부로부터의 압박을 종식시켜야 한다. 학문의 자유가 위축되면 학문의 생산성이 제고될 수 없기 때문이다. 우리 사회의 지적, 문화적 생산성을 제고하기 위해서는 학문의 자유가 완전히 보장되어야 하며, 이는 사상의 자유와 표현의 자유를 완전히 보장하는 것을 의미한다. 사찰 당국이 국가보안법을 내세워 학문을 검열하고 탄압하는 일은 과거에 비해 진전된 측면이 있으나 지금은 신자유주의 시장논리가 대학에 침투함으로써 학문의 목표가 시장의 목표에 의해 제한을 받는 등 개선할 점이 계속 생기고 있다. 학문의 자유와 그 한계를 설정하는 문제는 학계의 자율에 맡겨야 할 것이다.

3) 학문 운영의 민주화

학문 운영의 비민주적 관행을 혁파할 필요가 있다. 학문의 세대간, 영역간 권력관계를 민주화해야 하는 것이다. 지식권력을 장악한 일부 학자들이 학문전공분야를 마치 사유지인 양 독점할 때 신진학자가 성장할 기반은 사라진다. 현재 학회의 권위가 강화되고 있는데, 이는 학문의 중시 현상으로서 바람직한 측면이 있기도 하지만 기존학회의 권력만을 강화하여 신생학문의 출현에는 오히려 걸림돌이 되고 있는 상황이므로 개선할 여지가 있다.

3. 기초학문의 육성

1) 기초학문 육성의 필요성

지식의 진전은 궁극적으로 기초학문과 기초과학에서 이루어진다는 점에서 기초학문은 사회발전의 초석이다. 현재 중요성이 강조되고 있는 응용학문의 존립 자체가 기초학문에 기반을 두고 있는 만큼 기초학문의 붕괴는 학문 전체의 붕괴를 의미한다. 학문의 붕괴가 사회적 가치, 생산성, 민주주의 등의 붕괴를 초래한다는 점을 감안할 때 기초학문의 육성은 사회발전에 필수적이다.

2) 기초학문 지원 강화

기초학문은 장기적인 배려 위에서만 융성하므로 국가가 책임지고 지원하는 것이 필요하다. 미국처럼 학문 발달이 상대적으로 잘 이루어진 나라에서도 산학협동과 같은 외부 지원이 적은 인문학 분야에 대해서는 인문학진흥기금(National Endowment for the Humanities)과 예술진흥기금(National Endowment for the Arts)을 통합하여 예술인문학진흥기금을 두고 있다. 이는 인문학과 같은 기초학문 분야가 당장 경제적 이윤을 내는 데 쓰이지 않더라도 중장기적으로는 엄청나게 큰 효과를 가진 창조성을 가지고 있다는 것을 고려한 조치다.

3) 기초학문 연구자의 생활안정

기초학문 육성을 위해 빠뜨릴 수 없는 것이 연구자, 특히 차세대 학자들의 생활안정 정책이다. 지금 학술진흥재단에서 기초학문지원을 위한 기금을 마련하여 주로 박사학위 소지자 기초학문연구자 지원을 하고 있으나 이는 한시적인 조치일 뿐이다. 기초학문연구자의 생활 안정을 위해서는 차세대 학자들을 연구원, 교수 등으로 채용하는 장기적인 대책이 요구된다. 유명무실하게 운영되고 있는 대학 연구소에 연구원을 배치하도록 하여 기능을 실질적으로 강화하면서 특히 연구자의 생활안정을 보장해야 한다.

4) 기초학문 전공자를 위한 시장 창출: 문화적 공공부문의 확충

현재 문학, 사학, 철학 등 인문학 분야, 사회학, 경제학, 정치학 등 사회과학 분야, 물리학, 생물학 등 자연과학 분야 발전을 위해서는 이 분야 전공자의 사회진출 통로가 필요하다. 도서관, 박물관, 미술관, 문화의 집, 문예회관, 문화원 등 전국 각지의 공공문화기반시설의 대폭 확충과 운영 프로그램의 개선으로 기초학문 전공자의 사회진출의 기회를 크게 확대함으로써 기초학문 분야에 대한 수요를 늘여야 할 것이다. 또한 제3부문의 확대로 전문연구인력의 사회참여를 유도함으로써 기초학문 전공자의 사회진출을 도와줄 필요가 있다.

4. 학문생산의 다양화와 특성화
1) 학문의 탈식민화와 자생적 능력 강화

현재 한국은 서울대학교 등 국내 상위 대학들마저 일부 학문영역을 제외하면 최고 역량을 갖춘 학자 배출 능력이 저조하여 고급인력을 외국, 특히 미국과 유럽 등 '선진' 국가 대학들에 의존하는 형편이다. 이 결과 학문의 종속화와 식민화가 초래되고 있어서 학문의 자생적인 능력을 갖추지 못하고 있다. 학문이 외국에 의존하면 독자적이고 자율적인 사회운영의 전망을 갖기 어렵기 때문에 학문의 탈식민화를 위하여 자생적 학문기반의 구축이 시급하다.

2) 서울대학교 모델의 하향재생산 지양

현재 한국의 학문생산은 서울대학교 모델이 지배하고 있다. 서울대학교의 학문제도 모델은 근대적인 포드주의조직과 유사한 분과학문들의 병렬적 배치를 근간으로 한다. 이 모델의 개선도 필요하지만, 동시에 다른 유형의 대학이 나올 수 있도록 대학모델의 다양화를 추진해야 할 것이다. 대학을 학과 중심 이외에 협동과정, 특정 연구프로그램, 연구소 등 다양한 형태로 운영할 필요가 있다. 그래야 대학들이 서로 다른 학문방식과 학문내용을 가질 기회가 커질 것이다. 대학모델 다양화를 위해 새로운 대학들을 설립할 경우 기존에 이미 설치하여 운영하고 있는 것과는 다른 유형의 대학 모델을 따르도록 유도해야 한다. 신설대학의 경우, 특성화에 입각한 프로그램을 지닌 소규모 대학이 되도록 하는 것이 바람직하다. 특별한 사유가 없는 한 이미 일정한 수 이상의 대학에 설치되어 있는 학문

분야와 학문방식을 도입하는 것은 지양해야 한다. 기존의 학문분야와 학문방식의 개선은 기존의 대학에서 추진하도록 하면 될 것이다.

3) 학위수여 방식의 다양화

학위수여를 장기적으로는 대학 등 현재의 공인 학위수여기관 이외에도 개방할 수 있는 방식을 연구할 필요가 있다. 대학의 모델을 다양화함은 물론이고, 학문기관도 다양화하고 그 능력에 따른 권한 부여도 다양하고 신축적으로 이루어져야 한다. 단 이런 제도의 개방이 특수한 기득권층의 이익추구를 합법화하는 수단이 되어서는 안 될 것이다.

4) 소집단 연구 활동의 활성화와 학문대중의 양성

학문이 공식 기관에서만 이루어지는 것은 아니다. 학문의 저변을 넓히기 위해 재야학자들의 연구활동을 활성화할 필요가 있다. 일본이나 독일의 경우 아마추어 연구자들의 소모임이 활발하여, 일본에서는 한국의 고성(古城)을 연구하는 모임만도 수십 개에 이른다. 연구 소모임, 독서 모임, 기행 모임 등이 활성화하도록 지원이 필요하다. 이런 지원은 주5일 근무제 도입으로 늘어나는 대중의 여가가 생산적인 학술적, 창조적 방향으로 사용될 수 있도록 하는 데 기여할 것이다. 또한 독자 저변의 확대로 학문대중을 구축할 수도 있다.

5. 학문편제의 개선

오늘날 개별 학문들은 거의 예외 없이 대학의 학과나 학부, 또는 프로그램으로 제도화해 있다. 이론적으로는 이런 제도가 없어도 학문이 존립할 수 있겠지만, 현실적으로는 불가능하다. 따라서 학문을 학문제도의 관점에서 바라보고, 이 제도의 편성 여하에 따라서 학문의 성격이나 운영방식이 바뀐다는 점을 유념해야 한다. 대학이나 연구소에서 운영하는 학문들의 편성 방식도 중요하다. 학문제도의 틀, 관행, 실천을 학문분야들의 연관 및 관계설정에 의해서 정하고, 학문제도 운영방식을 혁신할 필요가 있다.

1) 학문의 폐쇄적 운영 지양

학문영역간의 소통 부재 현실을 타파해야 한다. 학문의 폐쇄적, 배타적 운영은 학문 발전에 큰 걸림돌이다. 학문영역의 독식과 분점을 막고 학문간의 개방적 교류를 유도할 필요가 있다. 동일 전공영역에서 학부-석사-박사과정을 이수한 사람을 선호하는 신임교원 임용 관행도 시정해야 한다. 특히 학회의 폐쇄적, 배타적 운영이 야기하는 실험적 신생학문 억압 문제를 해소하기 위하여 학회간, 학문영역간 교류의 활성화를 유도하고 학문영역을 횡단하는 실험적 학문의 학풍을 진작하는 노력이 요청된다.

2) 학문의 다양성과 통합성 제고

김영삼정권의 1995년 교육개혁안 이후 대학에서 학과 통폐합, 학부제 및 복수전공제도가 도입되었다. 이 조치는 신자유주의 개혁의 일환으로 문제를 낳고 있으므로 학문의 진정한 발전을 위해 새롭게 설계되어야 한다. 이때 학문 분과영역간 개방과 통합의 노력은 존중해야 하겠지만, 학문분야들의 무조건 통합과 폐쇄는 바람직하지 않다. 성격에 따라 학문은 고도의 세분화가 필요할 수도 있고, 역사가 장구한 기초학문은 통폐합보다 보존과 지속이 중요할 수도 있다. 따라서 학문의 다양성을 지키면서 통합학문들을 육성하는 정책 연구가 필요하다. 이 문제는 아래 '새 정부 학문정책의 당면과제'의 하나로 구성할 것을 제안하게 될 〈학문정책위원회〉에서 신중한 논의를 거친 다음에 구체적인 정책으로 제출해야 할 것이다.

3) 가능한 모든 학문 분야의 운영

앞으로는 우리 학계도 가능한 모든 학문분야를 운영해야 한다. 이는 우리의 시각을 중심에 두는 주체적인 태도로 세계를 이해하는 통합적 능력을 가져야 하기 때문이다. 현재 미국, 일본, 독일, 프랑스, 영국 등 학문선진국에서는 생각할 수 있는 거의 모든 문제들을 연구하는 학문분야를 학술 재정이 허용하는 한에서 운영하고 있다. 세계 도처에서 발생하는 정치적, 경제적, 문화적, 생태적 문제들을 자국 전문가를 통해 파악하고 예상되는 문제 상황에 대처하기 위함일 것이다. 현재 세계경제 12위권으로 도약했고, 외국인노동자들이 대거 유입되고 있는 만큼 한국사회도 전략적으로 가능한 모든 학문을 운영하려는 노력이 필요하다. 이를 위해 연구소 제도의 활성화가 요구된다. 연구소는 대학의 학과제도와 달리 연구자만 보유하기 때문에 소수의 정예 연구자만 지원하면 된다. 현재 국내 학문생산기관들이 학문분야들을 중복 운영하는 낭비를 최소화하여 이런 연구 인프라를 갖추는 것이 필요하다.

6. 학문여건의 개선
1) 연구 네트워크 확산 및 학술 정보 관리의 개선

현재 정부의 개별 부처 산하에는 수많은 연구기관들이 있어서 각종 연구가 진행되고 있지만 연구의 분산 진행으로 말미암아 총괄 파악이나 연구간 연관이 없는 형편이다. 기초연구를 유기적으로 하기 위해 정부 주도 연구들의 총괄 네트워킹이 필요하다. 이를 위해 정부 산하 기관들에서 수행되는 연구들의 진행 과정과 성과의 총괄적 전산화를 통하여 중복 연구를 피함으로써 재원 낭비를 막고, 연구 성과의 공유 비율을 높여야 한다.

생산된 연구보고서도 통합 및 연관 관리를 통해 상호연계성을 구축하는 것이 필요하다. 정부 활동과 관련된 서류, 문화재 발굴 이후의 보고서 등 각종 보고서도 총괄 관리 및 활용 체계를 만들어 공공 접근이 쉽게 해야 한다. 도서관 운영 체계도 지역 혹은 권역별 풀제를 도입하는 등 혁신이 요청된다.

현재 국립중앙도서관은 문화관광부 산하기관으로 되어 있어서 학문정책과의 유기적 연계가 잘 이루어져 있지 못하다. 도서관 체제를 개선해야 한다. 민족의 학술자료들도 규장각, 국사편찬위원회, 한국정신문화연구원, 국립중앙도서관, 정부기록보존소, 대학 도서관 등에 분산 보관되고 있기 때문에 자료의 확인조차 하기 힘든 형편이다. 이런 난맥상은 자료의 소유나 보관을 이권으로 여긴 결과로서, 반드시 개선해야 할 것이다.

2) 도서관 운영체계의 혁신

도서관은 학문의 기반시설로서 절대적 중요성을 가지고 있으나 현재 한국은 제대로 된 도서관이 어디에도 없는 실정이다. 빠른 시일 안에 전 세계에서 나오는 모든 책을 모으는 도서관을 적어도 한 곳은 마련하고, 학문분야별 전문도서관도 필수적으로 세우고, 나아가서 학문의 저변을 확대하기 위해 일반인을 위한 공공도서관을 곳곳에 세워야 한다. 특히 현재 국립중앙도서관은 도서구입예산이 20여 억 원밖에 되지 않아서 열악한 실정이므로 시급한 개선이 요청된다.

3) 연구 재원의 증대와 배분의 효율화

학문발전은 사회적 투자를 통하여 촉진되는 법이며, 이는 주로 연구자의 신분보장과 연구비의 지원에 크게 의존한다. 현재 국내에서 연구비로 지원되는 금액은 외국에 비하여 턱없이 낮으므로 학술진흥을 위한 연구비의 획기적 증액 조치가 필요하다. 단 연구비 지원은 지식생산성 증대를 위해 전략적 운영이 필요하므로 학문정책의 기본 방향과 연계하여 판단해야 할 것이다.

대학 등 학문생산기관에 있는 부설연구소의 활성화를 위해 연구소의 설립조건을 심사하는 체계가 필요하다. 군소 연구소의 난립으로 연구의 집중과 전략화가 이루어지지 않고 있는데, 대학별 연구의 특성화를 유도하여 연구능력의 분산을 막아야 한다. 대학간 역할 분담과 기능 통합 등을 통해 연구소를 공동 설립하는 등 동일 연구의 중복을 피함으로써 연구의 체계를 개선하고, 아울러 연구의 네트워킹을 통하여 재정 낭비를 최소화하는 것이 필요하다.

연구재원 배분에서 기초학문 발전을 위한 정책적 배려가 필요하다. 학문의 생산성은 기초학문의 발달에 크게 의존하기 때문이다. 단기적 효과를 보고 산업기술과 연관되는 연구에 연구 재원을 집중 배분하면 결국 더 큰 창조성과 생산성을 지닌 기초학문의 황폐화를 가져와 결국은 기술혁신의 기반을 무너뜨리게 될 것이다.

4) 비제도권 학자의 활동 지원

대학 등 공식 학문 제도에 소속되어 있지 않은 학문활동가들에 대한 배려가 필요하다. 이를 위해 학술진흥재단이 사용하는 연구비 가운데 일정한 부분을 교수나 박사 등 공식 직함이나 자격이 없더라도 잠재적으로 창조성을 발휘할 것으로 판단되는 연구자와 지식인에게 할당하는 조치가 요청된다. 이것은 앞에서 말한 '소집단 연구의 활성화'와 일맥상통하는 정책과제이면서도, 아마추어가 아닌 전문적 학문생산자의 잠재력을 발굴하고 현실화하는 일이라는 점에서 별개의 정책과제다.

5) 연구 평가의 다면화

학문의 수준은 연구프로젝트나 출간 논문의 수를 높이는 양적 팽창을 통해서만 달성되지 않는다. '장좌불와'(長座不臥), '면벽구년'(面壁九年) 등의 표현이 말하고 있듯이 득도나 학문의 수준을 높이기 위해서는 장기간이 필요하다. 따라서 연구의 독려와 관리는 일률적인 데서 벗어나 연구의 종류나 특성에 맞게 차별화할 필요가 있다.

학문발전을 위해 대학평가는 해야 하지만, 학문분야의 특수성을 무시한 일률적 연구평가는 지양해야 한다. 이공계열에 대한 평가의 기준을 인문사회계열에 적용하는 지금의 관행은 인문학, 사회과학, 자연과학 사이의 차이, 나아가서 기초학문과 응용학문 간의 차이를 무시한 처사다. 연구의 양적인 팽창이 반드시 질적인 고양으로 이어지지 않는다는 점도 고려해야 한다.

학문은 그 수준이 중요하며, 일정한 수준에 이른 경우에는 이룩한 학문 수준만큼의 확산이 중요하다. 이때 교육의 중요성이 커진다. 모든 대학교원에게 동일한 강도의 연구를 강요하는 것은 학자 양성에 교육이 미치는 중요성을 무시하는 섬세하지 못한 조치다. 따라서 경우에 따라서는 강의와 학생지도에 진력하게 하는 것이 연구논문 발표보다 학문 생산성 제고에 기여한다는 점을 고려하여, 연구와 교육의 평가를 다면적으로 해야 한다.

6) 학문성과 활용의 공공성 강화

학문과 연구의 성과는 논문, 보고서, 저서 등의 형태를 띠며, 이들은 출판, 유통, 전시 등을 통하여 공공의 자산으로 전환된다. 공공이 학문성과를 쉽게 활용할 수 있기 위해서는 국가가 발주한 정책보고서를 포함하여 개인의 저술에 이르기까지 학술 자료와 정보의 배포, 보관, 이용 등을 체계화할 필요가 있다. 이를 위해서는 위에서 언급한 도서관 운영체계의 혁신이 다시 중요하다. 학문성과에 대한 공중의 접근을 보장함으로써 지식의 사회적 평등을 구현할 필요가 있다.

7. 차세대 학자 양성

학문 발달을 위해서는 학문의 전승이 필요하며, 이는 학문 차세대 양성을 통하여 이루어짐. 학문 차세대 양성은 사회적 과제로서 정책 당국자의 특별한 관심과 지원을 필요로 하는 문제다. (아래 '차세대 학자 양성을 위한 지원 강화' 부분 참조)

노무현정부 학문정책의 과제들

1. 대통령 산하 학문정책위원회의 설치

학문발전은 사회발전의 기반이라는 점에서 학문발전을 국가의 핵심 프로젝트로 삼는 국가적 차원의 전략 수립이 요청된다. 현재 한국은 새로운 발전과 도약을 할 수 있는 시점에 왔으며, 이에 따라서 주체적인 사유의 수준과 그 현실 적실성을 높이려는 노력, 자생적인 학문방법론 모색과 학풍의 조성, 새로운 연구분야의 개척 등 학문전략을 구사할 필요가 있다. 그래야만 자신을 성찰하고 현실을 분석하고, 산적한 문제에 제대로 대처하고, 미래를 설계하는 사회적 능력을 되찾을 수 있다. 학문의 융성을 통해 사회발전의 초석을 닦는 것이 필요하다.

1) 설치의 필요성—학문정책의 통합관리

합적 수립과 집행을 위해 현재 다양한 기관으로 분산되
문 부서들의 역할과 기능을 조정하는 작업이 필요하나, 학술
련 정책의 수립, 기획 및 집행을 통합하는 기능을 가진 정부 기관이 없다. 이는 '학문정책'의 개념이나 상(像)을 제대로 잡지 못하고, 학문정책의 범주들과 이 범주들간의 관계를 올바로 설정하지 못하고, 학문정책 과제들의 우선 순위를 결정하지 않고, 나아가 학문의 주체와 학문정책 주체의 역할 분담을 제대로 규정하지 못하는 전략 부재의 반영이다.

현재 학문정책의 주무 부처는 산하에 학술진흥재단 등을 두고 있는 교육인적자원부로 보이지만 반드시 그렇지는 않다. 학문연구에 핵심적인 국립중앙도서관은 문화관광부 소관이고, 과학기술 관련 학문정책은 과학기술처와 한국과학재단 등 그 산하기관들에 일임되어 있는 실정이며, 정부 모든 부처 산하에 연구기관들이 난립하고 있다. 학문정책의 이런 난맥상을 극복하기 위해 정책의 범주와 대상, 주체, 효과간의 유기적인 관계들을 검토하며 학문정책을 구상하는 단위가 필요하다. 이 단위는 학문정책과 관련된 모든 기관들을 학문영역간의 상관관계, 정책의 원칙과 기본 방향에 따라 연계하고, 학문과 무관한 비전문 개인 혹은 집단의 이권 개입을 막으며, 무원칙하고 분열된 학문정책 난맥상을 극복할 통합적 정책 기관이 되어야 한다.

2) 위상과 기능

학문정책위원회는 한국 학문정책의 기본 원칙과 방향을 설정하고 통합적인 학문정책을 수립하는 상설 국가기구 위상을 지닐 필요가 있다. 학문정책의 수립과 그 집행의 방식과 목적, 효과 등에 대한 평가도 함께 하는 정책적 의결기구가 되어야 하기 때문이다. 특히 관료들의 전횡을 막기 위해서는 독자적인 집행능력을 갖추어야 한다. 학문정책이 제대로 작동하려면 교육부, 문화관광부, 정보통신부, 과학기술처 등에 분산되어 있는 학문 관련 정책 및 행정의 중복과 비효율을 막고 학문의 장기 발전을 위한 기획들을 통합해야 하므로 대통령 산하 상설위원회가 되어야 할 것이다.

아닌, 학문에 대한 통합적 식견을 갖춘 학자들로 구성해야 한다. 이들 학자는 학문역량을 갖추고 학문 일반의 원리와 방법론에 정통하면서 학문 간 연계와 통합을 몸소 실험하고 실천하며, 21세기에 걸맞은 학문정책의 비전을 지닌 인물들이어야 함. 나아가서 학문정책위원들은 민주적이고, 도덕적이고, 창의적이고, 미래지향적이고, 지속가능한 사회 및 인류문명 발전의 꿈을 실현하고자 하는 인사들이어야 할 것이다. 지금까지 학문정책을 실제로 지배해온 교육정책 전문가, 특히 과거 정권에서 교육정책을 주무르고 신자유주의 관점에서 학문정책을 왜곡한 인사들은 참여를 금지해야 한다.

4) 경과조치

학문정책위원회의 정상적 가동이 있기 전까지 새 정부의 학문정책 기조를 기획하고 학문정책위원회의 구성을 준비하는 한시적인 기구로서 〈학문정책기획위원회〉를 운영한다.

2. 학문발전을 위한 대학의 구조개혁

현재 한국의 지배적인 학문생산기관은 대학이므로 학문발전을 위해서는 대학의 관행과 제도를 혁신하는 구조개혁이 필요하다. 대학은 1995년 이래 추진된 교육개혁정책에 따라 '개혁'을 추진해왔으나 이 개혁은 신자유주의 구조조정일 뿐 학문발전에 이바지한 바가 없다.

1) 학부과정의 역할 재조정

현재 대학교육은 전반적으로 직업교육으로 전락하고 있는 중이다. 학문발전의 견지에서 보면 일반교육(general education)으로서의 학부교육 성격을 강화할 필요가 있다. 취업을 위한 학부교육과 교양과 연구를 위한 학부교육의 분리가 필요하며, 이를 대학별로 구분하고 동일한 대학 안에서도 전공에 따라 다양화가 필요하다.

적된 '통합교육'이나 7차 교육과정 자체가 많은 문제를 안고 있다. 초·중등 교육과정에서 통합교육이 실시되려면 고등교육의 산실인 대학에서 편성된 학문제도의 변화가 요청되며, 그 주요 방향은 통합학문이어야 한다. 통합학문을 실시하기 위해서는 현재의 분과학문 체제로 운영되는 대학의 학문제도를 '유연화'하여, 개별 분과학문의 발전을 도모하는 방식으로 새로 편성할 필요가 있다. 이는 대학의 기초학문이 초·중등교육의 요구에 따라서 부분적으로 바뀌어야 하고, 초·중등교육 역시 기초학문을 중시하는 방향으로 재편성되어야 함을 의미한다.

학부와 대학원 교육과정의 기능 분할 및 연계가 필요하다. 학부에서만 전공할 분야, 학부와 대학원에서 연속하여 전공할 분야, 학부와 대학원에서 분리하여 전공할 분야 등을 구분하여 현재 학부에서 전공분야로 되어 있는 법학, 의학, 경영학, 행정학, 교육학, 도서관학 등 전문직업 관련 학문분야는 대학원으로 이월하는 방안을 마련해야 한다. 물론 이런 조처의 선택과 구체적인 형태는 개별 대학이 결정해야 할 것이다.

2) 학문편성의 특성화와 다양화

학문제도에 대해서도 점검과 반성이 필요하다. 현재처럼 거의 모든 대학들에 기초학문분야들을 학과 형태로 배치하는 일은 지양해야 한다. 모든 대학이 똑같은 유형의 학과를 둘 필요는 없으며 문학, 철학, 역사학, 물리학, 화학 등 기초학문도 대학에 따라 차별적으로 육성하는 것이 바람직하다. 이를 위해서는 학문과 교육의 차이를 분명히 인식하고, 대학별로 집중 육성할 학문분야들을 전략적으로 선택할 필요가 있다. 각 대학이 독자적인 학문지형을 구성할 수 있도록 하고, 국가 차원에서는 이 지형의 전체 효과가 현단계 사회에 적합한 연구와 교육을 수행할 수 있는지 점검하고, 대학평가에 학문의 지형 평가를 포함해야 한다.

3) '실험적 학문'의 육성

학문의 다양화를 위해 실험적 학문을 육성해야 한다. 현재의 지배적 학문분류 방식인 분과학문 체계를 유연화하고 새로운 학문을 발전시킬 수 있는 제도적·재정적 지원이 요청된다. 학문의 쇄신을 위해서는 학문 운영을 학과 중심으로만 하지 않고 다양한 제도와 형태로 할 수 있도록 유도하는 것이 필요하며, 학과를 존치하더라도 그 틀이 새로운 학문의 길을 모색하고 실험하는 데 방해가 되지 않도록 해야 한다. 나아가서 현재 학문제도를 모두 장악하고 있는 학회들의 권력을 분산, 민주화할 필요가 있으며 신생학문이 기존 학회의 통제와 억압에서 자유로워질 수 있도록 실험학문 육성책을 마련할 필요가 있다. 이를 위해서는 대학별로 연구소, 협동과정 등 학제간 연계를 할 수 있는 제도를 마련하고, 대학원생의 경우 학문분야들을 자유롭게 횡단하는 연구계획을 허용하는 등 실험학문 육성 전략을 마련하도록 권장해야 한다.

4) 주체적 입장에서 새로운 학문분야 개척

그동안 한국의 학문은 유럽, 미국 등을 주된 연구 대상으로 삼고 연구방법론도 서구모델에 의존하는 종속성을 보여왔다. 학문의 탈식민화와 지식생산의 주체성을 세우기 위하여 서구 중심의 연구 전통에만 머물지 말고 주체적인 관점에서 동남아, 중동, 아프리카, 남미 등에 대해서도 새로운 관심을 돌릴 필요가 있다. 아시아권, 중동권, 아프리카권 연구는 이제 국가 이익을 위해서도 꼭 필요한 조치다. 더욱이 최근 외국인노동자가 늘어나고 있는 상황에서 다양한 문화에 대한 이해능력이 더욱 요청된다.

5) 학문 및 교육 현장 중심의 대학 행정

학문정책 차원에서 대학의 재조직화가 요구된다. 교육정책에 입각하여 분과학문체제로 종합대학의 형태를 띠고 있는 한국의 대학들은 학문생산성에서 크게 뒤떨어지는 방식으로 조직되어 있다. 거의 모든 대학들에서 총장 혹은 이사장을 정점으로 하고 그 아래 실·처·관장 등의 행정부서와 학장, 대학원장 등으로 위계화해 있고, 대학에서 실제 '생산라인'에 해당하는 학과운영은 교수들과 조교들의 책임이 되어 학문과 교육의 주체가 행정 직원(staff)이 되어 있는 꼴이다. 대학이 본연의 연구와 교육을 수행하도록 대학조직을 학문생산 현장 중심으로 획기적으로 재편할 필요가 있다.

6) 학문의 '동종교배' 근절을 위한 대학출신별 쿼터제도 도입

한국의 학문은 '근친상간'에 의한 열등생식으로 그 생산성이 현저하게 떨어져 있다. 특정 대학 출신 혹은 본교 출신 과다 채용이 가장 큰 문제다. 대학들간의 불균등 발전을 고려해야 하겠지만, 소수 대학 출신이 개별 대학의 학문생산과 관리를 장악하지 못하도록 해야 한다. 같은 대학의 같은 학과에서 스승-제자 관계를 맺은 사람들이 동일 학과에 집중 배치되는 관행을 바로잡고, 대학출신별 쿼터제도를 도입해야 한다.

3. 학문활동 지원체계의 정비
1) 연구활동에 대한 지원 강화

한국의 학문활동 지원은 그동안 미미하였다가 요즈음 나아지긴 했지만 여전히 미흡하며 지원체제도 잘못되어 있다. 이 문제는 지난 수년 동안 실시된 '두뇌한국(Brain Korea) 21' 사업에서 단적으로 드러났으며, 이 사업의 후유증으로 드러난 기초학문 부실화를 막기 위해 인문학 등 기초학문 분야를 대상으로 전개한 지원 사업도 차세대 연구자들로 하여금 참여하는 프로젝트에 얽매이게 하여 독자적인 연구를 못하게 하는 등 문제가 있기는 마찬가지다. 학문활동의 지원을 위해서는 생활비 보조 개념이 아닌 학문활동 지원 개념을 도입해야 한다. 학문발전은 연구자들이 실질적인 연구에 전념할 때 기대할 수 있는 효과이므로 교수, 연구원 등으로 신분보장을 함과 동시에 실질적 연구를 지원하는 것이 중요하다.

2) 학술진흥재단의 정비

한국학술진흥재단은 현재 기초학문분야를 지원하는 주무 부서와도 같다. 학진의 연구비 지원 규모는 최근에 좀 늘어나서 연 2,300억 규모이며 이 가운데 절반 이상을 인문사회계에 나머지를 이공계에 지원한다. 그러나 학술진흥재단의 재원을 이공계와 인문사회계 지원에 사용하는 것은 이 공계의 경우 학진에 비해 훨씬 더 큰 재정을 가지고 있는 한국과학재단의 지원도 받는다는 점에서 인문사회계를 상대적으로 홀대하는 문제가 있다.

현재 학진은 교육부에 예속되어 보조금 사업만 하고 있기 때문에 독자성이 없다. 모든 지원 액수를 교육부의 주무 과장이 결재를 하는 실정이다. 학진으로 하여금 독자적 예산편성과 집행 권한을 갖도록 함으로써 학문활동 지원의 상대적 자율성을 보장할 필요가 있다.

단 학진은 근본적으로 평가기구로 바꾸고 대학 연구소들이 연구계획서를 내어 연구비를 받는 방식으로 전환해야 한다. 이래야만 대학의 연구능력을 실질적으로 키울 수 있다. 이 경우 규모가 큰 대학들만 경쟁에서 우위를 차지할 것이므로 취약한 대학들에 대한 특별 지원체계도 마련해야 할 것이다.

평가의 경우 위에서 언급한 대로 다면화할 필요가 있다. 연구계획서만으로 지원을 결정할 것이 아니라 발표된 논문이나 저서를 평가하여 학문적 업적을 보상하는 새로운 보상체계 도입도 고려해야 한다. 단 이 시스템 도입을 위해서는 연구결과를 평가하는 사회적 능력을 키울 필요가 있다.

3) 학문정책위원회에 통합적 기능 부여

현재 크게 한국과학재단과 한국학술진흥재단으로 학문활동 지원 기관이 분리되어 있는 것은 문제다. 두 재단의 차별적 역할을 인정하되 양자의 기능을 연계하여 지원이나 기능의 중복을 피하려면 통합적 시각이 필요하다. 이를 위해 위에서 제안한 학문정책위원회에 두 기관을 감독하는 권한을 갖게 함으로써 위원회의 통합적 기능을 강화할 필요가 있다.

4) 도서관체계의 정비, 강화

한국은 지금 훌륭한 도서관은 고사하고 변변한 도서관도 하나 없는 형편이다. 이것은 심각한 사회적 문제로서 현재 상황이 개선되지 않을 경우 지식생산능력이 갈수록 중요해지고 있는 21세기에는 커다란 국가적 손실로 이어질 것이 분명하다. 이제부터라도 전세계에서 나오는 모든 책을 모으는 국가대표도서관을 적어도 한 곳은 마련하고, 학문분야별 전문도서관을 세우고, 나아가서 학문의 저변을 확대하기 위해 일반인을 위한 공공도서관을 곳곳에 세워야 한다. 도서관의 증축과 그 기능의 강화는 학문의 발전을 위해서도 필요할 뿐만 아니라 지식불평등에 의한 사회적 불평등을 방지하는 데도 매우 중요하다.

국립중앙도서관의 기능을 강화하여 국가대표도서관으로 재탄생시킬 필요가 있다. 현재 중앙도서관은 도서구입비가 연간 20여억원 수준으로서 미국의 일개 대학인 하버드 대학 도서관이 연간 270억을 책정하고 있는 것과 비교하더라도 지나치게 낮아 한심한 실정이다. 도서구입비를 500억 단위로 올려서, 자료축적 및 제공 능력을 강화함으로써 명실상부한 국가대표도서관으로 만들어야 한다. 또한 위치도 지금의 서울 서초동에서 문화중심지인 광화문 부근으로 옮겨서 시민과 국민의 접근이 용이하도록 해야 한다.

전문도서관, 중앙도서관, 대학도서관 등에는 전문사서제도를 도입해야 한다. 전문사서는 현재 서울대학교에도 없는 형편인데, 이것은 학부에서 도서관학을 전공하게 하여 지금까지 배출된 사서들의 전문성이 없는 데서 기인한다. 도서관학의 경우 대학원에서 전공하도록 하여 사서자격을 주도록 해야 할 것이다.

현재 한국의 도서분류체계는 존듀이 방식으로서, 이 방식을 채택하고 있다는 것은 지식분류 방식을 미국에 의존하고 있다는 단적인 증거다. 그러나 국가별로 지식과 학문의 분류는 독자적으로 해야 하며, 우리는 당연히 한국을 중심에 놓고 분류를 해야 한다. 또한 각 도서관으로 하여금 장서평가제도를 도입하도록 해야 할 것임. 장서수집과 보관, 그리고 질에 대한 평가를 해야 도서관의 기능이 강화되고 효율성이 높아질 것이다. 나아가서 부분적으로 개선되고 있는 도서관들간의 연계망을 더 구축하고 강화해야 한다. 이 과정에서 학술정보의 전자화도 꾀함으로써 학문지식에 대한 접근을 용이하게 할 필요가 있다.

4. 새로운 대학모델의 개발

1) 필요성

한국사회가 학문적으로 낙후된 것은 그동안 운영해온 학문제도가 20세기 초반의 낡은 대학모델에 근거한 것과도 무관하지 않다. 현재 획기적으로 변하고 있는 지식생산양식을 반영하려면 대학들이 취해온 지식의 독점 및 분점 전략을 막아야 한다. 그러나 기존의 대학에서는 이런 혁신이 사실상 불가능하므로 새로운 변화를 수용할 대학 모델들을 개발할 필요가 있다.

2) 학문운영 혁신에 기여하는 대학에 대한 지원

학문의 다양화와 특성화를 위하여 대학들이 기존과는 다른 유형의 학문제도를 도입하도록 장려할 필요가 있다. 이는 현재 학문과 교육을 편성하는 지배적인 형태로 자리잡은 학과체제가 지식생산 효율성에서 한계를 드러내는 데 따른 보강 조치다. 대학들이 학과와는 별도로 협동과정이나 연구소 등을 통해 새로운 연구 및 교육 시스템을 도입하는 것을 권장할 필요가 있다. 단 이들 협동과정과 연구소가 내실을 갖추도록 독자적 교수진을 반드시 구성하도록 유도해야 한다. 새로운 학문운영 프로그램을 개발하는 대학에는 특별 지원이 필요하다.

3) 실험적인 소규모 국립대학의 설립

서울에 인문사회과학 중심의 새로운 소규모 국립대학을 세울 것을 신중하게 검토할 필요가 있다. 기존 대학들은 20세기 초에 설계된 낡은 학문제도와 대학모델을 고수하고 있어서 인문사회과학의 경우 기호학, 인지과학, 서사이론, 도상학(iconology), 문화연구, 시각문화연구, 지역학, 과학철학, 정치경제학비판, 문형학(文形學), 글쓰기 테크놀로지(technologies of writing), 미학, 수사학, 장르이론, 매체이론 등 전통적으로 혹은 새롭게 발전한 학문들을 연계하여 통합적으로나 전략적으로 다루려는 노력을 하기는커녕 오히려 방해하고 있는 형편이다. 한국이 현재 세계경제 12위라는 위상, 그리고 앞으로 도달하고자 하는 더 높은 위상에 걸맞은 지식생산, 학문 능력을 갖추기 위해서는 연구 및 교육의 세계적 수준과 어깨를 나란히 하려는 전략적 사고를 실천하는 대학이 필요하다. 이 소규모 국립대학이 제 기능을 갖도록 하기 위해서는 설립된 지 오래지 않아서 큰 역할을 하고 있는 한국예술종합학교처럼 단기간에 집중 투자를 할 필요가 있다. 교수진의 경우 30명 안팎 정도면 될 것이고, 학생 수도 많을 필요가 없으며, 대학원 교육 기능에 집중해야 한다. 대학의 소재는 반드시 서울 중심에 위치해야 하고 교정 없는 건물도 무방하다.

이런 소규모 실험대학을 국립대학의 형태로 꾸려야 하는 것은 국가적 학문전략의 일환으로 추진해야 할 것이기 때문이다. 현재 세계는 중대한 지식생산 변동을 맞고 있고, 지식생산 능력이 곧 사회의 정치경제문화 능력으로 치환되고 있는 중이므로 국가적으로 이에 대처해야 하나 지금의 대학모델로는 불가능한 상태다. 특히 지식의 식민화에 책임이 큰 서울대학교의 한국 학문 지배 현상을 타파하기 위해서는 서울 시내에 국립대학을 만들 필요가 있다. 새로운 국립대학을 만들자는 것은 한편으로는 기존의 대학이 전문가에 의한 지식 생산과 공급이라는 전통적 학문방식을 고수하여 새로운 지식생산양식을 수용하려 하지 않기 때문이고, 다른 한편으로는 대부분 기득권층에 의해 장악되어 있어서 개혁을 기대하기가 쉽지 않기 때문이다. 따라서 학문 발전을 위한 새로운 대학모델 개발은 신설대학을 통하여 할 필요가 있는데, 단 이 새 대학은 실험정신을 살려서 소규모로 그 조직도 유연하게 만들어야 필요가 있다. 국가가 설립한 소규모 대학이 성공을 거두게 되면 기존 대학에도 변화를 유발하는 효과를 가질 수 있을 것이다.

4) '지성강좌'의 개설

한국 최고의 지성이 강의하는 '지성강좌' 혹은 '시민대학'을 설립하는 것이 필요하다. 프랑스의 〈콜레주 드 프랑스〉(Collège de France)처럼 정기 강좌를 개설하고 일반 시민에게 개방한다면 학문의 대중적 수준을 높이는 데 크게 기여할 것이다. 이 시민대학은 국가 지원으로 이루어지는 것이 합당하며, 그 운영 책임은 위에서 언급한 국가학문정책위원회에 두고, 강의는 민주적이고 양심적인 학문주체 집단의 추천과 대중적 여망에 따라 선정된 인사들에게 위촉하는 것이 바람직하다. 일정한 요건을 충족하는 수강자들에게는 제도화된 대학기관에서 수여하는 것과 동일한 자격의 학위를 수여하는 것도 고려함직 하다.

5. 차세대 학자 양성을 위한 지원 강화

1) 차세대 학자의 국내 양성을 위한 조치

차세대 학자 양성은 학문의 발전에 핵심적인 과제인데도 현재 우리 사회는 대부분 학문 분야가 외국유학에 의존하는 등 차세대 학자들을 제대로 양성하고 있지 못한 실정이다. 독자적인 학자양성 능력을 갖추지 못한 사회가 온전한 발전을 이룰 수는 없으므로 더 이상 외국에 의존하지 않고 자율적으로 차세대 학자를 양성할 전략이 절실하다. 이와 관련 인사정책에서 국내대학 출신을 우대하는 정책 배려가 요구된다. 현재 과제인 지식의 탈식민화를 위해서도 국내대학 출신의 우대는 꼭 필요하다.

2) 학문활동의 기회 확대

새롭게 배출되는 유능한 학위소유자의 학문활동이 위축되지 않고 더욱 활성화하도록 하는 조치가 필요하다. 차세대학자의 활동 현장은 기존 학자들과 마찬가지로 대학이나 연구소 등이다. 대학과 연구소의 연구원 혹은 신임 교원 채용에 관한 정책을 차세대학자 양성 정책과 연계하여 개선할 필요가 있다. 현재 국내의 젊은 학자들은 잘못된 수급정책으로 양산된 상태에 놓여 있어서 악화가 양화를 구축하는 경우가 적지 않다. 이런 폐단을 방지하기 위해 신임교원 임용 과정을 공개하여 정당한 경쟁이 이루어지도록 독려하고, 나아가 현재의 학문생산체제를 개혁하여 유능한 학문인력이 국가발전에 기여할 수 있는 기회를 확대하도록 해야 한다.

3) 대학원생에 대한 지원과 강사의 처우 개선

학문 차세대 양성을 위해 대학원생 지원체계 수립이 필요하다. 대학원생들은 조교 직책을 수행하여 학비나 생계의 도움을 받거나, 박사과정 학생의 경우 주로 시간강사를 하면서 생계를 유지하는 형편이다. 이로 인하여 학업에 열중하지 못하여 학문수준을 높이는 데 많은 지장을 받는다. 또한 박사학위 취득 후 시간강사, 즉 비정규직에 머물 경우 그 신분이 극히 불안정하고 처우도 나빠 학자로서 활동하는 데 큰 장애가 되고 있다. 대학원생과 강사의 처우를 개선하고 신분을 보장할 수 있는 방안을 조속히 강구해야 한다.

4) 석사, 박사 학위소지자들을 중등교사로 활용

석사, 박사 학위소지자들을 중등교사요원으로 활용할 수 있는 방안을 마련할 필요가 있다. 이런 정책을 실시할 경우 기존의 사범대출신들이 반발할 가능성이 있으나 과연 사범대 출신, 그리고 교사임용고시 합격자들만 교사가 되어야 하는지는 사회적 토론을 거쳐서 결정해야 할 것이다. 교사의 품성, 자질을 위해 교육학적 소양을 갖추는 것이 필수적이겠지만 교사의 학문적 능력도 반드시 필요하다. 석사, 박사 학위소지자들을 소양교육을 포함한 선발과정을 거쳐서 중등교사로 채용하는 방안을 마련할 경우 대학의 기초학문전공자에게 진로를 열어줄 것이므로 대학에서 학문 차세대를 양성하는 데 큰 도움이 될 수 있다.

4부

교육운동과
학생운동

12

'교육내용'으로 본 교육운동의 과제와 방향[*]

교육운동의 '목표' 설정

제목에서 밝히고 있듯이 이 발제의 취지는 '교육내용'을 중심으로 현단계 한국 교육운동의 과제와 방향을 모색해 보려는 데 있다. '교육내용'을 논의의 주된 관심사로 삼고자 하는 것은 그동안 교육운동이 수용한 운동목표에 일정한 수정과 보완을 가할 필요가 있다고 느끼기 때문이다. 교육운동의 과제와 방향은 목표를 어떻게 설정하느냐에 따라서 영향을 받을 수밖에 없을 것인데, 이 목표를 '문제'로 파악할 필요가 있다고 본다. 진보진영은 교육운동의 목표를 당연시하고, 그것을 설정하는 방식에 문제를 제기하는 작업을 회피해온 편이다. 하지만 이 목표가 자연스럽게 주어지는 것은 아니다. 그것을 상정하고, 구성하고, 기획하는 방식은 어떤 정치적, 이론적 문제의식을 따르느냐에 따라 달라지기 때문이다. 여기서

---

[*] '교육운동의 과제와 방향'을 주제로 가진 교수노조 창립2주년 기념토론회(2003. 11. 15)에서 발표한 글이다.

교육운동이 자신의 목표를 '문제'로서 인식하고 목표설정을 성찰할 필요가 나온다. 설령 그 일이 너무 당연한 것을 되짚는 것처럼 보인다 해도 말이다.

새삼스럽지만 교육운동의 목표는 교육을 무엇이라 보고, 어떻게 정의하느냐에 따라서 달라질 것이다. 교육운동은 어디까지나 교육을 어떤 종류의 실천으로 보고, 교육에 깃들은 내용과 정신, 또는 그것이 지닌 지향점을 어떻게 이해하느냐에 따라서 영향을 받을 수밖에 없기 때문이다. 일단 교육운동의 관점을 취한다는 것 자체가 교육운동의 목표 설정에 중요한 요인일 것이라고 말하고 싶다. 교육운동의 시각은 교육을 전략적으로 사회진보의 견지에서 바라보는 것일테고 교육을 이해하는 일도 이에 따라서 적잖이 규정될 수밖에 없을 것이다. 그런데 교육운동의 견지에서는 교육의 문제가 크게 내용과 방식의 문제, 즉 무엇을 교육하느냐와 어떻게 교육하느냐로 나뉘어질 것 같다. 다시 말해 어떤 내용의 교육을 하느냐, 어떤 방식의 교육을 하느냐가 교육운동의 가장 중요한 관심사가 되리라는 것이다. 이렇게 보면 교육운동의 목표는 크게 교육민주화와 교육내용의 개혁 두 가지다.

교육내용의 개혁이 교육운동의 양대 목표의 하나라는 점은 쉽게 이해할 수 있지 않을까 싶다. 교육이라는 사회적 실천 자체가 교육하려는 내용의 중요성에 대한 인식에서 출발한다는 점을 생각하면 교육내용을 점검하고, 그것을 새롭게 하고 또 그것이 사회적으로 중요한 의미를 갖도록 만드는 일은 언제나 중요할 것이기 때문이다. 물론 이 목표의 타당성은 교육운동이 과연 이 당연한 목표를 제대로 설정했는가 하는 문제와는 별개다. 다른 한편 교육민주화는 교육의 방식과 관련되어 있다. 교육은 그 내용은 물론이고 사회적 목적이나 효과, 실천과정 등을 관리하려면 만만치 않은 인적, 물적 조건이 필요한 사회적 실천이다. 이런 점에서 교육현장에는 복잡한 사회적 관계가 형성되며 특히 교육의 방식과 내용을 규정하는 권력의 역학관계가 중요한 쟁점으로 떠오르곤 한다. 시민, 학부모,

학생, 교사, 교수 중 어느 주체로든 교육에 종사하거나 교육에 개입하는 관련 주체들간의 복잡한 관계가 얼마나 민주화되어 있느냐가 교육을 어떻게 잘 할 수 있느냐를 결정하기 때문일 것이다. 이런 점에서 교육민주화는 교육의 방식과 밀접한 관련이 있다.

하지만 알다시피 그동안 한국의 교육운동은 이 두 목표를 아직 제대로 달성하지도 못했으며, 교육내용 개혁과 관련해서는 아직 문제의식조차 충분히 갖추지 못한 상태다. 여기에는 나름대로의 이유가 있겠지만, 오늘 토론에서 나는 진보적 교육운동은 이제 어렵더라도 두 가지 목표를 동시에 추구하는 노력을 기울일 필요가 있다는 제안과 함께 그에 따른 교육운동의 과제가 무엇인지, 그리고 교육운동을 어떤 방향으로 추진해야 할지 생각해 보고 싶다.

교육민주화

그동안 한국 교육운동에서 당연시한 가장 중요한 목표는 교육민주화였다. 알다시피 한국의 교육은 오랜 기간 국가권력과 그 하수인의 지배를 받아왔다. 교육부와 그 지배를 받는 사학재단, 이 지배구조와 연줄을 이룬 일부 교육학자들을 포함한 교수들, 그리고 초·중등학교의 경우는 교장단 등이 교육을 주물러온 것이다. 이런 상황을 초래한 것은 해방 이후 전개된 역사적 조건 때문이다. 한국사회는 일제로부터 해방된 이후에도 미국의 신식민지로 남아 계속 정치적, 경제적, 문화적 지배를 받아왔으며, 교육도 그 지배의 규정을 받았다. 교육운동이 교육민주화를 자신의 주된 목표로 설정해온 것은 이 과정에서 상실한 교육자치, 교육의 자율성을 되찾는 일이 다른 어떤 과제보다 우선이라고 여겼기 때문일 것이다.

주목할 것은 교육운동의 경우도 이 과정에서 자율성을 상당히 제약받을 수밖에 없었다는 사실이다. 교육운동은 1960년의 4월혁명과 1980년대의 민주·민족·민중 운동과 함께 사회민주화 운동의 일원으로 기여하라는 요구를 받았고, 이로 인해 부문운동의 지위를 갖기는 했으나 충분한 자율성을 누리지는 못하였다. 교육운동이 교육내용에 대한 관심을 제대로 가질 수 없었던 것은 이 때문일 것이다. 이런 조건은 교육이라는 사회적 실천이 오랫동안 교육 외부의 사회적 상황에 지배되었기 때문에 불가피한 측면이긴 했지만 교육운동으로 하여금 자신의 고유한 과제보다는 외부로 눈을 돌려 사회운동의 진퇴 여부에 더 많은 관심을 쏟게 만들었다. 그동안 진보적 교육운동이 교육민주화에 가장 큰 관심을 두었던 것은 이 결과라 하겠다.

교육민주화도 역사적 조건에 따라서 그 내용이 달라지긴 했다. 국가권력이 강력하게 작동하였으나 대학생인구가 상대적으로 적었던 시절의 교육운동과 그 이후 여러 사회적 조건이 변한 뒤의 교육운동이 상정하는 민주화 의제는 표현은 같아도 내용이 다르다. 국가권력이 강력하게 작동하던 시절 교육에 관한 명령은 박정희, 전두환과 같은 독재자로부터 내려왔다. 박정희정권 시기에 교수들이 대사회적 발언을 하는 것 자체가 교육운동의 일환으로 치부될 수 있었던 것은 그 때문이다. 이때 교육민주화는 국가권력에 대한 저항으로 나타났다. 물론 이것은 박정희정권 이래 파시즘적 국가권력이 교육을 국가운영의 수단으로 만듦으로써 사회민주화가 교육민주화의 절대조건이 된 때문이지만 교육민주화는 이에 따라 사회민주화와 긴밀하게 연계될 수밖에 없었다. 1980년대 중반 이후 교육운동은 교육현장에 좀더 많은 관심을 쏟는다. '사회민주화'와 '교육민주화'를 양대 목표로 내건 민주화를위한전국교수협의회(이하 민교협)가 1987년에 결성되었고, 1989년에는 전국교직원노동조합(이하 전교조)이 출범하고, 비슷한 시기에 전대협(이후의 한총련), 참교육학부모회, 전국대학노조 등이 출범함으로써 학부모, 학생, 교사, 직원, 교수 등 교육 관련 주체들이 조직을 갖추기 시작한 것이다. 교육운동이 학교라는 구체적 현장을 중심으로 교육민주화를 조직적으로 추진하기 시작한 것은 이 시기부터인데, 최근에 들어와서 다시 전국교수노동조합(교수노조), 비정규직교수노조가 만들어짐으로써 교육민주화 운동은 적어도 조직적으로는 상당히 충실해졌다.

그렇다고 하여 교육민주화가 만족스럽게 진행된 것은 아니다. 파시즘적 국가권력의 교육탄압은 1980년대에 진전된 사회민주화로 인해 상당히 줄어들었지만 1990년대에 접어들면서 새로운 도전이 생겨났다. 가장 중요한 것은 아무래도 1990년대 중반 이후 우리 사회 전반에 밀려든 신자유주의 물결로서 교육 부문도 이로 인해 시장화의 거대한 파도에 휩싸이게 되었다. 지금 교육현장에서 교육권력으로 부상하고 있는 것은 시장세력이며, 국가는 여전히 중요한 교육 관리자이자 통제자의 역할을 맡고 있지만 갈수록 시장과 자본의 논리와 요구에 따라서 그런 역할을 수행한다. 이런 상황에서 시민, 학부모, 직원, 학생, 교사, 교수 등 교육운동 주체들은 부차적 지위로 전락하여 교육과 관련한 의사결정에서 배제되고 있다. 교육자치의 길이 아직도 요원하니 교육민주화는 여전히 중요한 과제가 아닐 수 없다.

교육내용 개혁

위에서 교육민주화는 교육의 방식과 관련되어 있고, 따라서 교육내용의 문제와는 다른 교육운동의 목표라고 구별했지만 교육민주화에 내용의 측면이 완전히 빠질 수는 없는 법이다. 교육민주화가 전제할 수밖에 없는 교육의 주체성 확립 문제만 생각하더라도 교육민주화는 교육내용과 밀접한 관련이 있음을 쉽게 짐작할 수 있다. 한국사회는 일제 식민지 교육을 받고, 해방 이후 미국의 절대적 영향하에 놓인 신식민지적 지배를 면치 못하면서 이 지배구조와 야합한 지배세력이 교육을 장악해왔다. 일본의 식민지배로부터 해방된 지 오랜 세월이 지났어도 아직 교육의 탈식민화를 완수하지 못한 것은 새로운 신식민지 지배로 인해 문제의 야합과 지배를 정당화하는 이론, 학설, 정보, 지식이 교육내용에서 주를 이루고 있기 때문이다. 이 결과 한국은 아직 민주적이고 주체적인 지식생산을 할 수도, 엘리트를 독자적으로 양성할 수도 없는 형편이다.[1] 교육민주화가 지식의 탈식민화 등 교육내용의 개혁과 긴밀하게 맞물려 있다는 것은 이런 점을 두고 한 말이다.

하지만 그동안 우리 교육운동은 교육내용에 대해서는 별다른 문제의식을 드러내지 못했다. 전혀 관심이 없었다고 하면 지나친 말이겠지만 교육권력의 문제만큼 교육내용에 충분한 관심을 기울이지 못한 것은 분명하다. 이런 점은 '민족', '민주', '인간화'라는 참교육의 목표를 세워 노력해온 전교조도 최근에 들어와서야 '7차 교육과정' 반대운동을 벌이는 등 교과과정에 관심을 기울이기 시작한 데서 확인된다. 전교조 운동이 학교현장에서 교사들이 품은 문제의식에서 비롯했고 '참교육'의 목표를 세운 것 자체가 교육내용에 대한 관심과 무관한 것은 아니나 교사운동도 교육과정 문제에는 큰 관심을 기울이지 못했다. 하지만 학생운동, 교수운동과 비교하면 교사운동은 그래도 사정이 나은 편이다. 교사들은 다양한 '교과모임'들을 만들어 국어교사모임과 같은 경우에는 대안 교과서를 만들어낼 정도의 역량을 갖추었다. 반면에 한총련이라는 거대한 조직을 가진 대학생운동, 민주화를위한전국교수협의회나 전국교수노조, 비정규직교수노조를 갖춘 교수운동은 기대와는 달리 교육내용을 운동의 의제로 삼아 교육운동을 전개한 적이 거의 없다. 1990년대 말 이후 신자유주의 대학개혁에 저항하며 학부제 도입 반대, 두뇌한국(BK) 21 사업 반대 운동을 벌이긴 했지만 운동 주체가 교육내용을 생산하여 투쟁한 것이 아니라 외부에서 주어지는 교육조건에 저항하는 수준이었을 뿐이다.

교육내용에 관한 교육운동의 문제의식이 낮았던 것은 무엇보다 한국교육이 지나치게 왜곡된 구조와 형태로 운영된 때문이다. 신식민지 교육환경 때문에 교육주체들이 교육을 장악하지 못하고 교육부나 사학재단과

---

1) 이런 신식민지 지식생산의 실태가 서울대, 연세대, 고려대 등 명문대의 교수채용에서 그대로 드러나고 있다. 한국대학들은 자신이 양성한 차세대 학자들 대신 외국, 특히 미국에서 박사학위를 취득한 신진 학자들만 골라 뽑는 '자사제품 불매운동'을 벌이고 있다. 신정완, 「주체적 학자 양성의 필요성과 방안」, 『우리 학문 속의 미국─미국적 학문 패러다임 이식에 대한 비판적 성찰』, 한울, 2003, 378쪽.

같은 교육의 관리자, 경영자들이 지배해와서 교육권력 구조가 크게 왜곡되었던 것이다. 교육의 왜곡된 권력화가 진행된 상황에서 교육주체들은 교육현장인 각급 학교를 장악한 지배구조를 개혁하는 일이 급선무라 교육내용에 관심을 돌릴 여유가 없었다. 교육민주화의 물적 기반을 갖추지 못한 것이 결국 교육내용에 대한 무관심으로 이어진 셈이다.

교육운동은 이제 교육내용 문제에 본격적인 관심을 기울일 필요가 있다. 교육내용은 교육민주화와 관련이 있기는 하지만 그 나름의 독자적 의제를 지닌 교육문제다. 물론 교육민주화를 중단하자는 것은 아니다. 한국사회는 아직도 '민주화 이후의 민주주의' 문제를 안고 있고, 교육현장에서 실질적 민주주의를 구현하려는 노력은 여전히 필요하다. 여기서 제출하는 제안은 따라서 운동의 방향을 교육민주화에서 교육내용 개혁으로 전환시키자는 것이 아니라 교육운동의 역량을 배치할 때 후자에게도 그에 걸맞은 고려를 하자는 것이다. 교육운동이 교육을 위함이라면 그것의 궁극적인 목표는 교육의 좀더 내밀한 측면인 내용을 개혁하는 데도 기여해야 하기 때문이다.

왜 교육운동이 교육의 민주화와 함께 그 내용 개혁에 진력할 필요가 있는가? 교육은 방법의 문제이면서도 동시에 내용의 문제이기 때문이다. 교육민주화가 '어떻게' 배우느냐는 문제라면 교육내용의 개혁은 '무엇을' 배우느냐는 문제다. 이 두 문제는 당연히 서로 관련을 맺고 있으며 어느 하나가 다른 하나 없이 성립할 수는 없다. 이는 '무엇을 배우고 가르치느냐', '어떻게 배우고 가르치느냐'가 교육의 목적을 구성하는 두 축이라는 말이다. 따라서 교육의 내용인 '무엇'을 규정하고, 그것의 성격을 따지고, 그 질을 향상시키는 과제는 교육활동에서 결코 빼놓을 수 없는 알맹이라고 할 것인데, 우리 교육운동도 이제 이 의제를 끌어안을 필요가 있다. 이것은 시대적 요청이기도 하다. 지금 한국교육은 신자유주의 정세 속에서 거대한 변환을 겪고 있다. 이 변환은 교육운동까지도 별로 관심을 두지 않았던 교육내용의 근본적 변화를 초래하고 있다. 여기서 이 변화의 내용을 일일이 언급할 수는 없지만 교육운동이 개입하여 대응하지 않을 경우 한국 초·중등교육과 대학 교육의 내용은 생산성, 효율성, 경쟁력의 이념들을 보편적 가치로 만들고 학문의 지형을 경제주의, 경제학주의로 유린하는 신자유주의에 완전히 장악되고 말 것이다.[2]

개혁을 위한 과제들

내용의 측면에서 볼 때 교육은 좁게는 지식생산, 넓게는 역능생산의 실천이다. 이것은 교육이 지구상에서 사회를 구성하여 생존하는 인간에게 필요한 공동의 지적, 정의적, 감성적 능력을 계발하고 익히고 전수하는, 인간의 삶을 풍부하게 하는 일이기 때문이다. 다음은 이런 측면에서 교육운동이 과제로 삼아야 한다고 보는 것들이다.

1) 학문의 관점 복원과 교육과정의 개혁: 공식 교육과정을 중심으로 한 한국의 지식생산, 역능생산의 문제점 하나는 교육과 학문을 제대로 구분하지 않고 그 관계를 규명하지 않은 채 이루어지고 있으며, 이 결과 학문이 교육의 종속변수로 전락하여 교육마저도 제대로 이루어지지 않는다는 것이다. 이것은 주로 교육정책을 지배해온 세력의 책임이기는 하지만, 그동안 교육내용 개혁을 주된 의제로 설정하지 못한 것을 보면 교육운동도 학문의 중요성을 제대로 인정한 것 같지는 않다. 이제 교육내용 개혁을 교육운동의 주요 과제의 하나로 삼자고 하는 것은 교육에서 학문의 위상을 제대로 파악하고 학문의 중요성만큼 교육운동도 학문의 문제를 중시하자는 제안이다. 교육문제를 다룰 때도 이제는 누가 교육권력을 장악하고 있고, 누가 교권을 빼앗느냐는 문제만이 아니라, 무엇을 왜 배우느냐, 어떤 교육과정을 운영하느냐 등의 문제도 다뤄야 한다. 학문의 관점을 상실한 교육운동은 내용 없는 껍데기로 남을 공산이 크다. 교육부문에서 학문의 관점을 복원하는 일은 좀더 구체적으로 교육내용인 교육과정

---

2) 이 변화가 대학교육에서 어떤 모습을 띠고 있는지에 대해서는 이 책에 함께 실린 졸고, 「한국 대학교육의 문제와 대안—문화적 관점」 참조.

개혁과 이어질 것이다.

2) 교육과정 흐름 전체에 개입하는 통합적 시각의 확립: 교육내용에 대한 전체론적(holisitic) 접근이 필요하다. 진보적 교육운동은 지금 심각한 내부 단절상태에 놓여 있다. 전교조와 민교협 및 교수노조 사이에 별로 교류가 없고, 교수와 대학생 사이, 교수운동이 설정한 의제와 교사운동이 설정한 의제, 그리고 학생운동이 설정한 의제 사이에도 상호이해가 별로 없다. 연대활동이 전혀 없지는 않으나 교육내용 차원에서는 거의 이루어지지 않는다. 교육운동의 주체들이 교육내용의 차원에서 소통할 필요가 있으며, 이를 위해서는 교육과정을 단절적으로 파악하지 않고 전체 흐름 속에서 통합적으로 파악하는 것이 중요하다. 다시 말해 교육과정을 지금처럼 유아교육, 초·중등교육, 대학교육, 사회·평생교육 등으로 분절된 과정으로 보지 않고 서로 연관된 것으로 보고, 교육 전반의 총체적 흐름을 사고할 필요가 있는 것이다. 그렇게 해야만 교육운동은 교수는 대학의 교육내용만 책임지고, 교사는 초·중등교육만 책임지며, 대학생은 전공과목만 알려고 하고, 중고등학생은 입시교육에만 매달리는 '소경 코끼리 만지기' 상황에서 벗어날 수 있을 것이다. 교사들이 자신이 맡은 교과목 내용의 정당성 여부를 교수들에게 따질 수 있고, 학생들도 그럴 수 있어야 하며, 교수들의 경우 자신의 전공분야 또는 학문이론이 초·중등교육과정에 어떻게 반영되고 있는지, 아니 어떤 억압효과를 만들어 내고 있는지 질책과 심문을 받을 필요가 있다. 이런 문제들을 안고 있는 교육과정 전체를 관통하는 소통구조를 만들어낼 때 교육운동은 교육과정과 교육 전체에 개입할 힘을 얻을 것이다.

3) 교육운동의 민중적 관점 확립과 교육내용의 공공성 강화: 교육운동과 사회운동의 관계를 올바로 설정하기 위해서 공교육의 관점을 확고하게 세울 필요가 있다. 과거에는 교육운동이 사회운동, 특히 정치운동에 귀속되는 경향이 있었지만 지금은 사회운동, 특히 민중운동으로부터 교육운동이 거리를 둠으로써 교육운동이 사회운동과 단절되는 문제가 발생

하고 있다. 이제 교육운동은 자신의 자율성을 유지하면서도 사회운동과의 연관을 총체적으로 조망하며 자신의 역할을 규정할 필요가 있다. 이때 교육공공성을 실현하는 조건으로서 '공교육'의 위상과 그 중요성을 제대로 인식하는 것이 중요하다. 사회운동의 주축인 민중운동과 교육운동이 상생관계를 맺기 위해서는 민중과 교육이 만나는 길을 찾아야 하는데, 공교육이 그 접점이다. 노무현정권이 신자유주의 교육정책을 더욱 본격적으로 펼치는 가운데 우리 사회 지배세력이 사교육, 대안교육이 교육개혁의 모델인 것처럼 선전하고 있는 지금 교육운동이 공교육 강화를 위해 노력해야 할 필요성은 더욱 커졌다.[3] 이와 관련하여 공교육의 '내용'을 민중적, 시민적, 공적인 것으로 전환시키려는 노력이 중요하다. 대안교육, 사교육의 강화는 교육내용마저 사적인 이해관계에 종속시킨다. 교육의 공공성을 강화하자는 것은 이런 흐름을 저지하고 교육과정에서 습득하는 지식과 역량이 공적인 성격을 갖도록 하려는 노력이다. 교육이 민중과 시민의 삶에 보탬이 되려면 교육내용 또한 새롭게 바뀌어야 하며, 그 길은 지식과 역량의 공공성을 강화하는 데 있다.

4) 교육내용의 민주적·사회적 관리를 위한 주체적 역량 강화: 현재 초·중등 교과과정을 교육부와 교육부의 명령으로 움직이는 일부 교육전문가들, 교육학 교수들, 서울대 사범대학을 위시한 사범대의 해당 교과목 전공 교수들이 결정하고 있다. 대학의 경우도 교육내용에 대한 위로부터의 간섭과 억압 정도가 상상을 초월한다. 대학마다 있는 학과체계가 교과과정을 결정하는 방식으로 내용을 규정하고 있고, 이 학과를 학교당국, 교육부가 통제하는데, 이런 통제체제는 1940년대 말의 '국립서울대안'을 뼈대로 한 '신식민지 지식생산체제'로서 한국의 대학구조를 지배하고 있을 뿐만 아니라 교육과정 전체를 지배한다고까지 말할 수 있다. 지금도 대학교육에서 유아교육에 이르기까지 교육과정 세목을 미국 유학을 한

---

3) 노무현정권이 펼치는 신자유주의 교육정책에 대해서는 이 책에 함께 실린 「노무현정권과 신자유주의 교육정책」 참조.

교수들, 연구자들, 관료들이 결정하고 있는 것이다.4) 이들은 자신들의 유학시절에 미국에서 전수받은 것을 한국의 교육현장에서 '실험하는' 용맹성을 발휘하여 한국교육을 망치고 있지만 이들의 전횡을 막으려면 교육내용 설정과정에 대한 민주적 통제가 필요하고 이를 위해 교육내용을 결정하는 사회적, 주체적 역량을 키워야 한다.

5) 대중의 지지 확보를 위한 교육운동의 자기개혁: 교육내용의 개혁을 위해서는 교육주체들의 역량을 강화하기도 해야 하겠지만 사회적 역학구도를 근본적으로 바꾸지 않으면 안 된다. 이 변화는 그 자체로 거대한 변환으로서 교육주체들의 힘만으로는 이뤄내기가 어렵기 때문에 대중의 지지가 필요하다. 위에서 공교육을 중시해야 한다고 지적한 것도 바로 이런 대중적 지지를 염두에 둔 것인데, 교육의 지배카르텔을 제압하고 민주적 교육내용을 구성하는 힘을 얻기 위해 교육의 내용과 과정에 교육주체들 이외에도 많은 주체들이 참여할 수 있는 길을 열고, 교육주체가 대중으로부터 신뢰를 얻고 지지를 얻어야 할 것이다. 이를 위해서는 학생, 직원, 교사, 교수 등 교육운동의 주체들이 자기개혁에 나서야 한다. 교육의 주체들은 대부분의 운동주체들이 그러하듯이 자신들을 '희생자'라고 보는 자기정체성을 가지기 쉽지만 사회의 다른 구성원들과 비교하면 상대적으로 우월한 사회적 지위를 가지고 있다. 자기개혁의 태도는 교육운동 주체들의 이런 객관적 조건을 고려하여 한편으로는 '희생자 이미지'가 만들어내는 대중의 반감을 줄이고 다른 한편으로는 교육운동의 목표, 과제와 방향을 설정할 때 엄밀한 성찰의 태도를 지니기 위함이다.

이상 교육내용 개혁을 위한 과제들을 다섯 가지로 요약하였지만 이들 과제만으로 교육내용을 개혁할 수 있는 것은 아닐 것이며, 더구나 그것들만으로 현단계 교육운동의 과제들을 모두 포괄하는 것도 아니다. 하지만 이 글에서는 여기서 언급한 과제들을 중심으로 교육운동의 과제를 다시

---

4) 한국 교육학의 지배구조 형성에 대해서는 김용일, 「한국 교육학의 지배세력과 미국」, 『우리 학문 속의 미국』, 210-33쪽 참조.

살펴보면서 운동의 활성화를 위한 방향모색을 하려고 한다.

교육과정 개혁과 교육내용의 공공성 강화

교육내용을 개혁하려면 무엇보다 교육과정 개혁이 중요하다. 교육에서 가장 중요한 학교교육은 교육과정을 운영하기 위해 만든 조직이고 제도이며, 거기서 어떤 교육과정을 운영하느냐가 교육운동의 가장 큰 과제에 속한다. 교육과정 개혁은 교육내용을 새롭게 구성하자는 일이다. 교육과정 개혁의 방향을 잡으려면 그래서 오늘 교육의 문제점이 무엇인지 파악해야 한다.

다 아는 사실이지만 지금 초·중등교육에서 가장 큰 문제는 교육내용이 입시정책에 포획되어 있다는 것이다. 입시위주 교육은 기본적으로 서열을 매기기 위한 교육이므로 기계적 평가가 용이한 지식교육이 중심이 된다. 국어, 영어, 수학 등 '학력' 위주의 과목들이 입시에서 주된 평가대상으로 부상한 것도 이 때문일텐데, 문제는 이때 중요하다고 하여 평가대상이 되는 학력이라는 것이 특정과목에서만 성취할 수 있는 것으로 간주되고 그것도 입시용으로 개발된 내용을 숙지하는 능력에 국한된다는 것이다. 더 큰 문제는 이런 학력 중심의 초·중등 교육 평가는 입시라는 주체형성 과정에 들어간 대다수 학생들을 '인지기계'(cognitive machines)로 만들어버림으로써 교육내용 학습을 통해 인간의 전면적 발전을 꾀하려는 교육의 취지를 부정해버리는 데 있다. 교육의 목표는 인간적 삶의 가능성을 풍부하게 하기 위해 개인들의 인간적 역능을 계발하는 데 있고, 교육운동은 이를 위해 교육의 내용과 방법을 개혁하려는 것이라면 오늘의 지배적 교육은 교육의 목표와 지향과는 정반대의 인간형을 만들어내고, 학생들의 인간적 역량을 강화하기는커녕 오히려 축소하고 있는 것이다. 잘못된 입시정책, 잘못된 교육내용 정책으로 등장한 이들 인지기계는 지금 자신만의 생존을 위해 주변의 다른 기계들을 닥치는 대로 쓰러뜨리는 중이다.

초·중등학생들만이 인지기계로 바뀌는 것이 아니다. 최근 들어와서 대학의 모습은 전통 기초학문이 고목처럼 쓰러져 가는 참담한 풍경이다. 인문과학, 사회과학, 자연과학, 아니 응용과학까지도 신자유주의 태풍을 견디지 못하여 나자빠지고 있다. '좋은 옛것들'이 사라지고 난 뒤 어떤 '나쁜 새것들'이 나타나는 것일까? 전자보다 후자의 가능성을 더 믿은 브레히트의 판단과는 달리 신자유주의 국면에서 등장한 새것들은 적어도 주기능의 측면에서 보면 사회변혁보다는 지배의 수단에 가깝다. '철학과' 대신 등장한 '문화관광학과', 학생 '소비자'에게 '먹힐' 것이라고 신설한 각종 문화컨텐츠학과들, 경제주의 또는 경영학주의를 지배이념으로 하여 만든 각종 협동과정들을 보면 거의 한결같이 '돈이 되는' 것들뿐이다. 이런 교육프로그램들에 사회적 기능이 있다면 그것은 시장과 자본을 위한 것일 뿐이다. 문학이나 철학이나 사학이, 경제학이나 인류학이나 지리학이, 물리학이나 수학이, 또는 유전공학이 사회에서 지니는 공적인 기능, 즉 부르주아만이 아니라 프롤레타리아가, 우리 민족만이 아니라 한국에서 함께 살 외국인도, 남성만이 아니라 여성도, 이성애자만이 아니라 동성애자도 함께 공유할 수 있는 지식과 이론과 의미와 가치와 태도를 제공하는 기능들이 거기서는 늘 뒷전으로 밀린다. 간단히 말해 오늘 한국의 역량생산메커니즘은 사회를 지배하는 경제적 이성의 지배만 받고 있다. 이런 교육과정을 거친 대학생들이 어떤 종류의 주체로 형성될 것인지는 분명하다.

현재 진행중인 신자유주의 교육개악을 저지하고 초·중등학교, 대학의 교육과정을 전면 개혁해야 한다. 신자유주의 세력은 지금 고교평준화를 한국 공교육 위기의 주요 원인으로 지목하면서 특수목적고나 자립형 사립고 설립을 요구하고, 대학교육 역시 능률적이고 생산적인 인재, 아니 인력을 양성하라고 소리친다. 그들은 또한 음악, 미술, 체육은 내신평가에서 제외하자고 하며, 엘리트교육을 위해서는 학력이 높은 학생들은 따로 모아 교육하자고 한다. 전면적 인간능력 계발보다는 국영수 중심의 지식교육을 강화하고 그에 따라 학력을 평가하여 학생개인들의 '경쟁력'을 기준으로 특권층을 위한 엘리트를 양성하겠다는 속셈이다. 5) 교육과정 개혁은 이런 흐름에 제동을 걸고 교육내용 차원에서 교육의 공공성을 강화하려는 운동과제다.

교육과정 개혁의 구체적인 내용과 과제들을 일일이 언급할 수는 없다. 여기서는 문화연대가 2002년 초부터 초·중등학교의 교육내용 개혁을 위해 새로운 교육과정의 이념으로 설정한 '문화교육'을 간단히 소개하고자 한다. '문화교육'의 기본취지는 인간 역능의 전면적 계발을 위해 초중등 교육과정에 들어 있는 지식교육, 인성교육, 예체능교육을 새로운 내용구성과 상호관계 재조정을 통해 교육과정을 재구조화하자는 것이다. 초·중등 교육내용 재구조화의 지도이념으로 '문화교육'을 선택한 것은 지금까지 학생들을 '인지기계'로 전락시키는 가장 큰 원인이 총체적 인간 역능을 축소하여 구성한 편협한 학력 개념의 지배를 받는 지식교육이 교육과정의 중심이 된 데 있다고 보고, 인지적·지적 능력, 정의적·도덕적 능력, 정서적·미적 능력 등 인간의 다양한 능력들을 종합하고 통합하기 위함이다. 인간의 능력들을 통합하는 힘은 칸트의 주장대로 반성적 판단력에 있는데, 이 능력을 계발시키는 교육이 '문화교육'이다. 6) 문화교육이 과연 얼마나 이런 기대를 충족할지는 미지수지만 교육과정 개혁에 참여하는 교육운동이 문화교육의 가능성을 점검할 필요는 분명히 있다. 한 가지 덧붙이면, 문화교육을 초·중등 교육과정 개혁을 위한 주요 노선으로 소개한 것은 그것을 교육의 원칙으로 삼을 경우 지금의 지식교육 중심과는 달리 우리가 사회에서 더불어 사는 삶의 태도, 능력을 키우는 데 기여할 것이라 믿기 때문이다. 문화교육은 황폐해지는 공교육을 정상화하는 데에도 도움이 되리라는 것이 이 운동에 참여하는 사람들의 믿음이다.

---

5) 특권층만을 위한 교육정책에 대해서는 위 「노무현정권과 신자유주의 교육정책」 다시 참조.
6) 문화연대가 추진해온 문화교육의 내용에 대해서는 문화연대 문화교육위원회, 『2003 문화교육운동 총서』(자료집), 2003과 심광현 편, 『이제, 문화교육이다』, 문화과학사, 2003을 참고할 것.

문화교육의 취지는 대학교육에서도 적용될 수 있다고 생각한다.[7] 초·중등교육에서도 전면적인 인간능력 계발이 교육의 주된 목표라면 대학에서도 그 목표는 그대로 유효할 것이기 때문이다. 물론 대학에서는 지적, 정의적, 정서적 능력의 계발을 좀더 전문적이고 이론적이며 치밀한 방식으로 접근해야 할 필요가 있고 초·중등교육에서보다는 학문의 관점이 더 중시된다. 대학은 지적, 정의적, 정서적 역능 계발의 과제를 자연과학, 사회과학, 인문학, 예술, 공학 등으로 분류하고 다시 분과학문으로 세분한 학문 지형을 편성하고 있고, 지적, 정의적, 정서적 역능들은 이에 따라 (자연)과학적 태도, 사회과학적(윤리적) 비판의식, 문화(예술)적 감수성 등으로 좀더 엄밀하게 규정된다. 하지만 그렇다고 하더라도 초·중등교육과 대학교육 사이에 건너서는 안될 강이 있는 것은 아니며, 최근 들어와서 대학에서 습득하는 지식과 능력이 지나치게 파편화하여 폐쇄성을 띤 것이 오히려 문제라는 지적이 나오는 것은 그런 강을 만들지 말라는 경고일 것이다.

초·중등교육이든 대학교육이든 교육과정의 개혁이 필요한 것은 현재 공식교육에서 펼쳐진 교육내용을 바꿔야 하기 때문인데, 이때 개혁의 방향은 당연하지만 공공성의 강화 쪽이다. 이미 언급한 대로 한국의 교육은 식민지성이 여전히 강하고, 최근에는 자본과 시장의 논리가 강화중이다. 교육내용을 개혁할 때도 이 지배를 해체하는 해방의 기획이 필요하다. 해방을 위한 교육은 지배를 위한 이데올로기와 투쟁하는 과학을 지향해야 할 것이다.[8] 교육과정 개혁에서도 과학적 태도, 과학적 문제의식을 강화하는 데 힘써야 한다. 해방을 위한 과학은 사회의 지배적 역학관계를 비판적으로 인식하고, 문제들을 통찰하는 힘을 기르는 교육을 요구할 것이다. 이런 점에서 교육과정을 사회과학적 비판의식을 기르는 방향으로 개

---

7) 이와 관련해서는 이 책에 함께 실린 졸고, 「문화교육과 대학의 학문제도」 참조.
8) 과학적 교육과 해방적 교육의 관계에 대해서는 이 책에 함께 실린 졸고, 「대학개혁과 지식의 공공성」 참조.

혁할 필요가 있다. 마지막으로 교육과정은 우리가 더불어 사는 데, 단순히 생명만 유지하는 것이 아니라 충만한 삶을 사는 데, 더 풍부하게 느끼고 즐기는 데 도움을 주는 방향으로 개혁되어야 한다. 이것은 곧 교육내용의 개혁이 교육내용의 과학적인 지식의 차원, 정치적·사회적 정의(正義)의 차원, 문화예술적 감성의 차원 모두에 걸쳐 이루어져야 한다는 말인데, 이런 노력은 모두 교육의 공공성을 강화하기 위함이다. 교육은 인류가 사회를 구성하여 생존하기 위해 필요한 지혜의 추구이자 실천이다. 교육내용을 통하여 얻고자 하는 능력은 따라서 사회적 능력으로서 인류가 공유해야 하는 자산이며, 공공영역을 구성한다. 교육내용과 교육과정을 개혁하자는 것은 이 공공영역을 더 바람직한 형태로 구축하기 위함이다.

이런 점에서 '범국민 교육과정 위원회' 구성을 중요한 과제로 채택할 필요가 있다고 본다. 교육내용, 교육과정이 공공성을 지녀야 한다면 어느 특정한 세력, 특히 지배세력이 그것을 독점해서는 안된다. 그러나 지금까지 교육과정 논의는 교육부와 교육부가 차출한 교육학자들이 독점해왔다. 이 카르텔을 깨고 교육계의 다른 주체들, 나아가 다양한 사회 주체들이 교육과정 논의에 참여하는 제도 마련이 필요한데, '범국민 교육과정 위원회'가 그런 장치가 될 수 있을 것이다.[9] 이 위원회의 구성은 개방적이어야 한다. 교육과정 전문가만이 아니라 노동·농민·인권·여성·환경 운동 등 다양한 영역의 주체가 참여하여 교과과정에 대한 사회적 합의를 도출해야 할 것이기 때문이다. 이 위원회는 앞으로 만들어야 할 국가교육위원회의 산하 소위원회의 위상이면 될 것이다.

주체들의 연대 강화

주체들의 연대를 강화하는 것도 교육운동이 당면한 중요한 과제다. 하

---

9) '범국민 교육과정 위원회'는 WTO교육개방 저지와 교육공공성 실현을 위한 범국민교육연대의 연구위원회 산하 교육과정특위의 논의 과정에서 제출된 의견이다.

지만 연대를 말하기 전에 교육운동의 주체를 설정할 필요가 있다. 지금 우리 사회에는 다양한 주체들이 교육운동에 참여하고 있다. 문제는 이들 주체간에는 교육운동을 보는 관점과 태도가 다를 수 있으며, 실제로도 다르다는 점이다. 최근 교육개혁시민연대에서 일부 단체가 같은 회원단체인 전교조더러 노동조합의 이해관계에서 교육을 보기 때문에 교육개혁시민연대가 불편부당한 교육 시민운동을 펼치는 데 방해가 되니 나갔으면 좋겠다고 한 것이 단적인 예다. 여기서 교육운동의 주체를 바로 설정하자는 것은 이런 내부 갈등을 지양하기 위함이다.

교육운동의 주체를 설정하기 전에 교육주체는 누구인지 살펴볼 필요가 있다. 교육의 주체는 사회교육, 평생교육의 장을 제외하면 일반 시민이라기보다는 공식적 교육과정, 즉 학교교육과정에서 역할을 부여받은 개인들, 집단들이다. 현재 학교에서 일상적 업무나 과업을 수행하는 사람들은 교사, 교수, 행정직원, 학생 등이며, 이중에서도 교육현장에 참여하는 주체들은 학생과 교사·교수다. 교육주체는 이들이며, 직원의 경우는 이들이 수행하는 교육의 실천을 보좌하는 역할을 한다. 엄밀한 의미의 교육주체는 따라서 교사·교수와 학생들이다. 교육운동이 교육현장을 중심으로 일어난다면 바로 이들이 교육운동의 주요 주체라고 할 수 있다.

물론 이것으로 이야기가 끝나는 것은 아니다. 교육의 주체라고 할지라도 사회적 역할이 다를 수 있다. 단적으로 유치원학생의 경우 자기판단 능력을 인정받지 못하기 때문에 중요한 의사결정에서 주체로 나서기 어렵다. 이런 경우 학부모가 대리인 역할을 하는 것은 당연하다. 하지만 그렇다고 유아교육, 초등교육의 교육내용을 결정할 때 학부모가 교사와 동등한 발언권을 가지는 것일까? 대학생의 경우는 어떨까? 당연히 초등학생은 물론이고 고등학생보다 더 많은 권한이 있겠지만 그렇다고 그들이 교과과정 결정에서 교수들보다 더 큰 권한을 행사할 수 있을까? 이런 질문을 해보면 같은 교육주체라 하더라도 교육내용과 관련한 역할이나 책임, 권리가 다름을 알 수 있고 이로 인해 주체들간의 서로 다른 권리

주장이 나올 것임을 짐작할 수 있는데, 이때 유념할 것이 한편으로는 책임과 의무의 차이이고 다른 한편으로는 참여민주주의의 원칙이 아닐까 한다. 이것은 교사-교수, 학생, 직원, 학부모, 시민이 모두 교육내용의 결정에 참여할 수 있기는 하지만 참여의 방식, 정도는 다를 수밖에 없을 것임을 말해주는데, 중요한 것은 현실적으로 각 주체가 어떤 구체적인 역할을 수행하고 있는가, 교육에 어떤 기여를 하는가 하는 문제일 것이다.

교육주체, 교육운동 주체들의 차이를 먼저 생각해본 것은 분리주의를 지향하기 때문이 아니라 교육운동 주체들의 연대를 위한 조건을 살펴보기 위함이었다. 현단계에서 교육운동은 각 주체의 처지와 문제의식, 그리고 교육에 대한 상이한 수요를 인정하면서도 동시에 신자유주의 정세를 돌파하기 위해 서로 연대할 수 있는 길을 찾아야 한다. 여기서도 교육내용을 중심에 놓고 생각하는 것이 중요하다.

먼저 교수와 교사의 연대는 어떻게 할 것인가? 전교조 교사들에게 당부하고 싶은 점이 있다. 현단계 교육운동에서 조직력의 관점에서 보면 교사의 힘이 교수의 힘을 능가한다. 개별적으로는 교수가 사회에 영향을 미칠 수 있는 기회가 많다. 이것은 교수 가운데 정책전문가가 많은 점 때문이겠지만, 개별 교수가 정책수립에 참여하는 것과 교수사회의 문제를 정책에 반영하는 일은 별개다. 지금 교육정책에서 더 큰 집단적 영향력을 발휘하는 것은 교수들이 아닌 교사들이다. 교사들은 전교조라는 합법화된 든든한 노동조합을 가지고 있기 때문이다. 나는 이런 상황에서 교사들이 노동운동의 선배로서 교수들에게 도움을 주고, 이제 겨우 교수노조를 출범시킨 교수들은 교사들로부터 노조운동 경험을 배울 필요가 있다고 본다. 물론 여기서 말하는 연대는 민교협·교수노조·비정규직교수노조 등 대학교육 주체들과 전교조를 중심으로 한 초·중등교육의 주체들간에 교육내용과 관련한 연대다. 이와 관련하여 앞으로 꼭 발전시켰으면 하는 것이 있다. 교사들의 교육활동, 특히 전교조 조합원들의 '참교육' 실천에 교수들이 참여하는 길을 모색하는 일이다. 교수노조 조합원과 민교협 회원, 나아가서 비정규직교수노조 조합원이 정례적으로 전교조에서 연례적으로 실시하는 '참교육실천보고대회'에 참여할 수 있는 방안을 모색했으면 한다. 이 대회 이외에도 교사들과 교수들이 함께 공동연구를 하는 노력을 펼침으로써 대학에 편성한 교육내용과 초·중등과정에 편성한 교육내용의 연계를 살피는 과정을 통해 교수와 교사의 역할을 조정하고, 교수는 교사에게, 교사는 교수에게 서로 배우는 정례적인 상호교육의 기회를 갖는 것도 필요할 것이다.

이제 생각하고 싶은 것은 교수와 학생의 연대다. 지금까지 교수운동과 학생운동은 조직적 소통이 없었던 편이다. 이것은 그동안 민교협을 중심으로 전개한 교수운동과 전대협, 한총련이 중심이 된 학생운동간의 노선 차이 때문이기도 하겠지만, 이 글의 논지에서 보면 교육내용을 중심으로 학생과 교수가 참여하는 교육운동이 없었기 때문이기도 하다. 여기서 이제는 교수들이 교육운동의 관점에서 학생들과 토론, 학술활동을 벌이며 시간을 함께 하자는 식의 제안은 하고 싶지 않다. 이런 노력은 언제나 필요하겠지만 좀더 실질적인 차원에서 연대가 이루어져야 한다. 그렇다면 학생들의 취업에 도움을 주는 활동 같은 것은 어떨까? 청년실업이 심각한 사회문제로 등장하면서 개별적으로 학생들의 취업을 돕는 가상한 경우도 있겠지만 교수들이 학생들의 사회진출을 돕는 좀더 중요한 방식은 사회정책 차원에서 추구해야 한다고 본다. 게다가 여기서 살피려고 하는 것은 교수운동과 학생운동 차원의 연대다. 이와 관련해서는 아래에서 따로 논의할 기회가 있을 것이다.

다음으로 학부모-직원과 학생-교사-교수의 연대가 있다. 위에서 참교육학부모회가 시민적 교육운동 노선의 관점에서 전교조와 새로운 관계설정을 요구한 것을 언급했지만 분명한 것은 학부모와 직원은 교육운동의 주체이기는 하지만 학생-교사-교수만큼 교육현장의 당사자는 아니라는 점이다. 특히 교육내용과 관련해서는 그러하다. 물론 그렇다고 학부모

직원이 교육운동에서 부차적인 위치를 갖는 것은 아니다. 직원의 경우 학교운영의 민주화 차원에서 핵심적인 역할을 할 수 있고, 학부모도 학교운영과 교육내용의 감시자가 될 수 있다. 또 초·중등학생의 학부모는 학생의 대리인 역할도 할 수 있어야 한다. 이런 점에서 학부모, 그리고 잠재적으로 학부모이면서 학교운영에 참여하는 직원은 교육의 감시자로서, 당사자로서 학교의 운영에 참여할 권리를 지닌다. 하지만 학부모와 직원은 교육내용을 직접 운영하지 않고, 그 내용에 대해서도 책임을 질 필요가 없다. 이것은 학부모와 직원의 교육내용 개혁 참여도 그만큼 한계가 있다는 말일 것이다.

그럼에도 불구하고 학부모와 직원, 교사, 교수, 학생들이 서로 연대할 길은 있다. 그것은 이들 모두가 시민과 민중의 일원이며, 그에 따라서 보편적 민주주의, 인권, 나아가서 사회적 평등을 누려야 하는 우리 사회, 인류사회의 성원이기 때문이다. 위에서 공교육의 중요성을 언급했지만 교육운동의 주체들은 공교육 강화 운동을 통해서 모두 함께 참여하는 사회적 삶의 건강성을 강화하는 데 뜻을 함께 할 수 있다. 이들 주체가 교육을 통해 우리 사회의 공공영역을 확장하는 데 동의한다면 지금 일어나고 있는 교육의 시장지배에 힘을 모아 저항하는 것이 연대의 한 길이다. 그동안 교육운동 주체들은 WTO의 교육개방 압박을 저지하기 위해 함께 애써왔다. 하지만 교육운동 내부에 공교육 중시와 대안교육 노선간의 입장 차이가 있으며, 구태의연한 교육현장 또는 학문체계를 혁신하려면 신자유주의 개혁도 필요하다는 주장도 있다. 다양한 교육운동 주체들의 연대를 강화하려면 교육민주화라는 목표를 공유하면서 동시에 교육내용 개혁에까지 공공성의 관점을 지키는 것이 필요하다고 본다.

교육운동 주체들의 연대를 좀더 실질적으로 추구하는 길도 있다. '교육효과'를 사회적으로 공유하려는 노력이 그것이다. '특수목적고' 설치 흐름에서 드러나듯이 지금 교육의 효과를 사적으로 독점하려는 경향이 강화되고 있다. 여기서 교육은 특권층을 위한 엘리트교육으로서 대부분의 사람들을 배제한다. 교육의 효과를 사회적으로 공유하자는 것은 교육을 통해 얻게 되는 다양한 역능들을 사적 시장의 상품으로만 유통시키지 않고 공공영역 구축에, 즉 각종 사회적 서비스를 제공하는 공적인 자원으로 삼자는 말이다. 구체적으로 말해 초·중등 및 대학 교육을 받으면 가능한 한 많은 사람들이 사회적 일자리를 얻을 수 있게 교육운동이 나설 필요가 있다고 본다. 청년실업과 비정규직 증가 현상이 심각한 지금 대학생들과 그들을 가르치는 교수들, 나아가 자녀들에게 학비를 대는 학부모들의 가장 큰 걱정은 뭐니뭐니해도 자녀들의 '장래'다. 아래에서 이와 관련하여 좀더 말하겠지만 일자리 문제를 중심으로 교육운동 주체들이 참여할 수 있는 의제를 개발할 수 있다고 본다.

학생들, 학부모들, 직원들이 교사들, 교수들과 연대할 수 있는 또 한 길은 위에서 언급한 전교조의 참교육실천보고대회에 함께 참여하는 것이다. 물론 전교조가 동의해야 가능하겠지만 이 대회를 잘 활용하면 대학교육과 초·중등교육의 여러 차원들을 연계할 수 있고 학부모와 직원들, 학생들까지도 다양한 역할을 맡을 수 있다고 본다. 교육운동 주체들이 가장 중요하게 생각할 문제는 교육이며, 무슨 교육을 어떻게 하느냐이다. 참교육실천보고대회를 교육(운동)주체들의 상호교육의 장으로, 교육을 중심으로 한 직업, 삶, 문화 교류의 장으로 만들었으면 한다. 참교육실천대회에 교수와 학생, 그리고 직원들이 참여하고, 나아가서 학부모, 사회단체도 참여하는 길을 터든지, 아니면 이렇게 하는 것이 '참실'대회의 목적과 맞지 않을 경우, 다른 방식으로 시민, 학부모, 학생, 직원, 교사, 교수가 교육내용을 가지고 의논할 방도를 찾았으면 좋겠다.

대학생운동의 활성화

교육운동의 주체는 다양하지만 여기에도 '주력부대'라는 것이 있다. 교육운동의 주력부대는 누가 뭐래도 교사들과 대학생들인데, 특히 대학생들이 중요하다. 대학생들의 정열, 지적 호기심, 그리고 정의감이야말로 교육운동과 사회운동의 큰 동력이 아닐 수 없다. 그러나 그토록 큰 힘을 지녔던 한국의 대학생운동은 지금 힘을 잃었다. 학생운동은 침체했고, 대부분의 학생들은 집단적 정체성마저 상실하여 이제는 자율적인 대학문화도 찾기 힘들다. 대학과는 어울리지 않는 소비문화가 캠퍼스만이 아니라 교실 안까지 침투해 들어온 실정인 것이다.[10] 나는 현단계 교육운동의 가장 큰 과제는 잃어버린 학생운동의 힘을 회복하는 일이고, 대학문화의 활성화로 그것을 이루어야 한다고 본다. 소비문화에 포박된 학생들이 자신의 미래를 여는 창조적 힘을 되찾아야 학생운동도 힘을 되찾을 것이기 때문이다. 무엇을 해야 할 것인가? 이 질문에 대한 답변을 찾지 못하면 교육운동은 주력부대와 함께 힘을 잃어버릴 우려가 있다.

이 난국에서 활로를 찾으려면 엉뚱하게 들릴지 모르나 학생들을 한가하게 만들 전략이 필요하다. 지금 대학생들이 고유한 대학문화를 만들어내지 못하고 학생운동에 관심이 없는 가장 큰 이유는 바쁘기 때문이 아닐까 한다. 대학생활을 하려면 재정적 여유와 함께 시간이 꼭 필요한데, 우리 대학생들은 사회보장의 부재로 돈과 시간을 모두 개인적으로 해결해야 하는 어려움에 처해있다. 신자유주의 정세로 인한 청년실업 문제로 상황이 더 어려워지면서 학생들에게 특히 부족해진 것이 시간이다. 수백 대 1의 취업 경쟁률을 뚫기 위해 취업공부에 매달리고, 자격증이라도 따면 도움이 될까 하여 학원에 다니고, 영어실력을 늘이기 위해 해외연수를 가야 하는 등 학생들은 지금 뛰어다녀야 할만큼 바쁘다. IMF 이후 가정경제 파탄, 소득 감소 등으로 이런 비용을 스스로 해결해야 할 경우 학생들은 맥잡(McJobs) 종류의 아르바이트라도 해야 하며, 인터넷, 핸드폰, 디지털카메라 등 '문명의 이기'가 늘어나면서 이 비용까지 대느라고 허리가 휜다. 이 결과 대학생들은 지금 '백수'로 놀 여유가 없다. 놀 시간이 없는 학생들에게서 독자적 문화, 비판적 학문의 창조와 실천을 기대하기는 어

---

10) 이 책에 함께 실은 「한국 대학교육의 문제와 대안―문화적 관점」 참조.

럽다. 대학생들이 여유를 가지고 지적인 활동을 강화할 수 있는 길은 무엇일까? 역시 대학교육의 공공성 강화가 정답이다. 이를 위해서는 학생들이 시장의 압박에서 벗어나야 한다. '맹모삼천'의 고사가 지적하듯이 시장은 기본적으로 한적함과는 거리가 멀며 따라서 백수가 지낼 곳이 못 된다. 대학을 다시 백수들이 노는 곳으로 만들려면 대학을 대학다운 곳으로 바꿔야 한다. 하지만 이 일을 어떻게 할 것인가?

핵심은 대학을 사회적 일자리를 위해 준비하는 곳으로 전환시키는 데 있다. 사회적 일자리는 시장과는 달리 공공영역에서 제공된다. 대학기간을 이 일자리를 준비하는 시간으로 활용할 경우 지금 위기에 처한 수많은 기초학문, 순수예술이 고사하지 않고 살아날 물적 기반을 확보할 수 있다. "음악, 미술, 체육과 같은 예체능 분야, 문학, 철학, 사학과 같은 인문과학 분야, 물리, 화학, 수학과 같은 자연과학 분야, 사회학, 경제학, 정치학, 지리학과 같은 사회과학 분야, 나아가서 여성학, 문화연구, 시각문화연구와 같은 통합학문 등 기초학문의 경우 시장의 논리와는 다른, 아니 오히려 시장의 지배적 경향에 기본적으로 비판적이고 저항하는 성격까지 띤다. 이 학문분야들을 전공한 학생들은 기업체, 산업계 등 시장영역보다는 학교, 도서관, 박물관, 연구소, 정부, 직능단체, 사회운동단체 등 공공영역에 진출하는 것이 제격이다."11) 문제는 이런 곳의 일자리가 턱없이 부족하다는 것이다. 하지만 운동의 관점에서 보면 바로 여기에 학생운동을 활성화할 수 있는 길이 있다.

그동안 학생운동은 자신의 '경제투쟁'에는 등한한 편이었다. 주로 사회민주화, 통일, 노동 등 대학현장을 벗어난 쟁점들에 관심을 기울였을 뿐 대학 자체의 문제에는 제한된 관심만 보였고, 교육내용과 관련해서는 외면하다시피 한 것이다.12) 이것은 학생들이 자신을 상대적으로 우월한 사

---

11) 이 책에 함께 실은 졸고, 「한국 대학교육의 문제와 대안—문화적 관점」, 97쪽.
12) 물론 제2대학운동과 같은 경우는 예외라 하겠지만 이 역시 교과과정 개혁에까지 개입한 것은 아니었다.

회적 위치를 누리는 존재라고 생각하던 관성이 남아 있음을 보여주는 측면이지만 같은 연령층의 80% 가까이 대학에 진학하고 있는 지금도 대학생들이 특권적 지위를 누린다고 할 수는 없다. 따라서 학생들의 경제투쟁이 시급한데, 일자리 창출 요구가 중요한 투쟁의제가 될 수 있을 것이다. 일자리, 특히 사회적 일자리 창출 요구가 학생운동의 중요한 요구가 될 수 있는 것은 그동안 복지정책의 외면으로 사회적 공공성이 너무 취약할 뿐만 아니라 청년실업 문제가 심각해지고 있기 때문이다. 사회 공공영역의 구축을 요구하는 투쟁은 학생운동으로서는 새로운 운동영역을 개발하는 것일 뿐만 아니라 학생대중의 복지에 기여한다는 점에서 운동의 동력을 확보하는 계기도 될 수 있다.

교육운동, 특히 학생운동은 대학생대중이 사회 진보의 주체로 설 수 있도록 해야 한다. 최근 들어와서 신자유주의 교육내용을 대학교육의 중심에 놓음으로써 학생들의 꿈과 희망을, 미래를 시장에서 찾게 하는 음모가 진행중이다. 이 음모를 깨기 위해서는 공적인 상상력과 태도를 되찾는 노력이 중요하다. 내버려두면 학생대중은 뿔뿔이 흩어져 시장의 블랙홀로 빨려 들어가고 말 것이다. 학생대중이 공적 상상력을 되찾고, 학생운동의 주체로 서려면 교육내용에 관심을 지녀야 한다. 사회적 일자리 창출을 위한 노력은 이 관심 회복을 위한 핵심 계기가 될 수 있다. 사회적 일자리에 필요한 기술, 지식, 이론, 태도 등은 지금까지 말한 교육내용 개혁 없이는 습득하기가 어렵다. 교육내용을 개혁해야 하는 것은 교육내용이 학생들의 역능 강화에 실제로 기여케 하기 위함이고, 사회적 일자리 창출을 학생운동의 주요 의제로 만들자고 하는 것은 교육과정 개혁을 추진하는 실질적 동력으로서 학생대중의 관심과 참여를 얻기 위함이다. 나는 이를 위한 운동을 지식생산과 교육내용 개혁에 있어서 '경제투쟁'이라고 부르고 싶다.

대학문화를 학문과 교육내용을 중심으로, 그리고 대학생들의 자율적 삶을 중심으로 전환시키고 사회적 일자리 창출을 의제로 하여 학생운동을 활성화하는 일은 학생운동 자체로 이룰 수 있는 것은 아니다. 대학생들 자신의 노력이 물론 가장 중요하겠지만 위에서 교육운동 주체들의 연대를 강화하자고 한 것은 이 부분에서도 주체들의 상호교육과 개입이 필요하다고 생각했기 때문이다. 사회적 일자리 창출은 현재 노동운동이 내걸음직한 사회적 요구이고, 여기에는 학생들의 학문 외면으로 궁지에 몰린 교수들, 신자유주의 국면의 체계적 일자리 축소로 인해 자녀들의 취업문제에 엄청난 어려움에 처한 학부모, 또 교사들까지 함께 힘을 모을 충분한 이유가 있다고 본다.

교육운동의 자기개혁

교육운동이 힘을 얻으려면 대중의 관심과 지지도 필수적이다. 대중의 지지를 어떻게 확보할 것인가? 먼저 생각할 수 있는 것은 교육운동이 교육담론을 주도하는 노력을 기울이는 일이다. 교육내용 개혁에 대중이 지지하고 동참하도록 하려면 교육과정을 개혁하는 것이 왜 중요한지 설득할 수 있어야 하고, 이를 위해 교육의 이념과 목표를 대중의 관점에서 설정하여 접근하는 노력이 필요하다. 교육운동은 이를 위해서 교육을 주제로 한 진보적 담론을 구축하고, 이 담론을 통해 지배적인 이데올로기 지형을 형성할 필요가 있다.

이와 관련하여 교육운동이 지식인운동 형태를 띨 필요가 있다고 본다. 물론 여기에는 조건이 있다. 지식인운동도 새로운 모습을 띠어야 한다. 한국의 진보운동에서 지식인은 중요한 역할을 해왔지만 비판적으로 보면 지식인운동이 과연 지식인운동이었는가 하는 의문도 든다. 그동안 지식인운동은 지식개혁 운동이 아니라, 지식인으로 행세하는 사람들이 사회에 참여하는 것으로 이해되었던 편이다. 하지만 이제는 지식생산의 진보적 전환, 즉 지식생산양식의 변혁에 앞장서는 지식인, 지식인의 '유기적 지식인'이 주도하는 지식인운동이 필요하다는 생각이다. 그동안 지식인운동은 참여하는 지식인들의 자의식과는 달리 지식생산의 관점에서 보면

'전통적 지식인'에 의해서 지배되어 왔다고 해도 과언이 아니다. 이것은 한국 지식인운동이 반성해야 할 부분으로서, 이제 지식인은 지식생산의 변혁, 지식개혁에 노력할 필요가 있다고 본다.

　지식인사회의 유기적 지식인은 지식생산자들의 노동조합운동에서, 즉 전교조운동과 (비정규직)교수노조 운동에서 나와야 할 것이다. 물론 민교협도 큰 역할을 할 수 있지만 민교협의 경우는 진보적 방식이기는 하지만 여전히 개별적 사회참여의 형태에서 벗어나기 어려운 상황이다. 교수노조가 출범하면서 민교협에 참여한 많은 사람들이 그대로 교수노조의 조합원이 되었다는 것은 민교협의 역사적 한계를 말해주는 것인지도 모른다. 지식인의 유기적 지식인이 되는 길은 무엇인가? 지식생산의 변혁을 위한 전문가가 되어야 하고, 이를 위한 '도덕적 지도력'을 가져야 한다. 교수노조 조합원들이, 전교조 조합원들이 그런 지도력을 가지려면 자신들의 교육현장에서 교육내용의 개혁과 혁신에, 나아가서 변혁에 기여하지 않으면 안 된다. 위에서 말한 대로 교사와 교수의 연대가 필요한 것은 대학교육과 초·중등교육이 서로 분리되어 교육주체들간의 소통이 일어나지 않을 경우 지식개혁, 지식생산양식의 변혁은 불가능할 것이기 때문이다.

　이것은 대중적 지지를 확보하려면 교육운동이 자기개혁을 해야 한다는 말과 같다. 교육운동의 자기개혁은 운동능력이 취약할수록 필요하다. 예컨대 지금 매우 취약한 상태에 있는 교수노조가 대중의 지지를 어떻게 확보할 수 있을까? 일반 사람들에게 교수노조 설립과 합법화의 필요성을 어떻게 설득할 수 있을까? 혹간 교수들은 노동자가 아니다는 말도 하지만 사실 법적인 논쟁에서는 이런 이의제기는 쉽게 설파할 수 있다.[13] 문제

---

13) 교수협의회가 교수노조의 대안이라는 입장도 없지는 않으나 교수들과 재단의 갈등을 둘러싼 법적 다툼에서 임의단체인 교수협은 무력할 수밖에 없다. 교수들의 기본권리 행사에 법적 보장을 제공하는 교수노조가 필요한 것은 그 때문이다. 교수협에 그런 법적 지위를 부여하면 되지 않느냐는 반론도 예상되지만 교수노조 결성은 보편적 권리로 주장할 수 있는 반면 교수협의 법제화는 교수에게 특별한 지위를 부여하는 꼴이 되어 문제가 된다.

는 대중들에게는 교수들이 누리는 층으로 보인다는 점이다. 14) 교수들이 노동조합을 결성하고 합법화를 요구하면 보수집단이 '조직이기주의'로 매도하는 것은 대중의 이런 인식을 활용한 것이다. 하지만 교수운동은 이런 인식을 잘못이라고만 할 것이 아니라 대중이 교수운동을 지지할 조건을 만들어야 한다고 본다. 그 가운데 하나가 자기개혁을 통한 대학개혁의 약속을 제출하는 일이다. 공무원노조의 경우 노조가 결성되면 부정비리를 근절할 수 있다는 주장과 약속을 제출함으로써 대중의 이해를 구한 적이 있다. 교수사회 역시 교수노조 합법화에 대한 동의를 구하기 위해 자신을 개혁하는 태도를 보여야 한다고 본다.

여기서 대학개혁의 내용을 다 거론할 수는 없겠지만 "대학은 너무 많고, 교수는 너무 적다"는 항간의 지적으로 그 방향을 생각해보자. 대학(과 대학생)의 과포화와 교수의 과부족이 낳은 부작용 하나는 교수 5명도 안 되는 학과가 석·박사과정을 두는 학문의 부실운영이다. 이런 식의 대학운영은 한국대학들이 교육을 학문 또는 교육내용의 발전과 학생들의 실질적 능력 계발을 위한 계기로 삼기보다는 돈벌이 수단으로 보기 때문에 생긴 결과로 근절해야 할 악폐가 아닐 수 없다. 이와 관련하여 교수들은 어떤 책임이 있는 것일까? 사정이야 어쨌건 학문과 교육의 부실운영에 참여해온 책임을 면할 수 없다고 보지만 교수사회, 교수운동은 문제점을 알면서도 개별적 수준에서만 우려를 나타낼 뿐 근본적 해결을 위한 집단적 노력을 해본 적은 없다. 이런 노력을 할 수 있는 곳은 과거에는 민교협이었으나 이제는 교수노조일 것이다. 그러나 그동안 교수운동은 대 사회적 발언 이외에는 그 동력을 주로 교권투쟁에 바쳐옴으로써 교수들의 권익옹호에 앞장서온 편이다. 이것은 교수의 신분이 그만큼 취약하다는

---

14) 교육부가 '두뇌한국(BK) 21 사업'을 시행함에 따라서 대학사회의 와해를 염려한 교수들이 반대운동을 벌이자 일반시민과 언론에서 교수들이 '철밥통'을 지키려 한다고 비난한 것이 한 예다. 두뇌한국 21 사업의 사업비 상당부분이 사업에 참여하는 대학원생들에게 돌아간다는 내용이 알려지자 일부에서 교수들은 두뇌한국 21 사업을 반대하는데 대학원생들은 찬성하는 상반된 태도가 나오기도 하였다.

증거이기는 하지만 교수운동은 주로 권익옹호에 치우친다는 대중적 이미지를 만들어낸다. 이런 이미지를 고칠 필요도 있겠지만 이미지 문제를 떠나 교수노조가 주체적으로 바람직한 한국의 대학정책을 수립할 수 있어야 한다. 그리고 그 정책은 오늘 우리 사회의 발전 정도, 나아가서 지구적 공동체에서 한국대학이 수행해야 할 의무와 책임, 권리 등을 고려하여 가장 바람직한 대학형태를 만드는 것이어야 할 것이다. 이런 관점에 서면 교수노조 스스로 대학 수를 줄이자는 제안까지 내놔야 하지 않을까 싶다. 물론 이 제안은 지금 교육부나 (이제는 거의 실질적으로 교육정책을 지휘하는 위치에 있는) 재경부가 추진하는 대학통폐합 안과는 구별되는 진보적 대학정책의 성격을 띠어야 할 것이다.

교육 '공공성 실현'을 위해 노력하는 것 역시 대중의 지지를 받을 수 있는 중요한 고리일 것이다. 최근 신자유주의가 교육을 지배하면서 중앙정부, 지역정부가 경제자유구역이나 지역특화발전특구 등을 만들어 외국교육기관 유치, '특수목적고'나 '자립형사립고' 설립을 추진하는 등 우리 사회가 그동안 유지해온 교육평준화의 틀을 깨고, 공교육보다는 대안교육, 사교육을 강화하려는 움직임이 커지고 있다. 교육경쟁력을 강화하고 엘리트교육의 수준을 높인다는 명분을 내세우지만 특권층을 위한 '그들만의 교육'을 하자는 것이다.[15] 이런 상황을 고려하여 교육운동은 특히 교육의 공공성 실현을 위한 노력을 강화할 필요가 있다. 연 2,000만원 이상의 학비가 들어가는 외국교육기관이나 다른 엘리트교육기관에 자녀들을 보낼 수 있는 사람들은 소수일 뿐이다. 이들이 누리는 특권적 교육기회와는 다른, 일반 시민과 민중을 위한 교육권리를 신장해야 한다. 민중의 시각에서 보면 엘리트교육도 소수의 특권층만이 누리는 것이 아니라 공교육의 형태로, 다시 말해 민주적으로 이루어져야 한다. 교육운동이 교육공공성 실현에 관심과 노력을 기울여야 하는 것은 대중의 이런 염원을 저버

---

15) 이 책에 함께 실은 졸고, 「노무현정권과 신자유주의 교육정책」 참고.

려서는 안 되기 때문이다.

동시에 교육의 '사회적 생산성 제고'에 앞장서는 자세도 필요하다. 지금 교육평준화에 대한 지배권력 일부의 대대적인 공격이 개시되고, 특목고 등 특권적 엘리트 교육기관을 설립하자는 말이 마치 설득력이 있는 듯 회자되고 있는 데에는 경쟁력 논리가 판을 치기 때문이다. 사실 한국의 교육은 초·중등교육까지 명목상 평준화를 유지해왔지만 내실화를 실현한 것은 아니다. 학교의 공교육보다 학원에서 하는 사교육의 질이 더 높다는 말이 학생, 학부모, 심지어 교사의 입에서도 나올 지경이다. 이런 상황은 최근의 신자유주의 정세로 '경쟁력' 담론이 지배하게 되면서 더 악화했다. '경쟁력'을 신자유주의가 압박하는 만인의 만인에 대한 투쟁의 견지에서 보지 않고 만인의 공존을 위한 사회적 능력으로 새롭게 규정하면서 공교육에서 '사회적 생산성'이, 다시 말해 한국사회가 자기생명력을 산출할 수 있는 능력을 키우는 데 교육운동이 앞장설 필요가 있다. 교육운동의 목표를 교육민주화만이 아니라 교육내용 개혁에도 두자고 한 것은 '경쟁력 논리'에 맞설 수 있는 교육운동 논리를 개발하기 위함이기도 하다. 신자유주의적 경쟁력은 배타적 경쟁력으로서 그것만 강화하는 방향을 따를 경우 교육은 대중에게는 체계적 '무능의 양산'으로 귀결될 공산이 크다.[16] 교육내용을 중심으로 한 교육운동의 필요성을 강조한 것은 교육과정을 개혁하고, 학문적 관점을 복원하고, 나아가서 교육(운동)주체들이 교육내용의 전과정을 민주적으로 통제하고 대학생들의 사회적 일자리 마련을 통한 대학의 교육내용 및 학문지형 공공성 강화를 이뤄냄으로써 교육의 사회적 생산성을 높여야 한다고 보기 때문이다. 교육운동이 교육의 사회적 생산성을 높이는 일에 참여할 때, 그리하여 공교육이 개인들의 능력을 계발하는 데 실질적으로 기여할 때 그런 노력을 하는 교육운동을 지지하는 대중도 늘어날 것이다.

---

16) 이와 관련해서는 이 책에 함께 실은 졸고, 「한국 대학교육의 문제와 대안—문화적 관점」 참고.

결어

교육내용을 중심으로 교육운동의 과제와 방향을 설정하고 모색하는 동안 결국 교육운동의 자기혁신이 필요하다는 말을 한 셈이 되었다. 교육운동은 한국교육의 지배적 형태, 방식을 변환시키기 위해 자신부터 바뀔 필요가 있다. 이 일은 우선 교육운동의 목표를 설정하는 과정에서 출발해야 한다는 것이 이 발표의 주된 관점이었다. 교육운동은 자신의 목표를 정하는 과정에 대한 반성적 성찰이 필요하다. 그동안 진보적 교육운동은 교육민주화를 주된 목표로 하여 진행되어 왔으나, 교육운동의 목표에는 교육민주화만 있는 것이 아니다. 이 발제는 교육내용을 개혁하는 일도 교육민주화 못지 않게 중요하다는 점을 강조하였다. 교육운동은 민주화를 추진하면서 이제 과거와는 달리 교육내용 개혁에 각별한 관심을 갖고 훨씬 더 큰 힘을 쏟아야 한다. 이를 위해서는 교육내용을 혁신하고 쇄신하는 일, 즉 지식생산에서 '학문' 또는 '교육내용' 개혁의 중요성을 깊이 인식할 필요가 있다.

발표를 마무리하면서 강조하고 싶은 것은 이런 일을 하기 위해서는 교육운동 주체들의 역량을 키워야 하고 특히 대학생운동이 새롭게 힘을 가질 수 있도록 노력할 필요가 있다는 것이다. 대학생운동은 적어도 교육운동과 관련해서, 특히 교육내용 개혁과 관련해서는 기여한 바가 별로 없다. 그러나 대학생들이 자신들이 배우는 교육내용에 관한 근본적 관심을 가지지 않는다면, 한국의 교육운동은 장래가 없을지도 모른다. 물론 지금 교사들이 열정을 가지고 교육운동을 힘있게 끌어가고 있지만 교사들의 힘이 더 커지기 위해서라도 대학생들이 교육민주화는 물론이고 교육내용 개혁에서 중요한 역할을 할 수 있어야 한다고 본다. 사회적 일자리 창출을 계기로 학생운동의 활성화를 꾀해보자고 한 것도 학생대중이 미래에 대한 구체적인 전망을 가져야만 대학생활을 더 충실히 하고, 학생운동에도 더 큰 관심을 가질 것이라 보았기 때문이다.

끝으로 이 모든 운동과제들을 종합하고 통합하는 장이 필요하다. 이와 관련하여 전교조가 실시하는 '참교육실천보고대회'에 교육운동주체들이 참여하는 길을 마련하는 것이 중요함을 한 번 더 강조하고 싶다. 이 대회에는 지금도 수천 명의 교사들이 모여 한 해 동안 경험하고 느낀 교육과 관련된 문제들을 놓고 보고와 토론을 벌인다. 아직은 교사들만 모이는 이 소중한 장에 교수들, 학생들, 직원들, 학부모들이 참여할 수 있다면 교육운동은 교육민주화와 교육내용 개혁을 위해 더 좋은 지혜를 모을 수 있고, 신자유주의 교육에 대한 반대투쟁은 물론이고 다른 여러 교육운동 의제들을 개발하는 데도 큰 도움을 받을 수 있을 것이다. 교육운동 주체들은 역할을 구분하면서도 연대할 수 있는 길을 가져야 한다. 교육민주화, 교육공공성, 교육내용의 탈식민화, 교육과정 개혁 등 다양한 과제들을 논의하고, 새로운 교육운동의 의제들을 만들어내고, 교육과 관련한 수많은 문제점들을 해결하려면 교육운동 주체들이 역량을 집중할 필요가 있다. '참교육실천보고대회'를 그런 기회를 제공하는 교육운동의 공공영역으로 만들 것을 제안한다.

13

노무현정권과 신자유주의 교육정책*

정치적 자유주의와 경제적 신자유주의

노무현정권의 출범은 진보진영에 약간의 기대와 상당한 우려를 자아냈었다. 기대는 이 정권이 '제3의 길' 정도의 개혁을 하지 않겠느냐는 희망에서 비롯했고, 우려는 노무현 개인의 정책노선이·반민중적인 신자유주의 정책을 실시한 김대중, 김영삼 정권과 다르기는커녕 오히려 더 보수적인 측면이 있다는 좀더 냉철한 판단에 근거하고 있었다. 진보진영이 노무현정권에 약간의 기대를 걸었던 것은 대선 국면에서 노무현을 지지한 유권자들이 보여준 자발성과 역동성, 그리고 그들의 사회개혁 요구가 지닌 힘을 어느 정도 믿었기 때문이지만 정권 출범 10개월을 맞는 지금은 그런 기대마저도 무너진 듯하다.

출범과정에서는 노무현정권이 대중의 개혁 요구를 수용한다는 인상을

---

* 출처: 『교육비평』 2003년 겨울호.

만들어낸 것은 사실이다. 노무현대통령직인수위는 '성장과 분배의 두 마리 토끼'를 잡을 것이라는 말로 노무현정권 참여정부의 기본 정책노선을 요약한 바 있다. 이런 정책목표는 김대중정권의 '생산적 복지'처럼 모순적 성격을 가지고 있고, 사실상 달성이 불가능하지만 역대 정부와는 달리 '분배'를 주된 경제정책의 목표로 삼았다는 의의가 없지는 않았다. 참여연대, 환경운동연합 등 시민운영진영은 물론이고 민주노총, 전교조 등 민중진영까지 초기에 노정권에 얼마간의 기대를 건 것은 그 때문일 것이다. 그러나 정권이 출범하자마자 '두 마리 토끼' 전략은 실현이 불가능함이 그대로 드러났다. 처음 약속대로라면 토끼 한 마리는 성장을 위한 신자유주의 노선을 가고, 다른 한 마리는 분배를 위한 '제3의 길' 또는 '약한 사민주의' 길로 가면서 서로 견제해야 했으나 달리자마자 왼쪽 토끼는 없어지고 오른쪽 토끼만 남은 것이다.

노정권이 선택한 길은 '정치적 자유주의'와 '경제적 신자유주의'의 모순적 결합으로 보인다. 노정권은 스스로 개혁정권임을 내세운다. 이 개혁은 정치적 자유주의를 내세우고 있지만 엄밀히 말해 너무 부족한 자유주의, 되다만 자유주의(liberalism manqué)다. 정치적 자유주의에 바탕을 둔 개혁은 보수우파를 견제한다는 점에서 나름대로 의미가 없지는 않으나 노정권의 경우 온전한 정치적 자유주의를 실현할지도 의문이다. 이것은 노정권이 추구하는 정치적 자유주의가 경제적 신자유주의라는 더 강력한 굴레를 둘러쓰고 있기 때문이다. 근대역사는 자유주의 정치와 신자유주의 경제가 성공적으로 결합한 사례를 보여준 적이 없다. 자유주의가 안정을 누린 것은 자본과 노동이 타협을 이룬 케인즈주의 복지국가 또는 사민주의 노선의 국가운영을 바탕으로 할 때뿐이었고, 신자유주의가 국가경제를 지배하면 자유주의의 대의마저도 정치적 보수화에 의해 대체되기 마련이다. 신자유주의가 지배하기 시작한 1980년대 이후, 그리고 9·11 테러사건 이후 '범죄와의 전쟁', '애국주의 법' 등을 발효시키며 시민의 자유를 축소한 미국이 대표적 예다. 노무현정권은 미국의 전철을 밟지 않고 경제적 신자유주의를 통해 정치적 자유주의를 구현할 수 있을 것인가?

　노무현정권이 추진하는 개혁은 보편적 민주주의 실현보다는 권력상층부의 세력 재조정에 가깝다. 정치개혁, 언론개혁 등 박정희정권 이래 구축된 보수우파 기득권 틀을 해체하는 일에 머물 뿐 사회 전체의 구조적 개혁은 아예 생각조차 하지 않는 것이다. 이 한계는 정치적 자유주의를 위한 정치개혁, 언론개혁을 자본의 효율적 활동을 위한 경제개혁, 즉 신자유주의적 개혁이 규정하는 데서 나오는 필연적 결과다. 노무현정권이 추구하는 개혁은 따라서 늘 덜된 개혁, 되다만 개혁이 될 수밖에 없을 뿐만 아니라, 진행되면 될수록 사회적 문제를 일으키게 된다. 이 말은 노정권이 정치권과 언론을 몰아붙여 대중의 지지를 얻고 그 힘으로 자신이 원하는 전면적 사회개혁까지 한다면 우리 사회의 실질적 개혁은 오히려 후퇴한다는 것이다. 정치적 자유주의가 강조하는 '자유'의 문제도 마찬가지다. 노무현식 자유주의 노선이 성공할 경우 과연 우리 사회의 자유는 위축되지 않고 확장될 것인가? 그렇지 않을 것이다. 그것은 이 정권은 자신도 모르게, 아니 어쩌면 의도적으로 자신이 선호하는 자유와 그렇지 않은 자유를 구분하기 때문이다. 노무현정권은 국정안정이 필요하다며 박정희정권 이래 행정과 경제를 재단해온 고건총리, 김진표부총리 등 정통관료 출신을 중용한 순간 자신의 자유주의가 경제적 신자유주의에 포박될 것임을 고백한 셈이다. 이것은 이제는 자유도 신자유주의 노선에 따라서 규정될 것이며, 나아가서 우리 사회의 모든 중요한 사안들을 신자유주의가 지배할 것이라는 말이다. 노무현정권의 출범과 함께 우리는 이런 정세 속에서 살고 있다.

신자유주의 교육정책

　노무현정권의 교육정책 역시 신자유주의로부터 자유롭지 않다. 인수위 시절 노무현정권은 한국교육을 '대안교육' 활성화로 끌어나갈 것이냐 '공교육' 정상화로 끌어갈 것이냐, 또는 '효율을 위한 자율'을 강화할 것이냐

학교현장의 '민주적 자치'를 강화할 것이냐 하며 성장과 분배간 노선 갈등과 비슷한 갈등을 드러낸 적이 있다. 교육부총리가 다른 부처장관에 비해 늦게 임명된 것도 이 갈등의 결과지만 이때까지만 하더라도 노무현정권은 학교자율이나 대안교육 노선을 지향하는 후보자들 대신 민교협공동의 장을 지내고 대구대 학원민주화에 기여한 윤덕홍을 선택함으로써 교육개혁을 하지 않겠느냐는 기대를 모은 편이었다. 그러나 윤 장관은 취임 직후 '오락가락 발언'을 통해 확고한 교육철학이 없음을 스스로 증명한 바 있고, 교육을 보는 참여정부 전체의 시각도 시간이 갈수록 진정한 개혁과는 거리가 먼, 오히려 해서는 안될 개혁 노선을 따른다는 것이 분명해지기 시작했다. 교육정책 전반을 반개혁 노선인 신자유주의 프로그램에 따라 실행할 것임을 보여주는 징후들이 나타난 것이다. 이들 징후가 확인된 것은 정권 출범 초에 교육과 관련하여 불거진 두 가지 사안, 즉 WTO 교육개방 양허안 제출과 교육행정정보시스템 도입을 둘러싼 논란을 통해서다.

노무현정권이 출범하고 한 달만에 교육부는 WTO 교육개방 양허안을 제출하였다. 전교조를 비롯하여 교수노조, 교육학생연대, 문화연대, 스크린쿼터문화연대, 민주노총, 민노당, 민교협 등 많은 교육운동 및 사회운동 단체들의 반대와 저항을 외면하고 양허안을 제출함으로써 한국은 WTO 전체 회원국 가운데 양허안을 제출한 8개국의 하나가 되었다. '참여정부' 출범으로 약간의 기대를 했던 사람들로서는 정부의 양허안 제출 결정이 예상 밖이었을 것이다. 노무현정권은 대통령후보 시절 신자유주의에 비판적 입장을 피력한 바 있고, 인수위 내부에서도 교육시장개방을 기정사실로 여기던 정부의 기존 입장에 제동을 걸며 양허안 제출에 반대하는 기류가 형성되었기 때문이다. 교육부가 기존 입장을 수정하려는 태도를 보이고, 윤덕홍 부총리가 처음에 교육개방에 공개적으로 반대한 것도 이런 기류 때문인데, 노정권은 국무회의에서 양허안 제출을 결정하고 말았다. 이것은 노무현정권의 교육정책이 교육정책 이상의 다른 지배적 흐름에 의해 규정된다는 점을 보여준 첫 번째 중요한 사례다. WTO 교육 개방 양허안 제출은 노무현정권 교육정책의 기본노선을 신자유주의를 지지하는 세력이 장악할 것임을 예고하는 조치였다.

교육행정정보시스템 혹은 네이스(NEIS) 도입을 둘러싼 논란에서도 노무현정권이 얼마나 깊이 신자유주의에 의해 포박되어 있는지 드러난다. 정부수반으로서 구체적인 사회정책을 펼치기 전까지는 '인권변호사' 노무현이 시민의 기본권을 짓밟는 정책을 펼칠 것이라 예상한 사람은 많지 않았다. 하지만 노무현정권은 전교조, 진보네트워크센터 등 정보인권을 지키려는 많은 사회단체들의 우려와 비판에도 불구하고 김대중정권에서 시작한 네이스 정책을 그대로 시행하려는 입장을 고수했다. 여기서 네이스가 어떤 독소조항을 가지고 있고, 그 문제점들이 무엇인지 일일이 지적하는 수고는 국가인권위원회가 인권침해 요소가 있다는 의견을 내렸다는 말만으로도 덜 수 있을 것이다. 우리가 점검할 것은 그래도 자기정체성을 참여정부, 개혁정권으로 규정하는 노무현정권이 왜 이런 무리수를 두는 것일까 하는 점이다. 국가인권위원회가 인권침해 소지가 있다고 판정한 정보행정체계를 교육부관리들이 도입하려는 것은 행정편의주의에 빠져 있기 때문이라고 치더라도 대학민주화에 앞장섰다는 윤덕홍 부총리와 인권변호사 경력을 자랑하는 노무현대통령이 그런 시스템을 도입하는 데 찬동하는 것은 무슨 까닭일까? 나는 네이스 도입에 대한 노정권의 입장에서 경제적 신자유주의를 기본노선으로 선택하면 자유주의를 지향하는 정권이라도 자유주의를 배반할 수밖에 없다는 사실을 확인할 수 있다고 본다. 국민의 정보인권을 일부러 짓밟기 위해 그런 입장을 취하는 것은 아닐 것이다. 하지만 그래도 네이스 도입을 추진하려는 것을 보면 그들의 눈앞에는 인권보다 더 매력적인 무엇이 어른거리고 있음에 틀림없다. 그것은 바로 산업화로서의 정보화다. 정보인권 보호보다는 정보산업 발전, 나아가 정보화기술을 통해 이윤창출의 기회를 확대하는 것이 더 중요하다는 판단 때문이 아니겠는가.

여기서 다시 노무현정권이 추구하는 정치적 자유주의의 한계를 확인할 수 있다. 노무현대통령은 정치인들 가운데서는 선거운동 등에 인터넷을 가장 잘 활용한 사람으로 손꼽힌다. 하지만 바로 그런 이유 때문에 그가 보는 정보화는 정보민주주의, 특히 정보인권과는 거리가 있어 보인다. 장남의 병역면제와 한국국적 포기, 고액재산 보유, 삼성전자 주식과 스톡옵션 보유로 장관직 적합성 여부를 둘러싸고 논란이 있던 삼성전자 디지털미디어 총괄사장 출신 진대제를 '전문성'을 내세워 정통부장관에 앉힌 데서 보듯 노정권은 사회적 공공성, 도덕성을 부차적 가치로 취급했다. 행정정보화 추진을 내세워 네이스 도입을 추진하는 과정에서도 정보인권 등 시민적 권리보다는 IT 산업육성, 나아가서 정보산업의 효율성, 생산성이 먼저 고려된다. 여기서 자유는 기본권으로서의 자유라기보다는 기업의 자유일 뿐이다. '기업'이 영어로 모험심, 투기심을 뜻하는 'enterprise'라는 점을 생각하면 기업의 자유란 것이 어떤 의미일지 알 수 있다. 그것은 이득을 취할 수 있는 방안을 생각해내어 일을 꾸미는 능력을 먼저 갖춘 사람들, 따라서 소수에게만 허용되는 자유일 뿐이다. 신자유주의에서 자유는 만인이 누릴 수 있는 자유라기보다는 소수만이 독점할 수 있는 자유인 셈인 것이다.[1] 노무현정권처럼 경제적 신자유주의의 정책노선을 취할 경우 자유주의자가 지지하는 자유란 것이 얼마나 큰 한계를 지닐 수밖에 없는지 확인해주는 대목이다.

공교육의 와해

노무현정권은 WTO 교육개방 양허안을 제출하고 네이스 도입을 고집함으로써 인수위시절에 제출한 교육관련 주요 약속들을 저버리더니 다른 현안을 놓고서도 수상한 행보를 보이기 시작했다. '예체능평가개선'이라는 이름으로 등장한 사교육비 절감 대책이 한 예다. 인수위시절 교육부는

---

1) 졸고, 「신자유주의와 자유의 독점」, 『한국의 문화변동과 문화정치—문화사회를 위한 비판적 문화연구』, 문화과학사, 2003 참조.

한국교육의 고질병이라고 누구나 인정하는 사교육비 문제를 해결한다며 난데없이 미술, 음악, 체육 등 예체능 과목을 평가하는 방식을 석차 중심에서 서술 중심으로 하겠다고 발표한 적이 있다. 기억하기로는 이때 인수위가 교육부를 추궁하여 오보라는 해명을 받아낸 적이 있지만 이후 기회있을 때마다 마치 전가의 보배인 양 이 방안이 사교육비의 절감대책으로 나오고 있다.

이 맥락에서 고려할 것이 '국민소득 2만달러' 구호와 함께 일어난 정세변화다. 금년 1월 28일 재계는 국민소득 2만달러 달성을 위한 정-재계 합동의 가칭 '국민소득 2만불 달성위원회'를 구성할 것을 새 정부에 건의했다. '성장과 안정'의 두 마리 토끼를 잡겠다면서 새 정권이 '제3의 길' 비슷한 노선을 내비치자 자본측에서 이를 견제하기 위해 내놓은 제안이다. 당시 노무현 당선자는 아직은 '분배'의 토끼를 뒤따르고 있어서 그랬는지 긍정적으로 검토하겠다는 '외교적' 화답만 했을 뿐 재계의 제안에 대해 별다른 조치를 취하지 않았으나 정부출범과 함께 신자유주의 세력이 득세하면서부터는 태도가 바뀌었다. 6월 12일 국가균형발전위원회에서 노무현대통령은 "지방경제 활성화를 통한 2만 달러 소득시대의 진입"을 국정목표로 제시하고, 지역산업정책 추진체계의 개편을 추진키로 한 이른바 '대구구상'을 확정했다. 노정권이 '2만달러 소득달성' 제안을 수용한 것은 부의 공정한 분배라는 사회적 요구보다 경제성장이 먼저라는 자본의 명령에 순종한다는 증거다. '대구구상'은 중앙집권체제의 '불균형발전전략'을 극복한다며 3대원칙으로 분권형 국가 건설, 자립형 지방화 추진, 지방의 우선적 육성을 정하고, 7대과제의 일부로 지방분권, 국가균형발전, 새 행정수도 건설과 관련한 3개 특별법과 '지역특화발전특구법' 제정을 선정하였다. 여기서 주목할 점은 이런 원칙과 과제 선정이 국가 전체의 운용 틀을 재구조화하면서 교육부문에도 엄청난 파급력을 미친다는 것이다.

사교육비를 줄인다는 명분으로 음악미술체육 과목을 수능시험에서 배제한다는 교육부의 정책도 이 맥락에서 살펴볼 필요가 있다. 인수위 시절에는 예체능 과목 평가를 제외한다는 정책발표를 한 뒤 교육부는 오보라는 변명을 늘어놓아야 했으나 지금은 그럴 필요를 전혀 느끼지 않는 것으로 보인다. 그동안 정권 차원의 정책노선이 확고한 신자유주의 성격을 띠면서 교육정책 역시 인수위에서 내놓은 학교교육 정상화, 공교육강화 방안보다는 경쟁력강화중심 체제로 돌아섰기 때문이다. 음미체 과목의 수능 폐지는 국어, 영어, 수학 등 '학력' 증강을 위한 지식교육에 집중하겠다는 것으로서 입시 위주의 교육을 강화하겠다는 복안이다. 사실 사교육비는 국영수 중심의 학원비용이 더 큰 비중을 차지하고 있는데도 교육부가 사교육비를 절감하겠다며 음미체 과목을 수능에서 제외시키겠다고 하는 것은 사교육비가 사회적 문제로 떠오르자 나름대로 문제해결을 위해 노력한다는 시늉을 하기 위해 희생양을 찾아낸 것과 다를 바 없다. 그리고 학교교육의 붕괴 원인이 국영수 중심의 입시교육임을 생각하면 음미체를 수능에서 배제하고 입시학원의 돈줄인 국영수 중심 교육은 그대로 둔다는 것은 경쟁 중심의 입시위주 교육의 틀은 그대로 유지하겠다는 말이기도 하다.

'음미체 평가 개선'이 노정권 교육정책의 흐름을 나타내는 것이라면 앞으로 한국의 공교육은 전면적 후퇴를 면하기 어려울 것으로 보인다. 음미체 과목을 수능시험에서 배제하겠다는 것은, 공교육 정상화를 위해서는 수능시험 자체를 폐지해야 한다는 사실과는 별도로, 지식·인성·예체능 교육 등 초·중등교육에 배치된 학과목 분야들 가운데 예체능분야를 약화시킴으로써 지금보다 훨씬 더 기형적인 지식교육 중심의 교육을 강화할 것이다. 현재 지식교육과목인 국영수 과외비용이 사교육비의 가장 큰 비중을 차지함을 생각할 때 앞으로 사교육비는 줄어들기는커녕 더 늘어날 공산이 크며, 설령 줄어든다고 하더라도 공교육 현장에서 전면적 인간발달에 필수적인 예체능교육의 가치절하와 외면을 가져와 한국교육의 기형화는 더욱 심각해질 것이다. 음미체 과목의 수능배제는 단순히 일부 학과목에 대한 홀대 문제가 아니라 한국 초·중등 교육의 목적 자체를 바꾸는 중대한 교육정책상의 결정으로서 앞으로 한국교육이 공교육을 후퇴시키고, 오히려 학원을 중심으로 한 사교육에 종속될 것임을, 그리고 교육이 완전히 시장에 지배당할 것임을 음울하게 예고한다.

알다시피 지금 전국적으로 교육특구 신청 바람이 불고 있다. 2003년 9월 초 재경부가 지역특화발전특구 신청을 접수한 결과 189곳 지자체에서 448개의 특구를 신청했는데, 지자체가 신청한 특구 가운데 단일 항목으로는 관광을 제외할 경우 외국어교육 관련 특구가 가장 많았다. 교육특구 신청에서 주목할 점은 신청한 학교들이 대부분 특수목적고나 자립형사립고와 같이 공교육 모델로부터 이탈한 유형들이라는 것이다. 교육부도 2003년 10월 22일 시·도교육청 부교육감 회의에서 특수목적고와 영재학교, 특성화고, 자율학교 등의 설립·지정 확대를 포함한 몇 가지 보안방안을 내놓은 바 있다. 특목고나 영재학교를 통해 각 부문에서 뛰어난 교육능력을 발휘하는 학생들을 흡수하고 취업에 관심 있는 학생들은 특성화고 등으로 분산시키는 등 교육수요에 맞춰 유연하게 대처하자는 것이 취지라면서 말이다. 거기에는 수준별 교육의 강화와 학생의 학교선택권을 넓힐 수 있는 선지원 후추첨제 등이 그 방안으로 포함되어 있다. 하지만 이것은 그동안 교육부가 명분상으로나마 유지해온 공교육 중심의 교육, 그리고 과거 입시망국병을 치유한 고교평준화 정책을 사실상 포기하는, 교육의 공공성을 포기하는 절차로 보인다.

정부가 추진하는 지방대학육성책, 그리고 한때 지방이양추진원회가 심각하게 검토하다가 전국교직원노조와 한국교총의 반발로 일단 유보했지만 또 언제 들고나올지 모르는 교원의 지방직화도 같은 맥락에서 봐야 할 사안들이다. 각종 권력의 중앙집중이 한국사회의 문제임을 생각하면 국가의 균형발전을 위해 지방대학을 육성하겠다는 것은 당연하고 바람직하며, 교원들의 임면 권한도 교육현장이 있는 지방자치체가 맡는 것이 옳을지 모른다. 하지만 지방분권이 필요하다는 원칙과 지방분권을 어떻게 추진하느냐는 정책노선은 다른 문제다. 지금 노정권이 추진하는 지방분권은 권력을 중앙정부에서 지방정부로 이양하는 수직적 분권일 뿐 지방자치의 암적 존재로 작용해온 토호세력을 견제할 민주적 장치를 결여하고 있다는 점에서 문제가 적지 않다. 국가의 균형발전이라는 것도 말만 균형이지 모두 '자립형 지방화'로서 지방에 책임을 떠넘기는 의도가 엿보이며, 게다가 모든 일을 경제적 관점에서 재단한다는 문제가 여간 심각하지 않다. 교육정책의 관점에서 볼 때 '지방화'는 각 지역이 영어마을과 같은 교육특구를 설치할 수 있는 여지를 주는 조치로서 궁극적으로는 특수목적고, 영재학교, 특성화고, 자율학교 등의 설치 자유화를 초래하여 교육공공성의 기틀을 무너뜨리고 말 것이다.

노무현정권이 공교육을 외면하는 태도는 교육혁신위 구성에서도 드러난다. 교육혁신위는 노무현정권이 교육개혁의 기본 상을 잡기 위해 만든 것이지만 그 자체가 전교조나 교수노조 등 교육주체들이 요구한 국가교육위원회보다는 후퇴한 안(案)이다. 노정권은 교육혁신위를 이끌 위원장으로 교육부총리 물망에 올랐던 전성은 교장을 선택하였는데, 그가 대안교육을 실천해온 사람임을 감안하면 그의 취임은 노무현정권이 앞으로 대안교육의 강화를 교육개혁의 기본노선으로 삼을 것이라는 전망을 낳게 한다. 최근 노무현정부가 추진, 용인하고 있는 교육정책을 사교육비 절감, 부동산 대책, 지역특화발전특구, 2만달러 소득달성과 같은 경제정책들이 지배하고 있음을 감안하면, 이 대안교육 중심의 교육개혁은 신자유주의 노선을 따를 것이 분명하다. 이것은 노무현정권의 교육정책은 교육평준화를 지키며 공교육을 정상화하고 내실화하기보다는 교육의 시장화로 갈 것이라는 말이다.

반민중적 엘리트교육

거듭 말하지만 교육정책을 지배하는 기류가 공교육 강화와는 정반대의 흐름을 보이는 것은 신자유주의 정세 때문이다. 이와 관련하여 확인할 필요가 있는 것은 한국에서 교육정책을 주도하는 세력, 주체는 누구냐는 문제다. 그동안 전교조, 민교협, 교수노조 등은 한국의 교육정책을 망친 원흉으로 교육부를 지목해왔으며, 이에 따라 지난 대통령선거 기간에는 위기에 빠진 공교육의 정상화를 위해 교육부 해체가 필요하다는 극약처방에 가까운 진단까지 내놓은 적도 있지만, 참여정부가 들어선 뒤 교육정책이 전개되는 모습을 보면 오히려 이 진단도 맥을 잘못 잡았다는 생각이들 정도다. 지금 공교육을 파괴하는 교육정책의 책임을 교육부에게만 물을 수만은 없기 때문이다. 사실 오늘 한국의 교육정책은 더 이상 자율적인 힘을 발휘하지 못한다. 부동산정책, 무역정책, 행정정책 등 다른 부문정책과 연동되어 있는 것은 물론이고 이들 정책들을 관통하는 경제정책의 하위범주로 전락하였기 때문이다.

지금 교육관련 정책을 주도하는 것은 교육부보다는 다른 부처다. 서울 강남의 부동산 가격을 잡는다며 판교에 학원을 유치하겠다는 방침(건설교통부), 서울 길음특구에 특수목적고와 자립형사립학교를 설립한다는 방침(서울시), 나아가서 제주국제자유도시 및 경제자유구역법을 통한 외국학교기관 유치 방침이나 지역특화발전특구 조성의 일환으로 나온 교육특구 설치 방침(재정경제부) 등 최근 발표된 교육관련 방안들은 한결같이 교육부가 아닌 다른 부처들이 발표한 교육정책들이다. 물론 교육부라고 가만히 있으라는 법은 없어서 사교육비경감을 위한 '수능 점수제 폐지 및 등급제로의 전환'과 같은, 공교육정상화에 역행하는 탁상공론이 나오기도 했지만, 교육정책이 교육부가 아닌 타 부처, 특히 재경부를 중심으로 한 경제부처에 의해 전에 없는 방식으로 영향을 받고 있는 것이 최근의 흐름인 것만은 분명하다. 이제 '최종심급'에서 교육정책을 결정하는 것은 교육전문부처인 교육부가 아니라 경제부처인 것이다.

이런 일련의 흐름은 WTO 교육개방 양허안 제출과 함께 노무현정권이 교육을 시장과 상품의 관점에서 보겠다는 입장을 드러냄으로써 이미 예고된 것이라 할 수 있다. 알다시피 정부는 지금 제주국제자유도시와 경제자유구역법안을 마련하고 교육부는 이와 연동하여 외국교육기관특별법안을 마련하고 있다. 여기서 눈여겨봐야 할 점은 노정권이 교육개방 양허안을 제출할 때와는 달리 이제는 WTO의 직접적 압박을 받지도 않는데 교육시장 개방을 '자발적'으로 추진하고 있다는 사실이다. 이 점을 주시하면 지금 노무현정권이 교육정책에서 일종의 거대한 정책공조를 추진하지 않느냐는 의혹을 갖지 않을 수 없다. 여기서 말하는 정책공조는 일국 수준에 그치는 것이 아니라는 점에서 '거대하다'. 물론 노정권의 교육시장 개방은 국내적 수준에서 일어나는 것이기도 하지만 더 중요한 것은 이런 정책이 신자유주의가 추진하는 자본의 세계화에 부응하고 있다는 점, 세계적 수준에서 ('워싱턴콘센서스'와 같이 어떤 '음모적' 공감대를 형성하며) 벌어지고 있다는 점이다. 최근 정운찬 서울대 총장, 박승 한은총재, 김진표 경제부총리, 이명박 서울시장 등이 평준화 폐지 및 중·고교 입시부활, 서울 강북지역의 특수목적고 증설을 요구하는 발언을 하여 물의를 빚고 있다. 각 지자체가 지역특화발전특구 정책에 부응하여 교육특구 신청을 하는 것도 같은 맥락이다. 우리가 여기서 놓치지 말아야 할 것은 이 모든 정책제안, 주장, 과정에서 결국 벌어지는 것은 '그들만의 잔치'라는 것이다. 최근 경제자유구역 특별법안이 공표되면서 내국인이 입학할 수 있는 외국학교에 학부모의 관심이 쏠리고 있으나, 학비가 연 2,000만원 수준임을 생각할 때 실제 이곳 학교에 자녀를 보낼 수 있는 학부모는 극히 제한될 것이다. 정운찬, 박승, 김진표, 이명박 등 유명인사들은 이런 사실을 모르고서 고교평준화로 인해 엘리트교육이 불가능하다는 말을 하는 것일까?

위에서 괄호 속에 교육과 관련하여 국제적 음모의 공감대가 형성되고 있다는 지적을 한 것은 구체적인 증거가 있기 때문보다는 지금 진행중인 정세를 찬찬히 분석하면 그런 결론에 도달할 수밖에 없기 때문이다. 어느 사회든 엘리트교육은 필요하다. 하지만 엘리트교육을 위해 평준화의 틀을 깨고, 특목고의 형태로 공교육에서 벗어난 사교육, 대안교육의 영역을 확보하자는 것은 이제는 민주적인 엘리트 양성은 포기하자는 말과 같다. 왜 지금 이런 주장들이 나오는지, 그리고 왜 노무현정권의 고위관리들 입에서 이런 주장들이 연거푸 나오고 있는지 이해할 필요가 있다. 그것은 기본적으로 노무현정권이 신자유주의 노선을 걷기 때문이고, 또 기본적으로 신자유주의가 만들어낼 수밖에 없는 사회적 불평등 구조를 용인할 뿐더러 심화시키려는 태도를 드러내고 있기 때문이다. 우리 앞에는 지금 거대한 공명(共鳴) 현상이 벌어지고 있다. 그것은 정치적으로 서로 다른 입장을 지닌 집단들, 말하자면 정치적 자유주의자인 노무현 캠프와 보수주의자인 이명박, 또는 김진표와 같은 정통관료들, 그리고 이들과 연계된 여러 세력들이 교육에 대해 약간의 차이들을 갖고 있기 때문에 웅성거리는 듯하지만 궁극적으로는 한 입으로 "우리는 신자유주의를 믿습니다!" 하고 외치기 때문에 나오는 소리다. 이들은 모두 20 대 80 사회의 승리자들이다. 그동안 이 승리자들은 한국의 노동자들이 축적한 부를 불평등한 소유 및 분배 구조를 통해 독점한 자본이거나 그 자본과 연대한 세력이었다는 점에서 지금까지의 한국을 지배한 사회구조의 수혜자이지만 이제 그 구조의 일부를 해체하여 자신들에게 유리한 쪽으로 '개혁'하려고 나서고 있다. 그들은 이런 취지에서 지금 교육개혁을 요구하고 있다. 하지만 말이 '개혁'이지 이것은 훨씬 더 잔인한 착취구조의 엘리트를 양성하기 위한 개혁이 될 것이다. 이 교육개혁은 평준화의 틀을 깨고 공교육을 해체하면서 '그들만의' 특권적 교육을 실시하려는 것이기 때문이다.

이런 교육정책을 국제음모에 가깝다고 보는 것은 여기서도 '워싱턴컨센서스'와 같은 지구적 수준의 정책 일관성을 읽어낼 수 있기 때문이다. 한국에서 일어날 '그들만의 교육'은 결코 외딴섬에서 일어나는 것은 아니다. 물론 일부가 받을 특목고 교육, 외국인학교 교육은 한국의 민중의 삶과 꿈과 희망과는 유리된 교육이겠지만 나름대로 지향점이 있다. 그것은 분명 '글로벌스탠더드'를 지향할 것이다. 이때 글로벌은 '워싱턴컨센서스'와 같은 지구적 규모의 지배전략의 수준을 가리킨다. 따라서 현단계 한국의 지배적 교육정책이 기를 쓰고 확보하려는 반민중적 엘리트교육의 장은 궁극적으로는 지구적 지배에 동참할 한국의 엘리트를 만들고자 하는 기획이다. 이 기획은 성공할 수도 실패할 수도 있다. 다만 문제는 설령 성공을 거둔다 하더라도 반민중적 엘리트교육은 한국인 전체의 사회적 요구를 오히려 외면하고 지구적 수준의 지배집단을 위해 봉사하는 그들만의 교육이 될 것이라는 데 있다.

결어

지금 노무현정권은 국제자유도시, 경제자유구역, 지역특화발전특구 등 다양한 그들만의 세계를 만들어 그들만의 교육을 시키려고 하고 있다. 이것은 사실 노무현정권의 고유한 사업은 아니다. 거기에는 열린우리당, 민주당, 한나라당 등 부르주아 정당 모두가 참여하고 있고, 사실 이들간에 벌어지고 있는 갈등은 이 참여경쟁에서 우위를 차지하기 위함이라고 할 수 있다.

WTO 교육개방 양허안 제출, 네이스 도입, 음미체 과목 내신 제외, 교원지방직화 추진, 지방대학발전방안 추진, 교육혁신위 구성, 특목고 설립 추진 등 지금까지 노무현정권 들어와서 일어난 주요 교육정책과 현안들은 하나같이 신자유주의 노선을 따르고 있다. 노무현정권의 교육정책 문제는 바로 여기에 있으며, 교육운동 진영의 과제도 여기서 찾아야 한다. 지금 무수히 많은 신자유주의 교육정책이 입안되어 법안으로 제출되고 있다. 제주국제자유도시 및 경제자유구역법과 그에 따른 외국교육기관특별법, 지방특화발전특구 특별법 등이 통과되고 나면 WTO교육개방 압박에 맞서서 전교조나 교수노조 등이 그렇게 힘들게 싸우며 반대한 교육시장 개방은 자동으로 일어나게 된다. 어떻게 해야 할 것인가? 어떻게 해야 교육정책을 제대로 구성하여 바람직한 교육을 할 수 있을 것인가?

교육의 사회적 기능을 강화해야 할 것이다. 교육이 인간 역능을 강화하는 기능을 갖도록, 특정한 소수가 아니라 한국사회 구성원이라면 보편적으로 누릴 수 있는 사회적 기회가 되도록 만들어야 한다. 이를 위해서는 교육의 공공성을 지켜야 하고, 지금 위축되고 있는 평준화정책을 오히려 강화하여 올바른 방향으로 교육개혁을 해야 한다. 하지만 문제는 지금 반개혁 세력이 신자유주의 칼을 휘두르며 이 개혁의 길목을 가로막고 있다는 것이다. 한국교육을 인간을 위한 교육으로 전환시키려면 따라서 이 신자유주의를 극복해야 한다. 신자유주의를 극복할 전망과 전략을 구축하고 실천하는 것, 그것이 오늘의 교육을 어제의 교육보다 더 나은 형태로, 그리고 내일의 교육을 오늘의 교육보다 더 나은 것으로 만들기 위해 우리가 맡아야 할 과제다.

학생운동의 현장과 교과과정[*]

1

얼마 전 서울의 한 대학에서 대학개혁 관련 토론회에 참석하러 교정에 들어가면서 본 장면이 기억난다. 마침 11월 3일 '학생의 날'이어서 오후 6시가 된 학교 교정이 어수선하였는데, 한 건물 입구에서 여학생 하나가 큰 이동용 스피커를 옆에 두고 선동 연설을 하고 있었다. 청중? 아무도 없었다. 오직 학생 하나 뿐, 누구도 그의 말을 들으며 모여든 사람은 없었다. 모두들 고개를 푹 숙인 채 스쳐 지나갈 뿐이었다. 간간이 "정주영이가 소 떼를 몰고…, 미제국주의…, 김대중정권…, 김정일정권…" 등의 말이 귓전을 스쳤다. 그 몇 마디만 들어도 그 학생이 어느 정파에 속하는지 짐작이 갔다. 여기서 그때 들은 선동 내용을 따지고 싶지는 않다. 그보다는 그 학생이 어떤 권한으로, 어떤 배짱으로 아무도 들으려 하지

---

* 민주화를위한전국교수협의회가 주최한 '한국의 대학 무엇이 문제인가: 학생운동과 대학개혁' 토론회(1998. 11. 13)에서 발표한 글을 수정한 것이다.

않는 연설을, 아무도 듣지 않는 정치선동을 그렇게 형식을 갖춰서 그것도 그렇게 열을 올리며 할 수 있었는지가 궁금하다. 어떤 간 큰 학생회 간부가 그런 '집회'를 기획해서 감행할 엄두를 냈을까? 그 무감각함에 혀가 내둘려질 지경이었다. 이런 반응을 보고 학생운동에 대한 애정이 없거나 학생운동의 단편만 보기 때문이라고 할지도 모르겠다. 하지만 학생운동에 애정이 있다 하더라도 요즘 대학가에서 연출되는 그런 장면의 반복을 두둔해서는 안 된다고 본다. 이 발제가 금년 학생의 날에 관찰한 학생운동의 한 모습 때문에 촉발된 것은 아니지만, 그 날의 장면이 오늘 학생운동의 전반적 '실상'과 겹쳐지면서 만들어내는 명암이 이 논의의 기조를 얼마간 규정하고 있는 것은 사실이다.

2

한국의 학생운동은 그동안 자신의 고유한 현장을 발견하지 못하였거나 구축하지 못했다.[1] 학생운동이 없었다거나 저조했다는 말은 물론 아니다. 1960년의 4월 혁명 이후 한국은 가장 강력한 학생운동이 전개되는 나라로 알려져 왔고, 그 평판에 걸맞게 한국 학생운동은 정권을 퇴진시키거나 국가권력에 타격을 입힐 정도의 위력을 발휘해 왔다. 하지만 학생운동이 강력했다는 것과 그 운동이 자신의 고유한 현장을 가졌다는 것은 다른 이야기다. 국내 학생운동이 자신의 고유한 현장을 갖지 못했다니 어불성설이다, 하고 반론을 제기하는 사람도 있을 것이다. 현장이 없었다니, 1970년대 이후 대학생들이 찾고자 한 것이 바로 그 '현장' 아니었던가 하고 말이다. 사실 지난 시기 운동에 헌신한 수많은 학생들이 빈민촌으로, 야학으로, 공장으로 현장을 찾아간 것은 사실이다. 학생들의 의식화교육이 상당 부분 효과를 발휘하여 자신의 권익에 대한 기층민중의 자각이 일어났고, 또 그와 함께 저 뜨거웠던 80년대의 변혁 열기가 솟구치기도 했

---

1) 엄밀히 말하면 여기서 말하는 '학생운동'은 대학생운동이다. 국내에서는 학생운동이 대학생인구에 국한되어 있는 만큼 대학생운동을 줄여 학생운동이라 칭한다.

다. 학생들은 지금도 현장을 누비고 있다. 해마다 5, 6월이면 농활을 가고 8월이면 범민족대회를 치르기 위해 판문점을 향하거나 아니면 거리에서 투석전을 벌인다. 그러나 그 가치나 다양함에도 불구하고 그런 현장은 학생에게 고유한 현장은 아니다. 학생에게 고유한 현장은 당연히 학교, 즉 교육과 연구가 중심이 되는 곳이다. 한국의 학생운동이 이 현장을 진지하게 자신의 현장으로 삼은 적이 있었는가? 전혀 없었다고 하면 그 또한 심대한 사실 왜곡일 게다. 1990년대 초 시작된 '학자추운동'의 경우 학생운동이 대학을 자신의 중요한 현장으로 인식하기 시작했음을 보여주는 좋은 예다. 제2대학운동도 그러하고, 또 아직도 동아리형태로 캠퍼스에서 전개되는 대학문화운동은 대학을 현장으로 삼고 있는 사례들이다. 하지만 이런 사례에도 불구하고 학생운동은 아직 자신의 현장을 진지하게 생각한 적이 없었다는 주장이 가능하다고 본다. 학생운동은 이제 대학이라는 자신의 고유한 현장을 현장으로 인식하고 대학을 전략적인 활동 지점으로 삼을 필요가 있다.

학생운동이 대학을 주요 현장으로 삼아야 한다는 것은 지난 시기에도 적용되는 말이지만 지금 국면에서 특히 적실하게 다가오는 말이다. 알다시피 지금 한국의 대학사회는 앞으로 수십 년 간 그 효과가 지속될지도 모르는 중요한 변동을 맞고 있다. 이 변동은 김영삼정권의 대통령산하 교육개혁위원회가 1995년 5월 31일 교육개혁안을 제출하여 (보수적) 대학개혁의 방향과 기조를 결정한 뒤 지금까지 대학사회(와 한국 교육계) 전반에 엄청난 파장을 일으키며 대학의 성격과 기능을 근본적으로 바꾸는 중이다. 이 '개혁'은 그동안 한국 대학사회의 고질이라고 지적되어온 제도나 관행만을 바꾸는 것이 아니다. 대학의 이념, 사회적 기능에까지 그 손길이 뻗치고 있다. 대학의 운영 및 권력구조, 대학에서 실시하는 교육의 내용 및 방식, 대학에서 연마되고 수행되는 학문의 배치, 연구의 수준 등 거의 모든 제도, 관행, 실천, 이념 수준에서 대학은 지금 새로운 모습으로 바뀔 것을 요구받고 있다.

이들 변동은 대학에 고유한 것이지만 그것을 통해 대학이 우리 사회에서 갖게 될 역할이 규정될 것이라는 점에서 대학의 범위를 넘어서는 우리 사회의 성격 구성과도 연결되어 있는 문제다. 펠릭스 가타리의 말대로 "대학의 문제는 학생의 그리고 교수의 문제가 아니다. 그것은 전사회의 문제이며, 사회가 지식의 전달, 숙련노동자의 훈련, 대중의 욕망, 산업의 필요 등 사이의 관계를 정하는 문제다."[2] 대학에서 일어나는 일은 대학에서 일어나는 일로만 그치지 않는다. 현재 진행되고 있는 '대학개혁', 즉 우리 사회의 지배집단이 새로운 노동력 형성을 위하여, 자본주의적 사회적 생산에 필요한 주체들을 생산하기 위하여 추진하고 있는 대학의 구조조정은 대학만의 문제로 끝나지 않을 문제다. 하지만 사회를 진동시킬 이 대학변동은 여전히 대학 내부를 관통하며 일어나는 변동으로서 그 현장은 대학사회다. 학생운동이 대학을 자신의 현장으로 삼을 필요가 있는 것은 이 때문이다. 대학을 관통하지 않고, 대학을 우회해서는 학생운동은 자신의 고유한 역할을 수행할 수 없다.

3

현재 진행되고 있는 대학개혁은 시장의 조건 변화에 따라서 정부가 주도하고 있는 하향식 구조조정이다. 이 구조조정은 지금 출범한 지 얼마 되지 않은 김대중정권에서 본격적으로 추진되고 있지만 그 기조가 잡힌 것은 김영삼정권의 교개위에 의해서다. 1994년께부터 우리 사회는 세계화 전략에 따라 개방화, 지방화, 정보화를 내세우면서 기업의 리엔지니어링이니, 슬림화니, 명예퇴직이니 하는 현상이 부쩍 늘기 시작하였다. 서구에서 1970년대 중반 이후 본격화된 신자유주의적 사회운영 기조가 도입된 것인데, 대학도 자본주의적 시장, 그것도 이전의 자본주의에 비해 부익부빈익빈 현상을 극도로 심화시키는 자본주의적 시장 구도에 맞

---

2) 펠릭스 가타리, 『분자혁명』, 윤수종 역, 푸른숲, 1998, 35쪽.

게 바꾸는 일이 일어났다. 김대중정권은 'IMF 관리체제'를 받아들이면서 김영삼정권이 강력하게 추진하지 못하였던 일련의 신자유주의적 조치들을 강력하게 추진하는 중이다. 학부제, 입학광역화제도가 거의 강제적으로 도입되고 소수의 연구중심대학과 다수의 교육, 기술 중심대학으로 대학들을 양분하려는 움직임이 나오고 있는 것이 그것이다. 왜 이 난리인가? 대학을 자본주의 축적체제에 적합한 형태로 바꾸려고 하는 데 따른 소란이라고 본다.

세계 자본주의 축적체제는 그동안 포드주의에서 포스트포드주의로 전환하다가 최근에 들어와서는 신자유주의적 한계가 노출되면서 다시 새로운 국면이 전개되고 있다. 서구에서 신자유주의에 대한 반발로 '제3의 길'을 모색하는 정권들이 들어서면서 현재 세계는 신자유주의적 축적전략에 따라 구축된 포스트포드주의적 체제에 대한 점검에 들어간 것처럼 보인다. 한국의 경우는 물론 이런 추세와는 발전의 시차 때문에라도 차이가 있어서 더 복잡한 양상을 띤다. 김영삼정권 중반부터 포스트포드주의적 축적체제의 구축을 위한 강력한 추동이 형성되는 듯했지만 곧 이어 외환위기와 함께 심각한 경제위기를 맞게 됨으로써 그동안 추진되던 한국식 포스트포드주의 축적체제의 한계가 드러났다. 당연히 이 축적전략에 대한 검토가 필요한데도 한국경제가 IMF라고 하는 신자유주의세력의 첨병에 의해서 관리됨으로써 신자유주의적 공세는 오히려 강화되고 있는 국면이다. 포스트포드주의적 유연적 축적을 추진하려던 국면에서 경제위기를 맞은 우리 사회는 지금 전에 없던 대규모 실업사태를 경험하고 있다. 사민주의 전통이 강한 서구의 국가들과는 달리 사회적 안전망이 취약한 우리 사회에서 신자유주의가 맹위를 떨치는 것은 큰 문제가 아닐 수 없다. 서구에서는 해체할 복지제도라도 있었지만 우리 경우는 아예 복지국가의 요소가 부재한 상태이기 때문에 신자유주의의 도입은 '없는 집 살림 더 들어내는' 꼴인 것이다. 우리 사회는 그래서 더 철저한 피폐화를 겪고, 민중은 더 열악한 고난을 겪을 전망이다. 민중의 힘에 의한 사회의 민주적 구조개혁이 아래로부터 일어나지 않는다면 말이다.

4

포드주의는 노동과 자본과 국가가 일종의 협약을 이룬 축적체제로서 종합대학교의 분과학문 체계를 기반으로 한 지식생산양식과 연계되어 있었다. 한국은 이런 협약조차 가동되지 않아 포드주의를 운용하기 어려운 측면이 있지만, 서구에서는 포드주의적 축적체제가 오랫동안 안정을 유지한 것이 사실이다. 1970년대 초 이후 이 포드주의체제는 서구에서 그 유효성을 상실하였다고 평가된다. 유연적 축적을 지향한 포스트포드주의적 축적체제가 신자유주의 세력의 주도에 의해서 구축된 것은 그런 맥락에서다. 포스트포드주의는 소위 '다품종 소량생산'을 기본으로 하면서 생산과 유통, 소비 등 생산과정의 정교한 연계를 지향하는데 이는 컴퓨터화를 통한 생산과정의 전자적 통제를 통하여 관리된다. 이런 이유로 포스트포드주의 시기에는 한편으로는 생산-소비-유통-관리의 관계, 다른 한편으로는 생산-교육-연구의 관계가 이전과는 다른 형태를 띠게 된다.[3] 1960년대 이후 유통업은 종합대학의 지식생산체계와 비슷한 유형인 백화점이 성장의 하향곡선을 나타내기 시작하고 '통합전문화' 현상이 두드러지기 시작하였다. 이는 백화점이 내부에 각종 상품들을 분류하여 총합하던 것과는 달리 전자, 식품과 같은 단일 또는 관련 상품들을 선별하여 판매하는 새로운 유통업 형태다. 1980년대 말, 1990년대 초 이후 국내에서도 백화점은 이전의 급성장세를 마감하고 성장둔화와 위축기로 접어든 대신 전문점, 혹은 할인점 등 새로운 유통 형태들이 등장하고 있어 서구의 유통업 형태 변화와 유사한 양상을 나타낸다. 그리고 서구와 국내에서 대학체계의 변동은 유통업의 변동을 뒤따르거나 그와 연계되어 있는 것처럼 보인다.

---

3) 졸고, 「백화점과 근대적 지식체계」, 『문화론의 문제설정』, 문화과학사, 1996 참고.

포스트포드주의적 축적체제의 등장은 자본의 축적전략에 따른 사회체제이지만 일방적으로 자본에 의해서 추동된 변화로 볼 수만은 없다. 오히려 아래로부터의 사회변혁 요구를 자본주의적으로 수렴한 결과로 보는 것도 가능하다. 이 맥락에서 "포스트포드주의적 생산에 의해 요구되는 과제들을 완수하기 위해 필요한 현실적으로 결정적인 능력들은 직접적 생산 외부에서, 즉 '생활세계'에서 획득되는 능력들"이라는 견해를 참조할 필요가 있을 듯싶다. 포스트포드주의적 능력들은 "일반적 사회성, 대인관계를 형성할 수 있는 능력, 정보를 지배하고 언어적 메시지를 해석할 수 있는 재능, 그리고 지속적이고 급작스런 재전환에 적응할 수 있는 능력"이다. 이탈리아의 포스트포드주의가 바로 이런 능력들을 활용하고 있다고 말하는 빠올로 비르노에 따르면 이것은 1977년 아우토노미아 운동의 활력이 자본주의에 의해서 수렴되고 있다는 뜻이다. "그것〔운동〕의 유목주의, 안정된 직업에 대한 그것의 혐오, 그것의 기업가적 자기충족성, 나아가 개인적 자율성과 실험에 대한 그것의 취미 등은 자본주의적 생산 조직 속에 모두 결합되었다."4)

자율주의 경향이 자본주의 생산양식에 의해 수렴되어 자본의 축적에 기여하게 된 점을 인식하게 되면 위에서 말한 서구사회에서 일어난 대학의 변화도 새롭게 조명할 수 있을 것이다. 서구의 대학들은 1968년을 전후로 획기적인 변화를 겪은 것으로 알려지고 있다. 1960년대는 사회인식, 혹은 과학적 사고 등의 새로운 방법론이 만개했던 시기로서, 대학에서의 지식생산에 대한 대안적 사고와 실험이 무르익었던 시기다. 문학연구에서 경전(the Canon)에 대한 기존의 종교적 태도에서 벗어나 '문학' 개념의 새로운 설정 문제가 등장한 것이라든가, 문화에 대한 위계적 이해에서 벗어난 태도를 반영한 대중문화연구가 활성화된 것, 나아가서 그동안 서구의 학계를 지배해오던 백인 부르주아 남성의 관점에 대한 도전으로 여

---

4) 빠올로 비르노, 「당신은 반혁명을 기억하는가?」, 쎄르지오 볼로냐/안또니오 네그리 외, 『이딸리아 자율주의 정치철학』, 이원영 편역, 갈무리, 1997, 201-2쪽.

성연구, 흑인연구, 소수인종 연구 등의 관점이 대거 채택된 것 등이 그 예들이다. 이런 새로운 학문적 태도나 경향에 대해 여기서 상론할 수 없지만, 이들 흐름이 지닌 나름대로의 한계와는 별도로 대학사회를 크게 변화시킨 점만큼은 인정해야 한다고 본다. 새롭게 등장한 학문하기는 기존의 대학운영체계와는 아주 다른 형태로 진행되는 경우가 많았다. 이는 1960년대 이후 서구의 대학들에서 특히 강조된 연구방식의 하나인 '학제간 연구'와 결부해서도 확인할 수 있다. 학제간 연구는 서구대학들의 전범이던 종합대학들이 내부에 개설한 학과들이 쌓아온 학문간 벽을 허물고 서로 연구방법론이나 정보를 소통하려는 시도로서 그것이 지닌 문제들에도 불구하고,5) 그동안 종합대학의 틀을 유지하는 골간으로 작용한 분과학문들의 배타적이고 폐쇄적인 학문운영을 어느 정도 완화했다는 의미가 있다. 더 나아가 학제간 연구는 반분과적(anti-disciplinary), 분과횡단적(trans-disciplinary) 성격을 띠게 되는 경우도 있었다. 여성연구, 흑인연구, 소수자연구, 탈식민주의, 그리고 문화연구 등은 대체로 최소한 분과학문들 간의 협동이었거나 아니면 분과학문이 가하는 규율에 저항하며 여러 학문영역을 횡단하는 경향이 크다. 기존의 학문방식, 특히 학문간 경계를 중시하고 경계를 넘나드는 것을 고유한 학문의 분수, 예의, 관례에 대한 위반으로 보고 파문까지 하던 고답적 전통이 이 과정에서 도전을 받은 것은 물론이다. 이 도전은 지식생산을 중립적인 투명한 과정이 아니라 적대적 이론들이 서로 경합하는 장으로 보게 하는 효과를 만들어

---

5) 예컨대 알튀세르는 학제간 연구란 일종의 외교적 원탁회의라고 본다. "이웃 사람들은 모두 초대한다. 아무도 잊지 않고 누구도 모른다. 아무도 빠뜨리지 않기 위해 모든 사람을 초대하는 것은 우리가 정확하게 누구를 초대해야 할지 모른다는 것을, 우리가 어디에 있으며, 어디로 가고 있는지 모른다는 것을 의미한다. 원탁회의의 관행은 필연적으로 학제성의 미덕이라는 이데올로기—이에 대해 원탁회의는 대위법이 되고 미사가 된다—를 대동한다. 이 이데올로기는 하나의 공식에 담겨 있다. 즉 세상이 모르는 것을 우리가 모를 때는 무식한 사람들을 끌어 모으는 것으로 족하다, 무식자들의 회합에서 과학이 출현할 것이다라는 공식이다"(Louis Althusser, *Philosophy and the Spontaneous Philosophy of the Sciences & Other Essays* [London: Verso, 1990], p. 97).

냈고, 대학이 지식권력을 둘러싼 경쟁과 갈등이 끊이지 않는 정치적 투쟁의 장이라는 점을 전면화하였다. 이런 상황은 전통적인 관점에서 보면 학문의 질서가 문란해진 것일지 모르지만 다른 한편에서 보면 이전에는 억압을 받아 자신의 목소리를 내지 못했던 소수자들이 자신의 관점에서 지식생산을 하기 시작했음을 보여준다.

5

유럽에서는 신자유주의가 퇴조하고 있지만 한국에서는 신자유주의 공세가 이제 본격적으로 시작되고 있다는 느낌이다. 이런 정세 속에서 학생운동은 어떤 대응이 필요할까? 대학에 어떻게 개입해 들어가야 할까? 우선 학생운동은 대학생 대부분이 사회적 생산을 담당하게 될, 예비노동자, 예비전문가, 예비활동가로서 대학 4년을 보내고 있다는 점을 가장 중요한 사항으로 고려해야 한다고 말하고 싶다. 사회적 생산은 자본주의적 상품생산을 포함하여 비자본주의적, 비상품적 생산까지도 포함한다. 이는 곧 사회적 생산이 상품생산만으로 구성되지 않는다는 것, 사회는 자본주의사회만으로 구성되지 않는다는 것을 말한다. 지금 대학은 대학의 지식생산체계를 자본주의적 생산에만 복무하도록 강제하는 교육부가 주도하는 신자유주의적 하향식 개혁 조치를 맞아 뒤흔들리고 있다. 이는 현재 진행중인 대학개혁이 자본주의사회만을 사회로 보고 있고, 사회의 비자본주의적 요소들과 경향들을 자본주의체제 안에 강제로 편입시키는 데 기여하고자 하는, 일종의 반사회적 성격을 가지고 있다는 말이다. 학생운동이 이 문제를 외면할 수 있는가? 어떤 운동이든 이 문제를 외면할 수 있을 것인가?

현재 사회적 생산은 두 축으로 진행되고 있다. 하나의 축은 생산활동과 생산된 상품을 소비시키기 위한 유통, 분배, 관리 등의 활동으로 이루어지고, 다른 한 축은 생산을 위한 기술, 능력 등을 교육시키고 새로운 기술을 개발하는 연구 활동으로 이루어진다. 대학은 이 두 축 중 후자 쪽에 주로 연관되어 있는 사회적 제도다. 대학개혁은 생산-교육-연구 활동을 어떻게 조직하고 그 조직 과정에서 어떤 사회적 효과를 생산할 것인가, 즉 교육과 연구 활동이 생산의 계급 차별적, 성 차별적, 민족-인종 차별적, 지역 차별적, 혹은 환경 파괴적 구조를 온존시킬 것인가, 그것을 중단시킬 것인가, 온존시킨다면 어떻게 온존시키고, 중단시킨다면 어떤 방식으로 중단시킬 것인가 등의 문제와 과제들을 안고 있다. 학생운동이 대학을 자신의 현장으로 삼아 대학개혁에 관심을 가져야 하는 이유는 학생운동의 주체인 학생대중이 거의 예외 없이 바로 이 교육과 연구 활동을 통하여 사회적 생산에 참여하게 될 것이고, 그 참여의 방식 또한 교육과 연구 조직인 대학의 구조, 메커니즘이 어떻게 개혁되느냐에 따라 결정되는 사람들, 즉 대학 문제가 곧 자신의 삶을 결정하는 문제가 되는 사람들이기 때문이다.

6

학생운동이 개입해야 할 중요한 지점 중 하나, 아니 어쩌면 가장 중요한 지점이 커리큘럼 문제가 아닐까 싶다. 하지만 한국의 학생운동은 이 지점에 개입한 역사가 거의 없거나 있더라도 너무 미미할 뿐이다. 1980년대 후반, 변혁을 요구하는 열기가 고조하고 있던 짧은 기간 동안 대학 내부에 아주 부분적으로 커리큘럼을 개편하려는 움직임이 있기는 있었다. 1987년 이후 진보 진영의 힘이 보수 세력을 압도할 수 있었던 시절 일부 대학에서 학생들이 교수 채용시 공개강의를 요구하고 학생들의 의사를 채용에 반영하라는 요구를 한 적도 있었다. 이 덕택에 상대적으로 더 진보적인 입장을 지닌 것으로 알려진 채용 지망자가 유리한 위치를 차지한 적도 있었다. 현재 우리 주변에서 활동하고 있는 진보적 교수 몇 명은 그런 시절이 없었다면 대학으로 진입할 수 없었을 것이다. 그러나 이런 일들은 개별 대학의 조건에 따른 예외적인 현상이었고, 게다가 곧 이어 노태우대통령에 대한 중간평가 유보, 자민, 민주, 공화 3당의 합당, 문익환

목사 방북을 계기로 한 공안정국 조성과 함께 진보세력이 상승세를 타던 국면은 일거에 바뀌고 말아, 이후 대학에서 진보적 목소리가 큰 소리를 낸 적은 없었던 것 같다. 그러나 학생운동이 커리큘럼과 같이 학생의 능력을 기르는 가장 핵심적인 부분에 개입할 수 없었던 이유를 국면의 보수적 전환에서만 찾을 수는 없을 것이다. 그보다는 우리 학생운동에서 대학 개입, 특히 교과과정 개입이라는 관점이 결여되어 있었기 때문이라고 해야 할 것이다.

물론 창립 10주년을 넘긴 학술단체협의회의 건재함이 말해주듯 국내에 지식인운동이 없었다거나 학문을 하는 문제를 중시한 운동의 흐름이 없었다고 할 수는 없다. 1980년대는 누가 보더라도 진보적 사고와 활동을 위한 지평이 획기적으로 넓혀진 시기였고 이는 학생운동의 발전과 궤를 함께 한다. 학생운동의 성장과 함께 진보학계는 '레드 콤플렉스'가 지배하던 우리 사회에 맑스주의를 수용하기 위한 각고의 노력을 한 끝에 아직도 많은 통제와 제약이 있기는 하지만 나름대로 목소리를 낼 수 있는 조건을 마련하였다. 그동안 진보적 입장을 지닌 연구자들이 적잖이 배출되어 비판사회과학대회, 학단협심포지엄 등을 개최할 때 참여하는 발제자, 토론자도 한결 더 다양해진 편이다. 하지만 이런 흐름이 건재한다고 해서 진보학계가 대학사회에 제대로 개입하고 있다고 생각할 수는 없다. 개인 판단이지만 진보적 관점에서 짠 커리큘럼을 운영하는 대학은 별로 없으며, 학단협의 활동도 알다시피 대부분 대학 외부에 있는 연구소에서 어렵게 이루어지고 있을 뿐이다. '대학 따로 연구 따로'인 셈인데, 이는 대학제도에 대한 개입이 주요 운동으로 일어나지 않았다는 것을 말해준다고 생각한다. 위에서 말한 연구와 교육 조직으로서의 대학의 구조 및 메커니즘을 바꾸는 일이 중요하다면 진보학계도 학생운동도 대학의 문제를 방치한 셈이고, 대학개혁의 깃발을 지배세력에 넘겨준 셈이다.

학생운동이 대학개혁에 참여할 때 핵심적인 사항은 교과과정의 내용을 정하고, 개편하는 일에 개입하는 일이라고 생각한다. 거듭 말하지만 대학은 연구와 교육을 동시에 수행하는 사회적 제도다. 물론 대학이 연구와 교육만 수행하는 것은 아니다. 대학에서 하게 되는 동아리활동 등 자율적 혹은 자치적 활동 역시 대학이 제공하는 중요한 기회요 서비스다. 하지만 그런 활동은 연구와 교육에 비해서는 부차적인 기능이고, 학생의 관점에서 볼 때 대학과 연결되는 핵심고리는 교과과정, 수업이라고 할 수 있다. 이 부분에서 학생들의 능동적 참여와 개입이 없을 경우 대학교육은 늘 이미 만들어져 있는 기성품, 지배를 위한 '은폐된 커리큘럼'(hidden curriculum)으로 제공될 뿐이다. 이것은 교과과정이 주로 교수들에 의해, 아니 좀더 정확히 말하면 교과과정 내용 설정과 개편을 주도하는 원로 교수 등 소수 교수들에 의해, 심지어는 교과과정에 대한 전문적 소양이 거의 없는 대학 행정당국, 재단, 교육부 등에 의해 장악되고 있기 때문이다. 이는 학생들을 직접 대상으로 삼아 운영되는 교과과정이 학생들의 필요, 요구, 욕망과는 아무 관계없이 운영된다는 말이다. 그러나 교과과정에 대한 학생의 참여와 개입이 없을 경우 학생들은 자신의 권리를 제대로 지킬 수 없고, 타율적인 학습을 강요받게 된다. 이 결과 나타나는 전반적인 현상은 교과과정에 대한 철저한 무관심이다. 학생운동이 교과과정 수립과 운영, 혹은 개정에 개입하고 있는가? 별로 들은 바가 없다.

7

학생운동이 교과과정에 개입하는 문제는 학생들의 기본권을 지키고 행사하는 문제와 결부되어 있다고 본다. 모든 인간에게 기본권이 있다면 학생들에게 주어진 기본권은 무엇일까? 학생들 역시 인간이라는 점에서 인간 일반이 공유하는 기본권리인 사상, 표현, 결사, 저항 등의 자유를 누린다. 하지만 학생은 인간일 뿐 아니라 동시에 학생이라는 점을 감안할 때 학생에게 이들 기본권리는 '학생에게 고유한 권리'라는 형태를 띨 것이다. 이 권리는 흔히 최근에 '학생권'이라는 말로 표현되고 있는데, 교수와 같은 교육자가 지닌 '교권'과 구별된다고 하겠다. 학생권은 학생이라는 인간적 존재가 지닌 권리겠지만 학생권 중에서 가장 중요한 권리는 학습권이라고 할 수 있을 것이다. 학습권은 인간 모두가 지닌 배울 권리이며, 오늘날 교육이 대학교육에 이르기까지 대중교육의 형태를 띠고 있는 것은 이 권리가 보편화된 현상이라고 볼 수 있다. 그러나 사회적 조건에 따라 학습권의 보편화가 달성되는 정도는 다르고, 한국에서처럼 대학교육에 이르기까지 학습권의 보편화가 이루어진 경우라 할지라도 학습권을 권리로 인정하지 않는 것이 사회적 관습이다. 지금 한국의 대학사회는 교수의 교권은 권리로 인정하는 반면 학습권은 권리보다는 오히려 의무로 치부하는 경향이 큰데, 학습권에 대한 이러한 불인정은 학생이 당연히 누려야 할 기본권리에 대한 중대한 침해라 할 수 있다. 학생들은 의무만이 아닌 권리로서의 학습권을 누려야 하고 이에 대한 침해를 학생의 기본권에 대한 침해로 간주할 수 있어야 한다.

학습권이란 무엇인가? 학습권은 학생이 교육을 받는 방식, 교육의 내용과 여건 등에 대해 누리는 자율적인 결정과 결부되어 있다고 본다. 인간 모두가 자신에게 과해지는 부당한 요구와 명령을 거부할 수 있어야 하듯이 학생 역시 자신에게 주어지는 교육내용이 부당하다면 그에 대해 거부할 수 있어야 한다. 교육 여건에 대한 개선도 요구할 수 있어야 하고 강의 방식, 실험 방식에서 드러나는 미시적인 권력 행사에 대해서도 발언하고 개입하는 권리를 누려야 한다. 무엇을 어떻게 배울 것인가는 학생 모두에게 중요한 화두요, 자율적으로 풀어야 할 문제이기 때문이다. 1998년 10월 15일 프랑스에서는 '과밀학급 해소', '교사증원', '교과 개선'을 요구하며 고등학생 50만 명이 전국적인 시위를 벌인 적이 있다. 한국은 프랑스보다 교육여건이 훨씬 더 열악한데도 대학생조차 이런 적극적 학습권 행사를 하는 경우를 본 적이 없어서 기사를 접하고 깊은 인상을 받았다. 한국도 학생운동이라면 다른 어떤 나라에 뒤쳐지지 않고, 특히 대학생운동의 전통은 세계 최고라 해도 과언이 아니지만 한국 대학생들이 교육문제를 놓고 고민하고 토론하고 또 강력하게 요구하는 경우는 그렇게 많지 않다. 교육환경에 대한 개선요구를 하는 경우는 그런 대로 잦은 편이지만 교육방식이나 교과과정에 대한 학생의 발언은 전무하다 해도 과언이 아니다.

예컨대 공과대학에서 학생들이 교육문제를 두고 발언하는 경우가 있는가? 별로 들은 바가 없다. 그러나 공과계열의 학문분야라고 교육 및 학습권 문제로부터 면제되는 분야는 아닐 것이다. 오늘 과학기술이 인류의 운명에 지대한 영향을 미친다는 점을 새삼 강조할 필요는 없다. 문제는 영향이 지대한 만큼 과학기술이 지닌 사회적 책임 또한 크기 마련인데 그에 대한 사회적 통제가 거의 없다는 사실이다. 공학적 지식과 기술의 생산은 자본이 독점하고 있고, 자본의 이윤 축적에 기여하고자 하는 국가는 자본의 그런 독점을 방치하고 있다. 이로 인해 공학적 지식과 기술이 자연 및 사회적 생태계를 파괴하는 경우에도 이윤 축적을 위한 자본의 전략에 종속되고 만다. 공학은 이에 어떻게 대처할 것인가? 공학을 전공하는 학생들은 여기에 어떻게 대처할 것인가?

부당한 명령을 거부할 수 있어야 하듯이 부당한 교육도 거부할 수 있어야 할 것이다. 그러나 그 전에 공학의 사회적 기능과 공학이 인간에게 미치는 영향에 대한 이해가 우선될 필요가 있다. 현재 공학계열 교과과정에 '공학의 사회과학적 이해'와 같은 내용이 없다면 그런 과목부터 설치하여 공학이 우리 사회에서 어떤 역할을 하고 있는지 알 필요가 있다. '공학의 윤리학'도 필요한 과목으로 보인다. 가령 성수대교나 삼풍백화점이 무너진 것이 공학적 결함 때문인지 혹은 공학의 사회적 역할에서의 하자 때문인지, 혹은 공학에 가해진 부당한 사회적 압력 때문인지 가려낼 필요가 있을 테니까 말이다. 이전에 도목수는 휘하에 전문가 집단을 모아 자율적 가치와 판단으로 일을 했다. 이런 집단의 형성은 종종 집단 이기주의적인 행동을 부추기기도 했지만 또 많은 경우 국가와 자본과 같은 외부세력의 압력으로부터 저항할 수 있는 자율적 공간을 창출하였다. 과학과 기술의 발전은 이런 자율적 활동을 전제로 하지 않으면 달성할 수 없는 법인데,

오늘 공학의 과제 중 하나도 공학이 도구학문이 아닌 자율적 학문 혹은 기술로 전환되는 것일 게다. 게놈 프로젝트와 같이 중요한 연구가 인류 공영을 위한 것이 아니라, 생명공학에 투자한 자본의 이윤 축적에 기여할 뿐이라면 그런 과학은 차라리 포기함만 못하다. 공학과 인간의 관계를 묻는 질문들을 제기해야 한다. 인류 공영을 위한 공학을 어떻게 구성할 것인가? 생명의 파괴가 아니라 보전을 위한 공학은 어떻게 구성할 것인가? 사회생태계와 자연생태계, 나아가 지식생태계를 돌보고 가꾸는 데 필요한 공학은 어떤 형태의 것인가? 이런 질문들을 제기하지 못하는 공학도는 자본의 하수인, 권력의 하수인으로 전락한 '영리한 기계'밖에 되지 않을 것이다.

학습권은 학생의 권리, 학생권의 하나다. 권리는 의무를 전제한다. 사회에 대해 일정한 의무를 수행하지 못한 인간은 사회에 대해 권리를 주장할 수 없다. 의무를 수행하지 못한다고 사회에서 배제할 수는 없으나 그런 사람은 복지와 같은 사회적 배려에 의해 생존할 수 있을 뿐이다. 공학을 전공하는 학생은 당연히 공학에 대한 학습권을 지닌다. 그러나 이 학습권에 포함된 의무가 무엇인지 생각할 때 그 권리가 분명해진다고 하겠다. 공학은 사회에 기여할 의무가 있다. 이 의무를 저버리는 공학에 대해 학습권을 지닌 학생들은 문제제기를 할 권리를 지닌다. 공학도의 학습권이 올바른 권리로 구성되기 위해서는 학문공동체가 누리는 특권을 포기하고, 공학 내부에 반사회적인 관행이 있다면 당연히 문제제기를 하고 부당한 교육내용을 거부하며 사회의 진정한 발전에 기여하는 교육내용을 요구할 수 있어야 한다. 이런 요구는 학생의 권리이지만 학생이 사회에 의무를 다하고자 할 때 나온다.

8

학생에게 학습권이 있다는 것을 강조한 것은 학생 역시 기본권을 지닌 인간으로서 자신의 삶을 자율적으로 조직할 수 있어야 한다는 점을 부각시키기 위해서다. 자율적인 인간으로서 대학생은 자신들이 대학에서 할 수 있는 것들을 하는 것이 중요하다. 그런 점에서 학생운동은 대학내 의사결정 및 집행 구조의 민주화를 추진하는 데 노력을 기울일 필요가 있다. 이 점에 대해서는 이미 많은 합의를 이루고 있다고 판단하기 때문에 여기서 더 이상 말하지는 않겠다. 학생의 자율적 활동을 강화하기 위한 실천의 다른 하나는 학생의 자치활동 자체의 민주화가 아닐까 싶다. 진부한 말일지 모르지만 이 점을 강조하고 싶은 것은 민주화를 이루기 위해서는 우리가 통상 생각하는 민주주의에 대한 새로운 이해가 필요하다고 보기 때문이며, 이는 또한 교과과정의 문제와 긴밀하게 연결되어 있다고 보기 때문이다.

한국의 학생운동은 누가 뭐라고 해도 헌신적인 운동이었다. 학생운동에 참여하는 학생들의 시간은 학생들 자신을 위한 시간이라기보다는 남을 위한 시간이었다. 이 결과 학생운동은 본의 아니게 대변적, 재현적 모델에 입각한 운동 방식을 취하는 경우가 많았다고 할 수 있다. 남의 처지에 공감하고 고통받는 대중, 민중의 생존권 투쟁이나 민족통일을 위해 청년학생이 앞장서는 것은 훌륭하고 모범적인 일이다. 문제는 그러나 운동이 대변 모델에 국한될 경우 학생운동은 학생대중의 직접민주주의 구현과는 동떨어진 형태를 띠기 쉽고, 학생대중 자신의 운동이 아닌 형태를 띠기 쉽다는 점이다. 여기서 뻔한 말을 하자면 학생대중은 몸이 캠퍼스 안에 있으며, 거기서의 자신의 삶의 조직 방식에 따라서 대학 생활의 성과가 결정되는 존재, 대학사회를 자신의 고유한 활동과 생활의 공간으로 삼고 있는 존재다. 물론 대학생의 신분을 유지하면서도 대학 외부에서 자신의 삶을 꾸릴 수도 있고, 학생운동에 헌신하는 경우 대학에서 벗어난 공간을 찾아야 할 필요도 있지만, 이는 다수 학생들에게 해당되는 것은 아니다. 대부분 학생에게 고유한 이익 증진, 혹은 능력 향상은 대학에서 어떤 생활을 보내느냐에 달려 있다.

교과과정은 이런 관점에서 볼 때도 매우 중요한 문제로 떠오른다. 학생대중에게 교과과정은 그들의 이익과 직결된 문제, 즉 '경제적' 이익과 결부된 문제다. 위에서도 말했지만 교과과정의 내용 여하가 학생들의 사회 이해, 기술, 학식, 장래 여하를 결정하는 가장 큰 요인이기 때문이다. 교과과정은 이처럼 학생대중의 경제적 이익과 관련되어 있을 뿐 아니라 자율권과도 깊은 관련을 맺고 있는 문제다. 학생들이 교과과정의 구성과 운영에 참여할 수 있는가 여부, 교과과정의 내용 결정에 영향력을 행사할 수 있는가 여부는 학생들이 대학생활을 자율적으로 이끌 수 있는가 여부를 결정한다. 사실 대학에 진학하는 가장 큰 이유가 교과과정을 학습하는 것이라면 교과과정에 문제제기를 하고, 교과과정에 대해 발언권을 가지는 것이야말로 학생들이 대학 재학 기간 동안 실천할 수 있는 직접 민주주의의 가장 핵심적인 과제가 아닐까? 이런 점 때문에 나는 교과과정 문제에 대해 무관심한 학생운동은 학생운동으로서의 자격이 없다는 생각을 하고 있다. 학생대중의 '경제적' 이익에 핵심적인 문제를 외면하고, 대학 생활을 시작한 목적 자체를 외면하고 어떻게 학생을 위한 운동이 될 수 있겠는가? 그리고 학생대중의 학습권의 자율적 행사를 포기하고 어떻게 학생권을 증진시킬 수 있겠는가? 또 이런 핵심적인 학생권 증진 운동 없이 어떻게 학생운동이 학생대중의 지지를 받을 수 있겠는가?

학생운동은 학생대중의 핵심적인 활동, 즉 학습과 관련된 문제를 비껴가서는, 그 문제를 관통하지 않고 우회해서는 학생대중의 삶과 직접 관련이 없는 운동으로 전환될 위험이 있다. 교과과정 문제를 중시하자는 제안은 그것이 학생 자신의 문제가 된다고 파악하기 때문이다. 학생운동이 교과과정을 전적으로 외면했다는 말은 물론 아니다. 학생운동이 1990년대 초부터 '제2대학' 운동을 벌임으로써 대안적 커리큘럼을 구성하고자 노력했던 적도 있음을 안다. 문제는 그런 운동이 대학의 제도를 바꿔내는 운동으로 나아가지는 못하고 주변적으로 일어났다는 점이다. 물론 여기에는 학생운동에 대한 탄압과, 또 학생대중의 외면과 같은 객관적 조건이 작용했다. 그러나 '제2대학'은 폐쇠(Michel Pêcheux)가 말한 '반동일시'

〈counteridentification〉 운동으로서 대학의 제도와 동떨어진 채, 일어났을 뿐이다.[6] 이런 점에서 한국의 '대학기계들'은 학생운동의 강도가 최고도에 달했을 때도 크게 영향을 받지 않고 온존해 왔으며, 한총련의 잇단 전략 실패로 학생운동의 위력이 크게 저조해진 지금 대학은 온통 구조조정이라고 하는 반개혁적 조치들에 대책 없이 노출되어 있다. 나는 학생운동이 우리 사회 발전의 중요한 동력이라고 생각한다. 학생운동이 지금 진행되고 있는 반자율적이고 반개혁적인 조치에 맞설 수 있는 힘을 갖기를 원한다. 하지만 학생운동이 지금처럼 대학사회를 관통하지 않고, 외면하거나 혹은 대학사회에서 핵심적인 문제들, 특히 여기서 말한 교과과정과 같은 핵심적인 쟁점에 개입하지 못할 때, 학생운동은 민주주의를 제대로 구현하지 못할 것이다.

9

대학개혁은 대학문화의 개혁이라는 점을 지적하면서 이 발제를 마무리하고 싶다. 대학문화의 지금 현재 상황은 어떠한가? 현재 대학은 자본주의 상품으로 집적된 스펙터클에 의해 포위되어 있다. 그런데 이 스펙터클을 돌파할 방법을 학생운동은 가지고 있는가? 이 발제의 모두에서 언급한 한심스러운 방식으로는 불가능하다. 여기에는, 모두들 알고 있지만 평소에 별로 관심을 기울이지 않는, 혹은 인지하고 있기는 하지만 그냥 용인하고 마는, 학생운동—모든 운동에 해당되는 것이지만—의 문화적 감수성이라는 문제가 걸려 있다. 학생대중의 감수성은 크게 바뀌어 있고, 사회적 쟁점들에 대한 느낌도 크게 바뀐 부분이 있다. 문제를 제기하는 방식, 시위를 조직하는 방식, 의견을 표현하는 방식에서 새로운 변화가 일어나고 있지만 학생운동은 그런 변화를 따라잡지 못하고 있는 것 같다. 표현의 정치, 스타일의 정치, 이른바 욕망의 정치가 갈수록 중요해지고

---

6) '반동일시'에 대해서는 졸고, 「언어와 변혁」, 『문화론의 문제설정』, 문화과학사, 1996, 134-35쪽 참조.

있지만 그 부분에 대한 학생운동의 관심이나 대책은 별로 없어 보인다. 미세한 부분까지 모르고 하는 말인지도 모르지만, 학생운동은 여전히 엄숙주의, 경건주의에 의해 지배받고 있는 것은 아닐까? 대학개혁은 대학문화를 바꾸는 일과 긴밀하게 관련되어 있다. 지금 젊음의 문화는 소비문화에 거의 완전히 지배당하고 있다고 본다. 소비문화는 욕망의 정치를 자본주의적으로 무력화하는 문화로서 대학문화가 이런 소비문화에 젖어들어 있는 한 더 나은 사회, 새로운 사회를 건설하기란 어려울 것이다. 그러나 소비문화에 맞서는 방식이 욕망을 억압하고 소수문화적 실천을 포기하는 길로, 그리고 대의(大義)를 위한 거시정치로만 나가는 것은 아닐 것이다. 오히려 학생운동이 소수적 실천을 바탕으로 하는 것이 더 유연하고 효과적인 전략일 수 있다고 말하고 싶다. 소수적 실천을 말한다고 하여 지금 있는 거시적 규모의 실천을 없애자는 이야기는 아니다. 그러나 소수적 실천이 거시적 실천과 무관하게든 유관하게든 활발하게 일어나기만 한다면, 그리고 이들 실천의 활발한 접속이 일어난다면, 이른바 '눈사태 효과'가 만들어질 수도 있을 것이다. 소비자본주의에 찌든 문화, 그리하여 자신의 삶을 자율적으로 설계할 유일한 여유시간조차도 자본주의적 공리계의 유지에 바치는 대학문화를 바꿀 필요가 있다. 이런 대학문화운동은 물론 교과과정과 같은, 대학에 고유한 과제와 현장과 접속해야 할 것이다.

15

대학개혁과 학생운동: 인터뷰*

박영진: 현재 대학구조조정이 진행되고 있습니다만, 핵심적인 쟁점을 꼽으라면, 무엇보다도 '전면적인 학부제' 실시와 '연구(대학원)중심대학·교육중심대학으로의 분화'인 것 같습니다. 이와 같은 대학구조조정의 문제는 무엇이라고 보십니까? 특히 학부제가 원래 취지와는 달리 학문간의 연계를 보장해주지 못한다고 생각되는데, 학문간의 연계와 교류를 가능케 할 수 있는 방향은 무엇일까요?

강내희: 방금 지적하셨듯이, 지금의 대학구조조정안에서 쟁점에 되고 있는 게 학부제와 대학원중심대학으로의 변화라는 데에는 동의합니다만, 좀더 자세히 들여다볼 필요가 있습니다. 지금 학부제에 대해서 반대의견

---

* 1998년 11월 10월 28일 〈학문의 소유권 철폐와 자치와 민주주의를 향한 교육운동연대회의〉 전 집행국장 박영진(당시 가명 정성진)씨와 가진 인터뷰로 『오래된 습관 복잡한 반성 2』, 이후, 1998, 217-41쪽에 실린 글이다. 이 책에 함께 실은 「학생운동의 현장과 교과과정」과 겹치는 내용은 생략했다.

이 무성한데, 저는 무조건 반대할 것만은 아니라고 봅니다. 학부제 학과 중심의 지식체계에서 벗어날 수 있는 한 계기가 될 수도 있다는 점에 주목하자는 것이지요.

아시다시피, 현행 학과 중심 지식체계는 정치학, 경제학, 사회학, 지리학, 인류학, 사학 등의 분과학문을 중심으로 구성됩니다. 문학 관련 학과들도 국문학, 영문학, 독문학, 불문학 등으로 분류되어 있지요. 이런 방식의 학문 편성은 문제가 많습니다. 물론, 분과학문들로 이루어지는 학과체계는 전근대적 지식체계를 일대 전환시켰다는 점에서 의미를 가질 수 있습니다. 분과학문들은 전통적인 지식, 계시적(啓示的)인 지식에 의존하던 전근대적 인식의 틀을 전환하였고, 변동하는 자연과 사회에 대한 실천적 대응을 제시하였으며, 삶을 합리적으로 꾸리고자 한 시도입니다. 이 '합리화 과정'이 개별 과학들의 자율성을 중시하는 방식으로 진행되었기 때문에, 오늘날과 같이 '분과학문'을 중심으로 한 지식생산의 틀이 만들어진 것이죠. 그러나 이와 같은 근대적 지식 제도는 오래 전부터 비판의 대상이 되어 왔습니다. 대학의 학과체계는 학문체계의 새로운 변동을 반영하지 못하는 점이 많습니다. 그런데도 학과체계는 그동안 엄청난 규정력을 가져 학문체계를 지배하곤 했으며, 폐쇄된 단위 학과 안에서 관행으로 굳은 방식으로만 연구와 교육을 진행하였기 때문에 학문발전을 오히려 방해하기도 했습니다.

이와 더불어 자본주의적 생산방식의 변화 또한 지식생산의 변화를 가져온 한 요인이 되었습니다. 나는 근대적인 지식생산 방식인 학과제도 혹은 분과학문적 지식생산체계를 근대적 생산양식과 연계하여 이해할 필요가 있다고 생각합니다. 지난 수십 년에 걸쳐 생산방식에 변동이 일어났고, 한국의 자본주의체제도 최근 들어와서 비슷한 변동을 겪고 있습니다. 포드주의 축적체제가 한계에 봉착하여 포스트포드주의 체제로 전환한 것이 좋은 예입니다. 이런 변화는 서구에서는 70년대 이후부터, 한국에서는 90년대부터 나타나기 시작했죠. 그런데 바로 이 포스트포드주의의 등장이 서구의 지식생산에 변화를 불러일으킨 중요한 계기가 됩니다. 포스트포드주의는 소위 '다품종 소량생산'을 기본으로 하면서 생산과 유통, 소비 등 생산과정의 정교한 연계를 지향하는데 이는 컴퓨터화를 통한 생산과정의 전자적 통제를 통하여 관리됩니다. 이런 이유로 포스트포드주의 시기에 들어와서는, 한편으로는 생산-소비-유통-관리의 관계, 다른 한편으로는 생산-교육-연구의 관계가 이전과는 다른 형태를 띠게 되는 것이죠. 이는 자본주의의 축적전략이 변동했다는 점을 알려주는 신호입니다. 최근의 국내 대학개혁도 이런 맥락에서 살펴볼 점이 있는 것 같아요. 지금 문제가 되고 있는 신자유주의가 여기서도 문제입니다. 현재 교육부가 주도하고 있는 대학개혁이, 신자유주의적 성격을 띠고 있는 '위로부터의 하향식 개혁'이라는 사실은 모두가 알고 있지 않습니까?

일반적으로 축적전략의 변동은 노동력에 대한 요구의 변화도 포함하는 법입니다. 지배세력은 지금까지 분과학문체계를 통해 양성한 노동력과는 다른 종류의 노동력을 만들어낼 필요가 생긴 것으로 보입니다. 소품종 대량생산과는 다른 생산체제가 필요하게 되자 새로운 노동력이 필요하게 되었고, 노동력을 양성하는 교육과정에서도 새로운 유형과 방식을 개발할 필요가 생겼다고 할 수 있습니다. 포드주의적 생산에서는 노동과정의 한 국면에만 쓰일 노동력을 필요로 하는 반면, 포스트포드주의적 생산에서는 이 분야, 저 분야를 전전하는 노동력이 필요하다고 합니다. 포드주의적 생산이 분과적 지식과 기술을 더 많이 요구한다면 포스트포드주의는 분과와 분과를 관통하는 능력, 소위 '과정기술'(process skills)을 요구합니다. 노동자가 이전과는 다른 작업과정에 배치되더라도 쉬 적응하는 '이전 가능한 기술'(transferable skills)이 필요하다는 겁니다.

나는 '학부제' 문제가 이 맥락에서 발생했다고 생각합니다. 교육부가 내세우는 바에 따르면, 그리고 자본주의가 요구하는 바에 따르면, 즉 그들의 '주장대로라면' 학과와는 달리 학부에서 교육을 받으면 그만큼 이런 지식과 기술을 익힐 가능성이 높아진다는 것이겠지요. 그런 점에서 학부제는 자본주의적 생산의 필요성 때문에 생긴 측면이 없지 않습니다. 그런데 문제는 포스트포드주의 생산에 필요한 인력, 신자유주의가 선호하는 인간 형태는 소수라는 것입니다. 대학에서 배출되는 노동력 다수는 노동시장에 과잉 공급되기 위해서 양산될 뿐이지요. 그렇지만 대학들은 상호경쟁 관계에 놓여 있기 때문에, 마치 포스트포드주의 생산에 요구되는 인력을 배출하는 것이 유일한 생존방식인 양 처신하고 있습니다. 이렇게 획일적으로 학부제를 실시할 경우엔, 설령 학부제를 내실있게 운영한다고 하더라도 대학졸업자의 고용문제는 여전히 남게 됩니다. 학부제는 그래서 부분적으로 실시할 수 있는 것이지 지금처럼 전반적으로 실시하려고 해서는 안 된다고 봅니다.

다른 한편으로 보면, 지식생산체계의 변화가 무조건 자본주의에 의해 주도된다고 할 수는 없습니다. 다시 말해서, 포스트포드주의 축적체제의 등장은 분명 자본의 축적전략에 따른 사회체제상의 변화이지만, 일방적으로 자본에 의해서 추동된 변화로 볼 수만은 없다는 겁니다. '아래로부터의 사회변혁 요구'를 자본주의가 수렴하고 있는 것으로 볼 수도 있습니다. 포스트포드주의 능력들은 "일반적 사회성, 대인관계를 형성할 수 있는 능력, 정보를 지배하고 언어적 메시지를 해석할 수 있는 재능, 그리고 지속적이고 급작스런 재전환에 적응할 수 있는 능력"입니다. 자본주의가 용인하는 노동형태는 노동자 각자가 다른 노동자와 분리된 상태에서 노동과정의 한 부분에만 고착되어 있는 형태입니다. 이런 방식에서는 노동자는 파편화된 노동에서 벗어나지 못하며, 자본주의 생산과정 혹은 자본주의사회 전체를 이해할 길이 없습니다. 결국 용도가 있을 때만 쓰이다가 폐품 처리되는 신세인데, 이런 식의 노동을 벗어나려는 것이 노동운동의 목표 중 하나겠지요. 외국의 예를 들자면 이탈리아의 '아우토노미아 운동', 프랑스 '68혁명' 등이 이와 같은 새로운 삶의 형태를 지향한 경우라고 할 수 있지요. 요컨대 이런 운동은 포드주의 노동형태에 대한 문제제기 성격을 띠고 있었다고 할 수 있습니다. 포스트포드주의는 그런 점에서 대중들로부터 나온 포드주의에 대한 저항을 일부 반영한 측면이 있습니다. 문제는 지배세력이 아래로부터의 요구를 자본주의적으로 희석화했다는 것입니다. 대중의 요구 속에 존재하는 생산적인 요소를 자본주의적으로 전유해버린 것입니다.

학부제도 이런 점에서 보면 자본의 요구가 일방적으로 관철된 결과만은 아니라고 봅니다. 오히려 지식생산에서 개혁이 일어나야 할 부분을, 즉 아래로부터의 요구라는 형태로 나타날 수 있는 부분, 긍정적인 측면을 자본주의적으로 각색하고 있는 것으로 봐야 하지 않을까요? 나는 학부제 자체를 무조건 나쁘다고 볼 수는 없다는 생각입니다. 물론 현재 국내 대학에서 추진하고 있는 학부제가 좋다는 것은 결코 아닙니다. 그러나 학부제가 지닌 긍정적이고 생산적인 측면에 대한 이해는 꼭 필요합니다.

그렇다면, 지금과 같이 대학개혁이 위로부터의 개혁 형태로 이루어지고 있다는 사실에 대해서, 교수와 학생들 역시 반성해야 한다고 봅니다. 정부 주도의 학부제 실시 이전부터 교수나 학생들이 먼저 요구를 했어야 할 부분인데 때를 놓친 측면이 없지 않다는 거죠. 지금은 하향식 개혁, 즉 자본주의적 구조조정이기 때문에 자본과 국가가 요구하는 대로만 대학교육개혁이 이루어지고 있습니다. 우리가 한발 늦은 거죠. 현재 자본과 국가는 사회 불평등을 그대로 두는 방식으로 대학을 바꾸려 하고 있어요. 한국대학의 고질적인 문제들, 대학의 비민주적 관행, 사립대학의 비리 등등을 개혁할 생각은 없지만, 최근 들어와서 필요해진 생산방식에 '유리한' 지식생산체계를 만들자는 것이지요. 과거에는 생산방식에서도 노동자가 평생직장, 종신고용을 기대할 수 있어서 한 분야에 오랫동안 남아 있는 형태의 노동을 했다면, 이제는 종신고용은 될지 모르지만 평생직장은 어려우니까 자본 쪽에서 보더라도 한 자리에서 다른 자리로 쉽게 이동할 수 있는, 어떤 직장에서 해고되더라도 다른 직장으로 바로 옮길 수 있는 능력을 갖춘 사람을 요구하게 됩니다. 그래서 한 분야의 전문가보다는 다양한 분야를 섭렵할 수 있는 사람을 만들겠다는 것입니다.

이렇게 새로운 축적구조에 적응할 수 있는 사람을 양성시키는 것과 자본주의적 불평등구조를 그대로 존속시키겠다는 것이 정부 주도 대학개혁의 두 가지 목표로 보입니다. 그 중 불평등구조는 대학의 서열화로 이루어집니다. 대학원중심대학 정책이 바로 그것인데요, 이 정책은 대학을 서열화하여 일부 상위권 대학만을 '경쟁력' 있는 대학으로 만들겠다는 거지요. 서울대, 연대, 고대, 포항공대와 같은 몇 개 상위권 대학이 대학원중심대학으로 전환하여 그곳 출신만이 여전히 엘리트가 되고, 나머지 대학은 평준화하자는 것이죠. 요약하자면, 학부제를 실시하자는 것은 학과체계를 없애서 '이전 가능한' 지식생산을 하겠다는 것이고 대학원중심대학 정책은 소수의 엘리트를 만들겠다는 것입니다. 이것은 한국식 포스트포드주의 지식생산 전략이 아닐까 싶은데, 서구에서 포스트포드주의 생산을 도입한 신자유주의 세력의 자본 축적전략을 참고한다면 고능력 기술을 지닌 핵심 인력층은 소수만 양성하거나 소수만 고용하고, 나머지 다수는 주변부로 내몹니다. 요컨대 주변부, 과잉인구나 예비실업자를 많이 만들고 그들 사이에서 경쟁을 유발한다는 점에서 학부제와 대학원중심대학은 오히려 계급 차별을 지속시키고 강화시키는 교육정책이라고 생각합니다.

박: 올해 나온 『지식생산, 학문전략, 대학개혁』(문화과학사, 1998)을 보면 지식생산의 방향으로 학문의 '절합적 통합'을 언급하셨는데, 절합적인 통합학문의 문제의식은 무엇이며 그것이 구체적으로 가능할 수 있는 방법은 무엇입니까?

강: 학부제를 추진하고 있는 대학을 보면 학문정책이나 전략에 따른 '절합적 통합'을 시도하고 있는 곳은 거의 없고, 대부분이 행정 차원의 편의를 위해서 학부제를 실시하고 있습니다. 내가 있는 중앙대의 경우를 봐

도, 기존의 학과를 계열별로 묶고 있는데, 어문계열은 영문과, 일문과, 불문과, 독문과 등 다섯 학과를 통합시켰어요. 나중에 발생될 결과를 예상해보면 다섯 학과 중 영문학과, 일문학과는 살아남을 수 있지만 나머지 학과는 그렇지 못할 겁니다. 다른 대학들도 사정이 비슷하겠지요. 서강대의 경우는 불문과, 독문과 정도는 2-3명 정도밖에 지원을 하지 않았다고 하는데, 서강대 정도가 그렇다면 불문과와 독문과가 살아남는 대학은 전국적으로 거의 없다고 볼 수도 있겠지요. 이것은 현존하는 학문분야들 중 생존 가능한 분야들을 선별하는 작업과 다르지 않습니다. 경쟁력이 있으면 살아남게 하고 그렇지 않으면 거세하는 것이지요.

학문도 생존과 발전을 위한 관리나 전략이 필요한 법인데 지금은 아무 대책도 갖추지 못한 '방임'입니다. 학생들더러 알아서 선택하라고 하지만, 결국 전통적인 학문의 분할구도를 폭력적으로 깨는 결과만을 빚을 것 같습니다. 이것은 학문정책이 없기 때문에 발생하는 문제예요. 현재 학문을 하는 방식이 잘못된 점은 있지만 대다수 학문 분야가 사라지게 하는 것은 말이 안됩니다. 철학과—철학과는 모든 대학에 있을 필요가 없다고 개인적으로 생각하지만—를 다 없애는 것, 다시 말해서 학부제를 시행한다고 학과체계를 다 없애는 것은 잘못된 것입니다. 오히려 A대학은 학과로 운영하고, B대학은 학부로 운영하고, C대학은 프로그램으로 운영하는 등, 각 대학의 사정에 맞게 다양해져야 하지, 모든 대학이 획일적인 학부제를 실시하는 것은 잘못된 것이죠.

제대로 된 해결책을 찾기 위해서는 한국사회에서 어떤 종류의 학문분야를 어떻게 할 것인가를, 오랜 기간 동안 국가적 차원에서나 사회 전체 차원에서 논의해야 합니다. 준비도 없이 너무 빠르게 진행되고 있는 것이 문제이고 불문과, 독문과 같은 학과가 없어져 버린다면, 지금까지 중요하다고 생각했던 학문분야들이 사라져버리면 나중에 어떻게 복원할 수 있겠습니까?

근본적 대책 없는 학부제를 실시하는 것도 문제이고, 또 모두 학과체계로 존속하는 것도 문제입니다. 이것은 학문, 교육, 행정 체계를 나누어서 사고해야 하는 문제예요. 대학 조직은 크게 학문조직, 교육조직, 행정조직의 3개 층위로 구분되는데, 학문, 교육, 행정을 일률적으로 구성할 때 대학이 어떤 문제를 안게 되는지 파악할 수 있으리라고 봅니다. 학문과 교육과 행정은 같은 차원에서 사고할 일이 아니라, 서로 차이가 있다는 인식 위에서 세 층위의 결합을 사고할 때 비로소 행정이 학문과 교육의 진흥을 지원하는 체계를 갖출 수 있고, 또 교육의 일방적 실시로 학문발전이 방해받지 않는 여건이 마련되지요. 내가 속한 영문학과도 그 세 가지 차원을 가지고 있는데, 바람직한 방향은 그 세 가지를 구분해야 해요. 예를 들어 어떤 대학에서는 영문학을 행정과 연구는 빼고 교육만 남겨서 교양교육으로만 존속시키고, 어떤 대학에서는 학문과 연구를 중심으로 한다면 학과가 없어도 연구소를 중심으로 존립시키는 것이 이론적으로는 가능합니다. 어쨌든 분과학문이 다양한 방식으로 존재하게 하는 노력이 필요합니다.

나는 학부제를 학문의 '절합적 통합'이라는 방식으로 해야 한다고 봅니다. 절합적 통합은 다소 추상적인 개념입니다. '절합'은 여러 요소들의 만남과 헤어짐이 동시에 일어나는 현상이므로 절합이 일어나는 지점에서는 서로 다른 것들이 교차할 수밖에 없습니다. 이런 점에서 절합은 '중층결정'이며 네트워킹이지요. 지식의 통합이 절합의 모습을 띠게 하자는 것은 학문분야들의 개별성을 인정하면서 그것들을 망으로 묶어내자는 말입니다. 그런 점에서 절합은 '성좌화(星座化)'를 지향해야 해요. 하나의 성좌는 별들로 이루어지지만 아무 별이나 성좌에 속하는 것으로 인식되지는 않죠. 성좌를 구성하는 요소들은 어떤 유사성이나 원칙에 의해서 관계를 맺는 것으로 보이지만 환원적 원리가 작동해서 생기는 것은 아닙니다. 단일한 원칙에 의해서 통합되는 것은 아니라, 그것이 지속될 수 있는 한도 안에서 이루어지는 만큼, 절합은 한시적일 수밖에 없습니다. 통합이 '절합적'이라는 것은 통합이 이뤄지는 지점이 여러 갈래의 학문이

총합되는 지점이 아니라 그 학문들이 서로 교차하며 지나가는 지점이라는 것을 말합니다. 이 지점은 학문들의 중앙통제탑과 같은 역할을 한다기보다는 지식생산의 '현장'으로서 국지적인 위치입니다. 거미줄의 여러 갈래가 교차하는 이 지점은 단일한 원칙에 의해서 지배된다기보다는 개별 갈래들의 특수성들이 경합하고 있기 때문에 '복수성'의 성격을 띠고 있습니다.

예를 들어 '민족'을 가지고 학문의 절합적 통합을 시도할 수 있습니다. '민족'의 문제는 역사학에서도 다룰 수 있고, 사회학, 경제학, 문학, 정치학 등 다양한 분과학문에서 다룰 수 있어요. 그런데 현재처럼 분과학문 중심의 지식생산이 지배하는 상황에서는 민족문제는 다룰 수는 있어도 파편 형태로밖에는 다룰 수가 없어요. 개별 학과에서 폐쇄적으로 민족문제를 다루게 되면 다른 학과에서 '민족' 개념을 어떻게 설정하고 있는지, 현실적인 민족문제를 어떻게들 이해하고 있는지 전혀 개의치 않게 됩니다. 절합적 통합을 학문전략으로 채택한다면 민족이라는 문제는 지식들의 네트워크에서 하나의 결절점이 됩니다. '민족'이라는 지점으로 문학연구, 정치학, 사학 등이 모여들 수 있고, 그 지점에서 여러 학문분야들이 만날 수 있는 겁니다. '민족'이라는 주제를 놓고 매우 다양한 분야들에 속한 전문가들이 모여 연구와 교육을 수행한다는 것은 어떤 통합적인 일을 한다는 것입니다. 여기서 '주제'는 학문분야들의 상호관련성을 만들어내는 일종의 지식생산 장치입니다. 지식의 생산이 폐쇄적이고 파편화된 형태가 아니라 통합적으로 된다는 것은 한 분야 전문가가 그동안 '다른 분야'의 문제라며 개입하지 않던 문제들을 자신의 문제로 삼아야 한다는 것을 의미합니다. 이렇게 되면 분과적인 이익에 급급하여 학문의 분점권을 내세우는 관행을 비판하고 극복할 길이 좀더 많이 생길 것입니다.

이런 식으로 연구 주제를 다룬다면 대학의 체제도 크게 바뀔 수 있다고 봅니다. 민족의 문제를 연구하는 연구소나 협동과정, 프로그램 등의 형태로 다루는 대학이 있다고 한다면 그런 대학에서는 영문학과, 사학과, 정치학과 등의 학과는 없어져도 됩니다. 학문과 교육의 행정체계를 굳이 학과로 고집할 필요는 없겠지요. 그런데 학과는 없어져도 되겠지만 민족문제를 다루는 문학연구자, 사학자나 정치학자가 없어서는 안될 것입니다. 이들 전문가들의 소속은 다양하게 구상할 수 있을 겁니다. 어떤 연구자는 학과에, 어떤 연구자는 연구소에, 어떤 연구자는 교양과정부에, 어떤 연구자는 학부에 소속되어 있을 수 있겠지요. 인지과학 프로그램도 마찬가지인데, 음악 하는 사람과 컴퓨터공학 하는 사람이 함께 프로그램을 통해서 만날 수도 있고, 전혀 만나지 않았던 학문들을 그런 경로를 통해 만나게 할 수 있습니다. 여성문제도 그렇습니다. 대학정책은 이런 학문 편성 방식을 지원하는 방향으로 나아가야 합니다.

한국에 대학이 엄청나게 많아도 학문 발전이 이루어지지 않는 이유는 서울대를 모델로 해서 획일화된 형태를 가지고 기존의 학문방식을 단순 반복하고 있고, 학문간의 절합이 생기지 않기 때문입니다. 대학개혁은 학문전략의 관점에서 이루어질 필요가 있다고 생각합니다. 대학정책은 교육과 학문을 중심으로 구성되어야 하는데, 지금은 행정 중심으로만 이루어지고 있어요. 우리 사회에 필요한 지식과 기술, 즉 지배를 위한 지식과 기술이 아니라, 사회의 진보와 발전에 기여하는 지식과 기술을 학생들에게 어떻게 전수할 것인가, 또 지식의 혁신과 쇄신을 위해서 어떤 형태의 행정 지원이 필요한가가 중요한데 이런 문제는 뒷전으로 밀리고 있습니다. 통합학문은 행정 중심이 아닌 학문과 교육 중심의 지식생산 전략을 통해서만 제대로 추진될 수 있습니다.

박: 교수님 말씀을 듣다보니, 절합적 통합을 할 수 있는 교육프로그램의 구성과 더불어 행정적으로 그것을 보장해 줄 수 있는 제도의 마련도 필요하다는 생각이 듭니다. 서강대의 경우에도 '전공디자인' 제도를 실시하면서 교수들이 학생들에게 전공을 위해 어떤 학문들을 연구해야 하는지를 지도해 준다고 들었습니다. 그러나 분명히 지금의 학부제보다는 긍

정적인 측면이 있지만, 이런 방식이 현재의 대학현실로 가능할까요? 이를 실시하기 위해 국가적인 차원에서 정책이 필요하다고는 생각지 않으십니까?

강: 국가는 지시하는 것이 아니라 공론을 통해서 '지침'을 마련하는 데 기여할 수 있어야지요. 그리고 지침을 제시하면서 기본적인 지원을 해줘야 합니다. 즉 단순히 지침만 내놓는 게 아니라 교육예산을 확보하여 대학들에 새로운 학문정책을 수립하여 실시할 수 있도록 지원하는 노력을 해야 합니다. 지금까지 교육부는 대학에 대해 군림해왔고, 지금도 마찬가집니다. 채찍과 당근 정책을 쓴다고 하는데, 재정 지원은 거의 없이 채찍질만 하고 있어요. 게다가 획일적으로 학부제를 추진한다거나, 반민주적인 대학원중심대학 지원을 실시하고 있고, 또 하려 합니다. 국가는 대학정책을 근본적으로 수정해야 합니다. 대학정책과 관련해서 국가가 할 일은 정책을 독점하지 않아야 한다는 것입니다.

대학을 지휘해온 관리들은 너무 부패했습니다. 전국의 사립대학 중 무수히 많은 대학들이 문제를 안고 있습니다. 교육범죄자들이 판을 치고 있다고 해도 과언이 아닌데, 교육부가 감사를 하여 문제를 시정하기는커녕 감사를 하면서 문제를 호도하고 비리재단을 비호하기까지 합니다. 교육정책이란 것도 그래요. 교육학자 몇 명이 비밀리에 안을 내놓고, 공론에 붙이지도 않은 채 정책으로 채택하는 식입니다. 결국 교육정책, 대학정책이 사적인 영역으로 축소된 셈이고, 누구의 입김이 더 센가에 따라서 좌지우지되는 셈입니다. 이런 관행은 반드시 바꿔야 해요. 대학정책의 지침 마련은 국가가 아니라 전문가가 해야 하지만 그렇다고 교육학자 몇 사람이 해서도 안됩니다. 대학정책을 세우는 방식 자체를 바꿔야 해요. 내가 일하는 〈민주화를위한전국교수협의회〉(이하 〈민교협〉)에서는 국가 학문정책위원회 혹은 학문발전위원회를 만들어 전문가들이 모여서 공개적인 논의를 통해 학문과 대학의 발전방향을 토의하고, 공청회와 같은 경로를 통해서 대중적으로 제시하고 검토하는 것이 필요하다고 꾸

준히 제안해 왔습니다. 다른 정책도 마찬가지지만 대학정책은 민주적으로 입안되어야 합니다. 그렇게 되려면 아래로부터의 요구가 일어나야 하고, 학생과 교수들이 그런 요구를 만들어내야 합니다. 국가적인 차원에서 정책이 수립되어야 하겠지만 이런 요구 속에서 그 정책이 방향이 규정되어야 합니다. 국가가 일방적으로 정책을 펼치도록 방치해서는 안됩니다.

박: 대부분의 학생들이 지적하는 것은 대학원중심대학으로 변화했을 때 발생하는 대학의 서열화 문제입니다만, 이외에도 문제가 많은 것 같습니다. 가령 전문대학원의 경우, 외국에서는 기자나 변호사, 검사를 할 때에도 다양한 지식을 갖추어야 하기 때문에 학부과정에서 다양한 학문을 접하고 전문대학원에 가서 전문적인 지식을 취하는 형태인데, 한국에서는 전문대학원에 있는 과목이 학부에도 있습니다. 게다가 교육부는 전문대학원과 일반대학원으로 나누려고 하고 있습니다. 이에 대해서는 어떻게 생각하시는지요?

강: 외국사례를 잘 아는 것은 아니지만, 미국에서는 전문대학원이 아니라 전문직업인을 양성하는 전문학교(professional school)가 있죠. 주로 의대, 치대, 법대 등과 MBA가 있고…. 한국에서는 '2+4' 제도로 전환하자고 하는데, 주요한 이유는 의대, 법대 등의 이권단체가 있기 때문에 학부에서부터 빼내어 전문대학원으로 가자는 것이죠. 개인적으로도 학부교육이 또 다른 입시교육으로 전락해서는 안 된다고 봅니다만 기본적으로는 전문대학원이나 전문학교를 만드는 것이 필요하다고는 생각합니다.

내가 생각하기로, 지금 회자되고 있는 전문대학원 설치라는 계획은 몇몇 대학을 대학원중심대학으로 키운다는 교육부 방침과 연계되어 있어서 문제인 것 같습니다. 대학원중심대학을 육성하자는 정책은 한국대학의 경쟁력 강화라는 관점에서 채택되고 있는데, 경쟁논리는 대학이라는 특수한 사회의 발전에 크게 도움이 되지 않습니다. 대학교육도 경쟁력이 있어야 한다는 입장을 전적으로 부정하는 것은 아니에요. 사실 외환위기에서 비롯된 경제위기가 깊어지고, IMF 관리체제가 지속되면서 개인 혹은 집단, 나아가 국가차원의 경쟁력은 더 이상 우리가 외면할 수 없는 현실적 문제요 과제가 됐습니다. 그렇기 때문에 우리 사회의 총체적 위기를 극복하는 과정에서 교육의 질 향상과 함께 대학의 내실을 다지고 경쟁력을 강화해야 한다는 논리는 설득력이 없지 않지요. 그렇지만 경쟁력을 강화하는 것만으로 대학원 교육의 정상화나 발전이 이루어진다고 보면 오산입니다. 소수 대학들에 '연구중심대학'으로, '대학원중심대학'으로 발전할 기회를 준다는 것은 일부에 혜택을 주고 특권을 부여하겠다는 것인데, 다수 대학들을 하향평준화하면서 소수만 우수대학을 만들겠다는 의도입니다.

하지만 진정으로 대학원의 발전을 위한다면, 구조조정만이 아니라 대학원의 운영과 제도를 민주화하고 대학원의 실질적 기능을 바꾸는 일이 필요합니다. 대학원에 부여된 주된 사회적 기능은 대학에서 수행되는 연구와 교육을 심화하고 그 심화를 통해 전문인력과 연구자, 혹은 학문 후속세대를 양성하는 것이라 할 수 있습니다. 이 기능을 제대로 수행하기 위해 교과과정의 혁신과 연구, 교육의 사회적 기능을 바꾸어내야 하죠.

박: 교수님이 말씀하신 것에 기본적으로 동의합니다. 저 역시 국가적인 차원에서 학문이 발전할 수 있는 물적 토대를 만들어주고, 대학 차원에서는 구성원들의 자율적 구성 속에서 다양한 프로그램을 만드는 것이 필요하다고 생각합니다. 그런데 이런 방향을 대학구성원들이 공동으로 모색하고자 할 때, 가령 학문정책을 재구성하려 할 때, 학생들이 직접 관여하기는 어려울 것이라고 보는데요, 그렇다면 학생들이 할 수 있는 실천으로 무엇이 있을까요?

강: 대학생들보고 발전적인 학문정책의 방향을 내놓으라고 하는 것은 무리겠죠. 그렇다고 가만히 있는 것도 문제겠고…. 학생에게는 '학습권'이 있습니다. 자기가 배우는 것이 올바른 내용이고, 효과가 있는 것인지 질문하고 답변을 들을 수 있는 권리가 있고, 그런 권리를 행사할 수 있

고, 있어야 합니다. 모르는 문제에 대해 어떻게 개입하느냐고 할지도 모르지만 모르기 때문에 해야 한다고 말할 수도 있습니다. 모르기 때문에 해명을 요구하고, 알게 해달라고 요구해야 합니다. 그렇기에 학생들도 교과과정에 개입할 수 있다고 봅니다.

그런데 우리나라 학생들은 교과과정의 중요성에 대해 잘 인식하지 못하거나, 한다고 하더라도 문제를 제기하는 경우가 드문 것 같아요. 어쩌면 대학을 통해서 개인의 능력을 향상하고자 하는 사회적 목표가 없기 때문이 아닌가 싶기도 해요. 대학에서 무얼 배웠는가보다는 어느 대학을 나왔는가가 중요시되는 풍토의 한 단면일 겁니다. 운동권학생도 예외가 아닙니다. 운동권 학생일수록 대학에서 하는 공부를 중요하게 여기지 않잖아요? 이런 풍토가 개선될 필요가 있다고 봅니다.

나는 무엇보다도 학생들이 대학을 바꾸려는 노력을 해야 한다고 생각합니다. 그럴 경우, 기본적인 개입지점은 교과과정이라고 생각해요. 교과과정은 학생들이 잘 모르는 분야이기도 합니다. 하지만 그럴수록 자기가 속한 학과의 교과목들이 왜 설정되어 있는지 그리고 설정된 방식이 타당한 건지 질문할 수 있는 능력을 길러야 하고, 잘못된 교과과정을 거부할 힘을 길러야 합니다. 예컨대 문학과 관련된 학과가 굉장히 많이 있는데, 대개 대학의 교수들이 배워온 방식은 과거의 엘리트교육의 틀 속에서 전통적인 인문교육 과정으로 교육을 받은 편입니다. 대학에서 가르치는 문학 교과과정이 인문학자 양성용 교과과정으로 되어 있는 것은 그 영향일 겁니다. 학생들이 석·박사까지 공부하는 것으로 전제해서 너무나 세분화된 커리큘럼이 짜여져 있기 때문에 학자가 될 계획이 없는 사람에게는 불필요한 과목이 많습니다. 이때 영문학과, 독문학과 학생은 수동적으로 현재의 커리큘럼을 그대로 수용해야 할까요?

학생들이 학교문제, 교육문제에 개입해 들어갈 때 어렵기는 하겠지만 교과과정의 개혁을 요구할 필요가 있습니다. 학생운동도 등록금이나 학생복지문제는 제기해도 교육의 질을 높이려는 노력을 많이 하는 것 같지는 않은데, 이런 태도는 바뀌어야 한다고 봐요. 학생이라면 당연히 교육과정을 통해서 자기성장을 이루겠다는 자세가 있어야 한다고 생각합니다.

박: 저희 〈교육운동연대회의〉도 그런 문제의식에서 여러 운동을 진행하려고 한 적이 있습니다. 교과과정에 개입하려는 노력의 일환으로, 절합적 문제의식을 가지고 교과과정을 비판할 수 있는 강좌도 구성하려 하고, 과학기술의 문제나, 여성학과 사회학의 접합을 시도하는 방식을 생각하고 있습니다. 그러나 그것이 이벤트성 정도의 사업으로 그치면서 많은 학생들이 동참하지 못하고 있는 것이 현실입니다.

강: 대부분의 학생들이 학교에서 무슨 일이 일어나도 자신과 관계없다고 생각하니까 그렇겠죠. 이런 문제는, 학술강좌 등의 사업이 학생대중에게 도움이 되는 내용과 방식이 되려면 어떠해야 하는가, 하는 관점에서 차근차근 접근해 들어가야 하지 않을까요?

박: 교육부의 대학구조조정안에서 가장 두드러진 점이 공공성의 후퇴입니다. 그래서 이에 대한 각계각층의 비판도 높아지고 있습니다. 하지만 정작 교육의 공공성이란 개념이 제대로 정리되어 있는 것 같지 않습니다. 대개 국가적 차원의 재정 담보 정도로 생각하고 교과과정이 사회적으로 어떤 영향을 끼칠 것인가에 대해서는 별로 고민하지 못하고 있는 것이 현실입니다. 교육의 공공성이라는 문제가 더 구체적인 담론으로 형성될 필요가 있을 것 같은데, 교수님은 교육의 공공성에 대해 어떻게 생각하십니까?

강: 대학정책에서 공공성이 거론되는 이유는 한편으로는 국가권력에 의해서 그리고 최근에는 자본권력에 의해서 대학교육이 장악되고 있기 때문입니다. 국가와 자본의 대학장악으로 말미암아 대학이 마치 시장처럼 전락하고, 국가와 자본이 필요로 하는 지식이나 능력만을 생산해야 하는 기관으로 전환되고 있습니다. 다행히 이런 변화에 대한 문제의식이 생기고 있습니다. 자본가나 정치인에게 이익이 되는 활동을 하는 것이 아니고 대중 다수의 삶의 질을 높이기 위해서 대학이 기여할 수 있도록 지식

생산을 하는 것이 필요하다는 의식이, 공공성 논의를 촉발시키는 기본적인 계기죠.

'공공영역'(public sphere)은 그곳에 소속된 개인이나 집단 중 어느 일방이 그 운영, 관리, 성격 규정 등을 독점하지 못하는 영역이며, 그런 점에서 넓은 의미에서 사회적 공공성이 관철되는 지점입니다. 대학사회가 공공영역으로 전환하려면 국가든 자본이든 혹은 대학 내부 세력이든 외부 세력이든 대학이 사회에서 갖는 기능, 대학의 운영방식, 대학의 학문 및 교육 방식 등을 독점하지 못하도록 해야 해요. 대학을 공공영역으로 규정하는 것은 대학에서 일어나는 실천이 사적 이익이 아닌 공적 이익에 부합하는 방향을 견지해야 한다는 입장입니다. 이를 위해서 대학에서 이뤄지는 각종 실천은 실질적으로 공공성을 지녀야 합니다.

이를 위해서 대학에서 운영하는 학문은 사회구성원이 세계를 인식하고, 세계를 이해하는 데 도움이 되도록, 사람들이 서로 더불어 사는 데 기여하는 방식으로 개선되어야 합니다. 나는 그렇게 하는 것이 지식생산의 혁신이라고 보는데, 이 혁신을 이루지 못할 때 대학은 그 사회적 공공성을 제대로 발휘한다고 할 수 없지요. 대학에서 탐구하는 학문방식이 반민중적일 때, 대학을 개혁하고자 하는 개인과 집단은 그 반민중성에 저항해야 할 것입니다. 만약 어떤 대학이 학문과 교육을 지배의 도구로 배치한다면 민주세력은 그런 배치에 저항해야 합니다. 그렇기에 대학을 독점하는 소수의 기득권 세력을 척결하는 것이 대학의 공공성을 확보하는 중요한 방법이지요.

박: 공공성 강화에 덧붙여서 동시에 대학의 민주화를 위해 노력해야 한다고 하셨는데, 교수노조 설립, 권력의 분권화를 위한 대학노조 설립과 학생들의 참여 보장 등이 포함되겠지요? 그 중에서도 교수님이 주장하신 교수노조 설립은 학생들이 먼저 제기하기 힘든 부분인 것 같습니다. 그럼에도 불구하고 학생들은 학내에서 투쟁해 나갈 때 교수 평의회나 노조를 설립을 제기합니다. 하지만 중요한 것은 제기하는데 그치는 것이 아

니라 이를 실현할 실질적인 계획을 만들어야 한다는 것인데요, 〈민교협〉에서는 이에 대한 구체적인 계획이 있는지요?

강: 아직까지 공식적으로 제기한 적은 없어요. 지금은 〈민교협〉에서 이런 투쟁을 벌이는 것이 여의치 않다고 생각해요. 다만 장기적인 과제로 언급하는 정도지요. 전교조가 80년대 말에 출범했을 때, 전교조의 조직 보위 차원에서 〈민교협〉 회원 상당수가 대학위원회를 구성해서 참가했던 것이 생각나는군요. 이때 노조운동에 역사적으로 참가한 경험이 만들어지긴 했지만, 교수들이 노조의 필요성을 절감해 자발적으로 이뤄진 건 아닙니다. 그보다는 우리보다 열악한 초·중등교사들의 지위를 높여내고 교원노조에 대한 탄압을 막는 데 보탬이 되고자 참여한 것이었죠. 그 이후에는 대학별로 교수노조를 만들자는 제안은 전혀 없었습니다. 교수노조 설립은 현재 진척시키기 어려운 면이 있죠. 사회적으로 볼 때에도 한국사회는 교사들이 노조를 만드는 데에도 보수적으로 반응하는데, 교수들이 만들려고 한다면 더욱 야단스럽게 반대할 것입니다.

그러나 대학에서 교수노조를 만드는 것이 전혀 엉뚱한 일은 아니라고 생각합니다. 최근 신자유주의 노선에 따른 하향식 개혁이 진행됨에 따라 교수들의 신분이 굉장히 불안정해지고 있기 때문에, 불안을 느끼는 교수가 많아지고 있습니다. 개인적으로 만난 사람들 중에는 앞으로 교수노조 건설의 요구가 커질거라 예상하는 분들이 적지 않습니다. 지금까지는 교수들의 신분이 다른 사람들에 비해 훨씬 더 안정적이었던 편이기 때문에 노조를 만들겠다는 생각을 별로 하지 않았어요. 그러나 앞으로 얼마 안 가서 망하는 대학들이 생겨나고, 대학 구조조정 때문에 정리 해고되는 교수가 늘어나면 상황이 바뀌리라 봅니다.

박: 교육부에서 내놓고 있는 대학구조조정안에도 '대학교육의 대중화방안'이 핵심으로 들어가 있습니다. 하지만 아직 대학교육이 대중화하기에는 개인의 재정적인 부담이 클 뿐만 아니라, 다른 나라에 비해서 중등교육 기간도 긴데, 대학교육을 국민공통 교육연한으로 포함시키려는 것은

문제가 있다고 생각합니다. 모든 사람이 다 심화교육을 할 필요가 없지 않습니까? 그럼에도 대학교육의 대중화 방안을 이야기하고 있는 것은 그만큼 대학이 많기 때문인 것 같습니다. 대학이 이렇게 많을 필요가 없다고 생각하는데, 선생님은 어떻게 생각하십니까?

강: 예, 대학이 너무 많아요. 학생수도 많고, 내실은 없는데 허우대만 큰 형태죠. 우리 사회 성격과 관련해 짚고 넘어가야 할 문제입니다만, 왜 대학생 수가 많아졌는지 따질 필요가 있습니다. 한국은 70년대까지 고졸자와 대졸자의 임금 격차가 상당히 컸고 대학을 나오는 것이 우리 사회에서는 가장 확실한 신분상승의 길이었습니다. 한국의 사회적 유동성은 주로 교육을 통해서 주어졌는데 그 부분은 우리 사회의 건강한 측면이기도 해요. 조선의 신분제도가 일제시대를 지나면서 완전히 깨졌기 때문에 그 이후 한국에서의 신분상승은 교육, 그 중에서도 대학을 통해서 이루어졌습니다. 그렇기에 대학에 대한 수요가 급증한 것입니다.

그런데 1980년대에 들어와서 대학교육을 통한 신분상승은 새로운 양상을 띠게 됩니다. 대학이 너무 많이 생겼어요. 1980년에 전두환정권에 의해 국보위에서 졸업정원제도를 도입한 이후 신설대학이 급증했습니다. 설립인가를 남발했습니다. 여기에는 분명 이권이 개입되어 있었을 겁니다. 한국은 90년대 중반까지는 대학을 지으면 돈을 벌게 되어 있었어요. 건물만 지어놓고 별다른 투자를 하지 않아도 대학진학의 열기가 높아 학생들이 계속 들어왔거든요. 부실대학을 교육부가 인가했기 때문에 건물만 덩그마니 있는 대학도 아무런 문제가 없었습니다. 감사에 걸리는 예가 없었지요. 등록금만 가지고도 대학 운영을 할 수 있었을 뿐만 아니라 남기기까지 합니다. 한국의 대학 적립금은 전체 비용의 2%밖에 되지 않아요. 대학 부지로 인해 부동산이 가치가 올라가기도 하죠. 사립대학의 남발은 일종의 소(小) 재벌 양산정책입니다. 그런 점에서 보더라도 우리나라 대학정책은 우리 사회의 전반적 부패구조와 연결되어 있다고 봅니다.

대학의 급증, 대학생수의 급증으로 우리 사회의 불평등구조가 교육을 통해 고착되고 있는 측면도 있습니다. 대학이 늘어나는 것 자체가 나쁜 것은 물론 아닙니다. 문제는 '어떤 수준의 대학이 대중화하는가?'라는 겁니다. 대학답지 않고, 내실없는 대학을 양산하는 것이 문제지요. 대학은 지금까지 고학력 인구를 양산하여 노동시장에 고학력 노동력을 과잉 공급하는 기능을 해왔고, 그 결과 한국은 1980년 이후 대학생 인구가 급속히 늘어나 1996년 현재 2백60여만 명이나 되는데, 엄청난 규모의 고학력 예비노동자 숫자죠. 고학력 인구의 양산은 당연히 대학생, 대졸자간의 경쟁을 촉발시킵니다. 대학에 의한 인구의 서열화는 그래서 대학간 서열화로 혹은 학과간 서열화로 정교해지고, 노동시장에서 고학력노동자를 양산해서 노동력을 투입시켜 놓으면 노동자간의 경쟁의식이 일어나므로 자본에게 절대적으로 유리해집니다.

하지만 다른 측면에서 생각해보면 80년대의 한국대학의 증가는 학생운동이 활성화하는 하나의 계기가 되기도 한 것 같습니다. 학생들이 고학력 노동자들의 대량생산으로 인해 신분불안을 겪게 되고, 사회의식의 고양 속에서 자신의 미래, 사회의 미래를 반성하지 않을 수 없는 시점이 생겼지요. 80년대 중반 이후 소위 중하위권 대학들에서 학생운동이 활발해진 것은 이런 인식과 연계되어 있지 않을까 싶습니다.

그런데 최근에 들어와서는 대학교육의 대중화가 학생대중의 무력화로 이어지는 것 같아요. 지금은 사회를 변혁하려는 힘이 침체된 시기입니다. 학생들의 사회개혁 요구도 사그라져 들었고, 대학내의 요구도 제대로 하고 있지 못합니다. 새롭게 나타난 소비문화와 신세대 문제가 등장하면서 학생대중의 문제의식에 분열이 일어난 것 같습니다. 사회문제와 개인문제, 사회적 생산과 개인적 욕망을 절합할 수 있는 계기가 없었던 것 같아요. 신세대 문제가 전통적인 학생운동과 결합했으면 좋았는데, 그렇지 못했기 때문에 학생운동을 새롭게 촉발할 계기를 만들지 못했습니다. 신세대를 나쁘게 보는 것은 아니지만 생산과 노동의 관점이 학생들에게서다 사라져버린 것 같고, 그러면서 학생들이 대중화는 되었지만 대중화가 지배체제 안에 갇혀버린 것입니다. 이 부분이 깨지지 않으면, 내부에서 사회변혁을 위한 요구가 나오지 않으면, 운동의 폭발적인 힘을 얻어내기는 어려울 겁니다.

박: 재단의 문제, 교육부의 문제, 교육단체의 문제도 나왔는데, 각각의 단위가 자기 역할을 제대로 찾는 것도 중요한 과제라고 생각합니다. 그래서 대학개혁을 위해서 교육부나 재단, 교수사회나 학생사회가 어떤 역할을 해야할 지 총괄적으로 말씀해 주시지요.

강: 교육부가 대학정책을 주도해서는 안됩니다. 교육부가 주도하게 되면 지금과 같은 획일적인 정책을 내놓기 때문이지요. 교육부가 대학을 통제하면서 사학재단을 지원해왔기 때문에 교육부 정책이 대학교육에서 좋은 효과, 바람직한 효과를 낳지 못했습니다. 교육부는 대학정책을 독점하면서 사학재단의 전횡과 비리를 묵인했고, 1980년 이후 마치 골프장 허가 내주듯 대학들을 설립케 하여 교육의 왜곡과 황폐화를 초래하였습니다. 거기에다 교육부는 이제 대학을 시장으로 내몰고 있어요. 한국교육을 망친 교육부에 대한 대대적인 감시와 감사가 필요합니다. 아니 교육부 해체를 생각할 때라고 봅니다.

이런 교육부의 문제를 해결하기 위한 한 가지 방법은 '대학위원회'를 만들어 거기서 대학정책을 맡게 하는 것입니다. 대학은 사회에 바로 진출하는 사람을 준비시키는 과정이기도 한데, 대학에서의 역할은 교육뿐만 아니라 과학기술의 발전에서도 중요한 역할을 하고 있습니다. 정부 부처 중에는 정보통신부와 밀접한 관련이 있습니다. 과학기술의 발전 측면에서 대학은 교육부의 지휘를 받기보다는 대학위원회와 과학기술 관련 정부 부처와 연계되어야 합니다. 그리고 노동부와도 연계가 깊습니다. 고용창출에 대한 대책이 되지 못하는 대학정책은 문제가 있지 않겠습니까? 대학은 문화와도 당연히 문화관련 부처와 대학의 관계를 긴밀하게 만들 필요가 있습니다.

교육부가 대학을 독점 관리하면서 나온 후유증은, 지금까지의 교육정책이 대부분 입시정책이었다는 점에서도 심각합니다. 입시 위주의 교육정책은 대학정책에서는 주가 될 수 없습니다. 초·중등학교에는 물론 중요할 수 있겠지요. 교육부가 입시정책에 매달린다면 교육부는 대학사회를 관리할 수 없을 겁니다. 교육부를 초·중등교육 담당 역할로 한정시키고, 대학교육은 분리해서 대학위원회에서 하게 할 필요가 있습니다. 대학교육은 입시정책의 굴레에서 벗어날 수 있을 때 정상화할 수 있습니다. 대학은 입시문제만이 아니라 대학 자체의 교육과 연구를 편성하고 운영해야 하기 때문입니다. 대학에서 진행되는 지식생산이 초·중등교육에 기여해야 하는 것은 당연하지만 초·중등교육에 발목 잡혀서는 안됩니다.

국립대도 교육부의 굴레에서 벗어나야 정상화할 수 있습니다. 국립대 문제의 단적인 예는, 국립대의 총장이 직원에 대한 인사권을 가지지 못한다는 것입니다. 국립대의 사무국장 같은 사람은 교육부에서 파견되어 나오는 사람이라 총장의 지시를 받지 않습니다. 대학의 자율권이 보장되지 않는 것입니다.

사학재단은 재산권을 행사할 수 없게 만들어야 합니다. 일부 사립재단 설립자나 이사장의 전횡은 이제 단순히 전횡이 아니라 범죄적 수준에까지 이르렀습니다. 교육부가 지원하는 공금을 몇 백억씩 유용하기도 하고, 학교재산을 처분하는 등 실정법을 위반하는 사례가 적지 않습니다. 이들을 색출하여 교육범죄자로 처벌하고 교육계에서 추방해야 합니다. 교육 범죄자를 축출할 뿐만 아니라 대학운영에서 개인 독지가에 의존하는 관행에서 벗어나야 합니다. 〈민교협〉 회원 교수 한 분이 사학재단을 장학재단으로 만들자는 제안을 한 적이 있는데 맞다고 봅니다. 재단이 인사권을 행사하는 것은 안됩니다. 재단의 권한이 아닌 의무를 강화하고, 재단을 장학재단으로 전환시켜서, 대학 교육비의 일정한 정도 이상을 부담하도록 의무를 지워야 합니다.

박: 마지막으로, 학생운동에 대한 제언을 한마디 해주시죠. 교수님은 학생운동에도 관심이 많은 것으로 알고 있습니다만?

강: 대학개혁을 위한 기본적인 원칙이 있다고 봅니다. 그것은 타율에 의한 것이 아닌 자율적인 형태로 모든 유형의 대학생활이 이루어져야 한다는 것입니다. 의사결정의 민주화가 필요한 것도 그 때문인데, 그래서 교육부나 사학재단이 교육을 장악하는 것은 문제입니다. 그리고 학생의 학사운영이나 학습에 대한 발언권을 강화하는 것도 필요합니다. 아까 말한 교과과정에 대한 개입도 학생의 자율적 능력을 강화하는 데 중요한 문제입니다. 교과과정의 문제는 학생에게 직접 관련된 활동이라는 점에서 직접민주주의 문제일 수도 있다는 점을 강조하고 싶습니다. 학생들이 교과과정을 잘 모른다는 것은 사실이지만, 교과과정에 대해서 수동적 태도만 취하는 것은 잘못된 것입니다. 학생은 '나를 알게 만들어 납득시켜라' 하고 요구하는 것이 필요하고, 얻어낸 답변의 좋고 나쁨에 대해서는 스스로 판단하겠다고 말할 수 있어야 합니다. 교과과정 문제와 같은 핵심적인 학생 활동의 문제를 벗어나서, 즉 그 문제를 관통하지 않고 나갈 때 학생운동은 학생대중의 삶과 직접 관련이 없는 운동으로 전락할 위험을 안고 있습니다.

그러나 자율적 능력의 강화는 정당하게 이루어져야 합니다. 학생의 자기개혁이 이루어지지 않는 이유는 사회적 의무를 지지 않은 채 방임되기 때문입니다. 오해인지 모르지만 책임지는 행동을 하지 않는 학생들이 너무 많은 것 같아요. 아침에 일어나서 이불도 안개는 식으로 말이죠. 오늘 대학생들 중에 자기생활에 책임지고 있다고 말할 수 있는 사람이 얼마나 될까요? 학생들은 자기 의무를 망각하지 않으면서 권리를 행사할 수 있어야 합니다. 올바른 자율적 능력의 강화가 필요합니다. 학생운동은 학생의 자율적인 생활을 강화하는 데 앞장서야 할 것입니다. 교과과정에 대한 개입이 필요한 것도 그 때문입니다.

한국의 대학생들은 지난 20년 가까이 급속도로 그 수가 팽창하면서 사회적으로 중요한 역할을 수행해왔습니다. 80년대 변혁운동을 주도한 것은 누가 뭐라 해도 대학생들이었으며, 민주화 진척 등 많은 사회적 발전들이 학생들의 열정에 힘입어 이루어졌습니다. 하지만 학생운동은 사회민주화운동, 민중운동과 긴밀하게 연계되었던 반면, 대학개혁운동의 형태를 띠는 경우는 상대적으로 매우 적었던 편입니다. 한때 대학자율화를 추진하는 운동이 일기도 했지만 학생운동이 대학의 권력구조를 민주화하며, 나아가서는 대학여건을 개선하고 교육과 연구의 질을 향상하는 것을 자신의 주요 혹은 장기 목표로 삼은 것은 아니었습니다. 학생운동이 주로 매진한 것은 전대협-한총련의 지난 행적에서 드러나듯이 통일, 민주화운동이었기에 그 관심이 주로 대학 바깥으로 향했습니다. 학생운동은 이제 대학 내부로 눈을 돌려 대학개혁운동에 적극 나설 필요가 있으며, 지금이야말로 바로 그런 시기입니다. 한국의 대학사회가 가장 큰 위기에 처한 지금 대학개혁을 위한 주요 동력은 학생들로부터 나와야 합니다.

대학개혁에서 학생운동이 기여할 부분은 많습니다. 대학개혁의 목표를 뚜렷이 하고, 목표 달성 수단의 정당성을 요구하고, 나아가서 대학개혁이 사회의 민주적 발전에 기여하도록 만드는 데는 학생들의 몫이 크며 중요합니다. 대학내 권력 구조의 민주화에도 학생운동은 큰 보탬이 될 수 있습니다.

무엇보다 학생운동이 대학개혁에 참여해야 하는 실질적인 이유가 있습니다. 대학은 학생운동의 고유한 현장으로서 대학의 개혁은 학생에게는 사회의 민주화, 노동해방, 민족통일 이전에 자신의 문제요 과제입니다. 학생운동이 대학교육의 조건, 현단계 지식의 형태나 그 발전 방향, 지식 생산 방식 등에 대해 무관심하다는 것은 학생들의 자기발전 기회를 포기하는 것과 다를 바 없는데도 교과과정의 개편을 둘러싼 학생운동의 요구를 들어본 적이 별로 없습니다. 대학에서 생산되는 지식의 모습을 어떤 방식으로 가꾸어야 할지 질문하는 학생들을 만난 적도 별로 없습니다. 그러나 학생들이 이런 질문을 진지하게 던지게 될 때, 그리하여 대학의 구조를 개혁하고 대학의 사회적 기능을 민주화하라는 학생들의 요구가 커질 때 대학개혁을 추진하는 민주적 힘도 커질 것입니다.

한국의 학생운동은 그동안 자신의 고유한 현장을 발견하지 못하였거나 구축하지 못했습니다. 학생운동이 없었다거나 저조했다는 말은 물론 아닙니다. 1960년 이후 한국은 가장 강력한 학생운동이 전개되는 나라의 하나로 알려져 왔고, 그 평판에 걸맞게 한국 학생운동은 정권을 퇴진시키거나 국가권력에 타격을 입힐 정도의 위력을 발휘해 왔습니다. 하지만 학생운동이 강력했다는 것과 그 운동이 자신의 고유한 현장을 가졌다는 것은 다른 이야기입니다. 학생운동의 현장은 대학인데, 항상 대학사회를 건너뛰고 사회운동으로 바로 전환되는 것은 잘못입니다. 우리 사회가 그와 같은 학생들의 헌신적인 활동을 필요로 하게 된 문제가 있긴 했습니다. 학생운동의 헌신성을 인정함에도 불구하고 학생운동이 현장을 망각했다는 점은 비판을 받아야 합니다.

학생운동의 현장인 대학에서는 민주적, 자율적 활동의 강화가 학생운동의 중요한 목표가 될 것이고, 그래서 학생운동가들도 자기 능력의 강화가 필요합니다. 자기 삶을 자율적으로 조직하는 방식은 여러 가지가 있겠지만, 교과과정을 통해서 자기 능력의 강화를 실현하는 것이 중요합니다. 대학내의 자치활동은 바람직하지만 대학생활의 주목표는 아닙니다. 교과과정의 학습이 학생들의 주요 활동이 되어야 하지 않겠습니까? 그 외 다른 활동은 그것과 연관지어서 할 수 있는 것이지 일차적이라고 하기 어렵습니다. 일차적인 것은 교과과정을 통한 학습과 연구 활동입니다. 이 부분에 대한 고려와 개입이 없으면, 학생운동은 자신의 본령을 찾았다고 하기 힘들 것입니다.

박: 지금까지 학생운동이 대학에 대해 광범위한 문제제기를 수행하지 못했다는 지적에는 동의합니다. 그렇지만 솔직히 말씀드려 현재 학생운동의 구조와 생리를 보자면 교수님의 지적이 설득력있게 들리지는 않을

것 같습니다.

강: 요컨대 내 말의 핵심은 이런 겁니다. 학생운동이 대학을 바꾸어내는 데 아직 역량도 부족하고 조건도 구비되어 있지 않은 것이 사실이지만, 교과과정과 같은 문제까지 세밀하게 살피는 노력을 하지 않으면, 학생운동은 대학을 바로 잡는 데는 큰 일을 하지 못할 것이라는 점입니다. 프랑스 68혁명에서 배워야 할 점은, 당시 학생들이 교과과정에 대해 문제 삼고 지식생산의 혁신을 요구했다는 것입니다.

박: 글쎄요, 중요한 부분이지만 학생운동 전체가 그렇게 가야 한다는 데에는 학생운동 활동가들이 쉽게 동의되지 않을 것 같습니다. 지금 시기에 착목해야 할 부분으로는 동의할 수 있겠지만 말입니다.

강: 오히려 거꾸로 말하고 싶군요. 나는 학생운동이 교과과정 개혁을 위한 투쟁으로 가야 한다고 생각합니다.

한 가지 덧붙이자면 대학개혁은 대학문화의 개혁이라는 점을 지적하고 싶습니다. 대학문화가 자본주의 상품으로 집적된 스펙터클에 의해 포위되어 있는데 이 스펙터클을 돌파할 방법을 학생운동이 가지고 있습니까? 모두들 알고 있지만 평소에 별로 관심을 기울이지 않는, 혹은 인지하고 있기는 하지만 그냥 용인하고 마는 학생운동의 문화적 감수성이라는 문제가 걸려 있습니다. 위에서도 언급했듯이 학생대중의 감수성은 크게 바뀌어 있고, 사회적 쟁점들에 대한 느낌도 크게 바뀐 부분이 있습니다. 문제를 제기하는 방식, 시위를 조직하는 방식, 의견을 표현하는 방식에서 새로운 변화가 일어나고 있지만 학생운동은 그런 변화를 따라잡지 못하고 있는 것 같습니다. 표현의 정치, 스타일의 정치, 이른바 욕망의 정치가 갈수록 중요해지고 있지만 그 부분에 대한 학생운동의 관심이나 대책은 별로 없어 보입니다.

학생운동은 지금 여전히 엄숙주의, 경건주의에 의해 지배받고 있는 것 같습니다. 하지만 소비문화에 맞서는 방식은 욕망의 억압, 대의를 위한 거시정치만 있는 것은 아닐 겁니다. 나는 학생운동이 소수자적 실천을 바탕으로 하는 것이 더 유연하고 효과적인 전략일 수 있다고 말한 적이 있습니다. 물론 소수자적 실천을 해야 한다고 지금의 거시적 실천을 포기할 수는 없지요. 소수자의 실천과 거시적 실천의 활발한 접속, 연대가 필요합니다.

　박: 긴 시간 말씀 감사합니다. 선생님의 말씀이 많은 학생들에게 분명 큰 도움이 되리라 믿습니다.

5부

한국 지식인의
과제

16

탈식민화, 또는 식민지 잔재 청산의 유령학[*]

아포리아

'신식민지' 사회를 자신의 지적·정치적 실천의 현장으로 삼고 있는 지식인이 떠안아야 하는 과제의 하나는 식민지 잔재의 청산, 즉 탈식민화 작업일 것이다. 이 글은 탈식민화를 과제로 떠맡은 '신식민지 지식인'이 필연적으로 직면하게 되는 하나의 아포리아(aporia)를 음미하고 그것을 다룰 방도를 찾기 위한 한 모색이다.

논의를 시작하기 전에 나의 이론적 관점을 밝히는 것이 순서일 것 같다. '신식민지'라는 용어를 사용한 데서 이미 드러난 셈이지만 나는 이른바 '탈식민주의' 담론의 세계적 확산과 함께 한국과 같은 사회를 식민지 상태에서 벗어난 '탈식민지' 사회로 보는, 지식인들 사이에 제법 널리 수용되고 있는 관점에 별로 동의하지 않는 편이다.[1] 아직도 한국이 식민지

---

[*] 『혼적』 창간호에 실린 졸고, 「흉내내기와 차이 만들기─신식민지 지식인을 위한 유령학」의 축약으로 神奈川大學評論叢書 제10권, 2002에 실은 글이다.

라는 말은 물론 아니다. 그런 대로 자율적으로 국가장치들과 군사권, 외교권 등을 행사하는 한국을 조선총독부를 통한 일본제국의 노골적 지배 하에 있던 식민지 시대와 동일한 사회 성격을 가졌다고 할 수는 없다. 하지만 그렇다고 한국을 선뜻 탈식민지라고 규정할 수도 있을까? '탈식민지'는 영어표현인 'post-colonial'의 'post'가 가리키듯 식민주의의 지배가 끝나고 새로운 단계의 질서가 시작된 것을 시사한다. 오늘 한국은 식민치하가 아니라는 의미에서 새로운 질서 속에 들어갔다고 해야 하겠지만, 이때 말하는 질서가 충분한 자율성을 지닌 독립을 의미하지는 않을 것이다. 한국은 일본으로부터의 군사적, 정치적 해방을 이루긴 했지만 아직도 일제 잔재를 안고 있으며, 또 미국에 의해 정치·경제·문화·군사·기술·지식 등 사회의 핵심 영역들이 포박되어 있다. 한국을 '신식민지'로 규정해야 한다고 보는 것은 이 때문이다. 그래야만 식민지 잔재 청산의 문제를 인식하면서 동시에 그 문제를 계속 미해결로 남겨 놓게 만드는 새로운 지배질서에 대한 비판적 인식도 가질 수 있다. 식민지 잔재의 청산을 자신의 주요한 지적, 정치적, 문화적 과제로 떠안은 사람을 '신식민지 지식인'으로 부르고자 하는 것은 이 지식인이 식민지 과거와의 싸움뿐만 아니라

---

1) '탈식민주의'(postcolonialism)는 오해의 소지가 많은 용어다. 맥클린톡은 '탈식민주의'라는 용어는 아직 극복되지 않은 식민지배자 대 피식민지인의 권력 대립을 식민지 대 탈식민지의 시간대립으로 전환시킴으로써 일어나지도 않은 진보가 일어난 것처럼 만드는 효과를 지닌다고 보고, 탈식민주의(post-colonialism)의 "전치사 'post'가 암시하는 역사적 단절은 유럽 및 영국 등의 식민 제국(이슬람, 일본, 중국, 그리고 여타의 제국 세력은 말할 것 없고)의 유산들을 형성해온 권력의 연속 및 불연속들을 모두 제대로 보여주지 않는다"고 한다(Anne McClintock, "The Angel of Progress: Pitfalls of the Term 'Post-colonialism'," in Patrick Williams and Laura Chrisman, eds., *Colonial Discourse and Post-colonial Theory: A Reader* [New York: Columbia University Press, 1994], p. 292). 첸쾅싱도 오늘의 국제정세가 "아직은 탈식민주의는 아니"라고 본다. 그는 "보편기획으로서의 탈식민성"을 주장하는 것은 "피지배자라는 피억압적 주체위치(노동자, 여성, 게이, 레즈비언, 토착민)에서 상황을 본다면 식민지배가 여전히 계속되고 있다"는 점을 외면하고, "결국 전지구적 자본주의를 다시 건설하려는 신식민주의적 구조를 은폐하는 것일 따름"이라고 비판한다. 첸쾅싱, 「아직은 탈식민지 시대가 아니다」, 『현대사상』 4호, 1997년 겨울, 138, 143쪽 (Chen Kuan Hsing, "Not Yet the Post-Colonial Era," *Cultural Studies*, vol. 10, no. 1 [1996]).

탈식민화를 방해하는 새로운 제국(주의)과의 싸움도 치러야 한다는 점을 주목하기 위함이다.

신식민지에서 탈식민화가 필요한 것은 식민지 잔재의 작용으로 인한 삶의 질곡에서 벗어나, 식민지 과거가 지연시키고 있는 새로운 역사적 진전을 이룩할 필요가 있기 때문이다. 많은 제3세계 사회들이 그동안 보여준 수많은 사회적 실패가 증명해주듯이 이 작업은 결코 쉽게 이루어지지 않는다. 이 글에서 나는 그 이유의 하나로 이 작업이 지닌 아포리아에 대한 이해 부족을 지목하고자 한다. 탈식민화 작업은 식민지 잔재 청산이라는 점에서 잔재의 제거를 목표로 한다. 문제는 바로 청산 작업이 이 목표를 달성하기 위해 제거하려는 잔재에 의존해야 한다는 것이다. 탈식민화 작업은 식민화 과정에서 일어난 '탈신비화'로부터의 탈피를 지향한다는 점에서 탈탈신비화(脫脫神秘化)다. 이때 '탈신비화'는 서구적 근대성, 서구 중심적 보편주의나 계몽주의, 과학주의 등에 의해 주도된 작업으로서 이를테면 비서구가 미개, 야만, 미신, 신비 등으로 규정됨으로써 지배당하고 억압된 과정이다. 이 과정은 식민지 근대화, 즉 비서구를 과학과 기술과 이성의 세계로 편입시켜 지배하는 과정이었다는 점을 재론할 필요는 없을 것이다. 신식민지 지식인의 탈식민화 작업은 그래서 이런 탈신비화 과정의 비판이 될 수밖에 없는데, 이 맥락에서 환기하고 싶은 것은 비판 작업이 식민지 근대화로부터의 탈피, 서구중심적 계몽주의나 과학주의로부터의 탈피를 지향해야 하겠지만 동시에 자신이 비판하고 극복하려는 대상을 무조건 부정할 수는 없다는 사실이다. 탈탈신비화 작업은 비판적 작업이기 때문에 이성적 방법을 완전히 배제할 수가 없으며, 신식민지 지식인도 식민지 근대화 과정에서 습득한 보편 담론이 전제하는 지식, 이론, 개념 등에서 자유로울 수 없다. 탈식민화를 시도하는 지식인은 『템페스트』의 캘리반과 같은 처지다. 캘리반이 미란다와 그녀의 아버지 프로스퍼로를 저주하기 위해 사용하는 언어는 그들로부터 배운 언어인 것이다.

이런 상황이 만들어진 것은 말할 것도 없이 지식 또는 개념 생산에 지구적 불평등이 작용하기 때문이다. 이 불평등은 서구가 이론적 개념들을 생산하는 특권을 쥔 반면, 비서구는 서구의 이 이론작업에 쓰일 재료, 즉 구체적 사실들을 공급하는 위치로 고정되는, 지식노동의 분할이 빚어낸 결과다.[2] 신식민지 지식인의 비판적 언어가 보편주의에 물든 것은 그/그녀가 자본, 기술, 정보, 지식 등의 초국적 분할에 의해 지배되고 있는 신식민지 사회의 구성원이기 때문이다. 신식민지인으로서 그(녀)는 자신의 '고유한' 개념적, 이론적 언어를 언제나 이미 상실한 채, 식민 제국의 보편 언어에 포획되어 있다. 이런 점에서 신식민지 지식인은 탈식민화 작업 중에도 여전히 식민지배자, 즉 적과 '동침'해야 하는 상황에 처해 있는 셈이다. 식민지 잔재를 청산하려 하면서도 청산하고자 하는 제국주의/식민주의의 유산에 의존해야만 하는 것은 아포리아가 아닐 수 없다.

축귀

이 유산 또는 잔재를 '유령'과 같은 존재로 파악할 필요가 있을 것 같다. 유령은 늘 정체 파악을 어렵게 만들며, 도대체 어떤 존재인지 짐작하기 어렵게 하며 나타난다. 셰익스피어의 『햄릿』에서도 유령은 '유령'(ghost), '환상'(illusion), '이것'(this thing), '환영'(apparition), '불길한 형상'(portentous figure), '이 무시무시한 광경'(this dreadful sight), '아무 것도 아닌 것'(nothing), '환각 이상의 어떤 것'(something more than fantasy), '수상쩍은 모습'(a questionable shape) 등 실로 다양하게 불린다. 유령의 이름이 이렇게 많다는 것은 유령이 무엇인지 분명하지 않다는 것이다. 이처럼 파악하기가 어렵기 때문에 유령은 데리다가 말한 면갑효과(visor effect)를 지닌다. '면갑효과'란 "우리가 우리를 응시하는 것을 보지 못하"는 효과로서, 설령 유령이 우리를 빤히 쳐다보고 있다 하더라도 우리는

---

2) Naoki Sakai, "Modernity and the Historical Construction of the West," 『지구의 여백/Unmapping the Earth』('97 광주비엔날레 국제학술심포지엄 자료집), pp. 2-14.

유령이 우리를 바라보고 있는지 여부를 알 수 없게 되는 것을 가리킨다.[3] 이런 상황에서 생기는 당혹스런 느낌은 유령이 알지 못하는 사이에 우리가 거주하는 곳에 나타나기 때문에 생기는 것이기도 하다. 유령은 나타나기 시작하면 그 출몰방식을 가리키는 'frequent'나 'haunt' 등 영어단어들이 정확하게 시사하듯 출몰빈도를 높이기 십상이다. 출몰의 빈도가 높다는 것은 범위가 넓다는 말이다. 『햄릿』에서도 유령은 그래서 "여기든 어디든"(hic et ubique) 나타난다.[4] 식민지 잔재도 법률체계, 검열관행, 가부장제도, 행정체계, 중등학생의 복장체계, 전문 또는 학술 용어 등 신식민지 삶의 곳곳에서 발견된다는 점에서 유령의 이런 출몰방식을 닮아 있다.

탈식민화는 이런 광범위한 잔재를 청산하기 위한 노력이다. 위에서 잔재청산의 '아포리아'를 언급한 것은 그 문제를 제대로 인식하는 것이야말로 청산전략의 수립에 필수적이라고 본 때문이다. 어떤 문제가 아포리아라는 것은 그것의 해결책을 찾는 일이 거의 불가능하다는 것이다. 해결 불가능한 문제에 대해서는 어떻게 해야 할까? 식민지 잔재 청산과 관련해서는 적어도 세 가지의 방식이 있다. 첫째는 사실상의 지배세력으로서 한국을 장악해온 친일세력의 방식으로 망각에 의한 청산이다. 잔재 청산은 해방 이후의 한국에서는 누구도 공개적으로는 반대할 수 없는 명시적인 사회적 과제였다. 하지만 실질적 청산이 일어날 경우 불이익을 당할 과거 친일세력은 '과거의 아픈 상처'는 잊어야 한다는 제안을 한다. 둘째, 잔재의 어떤 존속도 인정하지 않으려는 축귀의 태도가 있다. 이 방식은 주로 민족주의자들이 선호하는 것으로서 민족정기의 즉각적 회복을 위해서는 잔재는 무조건 축출해야 한다는 입장이다. 나는 이 두 전략은, 첫 번째

---

3) Jacques Derrida, *Specters of Marx: The State of the Debt, the Work of Mourning, & the New International*, tr. Peggy Kamuf (New York and London: Routledge, 1994), p. 7.
4) William Shakespeare, *Hamlet, Prince of Denmark*, ed. Philip Edwards (Cambridge: Cambridge University Press, 1985), I. v. 156. 데리다는 『햄릿』에 나오는 이 표현을 유령의 출몰 방식과 연관지어 자주 인용한다.

것은 청산을 포기하려 하기 때문에, 둘째 것은 결코 성공할 수 없는 전략이라는 점에서 수용할 수 없다고 보고, 잔재 청산의 아포리아를 염두에 두고 '견뎌내기'라는 세 번째 전략을 제안한다. 아포리아가 해결불가능성을 의미한다면, 잔재의 아포리아는 해결 불가능한 채로 살아내고 견뎌내야 하는 조건일 것이다. 청산을 포기할 수 없다는 점에서 망각의 전략은 수용할 수 없다. 하지만 잔재가 유령과 같다는 사실을 생각하면 민족주의자의 청산 방식도 받아들이기 어렵다. 데리다의 말대로 "유령은 결코 죽지 않는다."[5] 식민지 잔재-유령이 죽지 않는 것은 그것이 신식민지 사회 구석구석에, 심지어는 탈식민화 작업에 사용되는 비판언어에까지 출몰하는 데서 확인된다.

문제는 그렇더라도 이 아포리아를 참아내기가 결코 쉽지 않다는 것이다. 사실 청산하고자 하는 '적과 동침'하는 일이 어떻게 쉬울 수 있겠는가. 더 쉽게 떠오르는 대안은 단칼에 베어 없애버리려는 태도, 잔재를 즉각적 청산의 대상으로 삼는 태도다. '청산주의'라고 불러도 될 이런 태도가 한국에는 널리 퍼져 있다. 그 중의 하나가 일본적인 것은 무조건 배격하고 보는 태도일 것이다. 최근 부쩍 향상된 일본의 축구 능력을 놓고 한국의 일부 축구 팬들이 보여준 반응, 『일본은 없다』와 같은 3류 저널리즘이 드러내는 일본 무시 또는 불인정 정서 등이 그런 예다. 이런 태도는 타자나 적이 자신 속에 틈입하는 것을 참아내지 못하며, 대립해 있는 타자에 비해 자신을 언제나 우월한 위치에 놓으려는 욕망의 표현이다. 이런 태도는 일본의 지배를 받은 하위주체로서는 그 역사적 이유가 전혀 없지는 않지만, 우리 속에 유령처럼 잔재가 들어와 있다는 사실을 애써 외면하고, 청산을 주장하는 것만으로 잔재가 사라질 것으로 여기는 태도다.

청산주의에는 오랜 역사가 있다. 한국이 식민지 지배를 받기 이전부터 등장한 '축귀' 담론이 좋은 예다. 유령과 함께 하는 것을 거부하는 축귀

---

5) Derrida, op. cit., p. 99.

태도는 귀신 또는 유령과의 접신 상태를 결코 들어와서는 안될 이물질, 악마적 요소가 내 몸 안에 들어온 것으로 이해한다. 접신은 그래서 시달림의 상태로 인식되고 한시 바삐 병인 제거를 해야 하는 상태로 제시된다. 이 병인, 즉 환자를 홀리는 이 귀신 또는 유령은 어떤 존재인가? 18세기 말, 19세기 초 이후 축귀의 대상은 서구 근대세력으로 인식되었다. 서양에서 들어온 기독교에 대한 조선 조정의 박해로 시작된 축귀는 화이론(華夷論)의 이론적 지원을 받아 더 정교해진다. 서양을 양이(洋夷)로, 일본을 소이(小夷)로 분류하다가 급기야는 양자를 금수, 양귀로까지 취급하는 것이다. 그러나 물론 화이론자의 기대와는 달리 서양귀신과의 접신을 피할 수는 없었다. 양귀, 유령, 근대세력은 내쫓고 싶어도 막강한 병참 능력을 가지고 있어서 자유자재로 조선에 출몰하였기 때문이다. 일제에 의한 조선 강점은 중화론에 입각한 유령 청산이 역사적으로 실패했으며, 중화의 질서와는 다른 세계질서가 승리했다는 것을 보여준다.

축귀는 해방 이후에도 반복된다. 〈반민족특위〉의 구성으로 친일파 척결을 비롯한 일제잔재 청산작업이 시작된 것이 단적인 예다. 이 시기의 축귀를 전근대적 축귀와 동일시할 수는 없을 것이다. 화이론의 축귀가 국제질서에 대한 거의 완벽한 무지에서 이루어진 것이라면 해방 이후의 축귀는 이미 세계질서의 피해자로서의 역사가 아로새겨진 과거 청산의 문제였기 때문이다. 그러나 결론부터 말하면 이 작업 역시 실패하고 말았다. 팍스 아메리카나 건설에 나선 미국의 지원을 받은 이승만이 남한에 반공정부를 세우고자 친일세력과 손을 잡기 위해 특위를 해산했기 때문이다. 조선조 말의 축귀가 국외 세력의 힘의 우위로 무산된 것처럼 해방 후의 축귀 노력 역시 민족 외부의 압력에 의해 무산된 셈이라고 할 수 있다. 하지만 축귀의 청산주의가 이로써 사라진 것으로 보면 큰 오산이다. 식민지 과거 잔재의 청산은 여전히 당위적인 민족적 과제이고, 한국에는 아직도 청산의 구호가 크게 메아리친다. 문제는 그런데도 식민지 잔재-유령이 창궐한다는 점이다.

사건의 사고

축귀와 청산의 구호가 크게 들리고 있는데 어떻게 잔재-유령은 그 출몰의 빈도와 광범위성을 유지하는 것일까? 청산주의의 축귀술이 유령을 제대로 다루지 못하기 때문일 것이다. 내 생각으로 이것은 청산주의가 유령의 물질성을 제대로 파악하지 못하는 문제이며, 특히 잔재- 유령이 흔적으로, 기호의 상징이나 도상보다는 자료적 차원으로 존재한다는 사실을 이해하지 못한 결과로 보인다. 퍼어스의 설명에 따르면 지표는 연기, 발자국, 지문, 냄새처럼 물리화학적 인과의 세계에 속하는 기호의 차원이다.[6] 지표는 그것을 남긴 사물이 사라지고 없다는 점에서 흔적이며, 사람이 죽은 뒤 다시 돌아오는 유령과도 같은 존재이지만, 부정할 수 없는 그 나름의 물성을 가지고 있다. 예컨대 연기는 불이 난 것을 가리키는 지표이지만 그 자체의 냄새와 모양을 가지고, 산짐승이 남긴 발자국 역시 시간이 지나면 모습이 바뀌는 것은 각자의 물성 때문이다. 잔재가 이런 지표-기호로 작용하고 있다는 점을 제대로 이해하지 못할 때 생기는 문제는 무엇일까? 온전하게 성립해야 할 청산의 사건이 사고를 당하게 되는 것이 아닐까 싶다. 청산의 사건이 당한 사고를 이해하기 위해 1995년 8월 15일 광복 50주년을 맞아 일어난 일을 살펴보자.

이 날 일제에 의한 조선지배의 가장 중요한 상징물인 조선총독부 건물을 해체하는 행사가 있었다. 50주년 광복절에 벌어진 이 행사는 '역사 바로 세우기'를 내세우며 전두환, 노태우 두 전임 대통령을 정권을 찬탈한 쿠데타 주범으로 감옥에 보낸 김영삼정권이 민족정기를 회복한다며 벌인 조치의 일환이었다. 축하 연주를 "부끄러운 과거" 청산의 신호로 하며 조선총독부 건물의 꼭대기 일부가 고공 크레인에 의해 분리된 그 순간은 8월의 뜨거운 햇살 아래 수많은 신문사, 방송사가 동원한 광학기계들에 의해 어떻게 기록되었을까? 과연 이때 청산이 사건으로서, 즉 한국사회에

---

6) C. S. Peirce, *Philosophical Writings of Peirce*, ed. Justus Buchler (New York: Dover Publications, 1955).

376 | 5부 한국 지식인의 과제

만연한 식민지 잔재의 존재 방식에 근본적 변화를 일으킨 역사적 전환으로 기록되었을까? 중요한 일제 잔재가 사라지기 시작한 것은 사실이다. 하지만 그 날의 행사가 약속한 역사적 진전이 일어났다고 할 수는 없다. 잔재-유령들은 사형, 무기형 선고를 받았던 전두환, 노태우가 곧 사면되어 복귀한 것처럼 그대로 남아 있기 때문이다.

어떤 일이 일어난 것일까? 이 질문은 표현이 잘못된 것인지도 모른다. 여기서 문제는 무슨 일이 일어난 것이 아니라, 일어나야만 할 사건이 일어나지 않은 것이기 때문이다. 팡파르 속에 광복절 행사와 총독부건물 해체식이 거행되는 순간 잔재 청산의 약속이란 언행이 이루어졌지만, 이 언행은 어떤 중대한 발화매개적(perlocutionary) 효과도 만들어내지 못했다. 이 날 행사는, 육중한 축조물을 고유한 이름을 지닌 선박으로 명명하여 바다로 두둥실 떠가게 하는 '진수식'이 되지 못하고, 어떤 새로운 역사도 출범시키지 못하였다. 사태는 전혀 변하지 않은 채 신식민지 구도 속에서 식민지 잔재가 위력을 발휘하고 있고, 신식민지의 '정상적' 일들은 그대로 진행되고 있다. 당시 무슨 일이 일어났다면 그것은 '사건의 사고'였을 뿐이다. 이 사고로 인해 발생한 것은 무엇일까? 식민지 잔재의 '사라짐'이 아닐까 한다. 여기서 사라짐은 유령의 성격을 갖는다. 유령은 죽지 않고 계속 다시 되돌아오는 존재다. 거대한 식민지 잔재 청산의 행사, 광복 50년만에 거행하는 상징성 높은 총독부 건물의 해체 행사를 통해 잔재는 사라지는 듯하다가 사라지지 않고 다시 되돌아와 신식민지 삶의 일상으로 복귀한다. 사라진다던 잔재가 다시 돌아온 것은 그 사라짐이 광복 50주년을 기념하는 식전의 화려함 속에서, 8월의 강렬한 햇살과 그 아래서 작동한 광학기계들이 만들어낸 '빛의 어둠' 속에서 일어났기 때문일 것이다. 그러나 사실 정작 사라진 것이 있다면 신식민지 사회가 잃어서는 안될 인식의 지도, 식민지 잔재의 물질성에 대한 비판적 인식이 아니었을까? 인식의 지도가 사라짐으로써 잔재는 사라지지 않고서도 사라질 수 있고, 또 언제나 되돌아올 수 있다.

청산주의 담론에서 청산이 다뤄지는 방식이 바로 이런 것이다. 청산주의는 계속 청산을 부르짖는다. 총독부건물의 해체만으로 식민지 잔재 청산이 가능한 듯 구는 것처럼, 청산주의 담론은 청산을 당위로 내세움으로써 청산하지 않고 청산하는 묘한 불가능의 게임을 벌인다. 청산주의 담론에서 청산의 약속은 청산이라는 사건과 서로 분리된 탈구관계에 놓여 있다. 하나의 담론에서 진술 내용과 진술의 행위가 구분될 수 있듯이 약속하는 것과 실제로 일어나는 것 사이는 동일하지 않다. 그런데 이 탈구는 사회적 조건으로 작용하기도 한다. 식민잔재 청산의 요구와 약속과는 별도로 약속 실행을 연기함으로써 약속을 계속할 수 있는 조건이 만들어질 수가 있다. 청산주의 입장이 성립하려면 사실 청산은 끝없이 지연되어야만 한다. 그래야 청산주의 입장이 반복될 수 있을 테니까. 이런 의미에서 청산주의는 신식민지 상황을 자신의 비옥한 토양으로 가지고 있는지도 모른다. 신식민지 조건에 의해 식민지 잔재 청산이 지연되고 있는 한, 청산을 요구하고 약속하는 행위는 지속될 수 있다. 이 결과는 갖가지 청산의 사건이 사고를 당하는 청산 행사들이고, 이 행사를 '일용할 양식'으로 만들어내는 청산의 종교행위다.

좀더 구체적으로 말하자. 청산주의가 지배적 담론으로 남아 있는 한, 잔재 청산은 사건의 사고로, 의례적 행사로만 그칠 뿐이다. 그 사이에 초국적 노동분할과 지식분할, 독점 혹은 초국적자본의 사회지배, 이 자본과 손잡은 발전주의, 민족주의, 성차별주의, 가부장주의, 인종주의, 이성애주의의 지배연대가 만들어진다. 식민지 잔재-유령에 대한 축귀의 태도가 지닌 위험이 이것이다. 잔재 청산의 복잡성을 무시하고 잔재의 고유한 물질성을 외면하는 순간, 청산의 약속과 실천 사이에 가로놓인 탈구의 심연을 외면하는 순간, 청산의 담론은 발화를 사건으로 전환시키지 못하고 신식민지 상황의 나락으로 빠지게 된다. 그 결과는 담론 발화 주체의 위치를 은폐시키고, 그 주체의 현실정치(Realpolitik)를 보지 못하게 하는 것이다. 청산주의자는 청산을 주장하기 위해서 청산을 지연시키는 작업에 빠져든다. 이것은 아포리아가 아포리아임을 외면한 결과가 아닐까?

견뎌내기

이제 떠오르는 과제는 따라서 사고를 당하고 있는 사건을 어떻게 '진정한' 사건으로 만드느냐는 것이다. 비-사건을 사건으로 전환시키기 위해 어떤 조건, 일이 필요한가? 아마도 이 일은 '우리' 속에 들어 있는 특이점들을 발견하고 이 특이점들을 새롭게 배치하는 것이 아닐까 싶다. 청산주의가 전제하는 것과는 달리, 청산을 요구하고 청산 방도를 내놓는 '우리'가 단일할 수는 없다. 계급, 성차, 성애, 민족, 인종, 세대, 지역 등을 둘러싼 지배와 해방의 정치적 과제가 어떻게 단일한 목소리에 의해 제출될 수 있겠는가? "특이점들"은 늘 복수로, 다중성으로 이해될 수밖에 없다. 이때 그것들의 복수성은 "우리"라는 "공동체" 안에 있는 변별적 지점들이 있음을 가리키고, 이 지점들이 어느 하나에 의해 체계적으로 통일되지 않고 상호간의 차이와 거리를 지니고 있음을 가리킨다. 이들 특이점들의 새로운 배치가 필요하다는 것은 현존하는 신식민지 구도 속에서 형성된 이 지점들의 관계 혹은 지형이 우리를 억압하고 착취하고 무시하는 것이어서 근본 변혁이 필요하기 때문이다.

이 새로운 배치를 가능하게 하려면 청산주의와는 다른 접근이 필요하다. 내가 생각하는 전략은 잔재 유령들의 존재를 인정하는 것으로 출발한다. 유령의 존재를 인정한다는 것은, 우리 모두는 잔재를 안고 있으며, 잔재로부터 자유로운 신식민지인은 별로 없다는 것을, 즉 우리는 어쩔 수 없이 많건 적건 '민족배반자'임을 인정해야 한다는 것이다. 우리 주변에 산적한 귀신들, 유령들을 깨끗이 몰아내야 한다는 축귀 태도를 채택한다면 우리 모두는 스스로 자신을 제거해야 하는 난관에 봉착한다. 이 일이 필요하고 가능하다면 그렇게 해야 할지도 모른다. 그러나 자신이 민족배반자라는 것은 단순히 민족을 배반했다는 정도의 의미가 아니라, 우리가 자신이 되기 위해서는 우리 아닌 다른 존재가 자신 속에 있어야 한다는 의미로 이해할 필요가 있다. 순수한 '나'란 있을 수 없다. '나'의 정체성이 성립하려면 나와 구분되는 타자를 전제해야 한다는 점에서 '나'는 굳이 일제 잔재만이 아닌, 나와 대립되는 무수히 많은 타자들을 전제해야만 한다. 정체성이 이처럼 차이의 효과에 의해 구성된다고 한다면 '민족배반자'는 여기서 한국인이 한국인으로 되기 위해 자신의 일부로 받아들여야 하는, 그와는 다른 존재들을 가리키는 말로 이해할 수도 있다. 자신이 자신으로 사는 일이 이처럼 이미 자신 속에 타자가 들어와 있음을 인정해야 가능한 일이라면 잔재 유령과도 함께 사는 법을 배워야 하지 않을까?

유령과 함께 산다는 것은 유령의 출몰을 겪으며 산다는 것, 유령에 의해 시달림을 받고 그것을 견뎌내야 한다는 것을 의미한다. 이런 정황이 견디기 쉬울 것으로 기대할 수는 없을 것이다. 잔재 유령에 대한 청산주의 입장을 많은 사람들이 선호하는 것도 어쩌면 유령을 견뎌내는 일이 결코 쉽지 않다는 역설적 표현이 아닐까? 여기서 한국에서는 민족주의를 표명하는 사람들이 주로 이 입장을 지지하며, 민족주의 노선이 가장 대중적인 운동노선이라는 점을 다시 확인할 필요가 있다. 청산주의는 지금 일제 잔재의 극복을 원하는 대중이 가장 쉽게 채택할 수 있는 태도다. 이것을 어떻게 이해해야 할까? 한편으로는 청산주의가 안이한 선택임을 말해주지만 다른 한편으로 청산에 대한 대중의 염원이 그만큼 크다는 점을 말해주는 것이 아닐까 싶다. 이 사실과 관련해서 여기서 분명히 할 점은 "유령을 견뎌내자"는 이 글의 제안은 유령이 우리 속에 들어와 있음을 인정하자는 것이기도 하지만 동시에 유령을 제대로 다루기 위한 전략이기도 하다는 점이다. 유령을 견뎌내야 한다고 해서 유령을 그대로 두고볼 수는 없다. 식민지 잔재-유령을 견뎌내자는 제안은 그 유령을 방치하자는 것과는 구분되어야 한다. 그것은 새로운 축귀술, 유령학의 제안, 즉 유령을 제대로 유령으로 다룰 방도를 찾자는 제안이다.

흉내내기와 차이 만들기

유령의 출몰을 겪고, 그것이 야기하는 시달림을 당하고 또 견뎌내는 한 방식이 흉내내기가 아닐까 한다. 흉내내기는 식민지 경험으로 인해 들어온 지배자-타자의 삶의 방식을 흉내내는 것이고, 이 흉내내기가 가능한 것은 우리가 이미 지배자-타자가 수행한 주체화 과정을 겪었기 때문이다. 이 주체화는 '더러운 주체' 되기, '타락한 주체' 되기, '배반자' 되기, '뒤섞인 주체' 되기, 즉 '잡종' 되기 등 언뜻 보아 바람직하지 않아 보이는 형태를 띨 수도 있다. 이런 주체화는 어떤 고유한 주체가 되는 것이라기보다는 다양한 정체성들의 횡단으로, 즉 나의 순수한 자아의 자리가 이미 타자들에 의해 점유되는 과정으로 이해될 필요가 있다. 이런 점 때문에 이 주체화는 민족주의자의 청산주의와는 다른 방식의 주체화를 의미하며, 어쩌면 새로운 역사적 진전을 위한 토대가 될지도 모른다.

흉내내기는 물론 원본의 단순한 반복이나 복제로 끝날 수도 있다. 예컨대 근대화이론에 등장하는 선진국 모방이 그런 것이다. 그러나 이것은 근대화를 방사(放射) 운동으로, 어떤 한 기원에서 출발하여 다른 곳으로 퍼져나가는 움직임으로 이해할 때 등장하는 흉내내기의 형태다. '선진' 사회를 배워 따라 잡는다는 근대화이론 모델은 이런 생각에서 벗어나지 못한다. 그러나 흉내내기가 복제, 재생산의 틀에서 벗어나는 전략일 수도 있다. 이는 복제는 복제인 한 원본과 동일할 수가 없다는 사실 때문이다. 모든 흉내내기는 반드시 불완전하며, 부차적이고, 보충적이기 때문에 복제는 원본과 어떤 근본적 차이를 가질 수밖에 없다.[7] 원본과 복제의 이 근본적 차이를 근거로, 재현과 모방을 폄하하는 인식론에서는 복제란 근본적으로 열등하다는 결론을 내린다. 그러나 들뢰즈가 결을 거슬러 플라

---

7) 흉내내기는 호미 바바가 말하는 '보충질문'과 같다. "원본 '뒤에', 또는 그것에 뭔가를 '덧붙이며' 온다는 사실은 원래의 질문 구조에 '부차성'(secondariness) 이나 때늦음(belatedness) 의 느낌을 도입한다는 이점을 보충질문에 제공한다"(Homi Bhabha, *The Location of Culture* (London: Routledge, 1994), p. 155).

톤을 읽으면서 지적한 대로 복제는 고유한 사건을 만들어낼 수 있는 시뮬라크룸(simulacrum)이 될 수 있다.[8] 복제가 원본과 다르다는 것은 원본에 비해 열등하다는 것만을 의미하는 것이 아니라 원본과는 다른 길을 갈 가능성도 있다는 것을 함께 의미한다. 흉내내기는 그래서 차이를 만들어 낼 수 있으며, 사고를 당하는 사건을 사건으로 다시 복권시킬 가능성을 제공한다. 이런 점에서 신식민지 지식인에게는 자신의 상황 때문에 오히려 새로운 계열의 역사를 사고하고 실험할 수 있는 전망을 가질 수 있는지 모른다. 사건을 일으킨다는 것은 위에서 말한 대로 특이점들의 배치를 새롭게 한다는 것을, 특이점들의 계열화가 새롭게 이루어진다는 것을 의미한다.

탈식민화 과제를 안은 신식민지 지식인은 식민지배 이후 상태에 놓인다는 점에서 스스로 뒤쳐진 존재로 인식할 수밖에 없다. 이런 점에서 그/그녀는 흉내내기라는 몸짓에서 벗어나기 어려운 존재다. 흉내내기란 원본이 먼저 있어야 가능한 것이기 때문이다. 그러나 뒤쳐진 자에게는 흉내내기를 통하여 앞선 자와 다른 꿈을 꾸어야 하는 의무와 기회가 주어져 있다. 신식민지 지식인은 자신이 속한 사회가 필연적으로 어떤 때늦음의 상태, 즉 늘 앞선 근대, 선진국보다 뒤에 처진 상태에 있다는 것을 사고와 실천을 새롭게 할 조건으로 가진다. 그가 흉내내기로 만들어내는 차이의 방향은 무엇일까? 그가 추구하는 새로운 계열화는 근대성으로의 합류도 아니겠지만 '본래' 자신으로의 복귀도 아닐 것이다. 그보다는 자신의 현재, 자신이 늦게 온 것을 느끼게 되는 신식민지 상황과의 비동시성을 만들어 새로운 미래를 창조하는 쪽이 아닐까 싶다.

들뢰즈와 가타리가 말한 것처럼 근본적 변화는 마지막 순간에 일어난다. "마지막"은 그것이 속한 계열을 넘어서는 경계에서 두 번째(penultimate), 즉 어떤 것이 새로운 계열 혹은 일관성, 또는 배치로 들어가기 이

---

8) Gilles Deleuze, *The Logic of Sense*, tr. Mark Lester with Charles Stivale (New York: Columbia University Press, 1990), pp. 253-66.

전이다.9) 마지막이 중요한 것은 이때가 다른 일관성이나 배치로 넘어가기 위한 모험을 거는 순간이기 때문이다. 새로운 계열로 건너가는 일은 마지막 순간에 가능하다. 이 마지막은 새 계열의 영토가 아닌 이전의 영토, 즉 현재 자신의 영토에 속한다. 그러나 그것은 한 발 내디디면 이미 다른 영토로 넘어갈 수 있는 순간이기에 두 영토 사이의 문턱(threshold)에 가장 가까운 지점이기도 하다. 이 지점에서 일어나는 흉내내기는 늘 위험한 게임이다. 리어왕이 자신을 흉내내는 어릿광대에게 "이 놈아 회초리 조심해" 하고 말한 것은 결코 가벼운 경고가 아니다. 앞선 자, 지배자를 흉내내는 것은 그를 닮으려는 것일 수도 있지만 조롱하는 것일 수도 있다. 흉내내기는 그래서 경계(境界/警戒)의 몸짓이다. 이 순간은 우리가 아직 벗어나지 못한 일관성, 배치, 계열, 영토 등이 그 지배나 명령, 통솔의 공치체계를 유지하고 있기 때문에 탈주나 변혁의 운동이 언제라도 포획되어 처벌될 수 있다. 하지만 그것은 동시에 되는 공리체계의 순서, 선형운동으로부터 벗어날 수 있는 마지막 기회이기도 하다. 흉내내기는 위기의 몸짓인 것이다.

신식민지 국가독점자본주의 사회에서 흉내내기를 통한 차이 만들기는 어떤 의미가 있는가? 잔재 유령들과의 '함께 함'이 신식민지 지식인의 존재 조건임을 인정한다는 것은 한편으로는 신식민지 상황에서 고난에 처한 '민족'의 문제를, 다른 한편에서는 국가독점자본주의가 가동됨으로써 발생하는 계급의 문제를, 나아가서 민족과 계급의 문제들로도 수렴되지 않는 다른 여러 문제들을 생각해야 한다는 말이 아닐까? 이는 잔재를 민족주의적 관점에서만 이해해서는 안 된다는 것을 의미한다. 하지만 그렇다고 하여 민족 개념을 포기해야 한다는 말인가? 결코 아니다. 신식민지 상황에 있는 한 남북한 민중은 제국주의적 세계체제 속의 불균등한 발전에 의해서 영향을 받게 되어 있다. 제국주의와의 투쟁에서 민족은 소수자

---

9) Gilles Deleuze and Félix Guattari, *A Thousand Plateaus: Capitalism and Schizophrenia*, tr. Brian Massumi (Minneapolis: University of Minnesota Press, 1991), pp. 437-38.

로서의 의미를 가지며 민족주의 노선은 그래서 상대적 진보성을 갖는다. 하지만 아울러 첸콴신이 지적한 대로 '공동의 적'이 사라질 때 '민족'은 지배를 위한 개념적 기계로 쓰일 가능성이 높다.[10] 흉내내기는 따라서 여러 층위에서 일어나야 하는 탈주 또는 변혁의 전략이다. 그것은 민족으로의 단순한 복귀가 될 수 없다. 그렇게 될 경우 흉내내기는 서구 근대성과의 합류를 거부하는 것은 되겠지만 불가능한 과거로의 후퇴를 하게 되며, 현실에서는 노동자, 여성, 동성애자 등의 억압으로 이어질 공산이 크다. 하지만 그렇다고 민족 개념을 폐기할 것인가? 지금 한국에서는 민족문제연구소가 주관하는 반민족 인명사전 편찬 사업이 어렵게 진행되고 있다. 들리기로는 이 사업에 대한 방해 공작이 만만치 않다고 한다. 이런 점을 놓고 보면 "민족정기 회복"을 포기하는 것은 오늘의 지배 집단에 대한 또 다른 유형의 투항이 될 가능성이 크다.

그러나 이 모든 과정에서 잔재 청산 전략이 잔재를 부정하는 축귀의 방식으로 진행된다면 '우리'는 잔재 청산을 시작도 하지 못할 것이다. 민족주의 담론의 틀에서 벗어나지 못한다면 식민지 잔재의 유령을 유령답게 다루는 일은 지연될 수밖에 없고, 이 결과 유령은 사라지지 않고 계속 배회할 것이다. 유령의 유령 성격, 그것 나름의 물성을 이해하지 못하면, '우리'는 유령과 함께 살면서도 유령의 술법을 파악할 수 없을 것이다. 혹시 유령과 동거하면서도 그 사실조차 모를지 모를 일이다. 식민지 잔재 청산의 탈식민화 작업이 유령학적 접근을 필요로 하는 것은 탈식민화를 위해 필수적인 유물론적 인식을 획득하기 위함이다.

---

10) 첸콴신, 앞의 글, 156쪽.

17

사실과 해석*

1

지난 한 해 동안 우리 사회는 '거짓말' 문제로 시간을 다 보냈다. '옷 로비' 사건과 '조폐공사 파업유도' 사건으로 벌어진 거짓말 잔치 때문이다. 고위관리 부인, 재벌 부인, 고급의상실 주인, 공안부장검사, 검찰총장, 청와대 비서 등 두 사건에 연루된 사람들은 참으로 거짓말의 고수들이었다. 하도 거짓말들을 하는 바람에 급기야는 국가가 나서서 이 거짓말 향연을 관리하는 일까지 벌어졌다. 거짓말의 정체를 밝히느라 국회가 공청회를 열며 부산을 떨었고, 특검제까지 동원된 것이다. 결과는 어떻게 되었는가? 공식적으로는 누가 거짓말을 했는지에 대한 판정이 나온 것 같지만, 이 판정에 승복하거나 동의하는 사람들은 별로 많지 않다.

거짓말 문제는 물론 사실의 문제다. 거짓말이 세간의 관심거리로 떠올

---

* 출처: 『문화과학』 21호, 2000년 봄, 15-27쪽.

랐다는 것은 사실, 진실이 사회적 문제가 되고 있다는 말이기도 하다. 최근에 들어와서 각종 사건의 진상규명에 대한 요구가 부쩍 심해지고 있고, 또 과거에는 밝혀지지 않던 진상들이 드러나고 있는 것도 이런 정세와 무관하지 않아 보인다. 80년대 중반 이후 제주의 4.3 항쟁, 광주항쟁 등에 대한 진상규명을 위한 요구와 운동이 줄기차게 진행된 것은 다 아는 사실이다. 지난해에도 몇 가지 중요한 사건의 진상이 밝혀졌다. 노근리 사건의 진상이 공개됨으로써 한국전쟁 동안 미군이 저지른 한국인 학살행위가 다시 알려졌고, 다른 한편에서는 월남전에 참전한 한국군이 월남인에게 저지른 죄상도 알려지게 되었다. 우리 사회는 이제 역사의 굴곡들 틈에 은폐되어 있는 수많은 사건들의 진상을 들추어내기 시작한 것으로 보인다.

최근 들어와서 청문회가 빈번하게 열리고, 특검제가 심심찮게 도입되고 있는 것도 사실 여부의 확인이 사회적 쟁점을 해결하는 중요한 방식으로 등장했음을 말해준다. 그 이전까지는 어떤 사건이 일어나도 사실 여부와 관계없이 무조건 힘의 논리로 처리하던 관행이 바뀐 것은 대략 80년대 말 이후다. 91년의 강경대 정국에서 발생한 '유서대필 사건'이 변화의 한 징조였던 것으로 보인다. 당시 투신 자살한 김기설씨의 유서를 강기훈씨가 대리 작성했다는 주장이 제기되면서 운동권의 도덕성에 대한 대대적인 공세가 취해졌다. 이 사건을 둘러싼 최종 심판은 문제가 된 '유서'의 필적이 강기훈씨 것이라고 한 국립과학수사연구소 전문가의 감정에 의해 이루어졌다. 그러나 사건의 진상이 과연 제대로 밝혀졌을까? 유서 필적을 놓고 전문가들의 견해가 상충된 가운데 재판관이 국과수 감정에 따른 판결을 내놓았으나 곧 이어 감정 책임자가 각종 비리에 연루된 것이 밝혀지면서 그 감정의 공신력은 없어졌다. 하지만 감정이 조작되었을 것이라는 의혹은 최종 판결에서도 국립과학수사연구소라는 공적 기관의 권위에 의해 묻히고 만다. 당시 운동권의 주장대로 전문가의 감정 자체가 왜곡이었다면 강기훈씨는 분명 억울하게 옥살이를 한 셈이다.

그래도 유서대필 사건의 과정은 우리 사회가 사회적으로 파장이 큰 사건들을 종결할 때 사실 확인을 결정적인 조건으로 간주하기 시작했음을 보여준다. 1990년대에 발생한 사건들은 많은 경우 사실 여부의 확인에 따라서 결론이 크게 달라지게 되었다. 쿠데타로 정권을 잡은 전두환, 노태우가 반쪽이나마 사법처리를 받은 것도 권력을 악용하여 치부를 한 사실이 확인된 때문이고, 정치권의 공방에서도 특정한 사실 관계의 확인 여부에 따라서 결판이 나는 경우가 많아졌다. 사실을 중시하는 경향은 제16대 총선을 앞두고 시민운동단체들이 국회의원 출마 예상자들을 대상으로 그동안 이들이 저지른 비리, 폭언, 무능, 개혁 반대 등의 사실에 근거하여 낙천 및 낙선 운동을 벌이겠다고 나선 데서도 두드러진다. 그동안 이런 사실과는 무관하게 고위직을 누리던 인사들은 이제 자신의 과거 전력을 되돌아보지 않을 수 없게 되었다.

거짓과 진실 여부가 중요한 사회적 쟁점을 구성하는 것을 보면 우리 사회가 새로운 발전 단계에 들어서고 있다는 생각이 든다. 사회적 쟁점들이 사실 확인을 둘러싸고 형성된다는 것은 이제 사실과 진실이 사회적 동의나 합의를 도출하는 중요한 요인이 된다는 것을 의미한다. 하지만 거짓은 여전히 횡행하고, 사실 여부를 확인하는 것도 쉬운 일은 아니다. 청문회나 특검제 등 사실을 확인하는 공적인 장치들도 문제가 많다. 단죄해야 할 자들에게 이들 제도가 오히려 면죄부를 주는 문제점도 드러나고 있다. 이 결과 전두환, 노태우, 김현철 등 범법자들이 죄상을 은폐한 채 사면을 받아 활개를 치고 다니고, 총선연대로부터 문제 있는 인사로 지목 받는 정치인들이 외려 음모론 등을 펼친다. 사실의 정치가 등장한 것은 사실이지만 여전히 사실의 중요성을 강조하고 사실을 확인하는 일이 필요한 시점이다.

2

사실이 사실이 아닌 적은 한번도 없을 것이다. 상반된 입장들과 징후들의 미로 속에서 사건의 진상을 발견하는 것이 쉽지는 않겠지만 진상은 아직 알려지지 않았달 뿐이지 엄연히 존재한다. 노근리 사건, 옷 로비 사건, 파업유도 사건 등에도 분명 진상은 있다. 사실이란 일단 존재하고 나면 영원히 사실로 남는 법이다. 노근리 사건도 마찬가지다. 이 사건을 어떻게 이해하느냐와는 별도로 미군에 의해 피난민들이 대거 학살당했다는 사실 자체는 바뀌지 않는다. 이런 사실을 사실이 아닌 것으로 바꾸는 것은 호도일 뿐이다. 노근리 사건의 진상이 공개되지 않았던 것도 그런 사실이 없었기 때문이 아니다. 사실이 아니었더라면 진상을 감출 이유조차 없다.

문제는 사실을 사실로 드러내는 일이 쉽지 않다는 것이다. 사실임을 뻔히 아는 것도 사실로 만들기 위해서는 계기가 있어야 한다. 조폐공사 파업유도와 관련된 사실이 공개되기 시작한 것도 진형구 전 검찰 공안부장이 낮술 몇 잔에 자신의 무용담을 자랑삼아 늘어놓은 '실언'이 계기였다. 이 실언과 그에 대한 언론보도가 없었다면 파업유도 사건에 대한 공론화는 이루어지지 않았을 것이고, 국회청문회 개최나 특검제 도입도 없었을 것이다. 검찰이 고의로 조폐공사 파업을 유도했을 것이라는 의혹은 노동계에는 생소한 것이 아니다. 노동과 자본간 갈등이 생기면 공안세력이 대책회의를 갖고, 파업진압을 위한 공권력 투입 구실을 찾기 위해 불법을 유도하기도 한다는 것이 거의 상식이 된 것이다.

그러나 어떤 사실도 사실이 되는 계기를 얻지 못하면 사실로 취급받기 어렵다. '벌거벗은 임금님' 이야기의 요지가 바로 그것이다. 늙은 임금이 대중 앞에 옷을 벗고 나타난 사실을 모르는 사람들이 없었지만 그 사실을 사실로 만드는 것은 겁없는 아이 하나가 무모하게도 그것을 사실로 지적한 때문이다. 지금 일어나고 있는 총선시민연대의 정치권 물갈이 요구도 같은 방식으로 이해된다. 국내 정치권이 썩어 문드러졌다는 것을 모르는 사람은 아무도 없다. 그러나 그동안 우리는 이 뻔한 사실을 사실로 만들어내지 못하였다. 제16대 총선을 통해 부정부패와 무능의 문제를 안고 있는 정치권의 인적 청산을 기대할 수 있게 된 것은 시민사회단체들이 정치권의 문제를 사실로 취급하기 시작하였기 때문이다. 사실의 사실화에는 이처럼 개인들, 집단들의 실수, 무모함, 용기 등의 자세가 필요하며, 그런 태도가 만들어내는 발설, 실언, 고백, 양심선언 등이 중요한 계기가 된다.

하지만 이런 것들만 가지고는 사실을 사실로 만드는 충분조건이 갖춰지지는 않는다. 사실과 관련된 발설과 고백, 양심선언 등은 사실을 사실로 만들기 위한 계기를 제공할 뿐이다. 진형구 부장검사의 '실언'을 계기로 청문회 개최와 특검제 도입을 통한 사실 확인 작업이 진행되었지만 그 결과는 사실의 호도에 지나지 않았다. 옷 로비 사건 역시 고위인사들과 그 부인들의 거짓말 경연대회로 끝났다는 생각을 멈출 수 없다. 이런 결말은 사실의 사실화란 그것을 실현할 계기가 주어진다고 해서 완성되는 것이 아님을 보여준다. 노근리 사건이나 정치꾼들의 진상도 아예 파묻혀 있었던 것이 아니다. 노근리 사건의 경우 피해당사자들이 진상규명을 요구하는 피나는 투쟁을 전개해왔고, 그에 대해 언론보도가 이루어진 적도 있다. 그러나 이런 사실들이 몇몇 사람들에 의해서 인정된다는 것과 공적인 사실로 확인되는 것은 다른 일이다. 설령 대대적인 보도를 통해 여론이 형성되는 경우라도 최종적으로 공식적인 사실로 결정하려면 난관이 따른다.

3

사실의 공식화가 왜 이렇게 어려운가? 알만한 사람은 다 알고 있다고 하더라도 사실의 공식화를 위해서는 사실 구성의 형식적 조건을 갖추는 일이 필요하다. 이 조건을 갖추는 일이 쉽지 않다. 어떤 사실을 사실로 확인하기 위해서는 육하원칙에 따라서 사실임을 입증하지 않으면 안된다. 아무리 잘 아는 사실일지라도 그것이 사실임을 입증할 방법이 없으면 사실이라는 결론을 내릴 수 없다. 증거가 있어야 하고 증인이 필요하다. 문제는 사실 구성에 필요한 형식적 조건의 충족 여부를 결정하는 권한이 공적 기관에 의해 독점되고 있다는 사실이다. 공적 기관이니 공신력을 갖추지 않았겠느냐고 하겠지만 알다시피 최근까지, 그리고 아직도 우리 사회는 공적 기관에 대한 민주적 통제가 제대로 이루어지고 있지 않아서 공적 기관의 판단이 공정하다고 할 수 없는 처지다. 강기훈씨의 경우, 국가기관인 국립과학수사연구소의 감정에 의거한 사법적 판단으로 실형을 살았지만, 감정 책임자가 각종 부정비리에 연루되었다는 것은 국립과학수사연구소가 결코 과학적인 수사만을 하지 않음을 보여준다. 사실을 사실로 만들기 어려운 것은 따라서 사실구성에 대한 형식적 조건을 갖추기가 어렵기 때문만은 아니다. 그 조건을 국가기관이 결정하는 이상, 이 국가기관이 민주적으로 구성되어 있느냐 그렇지 않느냐가 중요하다. 사실을 사실로 만들지 못하는 데는 사회정세가 작용하는 것이다.

한국은 사실들을 사실로 공인하기가 매우 어려운 사회다. 여기에는 두 가지 중요한 역사적 요인이 작용한다. 20세기 우리 역사가 일제의 침략에 의해서, 그리고 남북한 분단에 의해서 왜곡된 것이 그것이다. 일제침략은 수많은 부역자들, 민족반역자들을 낳았다. 해방 이후 이들 친일파가 자신의 전력을 숨기거나 호도하는 것을 생존의 비결로 삼게 된 것은 이해가 간다. 그런데 분단체제의 구축과 함께 반공이데올로기가 남한의 지배 이데올로기가 되면서 문제가 복잡해졌다. 친일 전력을 가진 자들이 반공 세력임을 자처하며 민족주의자, 좌파, 진보적 세력들을 모두 불손분자로 몰아붙이는 형국이 만들어진 것이다. 친일파가 자신의 전력을 숨긴 채 양심적, 개혁적 인사들, 진보세력을 압박할 수 있게 되자 개혁, 진보세력이 자신의 정체, 관점, 주장을 드러내기가 어려워졌다. 과거와 현재의 주요 사실들이 철저히 은폐되곤 한 것은 친일전력은 사실로 밝혀져도 반공논리에 의해 보호받는 반면 진보사상은 탄압을 받는 이런 상황 때문이다. 자신의 진실과 사실을 밝힐 수 없는 것은 우파도 좌파도 아닌 사람들도 마찬가지다. 남북전쟁 기간 동안 한밤중에 손전등 불빛 아래 "남과 북, 어느 편이냐?"는 고문과도 같은 질문 앞에 벌벌 떨어야 했던 사람들에게는 자신의 정체 자체가 오히려 두려움의 대상이었을 것이다.

이 결과 우리는 거의 항구적인 '사실 미확인' 상태에 놓이게 되었다. 아마 한국만큼 자신의 진실과 사실을 모르는 사회도 드물 것이다. 우리는 아직 일제 침략기 동안 민족을 배반하고 친일 부역을 한 인사들에 관한 사실확인을 제대로 못하고 있다. 친일파 단죄 여론이 그토록 비등했건만 친일행적에 대한 연구도 제대로 진척한 적이 없으며, 해방된 지 50년이 넘은 최근에야 겨우 친일인명사전 편찬 작업에 들어갔을 뿐이다. 1980년 대에 등장한 사회구성체 논쟁으로 우리 사회의 진실을 규명하는 노력이 진행되기도 했지만 여전히 '한국사회의 현실과 진실'은 사실 차원에서 확인되지 못하고 있다. 우리가 우리 현실을 전혀 모른다는 말은 아니다. 자신의 현실을 세부적으로 구체적으로 모를 리야 없다. 문제는 그런 사실들을 공식화하지 못한다는 것이고, 체계화하지 못한다는 것이며, 우리 현실에 대한 학적 지식을 축적하지 못하고 있다는 것이다. 사실이 사실로 확증되지 못함으로써 뻔히 아는 사실도 미궁에 빠진 것처럼 보이는 것이 우리 현실이다.

이론작업과 실증작업이 완전히 따로 노는 현재 우리 학계의 관행도 같은 맥락에서 이해된다. 나 자신도 예외라고 할 수는 없지만, '이론'에 치중하는 연구자들 가운데 외국이론의 소개와 해석에 열을 올리는 것과는 달리 구체적 사실에 근거한 작업을 하는 예는 매우 드물다. 연구자가 자신이 속한 현실과 그 사실을 외면할 경우 할 수 있는 일은 끝없는 추측과 추정일 뿐이다. 사실에 입각할 수가 없으면 말할 근거가 없는 것이고, 따라서 결론도 공허해질 수밖에 없다. 우리의 지식생산이 근거 없는 추측과 주장 난무가 특징이라는 것은 우연이 아니다. 사실의 체계적 실종으로 인하여 연구의 기반을 세우지 못한 필연적 결과다. 사실 확인만으로 현실연구가 제대로 이루어진다는 말은 물론 아니다. 경험적 사실 그 자체의 확인에만 몰두하여 사실규명이 지닌 이론적 함의를 따지는 일은 이론 자체에 대한 경도만큼이나 위험한 것이며, 오늘 한국의 학문풍토는 이런 실증주의적 경향 때문에 더 큰 문제를 안고 있다. 그러나 여기서 말하는 사실은 확인해야 할 사실, 사회적으로 사실임을 확인할 의미가 있는 사실이다. 이런 사실은 자질구레한 세부사항들, 통계수치들로 표현되는 사실과는 다른 차원의 사실이다. 권력구조의 사실, 정경유착의 사실, 부정부패의 사실, 노동탄압의 사실 등을 밝히기 위해서 실증주의적, 경험주의적 기교들이 다 필요한 것도 아니다. 하지만 의미있는 사실들을 밝히고, 그것들을 사실로 통용시키기 위해서는 실증작업을 생략할 수 없다. 숨어있는 기밀문서, 거래장부, 증언 등을 확보하려는 노력은 그래서 결코 하찮은 일이 아니다. 실증의 중요성을 인정하는 일은 실증주의적 태도와는 다르다.

사실을 중시하는 것은 그래야만 해석의 가능성이 생긴다고 보기 때문이다. 해석은 그 대상이 텍스트든, 아니면 역사적 사실이든 어떤 기반, 초석을 전제로 한다. 해석은 다양한 반면, 사실은 꼭 그렇지 않다. 해석에는 입장, 주관, 처지 등이 작용하므로 동일한 사실을 놓고 다양한 해석이 충분히 가능하다. 반면에 사실은 하나의 사실이 있을 뿐이지 동시에 같은 사실이 여럿일 수는 없다. 이런 점에서 사실 여부에 대한 합의가 없을 경우에는 다양한 해석들이 근거할 바탕이 없어지는 것이 되고, 해석들이 서로 경쟁할 기반이 사라지게 된다. 제출되는 해석은 이래서 허황해지고, 허황한 해석이 힘을 얻을 경우 말도 안 되는 일들이 벌어진다. 독립군을 잡으러 나섰던 일본군 장교 출신 박정희가 조국근대화의 지도자가 되고, 불법적 권력으로 치부한 자들의 재산이 그대로 개인의 재산으로 변하는 것은 그 때문이다.

4

사실 확보는 중요하지만 어려운 작업이다. 옷 로비 사건과 파업유도 사건 때문에 국회공청회나 특검제와 같은 '거짓말탐지기'를 동원했는데 진실을 가려내는 데 실패한 것도 언뜻 보면 사실 확보를 하지 못한 때문이다. 그래서 나오는 이야기 가운데 하나가 사실과 거짓의 구분 자체가 어렵다는 것이다. 문제는 양자의 구분이 어렵다는 인식이 너무 자주 구분 노력 자체를 포기하려는 태도로 이어지는 데 있다. 이렇게 되면 거짓말탐지기는 곧잘 거짓말제조기로 둔갑한다. 조폐공사 파업유도 사건을 맡은 특검팀의 경우 바로 이런 문제를 노정한 것으로 보인다. 사실 확인을 하기 위한 기본절차를 둘러싸고 특별검사와 특별검사보들 사이에 의견 차이가 생기면서 검사보들이 사퇴하는 일이 벌어졌지만 내용인즉 사실 확인이냐, 포기냐를 놓고 벌어진 입장 차이였던 것으로 알려졌다. 옷 로비 사건의 경우에는 특검 조사가 끝난 뒤 검찰이 라스포 사장 정일순씨와 신동아 회장의 부인 이형자씨의 상반된 진술들을 놓고 전자의 편을 들면서 사건을 마무리하였지만 과연 그 과정에서 진실이 밝혀졌는지는 의문이다. 검찰이 정씨 편을 든 것은 그가 더 높은 고관의 비밀들을 알고 있었기 때문에 그의 입을 막기 위한 조치라는 소문까지 나도는 판이다.

혹자는 거짓과 진실을 딱 부러지게 구분하는 것 자체가 문제일 수도 있다는 입장을 개진한다. 1980년대 후반께 국내에 소개된 포스트모더니즘 이론가운데 이런 견해가 포함되어 있었다. 어떤 사실의 진실 여부는 사실 자체에 의해 가려진다기보다는 그 사실을 사실로 만들고자 하는 해석자의 욕망에 의해 결정된다는 관점이 그것이다. 이런 생각을 허무주의, 회의주의로 몰아붙일 수만은 없다. 유서대필, 파업유도, 옷 로비 등 사건에서 보듯 결론을 앞세운 사실확인이 빈번한 상황인지라 이런 주장은 일단 사실관계를 관리하는 체계에 대한 비판으로 받아들일 수 있다. 그리고 어떤 사실을 섣불리 진실이니, 거짓이니 하며 이분법적으로 단순화할 때 발생하는 위험을 생각하면 진실에 대한 이런 회의적 접근은 바람직하기까지 하다. 흔히 '흑백논리'라고 부르는 논리체계가 지배하는 데서는 흑백 어느 한 쪽으로 분류되는 순간 사회적 탄압 또는 개인적 죽음에 직면하기도 한다. 20세기 유럽을 강타한 나치즘도 흑백논리가 만들어낸 일종의 사회적 약자 살상체계였다.

그러나 진실과 거짓을 구분할 수 없다는 생각이 지배논리로 작용하는 것도 부정할 수 없다. 거짓이 판치고, 이 거짓이 계속 지배하는 상황에서는 거짓과 진실의 구분을 포기하는 것은 결국은 거짓 편을 드는 것이 된다. 이런 상황일수록 거짓과 사실을 가리려는 노력이 소중하다고 하면 너무 순진한 것일까? 추잡한 기만, 호도, 은폐가 판을 치는 상황에서는 오히려 진정한 사실일수록 정치적인 폭발력을 갖지는 않을까? 전두환과 노태우의 감옥행도 비자금 사건이 부정할 수 없는 사실로 밝혀진 때문이다. 이런 점에서 아무리 통속적으로 들리더라도 '진실', '사실'과 같은 용어를 매도하는 것은 조심할 필요가 있다는 테리 이글턴의 지적이 올바른 듯싶다. "까다롭게 거리를 두며 '진실', '사실'과 같은 통속적 용어들을 경고성 인용부호 속에 넣는 신경질적 집착을 지닌 사람들은 자신들의 고결한 이론적 몸짓과 가장 진부하고, 상투적인 자본주의 권력구조의 정치전략간에 모종의 공모가 있다는 점을 외면하지 않아야 한다."[1] 거짓의 횡행 혹은 거짓의 일상화가 진행되는 국면에서 거짓과 진실을 구분할 수가 없다거나 그럴 필요가 없다고 말하는 것은 그 자체가 어떤 정치적 태도를 피력하는 일, 곧 정치적 전략이다. 이 전략은 거짓과 진실의 구분을 정치적으로 관리한다. 중요한 것은 거짓과 진실의 차이이지만, 더 중요한 것은 이 차이를 누가 관리하느냐는 것이다. 오늘 이 차이를 누가 공식적으로 관리하는가는 모두가 다 아는 일이다. 거짓과 진실을 구분하는 권위를 부여받은 것은 공식담론을 지배하고 있는 정부, 사법, 국회, 언론 기관들이다. 이들의 거짓이 횡행한다고 하여 사실을 포기할 수는 없다.

5

널리 알려진 '늑대와 소년' 이야기는 거짓과 사실의 효과가 어떻게 다른지, 경청할 만한 분석을 담고 있다. 이 분석에 따르면 거짓말의 반복은 놀라움의 반감으로 이어진다. 양치기 소년이 처음 거짓말을 했을 때 사람

---

1) Terry Eagleton, *The Ideology of the Aesthetic* (Oxford: Basil Blackwell, 1990), p. 379.

들은 놀라서 모여들지만, 거짓말이 반복되면서 더 이상 오지 않는다. 만약 소년이 "늑대가 왔어요!" 하고 소리칠 때마다 정말 늑대가 왔더라면 어떻게 되었을까? 사람들은 소년의 외침을 들을 때마다 계속 몰려들었을 것이다. 여기서 거짓의 반복과 사실의 반복의 차이가 확인된다. 그것은 놀라움, 경이의 유무다. 사실의 반복은 경이를 축소하지 않는다. 사소한 사실의 반복이 지루한 것은 사실이다. 반복되는 일상에 권태를 느끼는 것은 그 때문이다. 그러나 이런 권태는 일상이 이미 거짓의 지배에 빠진 탓에 나오는 효과다. 삶과 죽음이 교차되는 극한 상황에서 발생하는 반복은 결코 그 경이를 덜어내지 않는다. 거짓의 반복이 문제가 되는 것은 사실을 은폐하기 때문만은 아니다. 그보다는 사실이 제공하는 경이를 없애기 때문일 것이다.

굳이 거짓말을 반복하려 하는 것은 따라서 사실의 위력이 그만큼 크기 때문인지 모른다. '벌거벗은 임금님'이 사실의 이런 힘을 보여준다. 노년의 한 남자가 벌거벗은 채 거드름을 피며 앞서고 시종들이 뒤따른다. 군중이 이 광경을 보고 있지만 누구 하나 이 위선을 고발하지 않는다. 그때 한 아이가 겁도 없이 "에구, 임금님이 벌거벗었네" 하고 말하자 모든 사람들이 그 말을 사실로 받아들인다. 이때 일어난 일은 무엇인가? 아이의 발언이 나오기까지 사람들은 임금님이 벌거벗었다는 사실을 몰랐던가? 아니다. 이 망령든 권력자가 대중 앞에 벌거벗은 채 서 있다는 사실을 모르는 사람은 아무도 없었다. 아이의 발언과 함께 일어난 일은 따라서 무지가 지식으로 전환되는 사건은 아니다. 사건은 사실을 사실의 놀라움으로 받아들이는 데서 일어난다. 아이의 말이 사실로 다가오자 사람들은 그때 비로소 놀란다. 아이의 촌철살인 같은 한 마디, 이어지는 관중의 웅성거림, 그리고 임금님이 느끼는 당혹으로 이어지는 사태는 사실이 사실로 인정될 때 생기는 놀라움이 일으키는 파장이다. 아마 사실의 확인은 고통과 아픔의 반석을 되찾으려는 노력일 것이다. 거짓은 권태와 나태의 지속으로서 삶의 이완을 나타낸다. 거짓보다는 사실이 오히려 충격이다. 반복되는 것은 오히려 이 충격이며, 거짓은 이 충격의 완충을 위한 책략이고, 충격이 가져오는 생명의 긴장을 축소하는 반생명적 힘이다. 정신분석용어인 '트라우마'가 잘 보여주듯 충격은 반복되는 법이다. 충격적 사실을 겪은 이들이 그 사실을 두고두고 말하는 것은 충격의 여파가 그들에게 잔존해있음을 보여준다.

사실이 지닌 이 충격을 드러내지 못하면, 혹은 충격적인 사실을 고백, 호소, 공표하지 못하면 어떻게 될까? 대부분의 사람은 가슴앓이를 하게 되거나 원한에 사무치게 된다. 가까운 이들 가운데 의문사 당한 일을 겪은 사람들이 무엇보다도 원하는 것이 진상규명인 것도 그 때문이다. 사실을 사실로 만들고자 하는 사람들은 죽어도 좋으니 진상을 밝히고 싶다. '임금님 귀는 당나귀 귀' 이야기가 바로 이 점을 말해준다. 임금님의 귀가 당나귀 귀처럼 생겼다는 사실을 알게 된 이발사는 이 사실을 발설해야만 속이 시원하다. 사실을 발설하면 잡아죽인다는 경고를 받은 터라 벙어리 냉가슴 앓듯 입을 다물고 있지만 기어코 대나무 숲에서 그 사실을 발설하고야 만다. 이처럼 사실은 사실로 드러나고자 한다. 그것은 사실이 경이요, 충격이기 때문이고, 드러나야만 사실이 될 수 있기 때문이다.

6

사실을 밝혀야 하는 더 중요한 이유가 있다. 그것은 사실이 사실로 드러날 때 비로소 우리가 인간다운 삶을 살 수 있기 때문이다. 이 인간다운 삶은 해석의 가능성에서 나온다. 해석하는 능력이야말로 인간에게 주어진 가장 귀중한 능력에 속할 것이다. 사실이 필연의 영역에 속한다면 해석은 자유의 영역에 속한다. 동일한 사실에 대해서도 상반된 해석이 가능한 것은 이 때문이다. 1987년의 6월 항쟁을 두고 사회의 각 세력은 각기 다른 방식으로 해석할 수 있다. 6월 항쟁은 사실 차원에서는 단일적이다. 물론 그런 사건이 구성되려면 어떤 복잡성 체계가 작용하는 것이 사실이지만 이 복잡성 체계는 하나의 복잡성 체계이지 둘 이상은 아닐 것이다.

반면에 동일한 6월 항쟁에 대해서 보수반동, 온건보수, 개혁적 시민세력, 노동자 등의 민중세력 등은 각양각색으로 그 사건을 해석한다. 여기서 중요한 전제는 적어도 이 해석의 게임을 공정하게 하기 위해서는 사실 차원에서는 상호간에 합의를 할 필요가 있다는 것이다. 복잡한 사태일수록 해석의 어려움이 가중되며, 오히려 해석자의 욕망에 따라서 사실을 구성하는 경우가 있는 것도 사실이지만 이 경우에도 목적은 사실의 규명에 있는 것이지 호도에 있지 않다. 기존에 사실로 여겨지던 사항들도 새로 증거가 드러나면 수정되어야 한다.

우리 사회는 아직도 자신의 정체, 진실을 밝혀서는 안 되는 사람들이 너무 많다. 친일파만 문제가 아니다. 진보세력도 자신의 진실을 밝히기 어렵다. 더 나아가 대부분의 사람들이 자신이 속한 분야의 비리와 부정, 문제점들을 소상히 알고 있으면서도 그 사실을 공개적으로 발설하지 못한다. 감사원의 문제점을 고발한 이문옥 서기관, 보안사의 민간인사찰과 관련하여 양심선언을 했던 윤석양 이병과 같은 사람들이 불이익을 당하는 것을 너무 자주 본 때문이다. 그러나 사실을 사실로 말할 수 없는 사회는 진보를 기대할 수 없다. 사실을 사실로 만들지 못하고서는 우리는 삶의 반석, 역사의 현실 위에 설 수가 없다. 진상을 밝히는 일은 어떤 사건을 해명하는 것만이 아니라 그 사건을 일으킨 상황, 정세, 사회적 조건에서 벗어나는 계기를 마련하는 일이기도 하다. 사건의 진상을 밝혀야 다음 단계로, 다른 방향으로 전진할 수가 있는 것이다.

인간적 삶의 여유는 해석의 여지와 자유에서 나온다. 동일한 사물을 보고서도 다른 입장을 당당하게 말할 수 있어야 다양한 삶의 가능성이 생기는 것이다. 그러나 이 해석의 가능성은 사실의 확보에서 비롯된다. 사실 여부가 확인되지 않은 상황에서는 해석의 자유가 성립할 수 없다. 사실을 사실대로 말해야 하는 것은 해석의 자유와 인간적 삶의 확보를 위함이다.

18

현단계 문화정세와 지식인의 과제[*]

1

오늘 이 자리는 우리 사회의 '민주와 진보를 위한 지식인연대(가칭)'의 결성을 준비하는 길목에서 '지식인연대'의 진로 모색을 위해 현단계 정세에서 지식인의 과제를 점검해보는 자리로 마련되었다. 내가 이 작업에서 떠맡은 일은 현 국면의 문화정세와 관련하여 지식인의 과제가 무엇인지 생각해보는 일이다. 일단의 질문들을 제기하는 것으로 시작하고자 한다. 무엇보다도 먼저 떠오르는 질문은 이 발제의 제목에서 등장하는 용어들은 어떤 의미로 쓰이고 있는가, 라는 것이다. 첫째, 지식인이란 누구이며, 무엇을 하는 사람인가? '지식인연대'에서 말하는 지식인은 어떤 종류의 지식인가? 둘째, '문화'란 무엇인가? 우리는 그것을 어떻게 규정할 수 있는가? '문화'는 주어진 것, 혹은 직접 관찰의 대상으로서 다만 확인

---

[*] 1994년 4월 30일-5월 1일 민주와진보를위한지식인연대(가칭) 추진모임이 주최한 '한국진보운동의 과제와 지식인의 역할' 토론회에 제출한 글이다.

만 할 수 있는 것인가? '문화'라는 개념과 '문화'라는 대상은 동일한 것인가? 양자의 관계는 무엇인가? (이 질문들은 필연적으로 '지식'의 현실적 위상에 대한 질문으로 연결된다. 즉 지식은 대상과 어떤 관계를 갖는가? 양자의 관계는 '거울 비추기'(반영)인가? 혹은 상호 개입의 관계인가?) 셋째, 마지막으로 떠오르는 일단의 질문들은 이들 질문들 자체를 왜 이 시점에서 제기해야 하는가 하는 문제와 관련되어 있다. 왜 지식이 사회적 실천의 한 중요한 문제로 부상하는가? 오늘날 지식을 문제현상으로서 파악해야 하는 이유는 무엇인가? 앞으로 이 짧은 논의를 이들 질문들을 염두에 두고 진행하고자 한다.

2

우선 아주 당연하면서도 쉽게 인식되지는 않는, 지식인은 지식생산자라는 점을 강조할 필요를 느낀다. 오늘날 우리가 지식인의 역할을 강조할 때도 바로 이 점을 중심에 두고 할 필요가 있는데, 그래야만 지식인의 사회적 역할에 대한 좀더 분명한 상을 잡을 수 있기 때문이다. 그동안 지식인의 사회적 과제에 대한 이해를 생각해보면 한편으로는 '전문지식인'으로서 사회의 '발전'에 이바지한다고 보는 기능적 정의와, 이 정의에 대한 대당(對當)으로서 지식인의 역할을 지배권력의 비판에 두는 '비판적' 정의가 지배적이었다. 이로 인해 지식인은 '가치 중립적'인 전문가로서 행세하면서 지배체제에서 한 분점권을 행사하는 기능공이 되지 않으면 자신의 역할을 대사회적 양심 표명에 국한하여 비판적 지식인의 실질적 실천이 성명문 발표 정도에 그치는 일이 허다하였다. 우리가 지식의 기능공이 되려고 하지 않는다는 것은 분명하다. 그러나 〈지식인연대〉에 참여하는 지식인이 기능적 지식인의 대당인 비판적 지식인이 수행하는 양심선언 차원의 실천을 극복하지 않으면 지식의 생산성을 확보하고 또 그것을 발휘할, 실질적으로 의미있는 통로를 찾기는 힘들 것이다. 양심선언이나 성명문 발표는 지식인이 가진 과제의 필요조건은 될지 몰라도 충분조건은 결코 아니다. 지식인의 고유한 사회적 책무는 양심선언에만 (국한되어) 있다고 할 수는 없다. 지식인을 지식생산자로 규정하는 것은 바로 이러한 제한적 지식인상을 극복하기 위한 노력의 일환이며 지금까지 많은 비판적 지식인이 외면해왔던 지식생산 의무를 강조하기 위함이다.

오늘날 지식인의 임무는 우리 사회의 지식생산에 기여하되 그 지식생산이 사회의 자유-평등을 진작하는 방향으로 나아가도록 하는 데 있다. 진보적 지식인은 무엇보다도 현단계 지식생산 양식에 대한 개입을 시도해야 한다고 본다. 이를 위해서는 지식의 역사적 성격을 이해하고, 지식생산이 노동과정이라는 것을 인식할 필요가 있다. 지식은 전문가만이 소유한 비밀이 아니라 사회적으로 생산된 것이다. 그것이 효력을 가지려면 사회의 다른 층위들, 특히 실천의 층위들과 결합될 필요가 있다. 지식생산자로서 지식인이 자신이 생산한 지식의 실천에 노력을 기울일 필요가 있는 것은 그 때문이다. 이런 노력이 없으면 지식은 흔한 말로 사장되고 말 것인데 사장된 지식은 아무런 현실적 의미가 없다(올바른 것이 통용되기 위해서는 올바른 것을 통용되게 하기 위한 실천이 필수적이다). 그러나 사장될 수도 있지만 지식은 그 자체 고유한 영역에서 생산되어야만 한다(이 지점에서 지식의 사장 여부는 실천의 문제이지 이론의 문제는 아니다). 이론의 일차적 과제는 진리가치를 지닌 지식의 생산인데 이 생산은 사회적 실천의 일부를 이룬다. 즉 우리에게 이론을 실천할, 그리고 지식을 생산할 사회적 역량이 있느냐에 따라서 지식의 진리가치를 확보할 수 있느냐 없느냐가 결정되는 것이다. 이때 분명히 할 점은 이론적 실천, 즉 지식생산의 시간은 고유한 시간대를 가지며 이런 이론의 시간에 대한 인정이 필요하며 이 시간을 여타의 실천들(예컨대, 이데올로기적 실천, 정치적 실천, 경제적 실천 등)과 어떻게 관계짓느냐에 따라서 총체적 실천의 상이 구성된다는 사실이다.

3

이런 관점에서 문화와 지식인의 관계를 생각해보자. 우선 문화의 정의를 좀더 엄밀하게 할 필요를 느낀다. 통상 문화는 이미 주어져 있는 것, 직접 관찰의 대상으로 간주된다. 고도의 정신력을 필요로 하는 창조적 행위의 결과이건 아니면 일상생활에서 흔히 보는 대중의 삶의 방식이건 '문화'는 직접 경험의 대상이라는 관점이 문화에 대한 지배적인 관점이다. 그러나 위에서 살핀 지식생산의 관점에서 보면 '문화'도 역사적으로 생산되는 지식과 유사한 측면을 갖는다고 할 수 있다. '문화'는 단순히 경험할 대상으로, 자연적으로 존재하는 것이 아니라 끊임없이 '문화'로서 그 내용과 형식이 바뀌고 내용과 형식의 관계도 조정되거나 변하기 때문이다. 그래서 한때는 문화와는 거리가 멀다고 인식되던 것이 문화로 취급되기도 하고, 특정한 집단의 문화가 배제되기도 숭배받기도 한다. 문화는 이처럼 고정된 불변의 가치라기보다는 사회적, 역사적으로 규정되는 어떤 것이다. 오늘 우리가 '문화'로 규정하는 것도 따라서 문화가 아닌 것으로 이해될 수도 있다. 하지만 그렇다고 하여 문화의 정의가 조변석개할 것이라고 볼 수는 없을 것이다. 문화의 정의가 역사적, 사회적으로 이루어진다면 반드시 일정한 조건과 경향을 띠게 될 것이고 어떤 식으로든 지속성을 가질 것이기 때문이다. 우리가 '문화'로 인식하는 것은 지금의 역사적 국면 혹은 정세에서 지배적으로 통용되는 정의에 따른 셈이다. 따라서 문화와 관련한 지식인의 일차적 과제는 오늘날 문화의 정의가 어떻게 가동되고 있는가, 오늘날 지배적인 문화 개념은 무엇이며 그것은 어떤 지배관계들을 설정하고 있는지 분석하는 일일 것이다.

문화는 반드시 문화를 문화로 만드는(즉 어떤 특정한 사회적 현상이나 실천을 문화적인 성격을 가진 것으로 보게 만드는) 메커니즘이 있으며 이 메커니즘이 문화적 실천의 장을 구성한다. 이를테면 문화효과를 생산하는 체제인 셈인데 이 문화효과 생산메커니즘의 작동방식에 대한 연구가 지식인이 떠맡을 부분이라고 본다. 이 연구는 오늘날 지배적인 문화개념이 어떻게 현실에서 통용되며 현실의 한 층위를 구성하는가에 대한 연구일 수밖에 없다. 이것은 이론적 실천의 층위에서 이루어지며 따라서 문화개념과 관련한 이데올로기적 실천과 긴밀하게 연결은 되어 있지만 동일한 것은 아니다. 예컨대 예술의 생산에서 우리는 예술에 대한 지배적인 개념이 어떻게 작동하는지를 따지는 것과, 훌륭한 예술작품을 생산하기 위해서 필요한 요소들이 무엇인지를 생각하는 것을 동일시할 수는 없다. 예술생산에서 진보적 지식인의 과제는 예술생산에 가동되는 개념들의 생산과 관련되어 있는 것이지 예술생산의 '노하우'를 제공하는 일은 아닐 것이다. 피아노 교습을 하는 것은 피아니스트일 것이고 피아노 교습에서 가동되는 개념 장치들에 대한 연구는 음악지식인의 몫이라는 말이다. 지식인의 몫이 이처럼 개념적 규명이라면 소설에 대한 비평은 지식인의 몫이 아니고 문학인의 한 유형인 비평가의 몫이다(비평가가 지식인이 아니라는 말이 아니라 비평가의 지식인적 성격과 비평가의 비평가적 성격을 구분하기 위해서 이런 표현을 쓴다). 소설에 대한 지식인의 몫은 소설생산의 요소들, 소설의 텍스트화, 소설적 텍스트의 허구적 효과, 혹은 현실효과(소설은 '현실'을 제공한다)가 생산되는 방식과 이 방식이 다른 사회적 실천들과 맺는 관계를 따지는 작업이다. 문학지식인의 관점에서 보면 소설의 문제는 이데올로기적 형태의 문제로서 허구의 생산을 언어적 과정(모든 민족/국민소설은 반드시 하나의 단일한 언어공동체를 전제로 하며 이 공동체는 또한 반드시 부르주아 지배를 전제로 한다)과 교육적 과정(문학은 반드시 부르주아적 교육제도를 전제로 한다)과 연결시키는 작업이 중요하다. 이런 문제는 소설가나 비평가의 경우에는 그렇게 중요한 것이 아니다. 이들에게는 소설적 효과, 문학적 효과의 창출이 중요한 것이지 소설적 효과나 문학적 효과가 어떻게 이데올로기적 형태로서 지배이데올로기의 한 사례로서 기능하는가가 중요하지는 않다. 아니 '비판적' 관점에 선 소설가나 비평가라고 하더라도 소설이나 비평이 그 자체로 이데올로기라는 점은 가능하면 보려들지 않을 것이다(루카치).

4

이상 언급한 것은 주로 진보적인 문화지식인이 극복해야 할 문제들이다. 이제 좀더 적극적으로 진보적 문화지식인의 과제를 살펴보자. 진보적 지식인은 이론에서 계급투쟁을 전개하는, 혹은 착취적이고 억압적인 지식생산 체제에서 자유와 평등, 해방의 공간을 확보해나가는 실천가라고 할 수 있다. 흔히 지식인은 과학의 입장에서 변혁을 위해 헌신하는 투사가 되어야 한다고 말하는데 문화지식인의 역할은 이런 관점에서 구체적으로 어떤 입장에서 어떻게 실천을 해야 하는가? 과학의 입장에서 수행하는 변혁은 현실의 발본적인 변화 가능성을 전제로 한다. 과학은 그래서 실험을 자신의 중요한 도구로 삼으며 변혁은 역사의 장에서 수행되는 실험의 한 형태다. 이 실험은 개념(들의 집합, 체계)의 가동으로 이루어지며 과학적 변혁의 성공 여부는 이 개념들의 적실성 여하와 개념들의 효과를 생산하고자 하는 노력과 헌신 정도 등 많은 조건들에 의해 결정될 것이다. 이런 관점에서 볼 때 문화지식인은 '문화개념' 설정과 생산을 자신의 중요한 과제로 삼아야 한다. 기존의 지배적 문화개념을 반복하는 데서 벗어나 새로운 문화개념의 생산으로 문화생산 양식의 변혁과 전화를 이뤄내야지 더 이상 지배적인 문화적 실천 틀 안에 갇혀서 구태의연한 방식으로 문화적 실천의 이론을 생산해서는 안될 것이다. 이 말은 물론 종래의 문화적 실천(문학운동, 미술운동, 문화운동)에서 중시하는, 예술성이나 전문성 확보를 위한 노력과 같은 것이 무의미하다는 것은 결코 아니다. 그보다는 예술성과 전문성을 껴안고 다시 그것들을 재배치하고 새로운 문화적 효과들을 산출해내는 전략의 모색과 관련된 문제다. 이런 전략적 사고를 실천하기 위해서는 문화효과 생산체제에 개입하고 문화 속에서, 그리고 다른 실천들과의 관계 속에서 새로운 생산관계, 새로운 인간관계를 자유-평등의 지평에서 이뤄낼 방도를 모색해야 한다.

이것은 지식인이 문화적 실천에 개입한다면 문화의 기존 양태들의 우열을 가리거나 선악을 가리는 데 그쳐서는 안 된다는 말이기도 하다. 그런 작업은 미학자, 비평가가 할 일이지 문화지식인의 고유한 과제는 아니다. 문화지식인은 문화비평가, 혹은 미학자의 작업과 구별되는 새로운 형태의 문화적 실천에 대한 모색, 전망, 시도, 구상 등을 포함한 전략가의 과제를 안고 있다. 이런 점 때문에 문화지식인에게는 문화적 실천들이 배치, 편성되어 있는 제도의 문제에 주목한다. 문화제도는 이 발제에서 사용한 용어로 말하자면 '문화개념'의 '생산'현장이다. 예컨대 학교제도 안에서 운용되고 있는 예술교육제도는 특정한 이데올로기적 형태를 가지고 일정한 사회적 영향력을 행사하게 되는 예술개념의 생산현장이다. 그리하여 예술교육을 포함한 학교교육의 '수혜자'들은 예술이란 어떤 것이라는 상을 가지고 활동하게 된다. 이런 점에서 예술교육은 특정한 예술개념을 가지고 세상을 이해하게 되는 특정한 형태의 주체를 생산하는 제도다(한국의 경우 이런 교육은 주로 서구부르주아 예술개념의 수용으로 이루어지고 있다).

이런 식으로 문화개념이 생산되고 있다면 지식인의 역할은 좀더 분명해진다. 나는 문화지식인이 할 몫은 문화개념 생산에 대한 진보적 개입에 있다고 본다. 현재 통용되고 있는 지배적 문화개념의 문제점들을 파헤치는 것도 물론 포함되어야 한다. 통용되는 문화개념이 생산관계(자본가계급 대 노동자계급), 인간관계(남녀, 세대, 지역관계 등)가 지닌 불평등을 은폐하거나 그 전화, 변혁이 불가능하다는 인식을 주입하는 것이라면 문화개념이 사실은 지배의 한 방식이라는 점을 부각시키는 작업은 결코 빠뜨릴 수 없다. 그러나 한 걸음 더 나아가 새로운 문화 개념을 실험해보는 것도 문화지식인의 몫이다.

이제까지 논의한 것을 종합하여 '문화효과 생산메커니즘'의 전화를 위한 실험과 관련된 개념생산 전략을 모색해보자. 우선 그다지 새로운 것은 아니지만 문화를 '삶의 방식'으로 보는 정의를 생각할 수 있다. 이 정의는 최근 영미의 진보적 문화지식인들 사이에 어느 정도 호응을 얻고 있는 것인데 '문화'라는 것이 지닌 개념적 광의성을 인정하는 것으로서 인류학,

기호학 등에서 수용되는 정의다. 이렇게 정의된 '문화'는 전통적으로 '문화예술'이라는 말이 지칭하던 것과는 달리 고답적인 예술세계나 혹은 수준 높은 지적 활동만을 말하는 것이 아니라 인간이 행하는 사회적 실천 전체를 꿰뚫고 지나가는 삶의 한 측면을 가리킨다. 이렇게 정의하면 '문화'는 현재 대학의 학문편제를 중심으로 볼 때 예술대학에 설치된 순수예술이나 인문대학에 편성되어 있는 문학, 인문학뿐만이 아닌 도시공학, '상품미학', 현재 우리의 삶의 모든 측면에서 나타나는 매체들의 급속한 증가로 인해 강화하는 '기호화' 혹은 '의미생산' 현상, 새로운 정보통신망의 출현으로 생겨나는 지식생산양식의 변화, 그리고 이런 변화들을 통해 사적 이익 추구의 경향이 강화되는 만큼 사라져가거나 축소되는 공적 영역의 확보 문제 등을 포괄하게 된다. 그리고 이전까지 개별적으로 나뉘어져서 각기 다른 문제영역으로 취급되었던 계급, 성, 환경, 지역, 세대 등의 갈등이나 모순들과도 연관이 된다.

이런 문화개념의 설정은 문화효과 생산메커니즘에 어떤 영향을 미칠까? 문화를 문예로 보지 않고 '삶의 방식'으로 볼 경우, 문화적 실천은 지금처럼 문예창작에만 국한되지 않은 것이다. 어떤 것이든 문화로 만들어내는 다양한 실천들, 관습들, 제도들을 포괄하게 될 것이기 때문이다. 이 경우 문화정책도 문화체육부가 공식 발표하는 문화정책뿐만 아니라 교육정책, 첨단산업정책, 시장조건, 도시행정, 주택사업을 가리킬 수 있다. 좀더 구체적으로는 서울을 비롯한 대도시에 조성되는 거리의 모습을 어떻게 꾸미고, 거기에 자동차와 행인의 통행권을 어떻게 조절하며, 상가의 상품 진열에 대한 사회적 규제를 어떻게 하고, 지하공간의 사유화 경향에 어떻게 대처하며, 거리 전체의 스펙터클을 어떻게 구성할 것인가 하는 것들이 문화적 실천의 중요한 고려사항으로 떠오른다. 문화적 실천은 여기서 도시 스펙터클 형성에서 공공영역을 확보하는 문제에, 계급투쟁의 효과들을 소비적 공간의 점유와 영유로 치환하는 문제에, 새로운 도시적 주체를 형성하는 문제에 대한 개입의 모습을 띨 수도 있다.

이런 종류의 문화적 실천은 이데올로기적 실천일 수만은 없다. 여기에는 반드시 이론적 작업이 뒷받침되어야 하며 문화적 지식생산 체제가 가동되어야 한다. 오늘날 진보적 지식인이 문화영역에서 수행할 작업은 금방 언급한 문화적 실천의 실험과 관련된 개념생산 작업이며 그 개념들의 체계화, 이 체계화에 따른 문화제도들의 작동방식에 대한 연구, 각기 다른 문화적 실천 영역들 간의 배치 효과에 대한 연구 등을 포함하게 될 것이다.

5

오늘날 문화의 문제는 이전 우리가 '문화' 문제로 생각했던 것들(80년대 말 한 비평가는 70년대 우리는 한편의 시를 읽고 혁명의 의지를 불태웠다고 했다)과는 전적으로 다른 차원으로 이행했다. 새로운 실천방식의 개발이 시급한 것도 그 때문이다. 사실 지배문화를 주도하는 쪽에서는 정책 차원에서는 아닐망정 현실적으로는 이미 이런 변화를 실천에 옮기고 있으며 '진보진영'—이때는 이 표현이 어쩐지 어색하다—은 최근 들어와서 (다른 영역에서처럼) 이 영역에서 형편없이 뒤쳐져 있다. 지금 국내에서는 이런 쪽의 공부를 하기 위해서 가동되고 있는 곳은 대학을 포함하여 어떤 부분에도 없다. 여기서는 간단히 현실은 급박하면서도 상상을 초월할 정도로 복잡하게 돌아가고 있다고 할 수밖에 없지만(이런 이유 때문에 포스트모더니즘 이론에서는 현실 재현의 불가능성을 주장하면서 재현불가능성의 대표격인 숭고미가 지배하는 것이 현재 상황이라고 본다), 그 어떤 단일한 학문체계로서도 현실분석이나 전화를 시도할 수 없게 되었다. 문화와 관련된 지식생산이 학제간 연결을 강조해야 하는 것은 이런 이유 때문이다. 이제 진보적 문화지식생산('유물론적 문화연구')은 전통적으로 예술, 인문학, 공학, 사회과학 등의 개별 분과학문 영역들 전체에 걸쳐 있는 학문분야들을 모두 포함하지는 않더라도 그것들을 가로지르는 어떤 전선을 형성해야 할 것이다. 이 전선을 따라서 지금까지 서로 분할되어 따로 놀던 문제의식들을 절합하고 또는 포개져 있는 것들의 차이를 분별해냄으로써 학문들의 관계를 좀더 정확하게 규정하고 혹은 관계 설정을 새로이 함으로써 파생하는 효과들을 실험하는 것이 필요하다. 이런 방식으로 보면 진보적인 '문화연구'는 정말 실험적인 면모를 갖추면서 여러 학문분야들의 차이와 유사성들을 전략적으로 포진시키는 노력을 기울여야 한다. 말하자면 학문분야들의 합종연횡을 이뤄내야 하는 것이다.

우리가 새로운 문화적 실천의 전망을 확보하기 위해 '문화' 개념을 새로운 방식으로 설정한다면, 문화적 실천의 효과는 지금과는 달라질 수 있을 것이다. 물론 이것은 아직은 희망사항일 뿐이기는 하지만 실험을 해야만 결과를 확인할 수 있다. '문화' 개념을 새로이 설정한다고 해도 강력한 실천이 뒤따르지 않으면 그 효과는 미미할 수밖에 없다. 진보적 문화지식인은 새로운 문화적 실천의 효과를 극대화하는 데, 문화개념 설정을 과학적으로만이 아니라 위력적으로, 즉 실질적 효과를 갖도록 만드는 데도 노력해야 한다. 다양한 학문분야들의 합종연횡을 바탕으로 한 문화문제연구소 설립 추진도 그래서 필요하다.

지금까지 논의를 관통하는 원칙을 확인하는 것으로 이 발제를 끝내자. 지식인이 전문예술인과는 다른 방식으로, 즉 학문적으로나 이론적으로 사회변혁에 기여하고자 한다면 지식생산을 통하여 그렇게 할 필요가 있다. 지식인의 일차적 과제는 지식생산에 있으며 지식생산체제의 변혁에 있을 것이기 때문이다.

교육개혁의 학문전략

지은이 |강내희

초판인쇄일 |2003년 12월 13일
초판발행일 |2003년 12월 19일

발행인 |손자희
발행처 |문화과학사
주소 |120-012 서울시 서대문구 충정로 2가 5-15
전화 |335-0461   팩스 |313-0465
e-mail |transics@chollian.net
homepage |http://www.jinbo.net/~moonkwa
출판등록 |제1-1902 (1995. 6. 12)

값 16,000원

ISBN 89-86598-57-4   93370